工商管理、市场营销本科系列教材

经济应用文写作

（第3版）

主　编　邓　红

副主编　余　禾　丁　婷　夏建华

重庆大学出版社

内 容 提 要

本书系工商管理、市场营销本科系列教材之一。作者全面、系统地阐述了经济应用文写作的有关知识与技能,在写作过程中,力争理论与实践相结合,在系统介绍经济应用文各文种的概念、特点、写作要求等理论知识的同时,又提供了大量具体、翔实的例文,为教学提供了极大的便利。

图书在版编目(CIP)数据

经济应用文写作/邓红主编. —3 版. —重庆:
重庆大学出版社,2012.6(2019.8 重印)
工商管理、市场营销本科系列教材
ISBN 978-7-5624-2713-1

Ⅰ.①经…　Ⅱ.①邓…　Ⅲ.①经济—应用文—写作—
高等学校—教材　Ⅳ.①H152.3

中国版本图书馆 CIP 数据核字(2012)第 099961 号

经济应用文写作
(第 3 版)

主　编　邓　红
副主编　余　禾　丁　婷　夏建华
责任编辑:范　莹　　版式设计:范　莹
责任校对:张洪梅　　责任印制:张　策

*

重庆大学出版社出版发行
出版人:饶帮华
社址:重庆市沙坪坝区大学城西路 21 号
邮编:401331
电话:(023)88617190　88617185(中小学)
传真:(023)88617186　88617166
网址:http://www.cqup.com.cn
邮箱:fxk@ cqup.com.cn(营销中心)
全国新华书店经销
重庆紫石东南印务有限公司印刷

*

开本:787mm×960mm　1/16　印张:27.25　字数:489千
2012 年 6 月第 3 版　　2019 年 8 月第 19 次印刷
印数:65 001—66 000
ISBN 978-7-5624-2713-1　定价:59.00元

第3版前言

　　根据本书在使用过程中的实际情况和出版社的建议,在广泛征集读者意见的基础上,完成了此次修订。

一、修订人员

主　编:邓　红(四川理工学院)

副主编:余　禾(西华大学)

　　　　丁　婷(北方民族大学)

　　　　夏建华(四川理工学院)

作　者:任　平(陕西理工学院)

　　　　王翠琳(兰州理工大学)

受原作者委托,修订执笔主要由夏建华统筹完成。

二、修订原则

1.反映近年来经济应用文教学科研的成果;

2.切合现代社会政治经济文化发展的需要;

3.保持原有的结构和体例基本不变。

三、修订内容

1.修改了书中部分章节的内容;

2.增加了比较多的范例,特别是反映时代发展特征的范文;

3.删除了部分文种;

4.加大了经济应用文方面的论述比重;

5.置换了许多与现代社会发展脱节的例文;

6.校正了以前的错漏。

谨向引文的作者致谢。

特别鸣谢重庆大学出版社。

本书作者虽认真仔细作了上述工作,但不足之处也在所难免,真诚欢迎专家、读者斧正。

作　者

2012 年 6 月

前　言

随着我国改革事业的深入发展,人们相互联系的广度与深度日益增大,经济应用文已经成为现代信息生产、储存、传递、交流的一种主要手段和工具,成为人们学习、生活和从事经济、法律、行政、公共关系等大量实务工作必备的基本文体。鉴于此,我们编著了这本紧扣时代特点的应用文写作教材,目的是希望编写一本较科学、规范、新颖、实用,有一定特色的教材,为各类大中专院校教师提供一本较全面的教材,为学生提供一本较方便的课本,为各类企业从事经营管理的人员,文秘、公关、法律工作者,党政机关、各组织团体提供一本实用文体写作的参考指导的工具书。

本着"纲举目张"的精神,根据实际需要,本教材在编写时,首先,着眼于常识性、注重实用性、突出通用性,着重考虑其使用的频率和专业性;其次,力求阐明应用文写作的基本规律及它同一般文章写作的显著区别;最后,注重教学和应用的实际需要,选择代表性较强的,使用频率较高的,具有现代实用特征的较新文种,分门别类地进行介绍,使学生和读者通过对这些文种的掌握,达到举一反三的目的。据此,我们这本教材在编写过程中,力求突出以下特点:

1)注重综合性和科学性。内容既注意包括应用文写作的基础理论,又注意突出应用文写作中主要文体的写作知识。各章都倾注了撰写者的教学经验和科研成果。每种文体既注意它们的理论知识多方面的阐述,又注意文体写作的特点和必要的例文介绍分析。

2)注重格式的规范性。书中所有具体文体写作均按国家最新颁布的统一文体格式编辑讲解,把格式和写作的基本要求结合起来,共同为内容服务,从而体现每一文种的写作基本规律。

3)注重实践性和实用性。写作是实践性很强的学科,本书力求以提高学生写作能力和掌握应用文写作的基本知识和方法为目的,学以致用。注重写作训练的系统性与针对性。介绍理论知识,分析文体实例,选择典范例文等都注重从新时期的现实要求和学生知识结构,实际水平出发,以便学生迅速掌握并在实践中能灵活运用。

4)注重写实性、具体性、应用性和专业性。因为各类应用文体大部分总是涉及具体问题,具体事物。所以,它们大部分内容是写实、具体,应用性较强的。本书突出一定通用性和经济、营销、管理及其他学科的专业性的交叉,便于各类院校教师各取所需,选择施教,也可供不同行业使用者参考。

本书的大纲和体例由主编拟定,经作者讨论确定后,分头编写。副主编负责统稿,主编修改定稿。各章的作者是:邓红(前言,第1,2章,第11章11.1)、丁婷(第6,12章,第11章11.2)、余禾(第4,7,8章)、任平(第3,9章)、王翠琳(第5,10章,第11章11.3,11.4)。由于是集体成果,各章在语言风格上难免存在差异,加之我们水平有限,成书仓促,内容上也难免有误,所以,恳请专家、学者、同仁及广大读者指正。

本书吸收了专家学者的最新教学研究成果,在编写出版中还得到了重庆大学出版社的大力支持和协助。在此,一并表示诚挚的感谢。

编　者
2002 年 10 月

目　录

2

参考文献

第 1 章 经济应用文写作概论

1.1 应用文的概念、源流、分类及其特点

1.1.1 应用文的概念

应用文,又叫实用文。是国家、组织、企业、团体上传下达、左右沟通、进行管理的一种常用文书。

应用文是一种概括的提法,它实际上包括了很多不同体式的文种,并随着时代的需要而不断的发展。因此,很难提出一个包罗万象,完美而精确的定义。我们用曹丕在《典论·论文》中的一句话来概括,即"文本同而末异"。应用文与其他文体相比,相同的地方很多,是所谓"本同",但是又有自己的特点,是所谓"末异"。所以,我们要在研究其同一性的基础上,了解应用文写作的特殊性,掌握各种应用文的特点。从这个角度出发,应用文的定义可以这样表述:应用文是指实际应用的文章,是党政机关,企事业单位,社会团体,人民群众在日常工作,生产和生活中交流思想,反映情况,传递信息,经济往来,处理事务时,经常使用的具有一定惯用体式的文体。同时,它也是现代社会信息交流沟通的一种重要载体,一种基本工具,一种稳定的形式。

根据表达的方式及使用的对象和范围的不同,应用文可以分为若干不同的种类,但这种分类划分的界限并不十分严格,因为人们的各种社会经济活动,交往关系是多层次的、复杂的,在使用应用文这种工具和手段的时候,也不可能是

单一的。应用文在实际应用的时候,常常是交互使用的,有时一项工作,一个问题,一次具体的事务活动往往涉及若干文种的应用,在经济工作和活动中,使用应用文时,也不仅仅只限于经济应用文。因此,我们在写作应用文时,应该了解各类相关文书的写作。

1.1.2　应用文的源流

人类社会自从有了文字记载以来,就有了交流、沟通、表达的需要。因此,应用文源远流长,迄今已有几千年的历史了。

早在三千多年前,殷墟甲骨文的"卜辞",就是最早的应用文的雏形,它内容严密,形式固定,已经具备了应用文的特征。商、周代《尚书》里有"典、漠、训、诰、命、誓",其内容多为训下告上之词。如"诰",即训诫勉励的文告;"誓"即兴师讨伐前对兵士发布的文告;"命"即命令,这实际上就是王室使用的公文。《尚书》其实也是我国最早的公文专辑。秦代有"制、诏、谕、奏",汉代有"表、疏、律、令"等各种文书,古代最早的诗文选集《昭明文选》收录的绝大部分是不同体裁的应用文。自秦始皇建立中央集权的封建王朝以后,对各种文书进行了明确的分类,各种文书有了专用的较为固定的名称、内涵和使用范围。上行文下行文都有严格的区别。如皇帝专用的下行指令性公文称为"制"、"诏"、"策"、"戒";臣下使用的上行文称"奏"、"章"、"表"、"议"等。此外刘勰的《文心雕龙》在二十篇记述体裁的文章中,有十二篇属于应用文的范畴。如祝盟(祭祀文告)、铭箴(铭功表彰)、碑(纂述德行)、奏启(陈述政事)、书记(日常文书)等。唐宋以来的法律条例、图籍表册等,都是应用文。成书较晚的《古文观止》也收集了大量的书、赞、序、诏、表、檄、祭文、碑记、墓志之类的应用文,其中不少成为千古传诵的名作。如李斯的《谏逐客书》,司马迁的《项羽本纪赞》、《货殖列传序》、《高帝求贤诏》,诸葛亮的《(前、后)出师表》,李密的《陈情表》,魏征的《谏太宗十思疏》,骆宾王的《为徐敬业讨武曌檄》,韩愈的《柳子厚墓志铭》,王安石的《乞制置三司条例》等。

应用文发展历史悠久,不同时期有不同的称谓。殷商时期称"典册",秦、汉时叫"典籍"、"文书",唐宋称"文卷",清代刘熙载在《艺概·文概》中始称应用文,随着时代的变迁,应用文日趋完善、丰富,形成了一套相对固定的模式,成为统治阶级发号施令,传达旨意,统一管理行动,维护其统治的有效工具。

在当今社会,应用文的内容、形式、种类越来越丰富,在实际应用中,日趋规范。在改革开放深入发展,市场经济日益活跃的新形势下,应用文在交流思想,反映情况,传递信息,处理事务,贯彻方针政策,进行经济活动,解决实际问题等方面更成为不可缺少的重要工具。

1.1.3　应用文的分类

根据应用文的性质、特点、使用范围、格式和教学的需要作如下分类:

1)通用应用文

通用应用文是党、政、军机关,各类团体、企事业单位及个人事务中都可以形成和普遍使用的应用文种类的统称。具体包括:公务文书、日常事务文书、学术研究文书等。

①公务文书　是党政机关、团体、企事业单位在处理公务时所使用的,具有特定实用价值和一定惯用体式的文书。它包括法定公文和一般公文两类。法定公文是指党和国家有关领导机关制定的关于公文处理的规定中所确定的公文文种。即《中国共产党机关公文处理条例》和《国家行政机关公文处理办法》中规定的党的各级机关,国家行政机关正式文件常用的文种。企事业单位、人民团体也常酌情比照使用。有时也称之为机关公文、行政公文、正式公文。一般公文是相对法定公文而言的,它的格式和写法都较为灵活,如简报、讲话稿、办法、规章制度、会议记录等。

②日常事务文书　是党政机关、社会团体、企事业单位个人在日常工作、生活学习、交流沟通、处理事务中经常使用的文书。如计划、总结、调查报告、告启类文书、礼仪类文书、公(私)务书信等,它的使用范围较广,使用频率较高。

③学术研究文书　是人们在科学实验,理论探讨,观察探测等学术领域中所获得的经验成果或创新见解的科学记录、总结和表述的书面文字资料。如学术论文、科学技术报告等。

2)专用应用文

专用应用文是指在一些特殊的行业或有特殊用途的、专业性较强的文书。

①司法诉讼文书　是指在各类诉讼或非诉讼法律事务中,由司法机关或当事人,根据宪法或法律,按照法定的程序、手续而制作的具有法律效力和法律意义的文书。如:诉状、答辩状、判决书、公证文书等。

②企业经营管理文书　是指在各种经济成分为主体的企业中广泛使用的特殊文书。如股份制企业在经营管理过程中使用的文书;对外经济贸易往来的文书;企业申请申报、注册登记等文书。

③传播文书　是指各级各类组织在上传、发布各方面相关信息而使用的文书。如广告、通信、特写、报道、短信息以及彩铃等。

④特定行业文书　是指在金融、保险、房地产等行业使用的特殊文书或在军事、外交等领域所使用的文书。由于军事、外交文书使用范围太专一,这里不涉及。

1.1.4　应用文的特点

准确掌握应用文的特点,是写好用好应用文的关键。这里阐述的是应用文的共同特点,各种文种的具体特点,将在后面涉及时细述。

1)广泛性

应用文体是人类社会用以处理事务,沟通关系的书面工具。在现代经济社会中,人际关系日益密切,交往日益频繁,在日常工作、生活、学习中几乎随时随地都要用到它。在各种文体中,经济应用文可以说是使用范围最广、使用频率最高的文体。

2)实用性

应用性文章是为了适应社会实践的具体要求而写作的。任何一篇应用文都有特定的事由,内容务实,对象具体,要求明确,旨在实用。它具有实事求是反映客观事物、解决实际问题的实用价值。

3)真实性

应用文体的内容必须绝对真实,从客观实际出发,不允许有半点虚构和夸大。真实是应用文的生命。应用文的真实性与文学作品的真实性是有区别的。它完全排斥虚构和杜撰,要求所依据的材料、数据真实、准确。应用文的真实性还表现在表述上,在语言上要求表述准确,不产生歧义,简明精练,具有平实的特点。

4)程式性

各类应用文一般都具有惯用的写作格式和规范用语。这种相对固定的格式(样式)有的是规定的,有的是在长期的实际应用中约定俗成的。程式性是应用文规范性最强的体现,是提高应用文写作质量,行文效率,增强权威性和约束力的重要保证。

5)论说性

应用文是一种以说明为主的论说文体。其表现是以记事为主,说明为记事服务。分析、说明、阐述一般用"论"的形式表达。这种"论"与议论文的论是有区别的,也与一般叙事性文章的议论不同。它只需从办事角度,对所写事情、事务或肯定或否定,进行客观阐述、说明。应用文没有"论事","说明"会失去存在的意义,没"说明","论事"会失去立论基础。应用文中的"论事"、"说明"都具有较强的条理性和逻辑性。

1.2　经济应用文的概念、分类及其特点

经济应用文是应用文的一个重要分支,它是一种专用文书,是以经济活动为主要内容的应用文,是反映经济情况,处理经济事务,研究、解决经济实际问题的一种具有特定格式的专业应用文体。根据不同的工作性质和内容要求,从不同的角度可以进行不同的分类,各类别又有若干具体文种。

经济应用文广泛运用于各种经济组织,经济合同,企业管理类文书,工商税务类文书,金融业、房地产业、保险业文书,涉外经贸文书等,都充分体现其特点。

经济应用文除了和其他应用文具有共同特点外,还有其独特的性质,主要表现为:

1)专业性

经济应用文顾名思义,是在经济业务管理,生产经营和经济活动中为处理经济事务,协调经济活动,传递经济信息,解决实际经济问题而行文的。尽管它们体裁不同,但都集中反映了经济现象和问题,表现了经济关系。除了表现在专业知识和专用术语的运用外,还表现在需要大量使用数据和图表进行定量定性分析。此外,根据实际需要,部分经济文书还不拘泥于文章稳定、规范的格式,而使用了不成文结构的表格式、图文式。如企业登记注册、税务、审计、财务、合同、专利等文书。

2)时效性

应用文都有明确的时效,而经济应用文的时效性显得更为重要和突出。一方面,市场经济瞬息万变,节奏越来越快,必须对经济信息传递、存储、加工及时、有效,以便对变化多端的市场作出快速反应。否则时过境迁,它们就失去了现实效用。因此,作为经济工作工具的经济应用文,当然更注重其时效性。另一方面,时效就是效益。经济应用文作为指挥、推动、保障经济活动正常有序进行的有效载体和工具,在时间就是金钱,效率就是生命的当今社会,其经济效益和社

5

会效益的价值也在逐步提高。

3）政策性

市场经济是法制经济。在经济活动中,国家为维护社会经济秩序,保障市场经济健康发展,体现公平竞争和正当经营,制定了如《合同法》、《商标法》等相关的政策法规,从各方面确保了经济活动的合法性、方向性及国家、集体和个人的合法权益。因此,经济文书具有较强的政策权威性。

1.3　经济应用文的作用及写作要求

1.3.1　经济应用文的作用

经济应用文的作用在于研究经济理论,探索经济规律,传导市场经济信息,并在此基础上制定较好的经济政策,确定具体的办法制度,借此发展经济,促进人类物质生活水平的提高。具体地说,它有以下几方面作用:

1）指导规范作用

经济应用文是沟通党政机关,各类组织单位上下左右之间的桥梁和纽带。各部门管理者与被管理者之间,上级与各职能部门之间存在着指导与被指导关系,因此,作为这种关系的桥梁和纽带的经济应用文具有书面的指导作用。展开经济活动,实现经济意图,需要施行一系列周密规范的经济行为和举措,而它的步骤、方案都必须用周密、严谨的书面语言来固定和规范,把它作为办事准则和行为规范,作为实施管理职能,布置、指挥、决策、指导工作的载体,并以此作为经济活动的指南和备查依据,用于指导经济活动,规范约束经济行为。

2）传递信息的作用

在信息时代,信息的获得和积累对一个部门,一个行业,甚至个人来说都十分重要。而作为信息的一种物质外壳、载体的经济应用文在各种信息的传递中起着不可忽视,甚至是不可替代的作用。它已成为人们在经济活动中传递信息,利用信息,解决实际问题的最常用、最重要的手段。

3）协调沟通的作用

随着市场经济的不断发展,各国间,各组织、团体、部门之间的协调、联系、沟通更加频繁与广泛。各种协作关系也应运而生。经济应用文常常作为文字渠道和桥梁,起着沟通情况,交流经验,处理业务,协调关系,商洽工作的作用。同时在扩大巩固市场,推销商品和服务,打造企业形象等方面,利用经济应用文这种特殊的舆论工具进行宣传引导,介绍说明,扩大影响,也是一种常用且有效的手段。

4)凭证和依据的作用

经济应用文中的许多文种在指导、监督、保证经济活动顺利开展过程中,具有一种依据和凭证的作用。上级指示、会议决定、规章制度使有关人员明确该怎样去实施;签订的经济合同、契约,双方会据此明确各自的权利、义务和责任;一份法律文书就是具体进行司法诉讼,体现当事人合法权益的根据;一份资历证明,本身就是一种具有直接效力的凭证。不少应用文体经常都是公务、商务活动的真实记录和各方面工作的见证,其中不少文体在其现实效用消失以后,仍具有历史效用,成为档案资料,以备后查。

在实际应用中,经济应用文中不同文体类型的文书特点和作用是各有侧重的,不应一概而论,相关人员在学习使用时,可参考借鉴。

1.3.2　经济应用文的写作要求

经济应用文书的写作,与其他文章写作一样,不能违背一般的写作规律。除此以外,针对其撰写的特定内容,还需做到如下一些基本要求:

1)熟悉政策和法规,具有较高的理论和法制水平

首先,经济应用文是一种实用文体,必须坚持党的思想路线,实事求是,理论联系实际,一切从实际出发,以实践为检验真理的唯一标准,才能真正解决实际问题,发挥它的实际作用。只有努力学习马列主义,毛泽东思想,邓小平理论,逐步提高自己的认识能力、思想理论水平,才能在复杂的市场经济的各种活动中,具有正确的立场、观点、方法和见解,写出较高水平的经济应用文。

其次,写作经济应用文必须熟悉党和国家的有关政策和法律。任何社会经济活动都离不开党和国家的政策指导,离不开法律法规的规范约束。同时,一些文体本身就具有较强的政策法规性,如公文、经济合同、法律文书等。要写好经济应用文,就一定要根据党和国家的经济政策方针,遵循现行的法律法规,学习和懂得市场经济的客观规律,了解生产、分配、交换、消费等环节的情况及相互关系,在此基础上分析经济活动中的各种问题。这不仅关系到国家、集体或诉讼当

事人的合法权益,而且关系到法律的尊严和国家的威信。所以,撰写经济应用文要根据所撰写的内容,熟悉相关的政策和法律并以之为指导依据。

2)调查研究,掌握真实准确资料,提高业务素养

首先,"没有调查就没有发言权"。经济应用文使用的材料,是阐明观点,揭示经济规律的事实依据,只有深入调查搜集,反复核实才能获得。这是撰写经济文书的关键。调查研究,也是去粗取精,去伪存真,由此及彼,由表及里的过程。只有对客观事物进行如此深入细致地观察了解,详细地占有资料,才能从中找出规律,撰写出有实际价值的文章。

其次,撰写经济应用文书离不开具体的业务工作,要具有本行业、本部门、本系统的专业知识。除了要具备业务理论知识外,还要注重业务实践,了解市场经济的运行规律,不断掌握和运用新信息、新技能、新方法。

最后,提高业务素养,还必须提高应用文写作能力和水平。具体应注意以下几个方面:

以理论为指导。经济应用文写作的理论对其写作实践有直接的、具体的指导作用,掌握其理论,正确认识各类应用文的特点和写法可以帮助我们进行写作实践。

以范文为借鉴。对典型例文的分析模仿,是应用文写作学习的有效方法,可以使我们从中体会到写作规律,开拓思路,掌握技巧,总结经验教训。

以训练为重点。进行有目的,有计划,有针对性的写作训练,是将应用文写作的基本知识转化为写作能力的有效途径。当然,写作能力是各方面基本知识和技能的综合体现,但针对各种体式和特点的写作训练实践,对掌握其基本技巧和方法,提高写作能力是切实有效的。

加强修养,提高水平。只有全面提高自己的素质,才能真正提高写作水平。"世事洞明皆学问,人情练达即文章",要提高应用文写作的水平,既要有一定的应用文写作知识,有一定的驾驭语言文字的能力,还要具备多方面的业务能力和修养,德才兼备,学识并举,这是要通过不断地学习实践,有意识地努力,才能达到的。

3)熟悉经济应用文的格式规范,掌握恰当的表述方法

经济应用文专业性较强,它使用的对象、范围不同,文种格式有较大差异。不同的文体都有各自不同的惯用格式,而且写作目的不同又有不同的变化。因此,要写出较规范,高质量的经济应用文,就必须熟悉和掌握经济应用文的文种格式及特点要求,这样才能保证经济应用文的规范性和严肃性,提高实际工作

效率。

此外,实事求是、准确、简洁是对经济应用文表述的基本要求。首先要清楚行文关系和适用文体;其次,语言使用要准确,叙述事件,说明情况,表述问题要恰如其分,清楚简洁,避免使用容易产生歧义的笼统的语言;再次,凡是引用人名、地名、数据、资料要查对核实,确保准确无误;最后,进行具体的应用文写作时,还要熟悉表述商务、经济活动状况的各类说明方式和方法。

4)研究新情况、新问题

中国在参与全球经济一体化的竞争中,在进一步扩大改革开放的浪潮中,外国资本更多地进入我国的经济领域,我们的企业阔步走向世界,国际经济往来中的许多新规则、新的交割方式、新的文种格式、新的表述方法和特点等,都需要我们加以认真地研究以尽快熟悉规则,适应规则。

1.4 经济应用文写作的思维

写作活动是通过思维获得正确的认识,然后将自己的正确认识表述出来的一种思维活动。文学作品的写作,主要用形象思维反映现实生活,塑造形象,表达思想感情,应用文写作主要是用逻辑思维来分析、解决实际问题。在应用文写作的具体实践中,要撰写出有水平、高质量、有实用价值的应用文,需要多方面的素养,而提高思维能力是其一个重要内容。特别是掌握思维方式和分析问题的具体方法,显得尤为重要。应用文写作过程中每个环节都离不开思维,而不同文种的应用文写作又有其不同的思维特征。

1.4.1 经济应用文写作的思维特点

1)行文以逻辑思维为主

经济应用文写作有自己的思维规律,其文体的结构方式直接体现了理性思维的逻辑特征。它必须在接触感性的信息资料的基础上,经过推理、判断、分析、综合、归纳,提炼出一个抽象、概括的主旨来,而这个选材立旨的过程,就是依靠逻辑思维来实现的。同时,在谋篇布局时,也是按照事物发展的内在规律,按照经济应用文特定的要求和惯用的规范格式,依据一定的逻辑顺序,按照缜密、理性的逻辑思维来进行的。

所谓逻辑思维，主要是运用语言所表达的概念，用一定的逻辑方法而进行判断、推理，以求获得对事物本质和规律的理性认识的一种思维活动。也就是说，它主要是在思维过程中实现由形象到概念，由具体到抽象的转变来揭示事物的本质，表述认识的结果。它是一种以逻辑推导为主体的思维形式。

经济应用文以逻辑思维为主，也不排斥形象思维。毛泽东曾指出，不管做什么文章，都要提倡马列主义文风，而马列主义的文风，最突出的体现就是准确性、鲜明性、生动性。因此，要增强应用文写作的鲜明、生动，除了注重它的逻辑力量外，有时，也需要形象地描述和说明及比喻、借代等修辞手法，避免呆板，增强文章的可读性。

2）注重定向思维

所谓定向思维，就是思维的方向性与目标性。经济应用文的每一类文种的写作，都有较强的针对性，每一次写作都要以目标为中心，围绕实现目标，提高效率来思考问题。

定向思维常常是多路思维集中于一个主题，针对一定对象、范围、目的进行集中思考，使思维具有条理性，使文章言之有序。这种"序"反映在文章的结构框架、谋篇布局上，决定了它思维线的走势是有既定方向的。

经济应用文写作强调定向思维，有助于提高其质量和效率。同时，也不排除由此及彼、由表及里、由浅入深的横向和纵向的开阔思维。

3）强调敏捷思维

在瞬息万变的新的经济时代，经济应用文在信息的传输、反馈的过程中具有及时性的特点，这就要求应用文写作思维的高效率，即强调敏捷思维。

敏捷思维强调构思行文的快速及时，这是由应用文在人们现代快节奏的生活、工作和各类经济活动中不可替代的工具和载体地位及时效性所决定的。有些文种，在实际应用时，常常是"急就章"，它必须尽快反映新情况，介绍新经验，及时地处理、解决新问题，预测新趋势，高效率地体现其实用价值。

经济应用文写作过程中敏捷思维应用，对写作主体提出了更高的要求，即在应用写作实践中不断提高写作技能的同时，也要不断提高敏捷快速思维的能力。随着办公自动化，电脑普及进程的加快，思维效率在应用文写作中更受到普遍重视。

4）主张规约性思维

规约性思维，是指经济应用文写作主体的思维具有规范性、约束性，遵循一定的规则和标准进行思维活动。在具体的应用文写作实践中，对文种所规定的范围比较明确,使其内容具有周延性。一旦成文,对其确定范围内的所有组织或个人都具有或法律的,或行政的,或道德的,或权利义务的约束力和强制性。写作主体的思维必须恒定,把握国家的方针政策,把握经济活动、商贸往来、企业管理的重心,把握会议议题、集体决定、领导意图,以用来思考问题和组织文章内容。应用文中许多文种的思路,都是按照既定程式进行的,在语言和表达上,也都有一套程式化的方式方法。

在应用文写作中,所运用的规约思维方式,一般都是演绎推理。通常采用条文式写法,用陈述或解释性语言表述,作者的思路不能随意发挥,要受到文种体式的限制和制约。经济应用文写作常主张规约思维,但也并不排除思维的创造性。

5）常用群体思维

群体思维,是群体目的结果相对一致的思维活动。这是由于经济应用文工具性的本质及经济应用文常常是组织意愿和目的体现的特点所决定的。经济应用文在经济活动,商务往来,处理事务,解决实际问题中,常常是代组织立言,反映的是组织、团体的意志,决策层的意图。它在构思行文中,已经汇集了管理者和员工的群体意向和愿望,不再是个人意愿,而是体现了群体思维的结果。

实际应用文写作过程中,群体思维的特征,就是要求写作主体不仅要发挥个体思维的积极性,也要注意与群体思维相协调。特别是在大型和大范围的经济活动中,所涉及的文种写作,更要求体现集思广益的群体意识,做到和整体思维同步。经济应用文写作在使用群体思维时,也需要写作者本人发挥其主观能动性。

1.4.2　经济应用文写作的思路构想

所谓"思路"是一种比喻性说法,它是指作者构思一篇文章时的思维线。这条思维线由引出到结束,往往有一个过程,这个过程即思维活动的运行轨迹。文章的思路,就是在行文时,作者有规律、有条理、有方向的连贯的思维过程,是写作主体系统、整体思维的结果。应用文常常是按照一定的逻辑思维线和时空线展开的,应用文书的结构,通常就是写作主体在构思行文时思路的直接体现,是文章结构的根本。

在应用文写作实践中,对各类文种的主旨、材料、格式、技巧多元而连续的思考,即是思路的构想。它的过程一般分为三个阶段:调查研究和搜集信息资料是思路构想的第一阶段;主旨基本确立,材料准备充分,选好角度,固定体式,确定

11

表达方式方法,谋篇布局,这是思路构想的第二阶段;第三阶段就是写作主体思路构想设计基本定型阶段,也是下笔行文的阶段。

应用文写作构思主要是运用逻辑思维来进行的,而思路是存在于作者构思一篇文章的整体思维过程中的,不同的文种,不同的写作目的,使用不同的逻辑思维方法,会形成不同的文章思路。应用文写作实践中常用的思路有:

①归纳演绎思路　它们是两种方向完全不同的对立的思维方法。归纳是由个别或特殊的具体知识出发,推出一般结论,得到普遍原理的思维方法;演绎法是从一般引申出个别的思维方法,二者是相互依存的辩证统一体。归纳是演绎的基础,演绎的前提常常是依靠归纳而获得。在应用写作中,常用归纳、演绎方法,构想文章思路。

②分析综合思路　分析综合是一种辩证思维的方法。分析是对事理进行分解、剖析,它是一个人的知识和能力的表现;综合是在分析的基础上,把事物各部分,各方面的各种因素结合起来,从整体进行考察认识,由分到总,集零为整的思维方法。分析综合也是互相依存、互相联系、互相转化的一对矛盾的思维过程,如应用文写作中的分类,对事物纵向和并列的分析,在经济应用文中常用的定量、定性分析等。

③比较思路　这是把一事物与他事物的属性特征加以对比来确定事物的共同点和不同点的思维方法。有比较才有鉴别,比较是一切理解,一切思维的基础。在经济应用文写作中,常常使用的比较方法主要有同类比较法、纵横比较法,还有把比较与分析、综合等思维方法结合运用的复杂比较法等。

④因果思路　就是从事物的原因和结果的关系入手进行分析的思维方法在文章中运用而形成的一种思路。它在应用文写作中的运用,有利于我们深化认识,明确方向,找到解决问题的方式方法,真正体现应用文写作的实用价值。

在经济应用文写作中的思路还有多种,以上只是常见常用的几种。在具体的写作实践中,可用一种,也可多种并用,视具体写作情况而定。

总之,思路是以正确的观点作为指导的。这条"思维线"应是符合作者和读者的思维规律和认识规律的。它综合而清晰地贯穿于应用文写作的全过程。

思考与练习

1. 什么是应用文? 它主要包括哪些种类?
2. 什么是经济应用文? 它有哪些主要作用?

3.经济应用文与一般应用文相比,具有哪些共性特点和个性特点?

4.试比较分析经济应用文与文艺创作不同的思维特点和思路构想。

5.用文艺创作的手法和用应用文写作的表达方式描写同一件事物,比较其区别。

第2章 经济应用文写作过程

写作是一门独立的学科,经济应用文写作是其学科的重要分支。所有文章都是由主旨、材料、结构、语言(表达)这四个主要要素构成,经济应用文也不例外。但经济应用文的主旨、材料、结构、语言(表达)同一般文章相比,又有其不同的特征。理解、分析、把握其内在的规律,对增强经济应用文的实用效率,提高写作能力是尤为重要的。

2.1 确立主旨

2.1.1 主旨的涵义和作用

经济应用文的主旨,又称主题,是作者通过文章具体材料所表达出来的思想、观点、见解和主张。它也是文章内容与形式共同集中表述的核心思想,关系着经济应用文的价值和生命,也表现了经济活动的行为意向的统一。它通过阐明政策,说明情况,对问题、事实、材料分析综合,表明意见,传递信息,传导观点和旨意。

古人称文章的主旨为"意","意者,一身之主也"(明·黄子肃·《诗法》)。"意"贯穿文章始终,起着主导的作用。通常一篇文章只有一个主题。

在议论文中,它是作者对某个问题的观点、意见和看法;在说明性的文章中,它是对某个事物或事理的解说和诠释;在记叙性文体中,它是对人和事带有倾向性的,具有感情色彩的陈述表达。而在应用文体的写作中,它往往是对某项工作所提出的原则或具体实施的方案办法,它是解决实际问题的实务性文章。

经济应用文的主旨多是"意在笔先"。在具体的写作实践中,往往是先确立写作的目的、观点、原则,即"主题先行",然后再组织材料、谋篇布局、规范表达。此外,经济应用文体的主旨弱化个人意愿和感情,强调群体意识,注重组织意愿,并且必须真实地反映客观实际,决不允许运用文学创作中灵活自由的艺术夸张、合理想象、渲染、铺陈等方法。

主旨是经济应用文写作的关键,对文章的质量和效用有着至关重要的作用。

主旨在文章的构思行文过程是统帅、轴心,起着纲领的作用。清初学者王夫之在《薑斋诗话》中说过:"意犹帅也。无帅之兵,谓之乌合"。这里的"意"就是指文章的主旨(主题)。也就是说构成文章诸要素中,主旨(主题)是统帅,其他要素如文章体裁的确定,材料的选择,结构的安排,表达的方式以至遣词造句都要听命于主题,受其制约,并为之服务。

主旨是文章的灵魂,是衡量一篇应用文质量优劣的主要依据。主旨的正确恰当与否,也是文章价值效用的决定因素。"烟云泉石,花鸟苔林,金铺锦帐,寓意则灵",王夫之这句话的"寓意则灵"就是说文章有了主题就有了神韵,就有了灵魂。主题的好坏决定着文章格调价值高低,也是决定文章生命力的重要因素。

主旨制约文章的内容,是文章的中心思想和基本观点,是贯穿全文的线索,对文章内容有制约,指向和主导的作用。在经济应用文写作中,内容始终是为主旨服务的,是"文以意为主的"。"言之无意,行而不远"就是指文章是以意为主,以文传意的。文章的旨意是通过文章的内容体现出来的,因此,主旨对内容起着制约的作用。如在现代社会中非常有实用价值的经济合同,它的主旨实际就是双方交易活动的目的(标的),交易进程中的价格、数量、质量、方式、权利和义务等诸多条款,都是围绕标的(主旨)来制定的。

主旨规范着文章的形式。文章的谋篇布局,表达方式的选择,目的都在于较完美、集中地表现主旨。而经济应用文体与其他文体相比较,它具有惯用的、约定俗成的、相对固定的程式性特征,常常是在"框框里面做文章",但在文体,语体的选择上,仍然服务于、服从于主旨和写作目的的需要。古人说写文章要"以意为宗"(南北朝·萧统·《文选序》),"以意役法"(明·袁中道·《珂雪斋文集·中郎先生全集序》)都是这个意思。如同为"公文"都是"法定"的,但由于写作目的、立意、主旨不同,它的行文方式不同,行文流向不同,使用范围、对象、文种格式、语言体式都有差别。

2.1.2 主旨的确立与表达

经济应用文的主旨是在实际工作中确立的,是经济活动实践的产物,是作者结合实际,以党和国家的方针政策、法律、法规为指导,对社会经济现象和信息、事实材料,进行分析、研究、综合、提炼的基础上概括出来的。

首先,确立主旨要以党和国家的方针、政策、法律、法规为依据,切合社会经济发展的实际,了解和把握国际国内社会经济发展的动态和趋势,熟悉本地区、本部门、本单位的微观的经济环境和具体情况,调查和掌握第一手信息资料,并做如实客观的分析研究,辩证地思考问题,透过现象看本质,寓个别于一般,综合提炼,确立能反映客观实际的主旨。

其次,开掘要深,立意要有深度。实际的应用文写作要求揭示事物的本质及其内部规律,善于抓住主要矛盾,即"意"要简约。注重"删意"和"居要",发掘具有本质性和倾向性的问题。因此,实际应用文写作在解决问题,提出意见,反映情况,交流信息过程中,对社会现象和事实材料进行去粗取精,去伪存真,由此及彼,由表及里的理性开掘,并使之升华,形成较全面深刻的主旨。

再次,立意要新,富有创造性。经济应用文写作的立意必须突出一个"新"字。现代社会,经济活动瞬息万变,新情况、新问题、新经验层出不穷,要及时抓住新事物、新信息,"言前人所未言,发前人所未发",避免雷同,有独创性,从高速推进的经济发展态势中发现新内容,获取新信息,阐释新见解,得出新结论,解决新问题。当然,在追求新意时,不能游离于客观事物的本质。

最后,讲求实效,注意可行性。经济应用文是一种实用文体,比较强调在处理业务,交流信息,解决问题,规范经济活动等的实际应用的效用问题。因此,在确立经济应用文的主旨时,都必须注重实际效果和可行性。在现代社会中,市场经济纷繁复杂,千变万化,怎样根据社会的热点、焦点及公众普遍关注的问题,并结合有关方针政策,确立经济应用文主旨的价值,一个重要的标准,就是在成文后是否有实际效果。这就需要我们在掌握真实信息情况的基础上作出正确的判断和选择。

2.1.3 确立主旨的要求

从实际应用的角度出发,经济应用文的主旨确立应力求做到正确、集中、鲜明、精要。

1）正确

主旨正确是撰写应用文的基本要求,即文章的思想观点经得起实践检验,符合党和国家的方针政策、法律法规,切合实际,反映客观事物的本质和规律,构思行文符合逻辑,概念准确,判断正确,结论明确。当然,主旨的正确从根本上说,取决于对客观实际把握是否全面、正确,取决于认识的正确。

2）集中

所谓集中就是文章的主旨要单一、突出。"文主于意,而意多乱文;议论主于事,而事杂乱议"(清·魏际端·《伯子论文》)。意思就是全篇材料的取舍,表达方式的运用都要为写作目的服务,服从主旨需要,不枝不蔓,重点突出,做到一文一个中心。行文中坚持一文一事,一意贯底,集中笔力才能前后照应,主旨突出。

3）鲜明

经济应用文的主旨鲜明指的是观点直白明确,语言表述不模棱两可,分析问题不转弯抹角,开门见山,赞成什么反对什么,主张什么,禁绝什么,清清楚楚,言简意赅。

4）精要

精要指的是在经济应用文写作时表意要精当,即表意的正确性、科学性、严密性和真实性。在构思行文中注重主旨的提炼,使文意向理性高度升华,使文章辞约意丰,文短意精,具有高度凝练性。

2.2 选择材料

2.2.1 材料的涵义和作用

材料是被写作者用来提炼和表现主旨的客观事物、现象、理论依据、数据和其他资料,是构成文章的一大要素。

材料是一个总的概念。在文学作品中,一般将收集起来,未经加工整理的原始材料称为素材;把经过选择,加工提炼后写入作品中的材料称为题材。题材也指社会生活的某些方面或某些领域,如工业题材、农业题材、改革题材、军事题材等。

材料的作用主要体现在材料与主旨相辅相成的关系之中。一方面文章的主旨在构思行文的诸种因素中居于"统帅"地位,材料受到主旨的制约;另一方面,主旨来源于材料,受制于材料,依靠材料来表现,具体来说,主要表现在两个方面:

其一,作为文章要素之一,广博的原始材料的积累是形成观点,提炼主旨的基础。文章作为意识形态的产物,是作者通过对社会生活所提供的材料进行研究、总结、概括、加工制作才产生出来的。离开了社会实践,缺乏丰富的、合乎实际的材料,就不可能有文章主旨的产生。列宁在评价《资本论》时说:"《资本论》不是别的,正是把堆积如山的实际材料,总结为几点概括的、彼此紧相联系的思想。"如果没有"堆积如山的实际材料",也就产生不了《资本论》的思想。所以说材料是文章的血肉,是提出问题的依据,表述观点的物质内容,是产生、形成文章主旨的基础。材料越丰富、全面,越有利于形成正确、深刻的主旨。

其二,在写作中,丰富、有力的材料是准确说明观点,表现主旨的支柱。写作者在广博的材料的基础上形成明确的主旨后,还要选择最有说服力和感染力的材料,并通过恰当的结构、语言来安排表达。从这个意义上讲,主旨的确立与材料的支持是融为一体的,二者是统一的。南宋大学者朱熹说:"作文需靠实……不可架空纤巧。大要七分实,只二三分文。"清代文论家章学诚在《文章通义》中也提倡"夫立言之要在于有物。"这里的"实"与"物"指的都是材料,可见材料充足与否,对于文章主旨的表现有着举足轻重的意义。

总之,材料是文章的基本要素,既是文章内容的重要部分,又是形成主旨的物质基础,也是表现主旨强有力的支柱。

2.2.2 材料的获取与选择

1)材料的获取

写文章,搜集材料是非常重要的,获取大量的材料是写作者要做的第一位工作。经济应用文的写作,涉猎的范围较广,既需要第一手具体的、现实的材料,又需要间接的、概括的、历史的材料。这些材料的获取可以通过以下基本途径:

第一,善于观察积累。现代社会中经济活动,商务往来,复杂的生活、工作的实践经验,大量的经济现象、事物、实例,就是直接的、最为丰富的、可靠的第一手材料。只要善于观察并有意识的搜集,整理分析,日积月累就可以获得最有普遍性、客观性和现实性的,说服力最强的、可信度最高的写作材料。

第二,深入调查研究。调查是获得第一手材料的重要而有效的方法。通过调查访问,可以获取大量的有价值的材料,并可以把问题的研究引向深入,进而找出规律,找到解决问题的方法,分析出典型意义。社会学家费孝通在吴江县农村进行深入的调查研究,考察了中国农民的生活,以丰富的第一手材料写成了《江村经济》,揭示了中国乡村的土地利用和农户家庭中再生产的问题。《江村经济》也成了中国人类学著作中第一部获赫胥黎奖的学术专著。"没有调查就没有发言权",因此,在具体的应用文写作时,应该注重调查研究。

第三,查阅资料文献。观察和调查是直接从生活中取材,阅读则是通过文字媒介从文件、互联网、书籍、报刊和有关历史资料中获取材料。这是经济应用文写作获取材料的又一重要途径。这类材料、信息虽然是间接的第二手资料,但却仍然是他人直接来源于社会生活的经验。通过查阅资料获取材料不仅可以弥补时间精力有限的问题,超越时空界限,还可以对历史和现状作纵向和横向的考察和比较,深化认识,对问题的研究和具体的应用文写作有很高的借鉴和参考价值。特别值得一提的是,现代科学技术又为知识、信息的传递提供了极大的方便,因此,通过查阅书刊资料获取材料,不失为一种便捷的方式。

材料的获取是一个大量获取知识与信息,构建完备系统知识体系的过程,这种积累多了,就会使我们在写作时举一反三,触类旁通,灵感频现。现在有一种忽视积累,过分依赖网络搜索引擎的倾向,这种"快餐式"的学习方式,对写出深刻揭示客观规律的应用文帮助不大。利用网络查找资料是可行的,但以此代替平时阅读、调研、摘录等积累,则是片面的。

2)材料的选择

积累、获取材料的目的是为了应用,但并非所有材料都能用,还要经过去粗取精、去伪存真的鉴别和选择,才能获取真实准确的能反映事物本质的,能支撑主旨的,有说服力的典型材料。鉴别、选择的过程就是查核、比较、分析、综合的过程,在这个过程中应遵循以下基本原则:

(1)选择最能说明主旨的材料

材料的取舍必须以表现主题为依据,而不能孤立地着眼于材料本身。因此,要对材料进行仔细推敲、鉴别,从中选取最能说明观点,最能表现主旨的材料写入文章,与主旨无关,或关系不大的,不能表现和支撑观点的材料,无论是否真实、准确、新颖都应坚决剔除,避免材料堆砌、淹没主旨。

(2)选择真实准确的材料

真实是应用文的生命,因此,材料必须符合客观事实,有较高的可靠度和可信度。经济应用文的写作选用材料,自然也必须始终坚持真实性、准确性的原则。而这种真实应是本质的真实,是确凿无疑、可靠无误,与客观实际完全相符的。只有基于准确的数据和真实的情况,才能推出正确的结论,才具有普遍指导意义。

(3)选择典型的材料

所谓典型材料是指最具有广泛代表性的,最有说服力的,能够反映事物共性和特征,揭示事物本质规律,能充分表现文章主旨的材料。人们认识事物总是由个别到一般,又由一般到个别这样循环往复地进行,所以,选择典型材料,通过个别反映一般,通过个性反映共性,是选材的重要原则。只有使用典型材料,才能把应用文的主旨表现得更深刻、更充分,也才能真正地反映客观实际。

(4)选择新颖的材料

新颖的材料一般是指新发生的事物,新发现的事例,新出现的观念、观点,富有吸引力、预示新趋势的材料。这类材料最有生气、最具活力。反映符合时代特点的新情况,容易使人产生共鸣,才能避免雷同,展现个性,突出事物的特点。当然,在旧材料中发掘出与过去不同的新意,同样可以表现深刻、新颖的主旨,给人以新的启示。

20 2.2.3 材料的使用

材料的使用直接关系到主旨的表达和文章的质量。应用文的性质、文种、格式特点不同,使用材料的方式也有较大差异。因此,在材料使用上应注意以下几个问题:

1)材料观点统一

在应用文写作中,文章的观点、中心、主旨是从材料的分析、提炼中形成的,同时它又需要材料的说明和支撑。因此,在具体的写作实践中必须注重观点与材料密切配合,不能相互脱节或矛盾,要始终保持其一致性。主旨统帅材料,材料紧扣主旨,二者达到高度的和谐统一。

2)详略安排恰当

确定详略的依据是表现主旨的需要和材料的性质。经济应用文材料的使用不能平均用力,凡对表现主旨起重要作用的材料详写;次要的、概括性的材料,略写;典型、新颖的材料详写;一般的材料略写。详略得当,张弛有度,繁简相宜,才能使文章主旨突出、说服力强。

3）逻辑顺序严密

使用材料要注意顺序条理,合乎逻辑。可以先摆主旨,后列材料;也可以先列材料,后摆主旨;或者先摆主旨,后列材料,再归纳主旨;等等,可根据情况灵活运用,但必须注意逻辑严密,思路严谨。

2.3 安排结构

2.3.1 结构的涵义和作用

结构,即指文章的谋篇布局,是对文章的内容的安排与组织,是作者的思路在文章中有层次的反映,是把主旨和材料组织成一个有机整体的文章的内部构造。

在文章的写作中,作者通过对材料有序的排列组合,主次分明、详略得当,适时过渡照应,合理开头结尾,清晰而有条理地表现主旨,解决了文章言之无序的问题。它是文章内容的重要表现形式,是构成文章的要素之一。

任何文章都只有在根据一定的规则安排组织材料,谋篇布局,解决了脉络层次、发展顺序等问题后,才能真正成为逻辑严密、和谐统一的有机整体。文章就好比一个人,主旨是灵魂,材料是血肉,结构就是骨骼。没有骨骼,血肉无所附,灵魂无所依。正如俄国学者阿·叶高洛夫所说:"没有组织材料的结构方式,就没有作品。"因此,谋篇布局的作用在于:

第一,结构可使无形的思想内容有一个向有形转化所必需的组织形式。这包括两个方面:确定思路和安排布局。思路是作者的思想脉络,反映了作者对事物观察、理解和认识的顺序和过程。叶圣陶在《认真学习语文》中强调:"思想是有一条路的,一句一句,一段一段,都是有路的,好文章的作者是决不乱走的。"确定了思路就确定了文章的基本内容和基本顺序。在此基础上的布局,就形成了文章的结构。布局是对思路的具体化,即段落层次的安排,详略的调配,开头结尾及过渡照应的考虑等。

第二,结构可使内容自然体现主旨在文章中的统帅作用,即通过对文章内容的通盘考虑和有意识地安排某种或一些特定的材料的组合,使"灵魂"贯通全文,统率全篇。

21

第三,合理的谋篇布局,可以实现主旨与材料的最佳组合。具体写作中材料的调度配置是在文章的框架布局的过程中完成的,作者在布局中考虑材料取舍的同时,也是确定材料使用的逻辑顺序、详略关系的过程,其最终目的,是真正实现主旨与材料的统一。

第四,结构是文章形式美的重要因素。任何主旨都必须通过一定的形式表现出来,深刻鲜明的主旨都是寓于完美的形式之中的。对文章篇章结构的谋划安排,使其达到完美的过程,是具体的写作活动中最费时费力的阶段。李渔在《闲情偶寄·结构篇第一》中说:"袖手于前,始能疾书于后。""袖手于前"就是指动笔行文前的构思谋篇,也就是说,只有经过成熟的谋篇布局,才能有理想的写作效果。

2.3.2　结构的基本内容

经济应用文结构的基本内容包括:标题、开头、结尾、层次、段落、过渡照应等。

1)标题

应用文标题一般有以下几种常用形式:

(1)公文式标题

这类标题一般由发文者(发文机关)、事由、文种三部分组成,发文者与事由之间一般有连接介词"关于",如《四川省关于制止滥砍乱伐的通知》。公文式标题要求简明扼要、醒目。标题中除规约类文书加书名号外,一般不用标点符号。

(2)新闻式标题

这类标题一般有两种情况,一是动态消息类,一是通讯报道类。动态消息类直接陈述事实,如《中共中央举行党外人士迎春座谈会》。通讯报道类标题一般使用正副题(双标题),它又叫文章题目式,正题点明主旨、意义,副题标明内容范围、文种,或补充陈述说明等,如《积极稳妥发展证券市场(正)人行证券管理办负责人答记者问(副)》。

(3)文种式标题

以文种名称为题,如"合同"、"启事"、"通知"等。

(4)论文式标题

此类应用文一般用文体或论题做文章标题,如学术论文、调查报告等。

2)开头结尾

开头和结尾是文章的有机组成部分,千变万化、多姿多彩,在文中地位显著,对文章的质量有至关重要的影响。

①经济应用文开头的基本要求是开门见山,入文切题。一般常用方式有:

目的式:表明写作本文的目的。

根据式:交代事项或要求的根据。

说明式:说明情况,引出正文。

阐明观点式:点明主旨,表明态度,然后解释说明,以引起读者重视。

原因式:阐述交代事项及写作本文的原因。

概述式:概述对象的基本情况或发展过程,给人以总的印象。

评价式:针对文书所涉及的问题,事实情况作出评价,提出结论性看法。

引述式:引述来文,带出下文。

祝贺致意式:多用于礼仪方面的文书。

对比式:运用正反、今昔、数字对比等说明问题。

提问式:提出问题,引起重视,开门见山。

②经济应用文结尾的基本要求是言简意赅,意尽言止。一般常用的方式有:

专门语式:用专用词语结束全文,如"此复"、"特此证明"、"特此报告"等。

祈请式:提出祈使或请求,表明意图,如请示、函等文种。

强调式:对文中的主要问题作强调说明,使读者加深印象,引起重视。

总结式:总括全文内容,点明主题。

号召式:提出要求,指明方向,发出号召。

说明式:对有关问题或事实情况作说明或补充。

祝贺慰问式:多用于社交礼仪文书,如慰问信、贺词等。

3)层次段落

层次,即文章内容逻辑表达次序,是文章展开思路的步骤和应用文内容阶段性的逻辑体现。段落,又称自然段,是文章结构的基本单位。在行文中层次与段落相辅相成,既有联系,又有区别,一般层次大于段落,也有独段即是一个层次的情况。层次的划分,着重于内容的表达次序;段落的划分则主要着重于表达过程中的间歇、转折和强调等情况而自然形成的分隔、停顿。

文章的层次与段落的划分,要注重其单一性、完整性、匀称性。单一性,指的是各层次段落的内容相对集中,注意材料的相关性,剔除庞杂的不相关的内容;完整性,指的是每个层次和段落都是表达文章主旨的一个相对独立而完整的部分,避免支离破碎;匀称性,是强调层次与段落的划分长短开合适度,松紧转折变化有致,使文章布局连贯、匀称、优美。

层次清晰,段落分明,是经济应用文具体写作中结构布局的基本要求,它直接影响文章的条理性和表现力。

（1）经济应用文常见的层次安排方式

①纵向式　按照客观事物各个发展阶段的先后顺序或客观事理各个侧面层层深入的关系来安排层次。包括两种具体方法：一是以时间为序安排层次，其特点是在时间的纵向延伸中去展现经济活动的变化；二是递进式结构层次，其特点是由浅入深，由表及里逐层深入表现文意。

②横向式　又叫并列式。有三种情况：一是按照事物的组成部分和性质归属关系安排层次；二是以空间的变换来安排层次，其特点是可以加大时间跨度和空间变换，扩充内容含量；三是采取列举说明事物特征的方式来安排文章结构，即条文式或叫条文并列式、总分条文式等。

③纵横式　纵向和横向，时间和空间交叉。其特点是可使文章跌宕有致，内容丰富，又称综合式。多运用于内容较复杂的应用文种写作。有两种具体方法：一是以"纵"为主，以"横"为辅；二是以"横"为主，以"纵"为辅。

④总分式　一种是先总提，后分述的"首括式"安排；一种是先从几个方面分述，最后总括的方式。

⑤三段式　开头提出问题，中间分析问题，结尾解决问题。

⑥图表式　这是应用文特有的结构形态，一般用于专用的规范文书，如税务、财务、商务等文书。

（2）经济应用文常见的段落安排方式

①单一段　一段只有一个意思，内容单一但意思完整，也叫规范段。

②分项标段　按每项具体事宜，按条项单独分段，并标上序号。

③篇段合一　内容简要，篇幅简短，全篇只有一段。

4）过渡与照应

过渡与照应是文章内容前后连贯、衔接、承上启下、思路顺畅的重要手段，它在文章的谋篇布局中穿针引线，关照呼应，增强了文章内容的内在联系，增强了文章的整体性、严谨性和逻辑力量，使文章成为严密而顺畅的有机整体。

过渡通常用于文章内容展开的不同阶段和不同意思之间的转接处，从开头部分转入主体部分，或由主体部分转入结尾处；各个论点之间，上下层次之间交换处；表达方式或表现方法变化处等。

常用的过渡方式有：

①过渡段　承上启下的自然段，一般用于两个层次间或上下文的衔接。

②过渡句　一般用于前一段结尾或后一段开头。

③过渡词　用于意思转折不大的情况下，一般由关联词语来承担，如，因此、

然而、总而言之等,这种方法比较简便。

照应一般用于文章前后内容的关照和呼应,即"前有交代,后有着落"。照应可使文章前后贯通,首尾圆合,结构严密,线索清晰。

常用的照应方式有:首尾照应、文题照应、前后照应。

2.3.3 安排结构的原则和要求

1)安排结构的基本原则

①服从于、服务于主旨的要求 结构是文章的表现形式,结构布局的合理安排是以最有效、最有力地表达主旨为最终目的的,这是文章结构的重要原则,离开了这个根本原则,文章结构也就失去了价值和意义。

②反映事物的内在联系和发展规律 文章是客观事物的反映,而客观事物有它本身存在的形式,有它的特点,有其内在的联系和发展规律。经济应用文亦如此,其结构形式也取决于它的内容,体现客观的、内在的本质联系和认识规律,这种认识规律,也必然在应用文写作实践过程中反映出来。

③适应不同文种的体式特点 不同文种的应用文都有自己相对固定和惯用的结构体式,这就决定了它们的结构方式也有各自的特点。因此,安排结构必须从文体特点出发,适应不同文体对结构形态的不同要求。

2)安排结构的基本要求

经济应用文的结构与文学作品和一般文章相比,它更注重完整性,规范性,条理性和严密性。

(1)完整性

完整性指的是把全部内容匀称和谐,疏密得当地密切联系在一起,组织成环节相对完备的有机整体为主旨服务。

(2)规范性

规范性主要强调,因经济应用文结构的"模式化"的外在形式特点,所决定而体现出来的"法定使成"和"约定俗成"的基本规律。

(3)条理性

条理性指的是行文结构要有清晰的思路:层次清楚,主次分明,顺序流畅而自然。

(4)严密性

诸种结构各环节之间的逻辑关系周延缜密,按照严谨的规律来谋篇布局。

2.4 语言表达

2.4.1 经济应用文语言的特点

语言是人类思维交流的工具,是思维结果物化的重要手段,是文章的要素之一,也是经济应用文写作表达的基本工具和载体。应用文书种类繁多,内容不同,体式各异,但它们都是处理事务、解决实际问题、讲求实效的,因此,就决定了它的语言必须以实用为准则,以提高效率为目的。与一般文章相比,应用文的语言有其独有的特点。

第一,严谨、庄重、有分寸感。经济应用文中各类文种,大都既不宜使用口语,也不宜使用文学语言,而必须使用严谨,庄重规范的书面语言。不可褒贬过分,也要杜绝弹性和模棱两可的话,要有分寸感,直陈其事,"析辞必精","述情必显",遣词用语含义明确,限定无误。行文中也可有分寸地选用外来语、文言词汇、简缩语、方言、简称等。

第二,常用专门及行业词语。经济应用文专门、行业术语繁多,并具有较强的特指性。长期以来,人们在文书中沿用一些使用频率较高的,专用的或固定模式的词语。如:称谓语、经办语、引叙语、祈请、表态、结尾语等。这些词语虽不是法定的,但是约定俗成的,它有助于使文章语言简练,文约意丰。

第三,常用较固定句式和特定形式的语言。为使语言表述直观简洁,应用文常使用陈述句、祈使句,较少使用感叹、疑问句,常使用图表、符号、公式等特定形式的语言。

第四,常用数字语言。数字语言在经济应用文写作中常具有特殊的功能,尤其在表现经济活动的发展与变化方面更具有一般文字所不能替代的揭示、说明、计算、显现和增强说服力的作用。

2.4.2 经济应用文语言表达的基本要求

经济应用文语言表达既具备一般文章语言的共同特点,又有同其本身内容和表达方式相适应的个性特点。

1)准确

准确是对应用文语言最基本最重要的要求,这是由应用文语体功能决定的。表述准确才能使人明白无误的理解、记载,才能明确地传导作者对客观事理的认识和观点,才能避免费时、误事。因此,应用文语言的准确,首先要注意选择词语的准确,认真辨析词语,精选词语,用准词语,不含糊其辞,模棱两可;其次,句子表意要准确,不悖事理;其三,符合逻辑语法修辞规范;其四,数据、图示、人名、地名、引文要求准确,无错误歧义。

2)简洁

简洁就是用精练的语言表达出尽可能丰富的内容,言简意赅,干净利落。简洁包含两层意思:一是简练。应用文语言表述必须简要明确,直截了当,不拖泥带水,丢三落四。二是精练。精练就是以一当十,以少胜多,增强信息的容量和密度。在应用文写作时,要注重炼字炼句:剔除一切与主题无关的,重复累赘的词语及空话、套话,做到"篇无累句,句无累字",词语简略,句式简洁,内容单一,纲目分明,达到用最简洁的形式把要说的意思直接准确表达出来的目的。

3)平实

平实就是平易通俗、朴实。应用文是处理事务,沟通信息的工具和载体,因此,语言表述必须注重朴实无华、明白易懂、语言实在。这是它有别于文学作品语言的一个重要特点。经济应用文要求对客观事物作如实反映,强调直接叙述,直叙其事、直陈其意。不追求华丽辞藻,也不搞形象描写,更不用含蓄、虚构的写作手法。当然,应用文在强调平实的同时,也不排斥适当使用比喻、排比等修辞方式,以增强生动活泼和可读性。

4)得体

得体是指经济应用文书的语言要符合文种的要求,符合行文目的,适应应用的具体需要,语言表述恰当、适度。如:公文语言应庄重、严肃、简明;事务文书的语言应朴实、客观、通俗;学术研究文书应严谨、缜密;礼仪文书则情感适度,不卑不亢;等等。

2.4.3 经济应用文的表达方式

表达方式也称表现方式,指在写作中运用语言来反映情况,陈述事理,说明问题,探索总结规律,阐明观点的具体方法和手段。应用文书受其文体性质和写作目的的制约,它的表达方式以说明为主,兼用记叙和议论,一般不用描写和抒情。

1）说明

说明是以简明而准确的文字,对事物或事理的性质、状态、特征、成因、关系、功能、构成等进行阐释和解说。说明是应用文写作的主要表达方式之一,在具体的写作实践中被广泛使用,常用的说明方法有:

①定义说明　对事物的本质属性作明确的界定,用简明的语言,科学地揭示事物或事理的本质特征。

②诠释说明　即对定义作较全面、详细、具体的阐释、解说。使人们对客观事物有一个全面认识。

③举例说明　通过具体、典型的事例来说明事物和事理,即通过个别认识一般。

④分类说明　对构成较复杂的事物,进行分门别类的介绍说明。

⑤数字图表说明　用统计数据和图表来说明对象。

⑥比较说明　通过将相似或不同的事物进行对比、类比来揭示事物的性质和特征。

在具体说明中,还有其他说明方法,可根据需要选择采用。

经济应用文写作对说明的要求是:准确简明,语言平实,抓住特征,条理清楚,多种说明方式常常同时使用。

2）记叙

记叙是应用文写作中最基本和最常用的一种表达方式,它是运用陈述性的语言,对人物的经历和事件的发展变化过程作介绍和交代。多数应用文都涉及一定事件、事项,因此,常采用记叙手段陈述事实,交代背景,表述经过,揭示因果等。

在经济应用文写作中,运用记叙这种表达方式时,一般采用概述而不用详述,并经常与说明、议论结合使用;记叙方式通常以顺叙为主,讲究平铺直叙,有时也用分叙和倒叙,一般不用插叙和补叙;在应用文中,记叙的三种人称,大都单独使用,在人称转换时都应有交代和过渡。

3）议论

议论是对客观事物或某个问题、事件进行分析、评论,表明自己的观点、意见、态度的一种表达方式。在应用文写作中,除了学术研究文书以议论方式为主要表达手段以外,其他应用文中,议论一般多作为说明、记叙的补充手段,处于从属地位。

完整的议论是由论点、论据、论证三要素构成。论点是核心，论据是基础，论证是联系论点和论据的桥梁。应用文着重在实际问题的解决，以客观事实为基础，以明确的政策、法规为依据，论证力求简明。因此，通常采用不完整论证，简化论证过程，直接表明立场、观点、主张等论证结果，而且多以正面论证为主，同时与其他表达方式结合使用，夹叙夹议是常用的方式。

在实际的应用文写作中，说明、记叙、议论三种表达方式是经常交互使用，相辅相成的。同时，表达方式与文种体式也有着互为依存的关系，不同的文种体式在运用表达方式时，由于文体特征的制约，在选择时往往是有所侧重的，根据文体要求选用恰当的表达方式，是保证经济应用文写作质量的重要条件。

思考与练习

1. 经济应用文主旨的作用是什么？怎样确立和表达主旨？
2. 经济应用文写作选择材料应把握哪些原则？谋篇布局的意义和作用何在？
3. 经济应用文的语言表达有什么基本要求？
4. 一篇完整的经济应用文包括哪些要素？请按文章结构的基本要求列出。
5. 以一个论题为例，设计几种不同的开头与结尾形式。

第3章 公 文

3.1 公文知识概述

3.1.1 公文的涵义

公文是人们在公务活动中经常使用的文书。它是指党政机关、社会团体、企事业单位在处理各种事务中形成的体式完整、内容系统的各种书面材料。公文有广义和狭义之分:广义的公文是指公务活动中形成和使用的各种书面文字材料,其中包括法定公文、事务公文和专业公文;狭义公文单指法定公文,即党政机关、社会团体、企事业单位在办理公务的过程中形成和使用的具有法定效力和规范体式的公务文书。本章主要介绍狭义公文。

3.1.2 公文的特点

1)权威性

公文不是代表个人,而是代表某一级国家机关或党的组织依法行使权力和贯彻党的路线、方针、政策的工具,它具有法定的或特定的效力,任何人不能随意更改、任意解释、随意否定。公文的权威性主要表现在:它的发文机关是有一定权力的;它的执行常常是无条件的;它的内容是经得起检验的。

2）规范性

公文处理要求做到规范化、制度化、科学化,因此从公文的拟制、办理、管理到立卷归档,都有一个相互关联、衔接有序的工作程序。这个程序是由党和国家的领导机构统一制定的,处理公文时必须严格遵守这些规定。不注意公文的规范性,就会造成混乱,给工作带来损失。

3）法定性

党政机关和企事业单位,都是依据有关法律、规定而建立的,它们可以依据自己的职能和权限制发公文,它们就是公文的法定作者,至于公文的拟定人则不能作为公文的法定作者。即使是一些领导、或以领导名义拟定的公文,亦不能视为公文的法定作者。所以,任何个人是代表不了组织的,公文不代表个人。

4）现实性

由于公文是在现实工作中形成和使用的,为推动现实工作而服务,因此,它的作用有时间的限制。这项工作一旦完成,由这项工作所形成并使用的公文的作用也随之结束。只是各种公文的寿命不等,有的时效长些,如法律公文;有的时效短些,如某件具体事情的通知,在事情办过之后,公文的效用也就结束了。

3.1.3 公文的作用

公文是传达和贯彻党和国家的方针政策,联系和处理各级机关公务的一种工具。具体说来,它有以下作用:

1）指导作用

公文除了传达党和政府的方针、政策、法令法规外,也传达对某项具体工作的实施意见。上级机关的公文,对下级机关具有指导作用,下级机关根据上级机关的公文精神布置和开展工作。下级机关则须严格按公文办事,用公文来指导和规范自己的工作。

2）沟通作用

公文的使用,离不开上下左右的联系和沟通。上级机关制定的方针政策,需要下级机关贯彻执行,下级机关在工作中遇到的问题也需要向上级机关汇报、反映或请示,部门与部门之间总会涉及一些问题,经常需要沟通、交流、商洽、协调。这其间公文起着积极的联系和沟通作用。

3）凭证作用

公文具有法定效力,是办事的依据和凭证。如上级机关根据下级机关所反映上来的问题,有针对性地给予指示、处理、答复等;下级机关则根据上级机关下发的各种公文来指导和规范自己的工作;不相隶属单位之间的交往,亦需凭公文来协商、沟通、解决所涉及的事项。因此,离开了公文,单位之间办事就失去了凭据和凭证。

3.1.4 公文的种类和格式

1)公文的种类

公文的种类很多,不同的种类其使用范围和写作要求亦不同。全面了解和正确认识不同种类的公文,对写好公文,用好公文意义重大。

2000年8月24日国务院颁布了《国家行政机关公文处理办法》,明确规定了国家行政机关的公文种类有13种:

①命令(令);②决定;③公告;④通告;⑤通知;⑥通报;⑦议案;⑧报告;⑨请示;⑩批复;⑪意见;⑫函;⑬会议纪要。

根据公文的行文关系、文件去向,公文可分为上行文、下行文、平行文。

上行文是指下级机关向所属上级机关的行文,如,报告、请示。

下行文是指上级机关对所属下级机关的行文,如,命令、决定、通知、通告、公告、通报、批复、会议纪要。

平行文是指平行机关或不相隶属的机关之间的行文,如,函。

2)公文的格式

《国家行政机关公文处理办法》明文规定,公文一般由秘密等级和保密期限、紧急程度、发文机关标识、发文字号、签发人、标题、主送机关、正文、附件说明、成文日期、印章、附注、附件、主题词、抄送机关、印发机关和印发日期等部分组成。在实践中,人们一般把公文划分为三大块,即文头部分、中间部分和文尾部分,格式上分为眉首、主体、版记三部分。

（1）文头部分(眉首)

①份号 指公文份数序号,是将同一文稿印制若干份时每份公文的顺序编号。如需标识公文份号(仅限于需要保密的公文),用阿拉伯数码顶格标识在版心左上角第1行。

②秘密等级和保密期限 公文按秘密的程度分为"绝密"、"机密"、"秘密"三等,一般不需要保密的公文可不必注明密级。如需标识秘密等级,用3号黑体字,顶格标识在版心右上角第1行,两字之间空1字;如需同时标识秘密等级和保密期限,用3号黑体字,顶格标识在版心右上角第1行,秘密等级和保密期限

之间用"★"隔开。

③紧急程度 指对公文送达和办理的时间要求。紧急文件应当分别标明"特急"、"加急",紧急电报应当分别标明"特提"、"特急"、"加急"、"平急"。如需标识紧急程度,用3号黑体字,顶格标识在版心右上角第1行,两字之间空1字;如需同时标识秘密等级与紧急程度,秘密等级顶格标识在版心右上角第1行,紧急程度顶格标识在版心右上角第2行,紧急程度标识的位置在公文首页右上角"密级"的下方。

④发文机关标识 又称版头,由发文机关全称或者规范化简称加"文件"二字,用套红大字居中印在公文首页上部,俗称"红头文件"。联合行文,版头可以用主办机关名称,也可以并用联署机关名称。在民族自治地区,发文机关名称可以并用自治民族的文字和汉字印制。发文机关标识推荐使用小标宋体字,用红色标识,字号由发文机关以醒目美观为原则酌定,但最大不能等于或大于22 mm×15 mm。

⑤发文字号 由发文机关代字、发文年度和发文顺序号组成,标注于版头下方居中或者左下方。联合行文,只标明主办机关的发文字号。机关代字有习惯而规范的用法,不能任意改变。年份应用阿拉伯数字全称书写,用六角括号"〔〕"括入。序号不编虚位(即1不编为001),不加"第"字,如"国办发〔2001〕53号"。发文字号之下4 mm处印一条与版心等宽的红色反线。

⑥签发人 上报公文应当在发文字号右下侧标注"签发人",注明签发人、会签人姓名。

(2)中间部分(主体)

①标题 公文的标题应当准确简要地概括公文的主要内容并标明公文种类,一般由发文机关名称、发文事由和文种组成,位于发文字号下方。公文标题中除法规、规章名称加书名号外,一般不用标点符号。

②主送机关 指公文的主要受理机关。主送机关名称应当用全称或者规范化简称或者同类型机关的统称,位于正文上方,顶格排印。

③正文 公文的主体,用来表述公文的内容,位于标题或者主送机关下方,每自然段左空两个字,回行顶格。数字、年份不能回行。

④附件说明 如有公文附件,在正文下一行左空两个字用3号宋体标识"附件",后标全角冒号和名称。附件如有序号使用阿拉伯数码(如"附件:1.×××××"),附件名称后不加标点符号。

⑤成文日期 成文日期以负责人签发的日期为准,联合行文以最后签发机关负责人的签发日期为准,电报以发出日期为准。成文日期应当用汉字书写,要将年月日标全,位于正文之下的右下方;"零"写为"0"。决定等一些不标明主送

机关的公文,成文日期加括号标注于标题下方居中位置。

⑥印章　公文除"会议纪要"和以电报形式发出的以外,应当加盖印章。联合上报的公文,由主办单位加盖印章;联合下发的公文,发文机关都应当加盖印章。

⑦附注　用来说明公文中在其他区域不便说明的各种事项,如解释名词术语,交待阅读范围等。公文如有附注,用3号仿宋体字,居左空两个字加圆括号标识。

⑧附件　如有附件,应当置于主件之后,与公文正文一起装订,并在附件左上角第1行顶格标识"附件",有序号时标识序号;附件的序号和名称前后标识应一致。如附件与公文正文不能一起装订,应在附件左上角第1行顶格标识公文的发文字号并在其后标识"附件"(或带序号)。

（3）文尾部分（版记）

①主题词　反映公文主要内容的规范化名词或名词性词组。一份公文一般标注3～5个主题词,严格按上级机关的要求和《公文主题词表》标注,位于抄送机关上方。"主题词"3个字用3号黑体字,居左顶格标识,后标全角冒号;词目用3号小标宋体字,词目之间空1字。

②抄送机关　指除主送机关以外的其他需要执行或知晓公文的机关,应当使用全称或者规范化简称、统称,标注于主题词下一行;左空1字用3号仿宋体字标识"抄送",后标全角冒号;回行时与冒号后的抄送机关对齐;在最后一个抄送机关后标句号。

③印发机关和印发日期　写明公文印发机关名称、印发日期,位于公文末页下端,抄送机关之下(无抄送机关在主题词之下)占1行位置,用3号仿宋体字。印发机关左空1字,印发时间右空1字。印发时间以公文付印的日期为准,用阿拉伯数码标识。

④反线　版记中各要素之下均加一条反线,宽度同版心。

版记应置于公文最后一页,版记的最后一个要素置于最后一行。

另外,公文的文字从左至右横写、横排;在民族自治地区,可以并用汉字和通用的少数民族文字(按其习惯书写、排版)。

公文用纸一般采用国际标准A4型(210 mm×297 mm),左侧装订。张贴的公文用纸大小,根据实际需要确定。

此外,公文格式还有信函格式、命令格式和会议纪要格式三种。

国家行政机关公文格式,可以参照国家技术监督局1999年12月27日发布,2000年1月1日起实行的《中华人民共和国国家标准》(GB/T 9704—1999)。

【例文】

（机关名称）发文稿纸

×发〔20××〕号	缓急		密级
签发		会签	
主送		抄送	
拟稿单位	拟稿		核稿
打字	校对		份数
附件			
主题词			

份号

绝 密
急 件

××关于××的××

××〔20××〕×号　　　　签发人：×××

标　题

主送机关：

文 件 正 文

附件：1．××××
　　　2．××××

印　章
二〇〇×年×月×日

（附注：××××××）

主题词：×××××××

抄　送：×××××××××

×××××（印发机关）　　　　二〇〇×年×月×日印
　　　　　　　　　　　　　　　（共印××份）

3.1.5 公文写作的要求

公文写作是指公文文本的起草、修改和定稿。公文写作应当做到这样几点：

①符合国家的法律、法规及其他有关规定,如果提出新的政策、规定等,要切实可行并加以说明。

②情况确实,观点明确,结构严谨,条理清楚,直述不曲,字词规范,标点正确,篇幅力求简短。

③公文的结构要合理、谨严、固定,语言要准确、简明、平易、庄重。

3.1.6 公文的行文规则

为了确保公文迅速而准确地传递,避免行文紊乱,《国家行政机关公文处理办法》第 13 条、第 14 条指出:"行文应当确有必要,注重效用。行文关系根据隶属关系和职权范围确定。"具体的行文规则有:

1)下行文规则

①政府各部门依据部门职权可以互相行文和向下一级政府的相关业务部门行文;除以函的形式商洽工作、询问和答复问题、审批事项外,一般不得向下一级政府正式行文。

②部门之间对有关问题未经协商一致,不得各自向下行文。如擅自行文,上级机关应当责令纠正或撤销。

③上级机关向受双重领导的下级机关行文,必要时应当抄送其另一上级机关。

④向下级机关或者本系统的重要行文,应当同时抄送直接上级机关。

2)上行文规则

①请示应当一文一事;一般只写一个主送机关,需要同时送其他机关的,应当用抄送形式,但不得抄送其下级机关。

②报告不得夹带请示事项。

③一般不得越级请示和报告。

④除上级机关负责人直接交办的事项外,不得以机关名义向上级机关负责人报送请示、意见和报告。

⑤受双重领导的机关向上级机关行文,应当写明主送机关和抄送机关。

3）联合行文规则

①同级政府、同级政府各部门、上级政府部门与下一级政府可以联合行文。

②政府与同级党委和军队机关可以联合行文。

③政府部门与相应的党组织和军队机关可以联合行文。

④政府部门与同级人民团体和具有行政职能的事业单位也可以联合行文。

4）其他行文规则

①属于部门职权范围的事务,应当由部门自行行文或联合行文。联合行文应明确主办部门。须经政府审批的事项,经政府同意也可以部门行文,文中应注明经政府同意。

②属于主管部门职权范围内的具体问题,应当直接报送主管部门处理。

3.2 命令(令) 决定

3.2.1 命令(令)

1）命令(令)的涵义

《国家行政机关公文处理办法》规定:命令(令)适用于依照有关法律公布行政法规和规章;宣布施行重大强制性行政措施;嘉奖有关单位及人员。

根据有关规定,全国人大常务委员会及其委员长、国务院及其总理、各地方人民政府及其首长,可以发布命令(令);国务院各部部长可以发布命令(令)。命令(令)虽然往往以领导人个人名义发布,但体现的不是个人的要求,而是权力机关的意志。

命令(令)属于上级机关主动下发的指挥性公文,具有极强的权威性和约束力,下级机关必须严肃对待,坚决执行。

2）命令(令)的特点

(1)发文的限制性

命令(令)一般只由国家行政机关及其领导人使用,党的领导机关一般不能单独使用,如有必要,要与国家机关联名制发命令。

（2）**内容的明确性**

命令的内容必须写得清清楚楚,明明白白,不能模棱两可,产生歧义。

（3）**执行的强制性**

下级机关必须百分之百的执行,没有讨价还价的余地。

3）命令（令）的结构与写法

命令（令）主要包括发布令、行政令、嘉奖令等几种,其基本写法略有不同,但都由标题、正文、落款、发令日期等几部分组成。

（1）**标题**

命令（令）的标题的写法有三种:

①由发文机关名称或发令机关领导人职务名称加文种名称两部分构成,此类标题写法常用于发布令,如《中华人民共和国主席令》、《中华人民共和国国务院令》。

发布令的标题下面为令号,令号一般不按年度编排,而是从发令机关领导人任职开始编流水号,至任满为止。下任另行编号。

②由发文机关名称、主要事由和文种名称构成,如《国务院关于在我国统一实行法定计量单位的命令》,《国务院对胜利粉碎劫机事件的民航杨继海机组的嘉奖令》。

③仅注明文种,如《嘉奖令》。

（2）**正文**

命令的作用不同,正文的写法亦不同:

①发布令,即用以发布各种法规或规章的命令,其正文须说明所发布法律法规的名称、通过或批准的机关或会议,通过或批准的时间及施行时间。

②行政令,即规定重大行政措施的命令,其正文包括两部分,一是说明发布命令的缘由,要做到理由充足,以达到令人信服的目的;二是写出命令具体内容,写明强制性行政措施及执行机关,要做到条目清晰,层次分明,便于执行。

③嘉奖令的正文一般包括三个方面的内容,一是嘉奖缘由,简要叙述被嘉奖者的主要事迹,并作出中肯的评价;二是嘉奖事项,写出嘉奖的具体内容,通常为授予的称号、记功的登记和次数及其他形式的奖励决定;三是发出号召,即号召广大人民群众向英雄人物学习,做好本职工作。

（3）**落款**

落款处签署发布命令机关领导人的职务名称和姓名。

（4）**发令日期**

命令的最后要注明发令日期。有的发令日期也可在标题下面注明。

【例文1】发布令

中华人民共和国主席令
第 76 号

　　《中华人民共和国律师法》已由中华人民共和国第十届全国人民代表大会常务委员会第三十次会议于 2007 年 10 月 28 日修订通过,现将修订后的《中华人民共和国律师法》公布,自 2008 年 6 月 1 日起施行。

中华人民共和国主席　胡锦涛
二〇〇七年十月二十八日

【例文2】行政令

云南省人民政府二〇〇八年森林防火命令

各州、市、县(市、区)人民政府,省直各委、办、厅、局:

　　今年 4 月以来,由于持续高温,旱情加剧,我省森林火险等级居高不下,加之野外用火高峰叠连,已连续发生多起影响较大的森林火灾,森林防火形势极其严峻。目前全省已进入森林防火戒严期关键时段。为坚决遏制当前森林火灾高发势头,确保森林资源和林区人民群众生命财产安全,维护生态文明和社会稳定,特发布如下命令:

　　一、严明防火责任。各级人民政府要切实加强森林防火工作的统一领导、统一组织和统一指挥,全面落实各级人民政府负总责、林业主管部门担主责、森林防火指挥部成员单位各司其责的"三线"森林防火责任机制和各级人民政府主要领导是第一责任人、分管领导是主要责任人、林业主管部门领导是重要责任人、单位领导是直接责任人的"四个责任人"制度,层层把领导责任、部门责任、地块责任和包片责任落实到乡(镇)长、村(社)主任、村民小组长、户长、林权所有者"五个"关键人,把防火措施落实到林区基层、山头地块和防火一线。

　　二、严格火源管理。森林防火戒严期内,林区一律实行封山管理,严禁任何单位和个人在林区和林缘的一切野外用火,严禁火种入山。各级人民政府及林业部门要全面落实野外火源管理措施,增设火源管控点,增加临时护林员,增大巡护密度,做到林区农户 100% 与村民小组长签订森林防火安全责任书、防火检查站(哨、卡)对进入林区的人员 100% 进行实名登记、林区生产用火 100% 执行计划用火许可证制度、痴呆聋哑精神病等五种特殊人群和儿童要 100% 落实责

任监护人、对违规用火要100%进行查处和责任追究,切实把野外火源这个引发森林火灾的祸首牢牢管住。(略)

三、严查火灾隐患。各级人民政府、森林防火指挥部要迅即组织一次森林防火工作大检查、火灾隐患大排查活动,检查排查必须做到横向到边、纵向到底,不留死角、不留盲区。对重点林区、重点火险区、城市面山、坟山要全面开展森林防火安全检查,组织专门力量限期清除山脚林缘可燃物,切实降低可燃物载量,最大限度减少森林火灾隐患。(略)

四、严防人员伤亡。各地要健全完善森林火灾处置预案,发生森林火灾要按照预案快速反应、迅即处置,特别要落实扑火经费,备足扑火物资,确保通讯联络和后勤保障。武警森林部队、森林航空消防和各类森林消防队要高度戒备、就近驻防,驻滇解放军、武警部队、公安、预备役部队和民兵要做好应急准备,严阵以待,一旦发生火情,全力以赴,组织力量"打早、打小、打了"。扑救森林火灾要坚持以人为本、科学扑救,按照《云南省处置森林火灾安全规范》健全完善森林防火安全责任制,确保防扑火安全保障措施落实到位。(略)

五、严肃责任追究。各级人民政府要进一步强化和完善森林防火目标管理责任状绩效考核体系,实行预防和扑救双向责任考核。对发现火灾隐患不作为,对因玩忽职守、失职、渎职引发森林火灾,对发生火情隐瞒不报、贻误扑火战机,对防火责任不落实、组织扑火不得力造成重特大森林火灾或造成重大影响的,要按照事故原因未查清不放过、事故责任者未处理不放过、整改措施未落实不放过、教训未吸取不放过的原则,依法从严追究有关地方政府和部门领导的责任。各级公安机关、森林公安局对森林火灾案件要依法从严从快查处,并及时向社会公布,不断加大依法治火力度。

省长　秦光荣

二〇〇八年四月二十日

【例文3】嘉奖令

卢氏县人民政府嘉奖令

卢政〔2007〕23号

多年来,在我县修志工作者的精心努力下,高质量地完成了一大批史志成果。特别是在第二轮修志工作中,修志工作者精益求精,刻苦钻研,历经六载,四易篇目,反复修改完善,编纂出版了全省第一部彩印志书《卢氏县志(1988—

2000)》。该书自去年12月份正式出版以来,受到出版界和方志界的高度评价,已成为卢氏县一张厚重而精美的名片,将为宣传卢氏、提高卢氏知名度发挥重要作用。为此,经县政府研究决定,对作出突出贡献的县地方史志办公室通令嘉奖,并奖励现金3万元。希望受到嘉奖的单位继续发扬成绩,再接再厉,再创佳绩。各乡(镇)和县直各单位要以先进为榜样,与时俱进,开拓创新,扎实干好本职工作,为全县经济建设及社会发展作出积极贡献。

二○○七年三月十三日

3.2.2 决定

1)决定的涵义

《国家行政机关公文处理办法》规定:决定适用于对重要事项或者重大行动作出安排,奖惩有关单位及人员,变更或者撤销下级机关不适当的决定事项。

决定是一种重要的指挥性和约束性公文。党政机关、社会团体或企事业单位,对某些重要事项或重大行动作出安排,都可以用决定。决定既可以由领导机关制发,如《国务院关于加快发展中西部地区乡镇企业的决定》,也可以由会议作出,如《七届全国人大一次会议关于设立海南省的决定》。

2)决定的分类

按照具体用途和内容的不同,决定可分为两类:

(1)**对重要事项作出安排的决定**

决定所反映的事项多种多样,常用的对重要事项作出安排的决定主要有表彰决定、惩处决定、机构设置决定、人事安排决定、授权决定及发布法规性事项的决定等,如《全国人民代表大会澳门特别行政区筹备委员会关于澳门市政机构问题的决定》(1999年8月29日)。

(2)**对重大行动作出安排的决定**

事先对某项重要工作的开展进行部署的决定,指挥性极强。这种决定要求下级机关或有关人员必须遵照执行,因而具有较强的约束力,如《中共中央、国务院关于加强技术创新发展高科技实现产业化的决定》(1999年8月20日)。

3)决定的结构与写法

决定一般由标题、主送单位、正文、发文机关、成文日期等项目组成。

41

（1）**标题**

主题一般由发文机关、事由、文种三个要素组成。

（2）**主送单位**

主送单位一般应有具体的受文单位。如果受文面宽，也可以不写主送单位。

（3）**正文**

因内容性质的不同而有种种不同的写法。如政策法规性质的决定，处理重大问题的决定，安排重要行动的决定，这类决定，其开头部分先介绍和交代作出该决定的原因、目的、意义和根据等，以强调其重要性。中间部分是决定的主体部分，亦是决定的主要内容的体现，应逐条阐述决定事项的具体内容，重要的地方还应作出适当的分析，以便于理解、领会、执行。结尾部分是要求执行决定的部分。另一类如人事安排决定、机构设置决定、奖惩有关单位及人员的决定。这类决定相对前一类较简单、具体，其正文多为决定缘由、决定内容两个部分组成，在写法上往往是开门见山，直陈其事，行文简短，干净利落。

（4）**发文机关**

发文机关应写在正文右下方。

（5）**成文日期**

成文日期一般标注在发文机关之下。公布性决定，标注在标题之下。

【例文1】

国务院关于2000年度国家科学技术奖励的决定

国发〔2001〕4号

各省、自治区、直辖市人民政府，国务院各部委、各直属机构：

为全面贯彻党的十五大关于"要建立一整套有利于人才培养和使用的激励机制"的精神，推动科教兴国战略的实施，奖励为发展我国科学技术事业，促进我国国民经济和社会进步作出突出贡献的科学技术人员，根据《国家科学技术奖励条例》的规定，国家科学技术奖励委员会严格评审和科技部审核，经国务院批准，报请国家主席江泽民签署，授予吴文俊、袁隆平2000年度国家最高科学技术奖；经国务院批准，同时授予"统一描述平衡与非平衡体系的格林函数理论研究"等15项成果国家自然科学奖二等奖，授予"B121型无铬一氧化碳高温变换催化剂"等23项成果国家技术发明奖二等奖，授予"复杂地质艰险山区修建大能力南昆铁路干线成套技术"等22项成果国家科学技术进步奖一等奖，授予"北方土壤供钾能力及钾肥高效施用技术研究"等228项成果国家科学技术进步奖二等奖,授予美国科学家潘诺夫斯基和印度科学家库西中华人民共和国国家科学技术合作奖。

全国科技工作者要向全体获奖者学习,刻苦钻研、勤奋工作、勇于创新,加强基础研究和应用研究,发展高技术,促进科技成果产业化,全面提高我国科技创新能力和科学技术水平,为推动我国经济结构调整和现代化建设不断提供强大的技术支持。

国务院

二〇〇一年二月九日

【例文2】

国务院关于加强市县政府依法行政的决定

国发〔2008〕17号

各省、自治区、直辖市人民政府,国务院各部委、各直属机构:

党的十七大把依法治国基本方略深入落实,全社会法制观念进一步增强,法治政府建设取得新成效,作为全面建设小康社会新要求的重要内容。为全面落实依法治国基本方略,加快建设法治政府,现就加强市县两级政府依法行政作出如下决定:

一、充分认识加强市县政府依法行政的重要性和紧迫性

(一)加强市县政府依法行政是建设法治政府的重要基础。市县两级政府在我国政权体系中具有十分重要的地位,处在政府工作的第一线,是国家法律法规和政策的重要执行者。实际工作中,直接涉及人民群众具体利益的行政行为大多数由市县政府作出,各种社会矛盾和纠纷大多数发生在基层并需要市县政府处理和化解。市县政府能否切实做到依法行政,很大程度上决定着政府依法行政的整体水平和法治政府建设的整体进程。加强市县政府依法行政,事关巩固党的执政基础、深入贯彻落实科学发展观、构建社会主义和谐社会和加强政府自身建设,必须把加强市县政府依法行政作为一项基础性、全局性工作,摆在更加突出的位置。

(二)提高市县政府依法行政的能力和水平是全面推进依法行政的紧迫任务。(略)

二、大力提高市县行政机关工作人员依法行政的意识和能力

(三)健全领导干部学法制度。(略)

(四)加强对领导干部任职前的法律知识考查和测试。(略)

（五）加大公务员录用考试法律知识测查力度。（略）

（六）强化对行政执法人员的培训。（略）

三、完善市县政府行政决策机制

（七）完善重大行政决策听取意见制度。（略）

（八）推行重大行政决策听证制度。（略）

（九）建立重大行政决策的合法性审查制度。（略）

（十）坚持重大行政决策集体决定制度。（略）

（十一）建立重大行政决策实施情况后评价制度。（略）

（十二）建立行政决策责任追究制度。（略）

四、建立健全规范性文件监督管理制度

（十三）严格规范性文件制定权限和发布程序。（略）

（十四）完善规范性文件备案制度。（略）

（十五）建立规范性文件定期清理制度。（略）

五、严格行政执法

（十六）改革行政执法体制。（略）

（十七）完善行政执法经费保障机制。（略）

（十八）规范行政执法行为。（略）

（十九）加强行政执法队伍建设。（略）

（二十）强化行政执法责任追究。（略）

六、强化对行政行为的监督

（二十一）充分发挥社会监督的作用。（略）

（二十二）加强行政复议和行政应诉工作。（略）

（二十三）积极推进政府信息公开。（略）

七、增强社会自治功能

（二十四）建立政府行政管理与基层群众自治有效衔接和良性互动的机制。（略）

（二十五）充分发挥社会组织的作用。（略）

（二十六）营造依法行政的良好社会氛围。（略）

八、加强领导，明确责任，扎扎实实地推进市县政府依法行政

（二十七）省级政府要切实担负起加强市县政府依法行政的领导责任。（略）

（二十八）市县政府要狠抓落实。（略）

（二十九）加强市县政府法制机构和队伍建设。（略）

（三十）完善推进市县政府依法行政报告制度。（略）

其他行政机关也要按照本决定的有关要求,加强领导,完善制度,强化责任,保证各项制度严格执行,加快推进本地区、本部门的依法行政进程。

上级政府及其部门要带头依法行政,督促和支持市县政府依法行政,并为市县政府依法行政创造条件、排除障碍、解决困难。

国务院

二〇〇八年五月十二日

3.3 公告 通告 通知 通报

3.3.1 公告

1)公告的涵义

《国家行政机关公文处理办法》规定:公告适用于向国内外宣布重要事项或者法定事项。公告通常是以国家的名义,向国内外宣布重大事件、重要事项或法定事项时使用。某些部门经授权,也可以代表国家对内或对外发表公告。如新华社授权公告。公告多半通过报纸、广播、电视公布。

2)公告的特点

①庄重性 因为发布公告的单位是国家领导机关、权力机关,而且公告的内容多是国内外关注的大事或法定事项,必须公开郑重宣布。

②公开性 公开性是公告用途上的特点。

3)公告的结构和写法

公告的内容一般包括标题、正文、发文机关和成文日期等。

(1)标题

①"发文机关加文种",如《中华人民共和国全国人民代表大会公告》。

②"发文机关加事由加文种",如《中国人民银行关于国家货币出入境限额的公告》。

(2)正文

公告正文大多是直接、明确、简要地告知有关事项。有些规定性公告开头应写发布公告的法律依据和所规定的事项。主体应分条写出应当遵守和施行的规定等。

（3）发文机关和成文日期

公告的署名和日期，一般放在全文最后的右下角。

【例文1】

中华人民共和国国务院公告

（2008 年 5 月 18 日）

为表达全国各族人民对四川汶川大地震遇难同胞的深切哀悼，国务院决定，2008 年 5 月 19 日至 21 日为全国哀悼日。在此期间，全国和各驻外机构下半旗志哀，停止公共娱乐活动，外交部和我国驻外使领馆设立吊唁簿。5 月 19 日 14 时 28 分起，全国人民默哀 3 分钟，届时汽车、火车、舰船鸣笛，防空警报鸣响。

【例文2】

中国保险监督委员会关于审核保险兼业代理人有关事项的公告

保监公告第 11 号

为进一步规范保险兼业代理人的行为，维护保险市场秩序，保障被保险人的利益，中国保险监督管理委员会对保险兼业代理人进行了审核。现就有关事项公告如下：

一、保险兼业代理人只能在其主业营业场所内代保险公司办理保险业务，不得另设独立的代办网点，不得外出展业，不得以行政手段干预客户选择保险公司的权利。

二、保险兼业代理人最多只能同时为 4 家保险公司代理保险业务，只能为 1 家人寿保险公司代理。

三、保险公司只能委托已经中国保监会核准的保险兼业代理人代理保险业务，并根据其总公司统一制定的代理合同文本，与保险兼业代理人签订人寿保险兼业代理合同，加强对保险兼业代理人的管理。

四、保险兼业代理人必须严格按照核定的险种在代理合同授权的范围内开展保险代理业务，不得擅自变更保险条款、提高或降低保险费率。

五、任何单位和个人未经中国保监会核准，不得从事保险兼业代理业务，各保险公司不得委托其代理保险业务。

六、中国人民银行各分行原审批的保险兼业代理人与此次审核结果不一致的,以此次审核为准。未经中国保监会核准的兼业代理人,应将《经营保险代理业务许可证(兼业)》上缴原发证机关。

七、对于违反上述规定者,中国保监会将依法严肃查处,同时追究保险公司的有关责任。

八、各界群众如发现违反上述规定从事保险兼业代理业务者,可以向中国保监会举报。

举报电话:(010)66071530
传真电话:(010)66086309
特此公告

中国保险监督管理委员会
一九九九年九月十三日

3.3.2 通告

1)通告的涵义

《国家行政机关公文处理办法》规定:通告适用于公布社会各有关方面应当遵守或周知的事项。

通告通常用于发布就某一事项作出的规定,写入通告的事项要求人民群众或有关人员普遍了解或遵照执行。例如,《中华人民共和国关于发行四种金属人民币的通告》所公布的是广大人民群众应该普遍了解的事项;《深圳市人民政府关于严格禁止擅自以股票证券等形式集资的通告》所公布的就是需要有关部门和人员遵照执行的事项。

通告的对象有一定的范围,如国内,或某一系统内,或与某项事情有关的公众等。通告公布的事情可大可小,大到影响全国,小到只影响有关人员。

2)通告的特点

(1)内容的广泛性

通告的内容大到国计民生中的大事,小到社会生活中的一些细小事务,均可使用。

(2)使用的普遍性

上至国家领导机关下到各级地方政府及企事业单位均可使用。

3）通告的结构和写法

（1）标题

标题有四种形式：

①发文单位加事由加文种，如《民航总局、公安部关于民航安全问题的通告》。

②发文单位加文种，如《北京市人民政府通告》。

③事由加文种，如《征地通告》《迁坟通告》《关于保护××广场草坪的通告》。

④只用文种名称。

（2）正文

通告的正文只需把发通告的目的、原因或依据交代清楚就行了，如公布的事项过多或较复杂，可以分点列出。另一些需要有关单位和公众遵守的通告，在通告事项前，应略述理由，但应精练。

（3）发文机关和成文日期

通告的署名和日期一般放在全文最后的右下角。

【例文1】

长春市人民政府关于贯彻执行《长春市养犬管理规定》的通告

长府告〔2005〕6号

各县（市）、区人民政府，市政府各委办局，各直属机构：

为贯彻执行《长春市养犬管理规定》，加强我市养犬管理工作，维护市容环境卫生和社会公共秩序，现将有关事宜通告如下：

一、养犬管理区范围：朝阳区、南关区、宽城区、绿园区、二道区、经济技术产业开发区、高新技术产业开发区、净月潭旅游经济开发区，各县（市）、双阳区政府所在地。（略）

二、小型观赏犬的体高不得超过35厘米。

三、养犬管理区内严禁饲养烈性犬、大型犬。已饲养的烈性犬、大型犬，自本通告发布之日起七日内自行处理，逾期不处理的，由公安机关依法处理。

四、对违反《长春市养犬管理规定》的养犬行为，公民、法人和其他组织有权向公安机关举报。举报电话：5288208。

五、本通告自2005年8月1日起施行。

长春市人民政府

二〇〇五年六月二十一日

【例文2】
岳阳市人民政府关于规范市中心城区道路车辆停放管理的通告
岳政告〔2008〕4号

为规范岳阳市中心城区道路停车秩序,改善道路交通状况,提高通行能力,充分发挥城市道路资源的效能,根据有关法律法规规定,结合我市实际,现就机动车停放管理有关事项通告如下:

一、严禁在市中心城区道路(包括机动车道、非机动车道、人行道)停车泊位以外的路段停放车辆。新建、改建、扩建的宾馆、饭店、茶楼、商场、娱乐场、体育馆(场)、影剧院、展览馆、图书馆、医院、旅游景点、仓储等大型建筑和公共建筑及商业街(区)、住宅小区,必须按规定指标配建和增建停车场。(略)

二、占用市中心城区公共场所、公共空地以及不影响交通安全畅通和周围环境的城市道路作机动车临时停放处,由城市管理部门会同公安交通管理部门批准并划定停车范围。未经批准,任何单位和个人不得擅自设置临时停车处。

三、由公安交通和城市管理部门按统一的标志标线划定的机动车临时停车处(点),分收费和免费停放两类。收费停车处实行咪表计费。收费人员统一着装,佩戴标志,按物价部门核定的收费标准,按表收费。停车者应自觉打卡交纳停车保管服务费。(略)

四、市城市管理部门是停车管理工作的行政主管部门。咪表经营企业依法取得经营资格,独立承担经营活动的法律责任。(略)

五、咪表经营企业应当在咪表停车管理范围显著位置明示自动收费设施的使用守则、收费标准和监督电话,按要求设置和完善标示、标线、标牌等设施,并公布停放车辆的安全保护、消防等管理制度,指挥车辆按序进出和停放。

六、机动车辆在咪表管理路段停泊,必须依次有序停放在泊位线内,泊位线外停车、逆向停车、越线停车均属违章停放。(略)

七、擅自在市中心城区公共场所、公共空地和城市道路上设置临时停车处的,由公安交警和城市管理部门责令恢复原状,并按照《中华人民共和国道路交通安全法》和《城市道路管理条例》(国务院令第198号)的有关规定处以1 000元以上10 000元以下的处罚;机动车在市中心城区停车泊位以外的道路上停放,以及在停车泊位以外的人行道上行驶的,处以100元以上200元以下的处罚。

八、在收费停车泊位内停车不缴纳停车保管服务费的,由城市管理行政执法部门执法人员取证,并填发《违例停车通知单》交驾驶员,驾驶员应在规定时间内到指定地点补交停车保管服务费。

九、停车咪表管理系统设施是城市市政公用设施,任何人不准妨碍咪表设施的使用,不得损坏咪表管理系统设施设备,违者由城市管理部门按《湖南省市政公用设施管理办法》的有关规定予以处罚。

十、本通告自颁布之日起施行。

二〇〇八年六月十一日

3.3.3　通知

1)通知的涵义

《国家行政机关公文处理办法》规定:通知适用于批转下级机关的公文,转发上级机关和不相隶属机关的公文,传达要求下级机关办理和需要有关单位周知或者执行的事项,任免人员等。

通知是一种使用范围较广的文体。凡需要特定机关和人员知道、办理的事宜,都可以用通知。通知大部分是下行文,也有一部分是平行文,即发给不相隶属的单位或个人。

2)通知的分类

通知可分为"批示性通知"、"事务性通知"、"指示性通知"、"会议通知"、"任免通知"等五类。

（1）批示性通知

领导机关在批转下级机关的公文时,或者在转发上级机关、同级机关和不相隶属机关的公文以及发布某些行政法规时,可用这种通知。这种通知包括颁发、转发、批转文件的通知。

（2）事务性通知

用于处理日常工作中带有事务性的事情,告知某一具体事项,如设立或撤销机构、迁移办公地点、启用或更换印章、修改行政规章、修正或补充文件内容、调整办公时间等各种事项,也称告知性通知。

（3）指示性通知

上级机关对下级机关某一项工作有所指示和安排,宣布要求下级机关办理或执行的事项,但限于发文机关的权限,或因其内容又不宜用"命令"的,可用指示性通知,也称规定性通知或布置性通知。

(4)**会议通知**

会议通知是会议组织者发给参加会议单位和个人的书面通知,用于通知会议的召开及有关事项。

(5)**任免通知**

上级机关在任免下级机关的领导人或上级机关的有关任免事项需要下级机关知道时,使用任免通知。

3)通知的写法

通知因为使用范围广,不同类型的通知作用不同,在写法上也不完全一样。

(1)**标题**

标题包括发文机关、事由、文种三个要素,有时亦用事由加文种这种形式,有些一般的事务性通知,标题只写"通知"二字。

(2)**正文**

一些内容较复杂的通知的正文,包括三部分内容。开头部分写发通知的原因、目的或依据。主体部分写通知的具体内容,要清楚、具体。结尾部分常用希望和号召作结。

(3)**签署和日期**

写清发文机关和日期。

另外,会议通知应交代清楚会议名称、主持单位、会议内容、起止时间、参加人员、会议地点、携带材料以及其他有关事项等。

【例文1】

关于转发《上海期货交易所黄金期货交易增值税征收管理办法》的通知

上期交结字〔2008〕135 号

各会员单位:

为了促进黄金期货交易市场发展,加强黄金期货交易增值税征收管理,国家税务总局制定了《上海期货交易所黄金期货交易增值税征收管理办法》(见附件),并已印发,现转发给你们,请参照执行。

二○○八年六月二十三日

【例文2】

重庆市政府关于牟延林等7位同志职务任免通知
渝府人〔2006〕24号

各区县(自治县、市)人民政府,市政府各部门:

经2006年8月25日市人民政府第80次常务会议决定:

任命

牟延林为重庆市教育委员会副主任(正厅局级);

钟燕为重庆市教育委员会副主任;

张伟、李宪为重庆市监察局副局长;

章勇武为重庆市交通委员会副主任(试用期1年);

陈流汀为重庆邮电大学校长。

免去

牟延林的重庆文理学院院长职务;

陈流汀的重庆市教育委员会副主任职务;

聂能的重庆邮电大学校长职务。

特此通知

二〇〇六年八月二十五日

【例文3】

天津市人民政府办公厅文件
津政办发〔2008〕10号

关于天津政报社更名为天津市人民政府公报编辑部的通知

各区、县人民政府,各委、局,各直属单位:

为做好实施《中华人民共和国政府信息公开条例》(国务院令第492号)的准备工作,进一步推进我市政务公开和政府信息公开工作,建立健全政府公报制度,加强政府公报建设,经市人民政府领导同志同意,《天津政报》于2008年1月1日起更名为《天津市人民政府公报》。

同时,鉴于刊名变更,经市编办同意,天津政报社更名为:天津市人民政府公报编辑部。其主要职责是承担天津市人民政府公报的编辑、出版发行等事务性工作。

二〇〇八年二月四日

主题词:机构　更名　通知
抄　送:市委办公厅,市委各部、委,市人大常委会办公厅,市政协办公厅,市纪委
　　　　办公厅,市高法院,市检察院,天津警备区,各人民团体。
天津市人民政府办公厅　　　　　　　　　　　　　　2008 年 2 月 4 日印发

【例文4】
关于申报二 OO 七年《国家重点新产品计划》项目的通知
陕科计发〔2007〕99 号

各有关厅局、各市科技局、各高新区、有关单位:

国家重点新产品计划是一项激励企业自主开发新产品,推动科技成果转化及产业化的政策引导类计划,旨在促进企业成为技术创新的主体,培育一批拥有自主知识产权、自主品牌和持续创新能力的创新型企业和产品,提高产业竞争力,增强国家自主创新能力。2007 年国家重点新产品计划将继续采取国家政策引导和财政后补助为主的方式,紧紧围绕促进自主创新战略实施和提升企业自主创新能力,重点支持具有核心技术自主知识产权的自主创新产品。根据国科发计字〔2007〕471 号文件的有关要求,现将 2007 年度国家重点新产品计划项目申报的有关事宜通知如下:

一、2007 年新产品计划紧密衔接主体计划,重点支持面向市场、解决国民经济和社会发展重大需求的国家 863、科技支撑等计划科技成果产业化;重点支持钢铁、有色金属、煤炭、电力、石油化工、建材交通等行业和企业加快节能减排新产品开发;重点支持引进技术消化吸收再创新的新产品以及面向国际市场、具有核心专利技术和较高技术水平的新产品;重点支持生物工程、新药、新材料、装备制造业、新能源等关键技术、新兴技术领域以及对国家和区域产业结构调整具有重要推动作用的新产品;重点支持资源环境、人口健康、公共安全、城镇化与城市发展等关系国计民生、属于国家重点发展的社会公益领域新产品;重点支持有利于现代农业和新农村建设,有利于农村产业结构重大调整和升级的新产品。

2007 年新产品计划不支持范围:食品、保健品、饮料、服装、传统手工艺品、小家电等日用产品;军工配套产品;高能耗和高污染项目。

二、申报程序及有关申报要求。

(一)申报程序:项目申报单位—主管厅局、开发区、各市科技局审查—省科技厅评估—上报科技部。

（二）申报项目产品为国内首次开发成功，并已有市场销售。产品具有较好的市场应用前景，经济效益和社会效益明显；

（三）项目产品技术水平高，在国内处于先进水平，在同类产品中具有较高的性能；

（四）申请单位具有良好的资信和较强的科研开发能力。技术产权清晰，无异议；

（五）申报新产品计划的同一项目不得重复申报火炬计划、星火计划、中小企业创新基金等政策引导类计划的项目；同一项目不得从地方和部门同时申报新产品计划；已列入过新产品计划的产品不得再申报。凡发生以上情况者取消立项资格。

三、申报材料及要求。

1. 各申报单位应认真准备申报材料，提供材料应真实可靠。发现弄虚作假，将不予受理。

2. 填写申报表前应仔细阅读填表说明。申报表中申报单位名称、产品名称及型号务必填写准确。

3. 随申报表提交的材料应注意针对性和时效性。

4. 申报表须经有关主管单位和部门及申报单位签字盖章，复印章无效。附加材料可使用有效材料的复印件。

5. 书面申报材料统一用 A4 纸打印，用科技部提供的《国家重点新产品计划项目申报系统(2007版)》(简称申报软件)录入、打印。并按规定顺序装订成册(申报表在前，附加材料在后)，装订时请勿采用其他材质封面。

书面申报材料内容须与电子数据完全一致，否则不予受理。

四、各有关厅局及部门、各市科技局应严格组织申报工作，严格审查有关材料，对申报材料不齐全、数据不真实、装订不合规范的项目，不得上报。

五、请各有关厅局及部门、各市科技局接此通知后，抓紧组织申报工作，并于2007年8月14日前将申报材料一式五份及所要求电子版报送省科技厅发展计划处，逾期不再受理。

六、本通知及有关材料、申报表格等材料可在陕西省科学技术厅网站查询、下载或直接由科技部新产品网站相关栏目中下载。

科技部新产品网址：www.chinanp.gov.cn

联 系 人：科技厅发展计划处　叶正勇

联系电话：87294281

附件:二○○七年《国家重点新产品计划》项目的相关材料

　　1. 国家重点新产品计划申报指南(2007)

　　2. 2007 年度国家重点新产品计划项目的申报要求

　　3. 国家重点新产品计划项目申报系统(2007 版)

二○○七年八月三日

【例文5】

关于举办 2008 年第三期会员培训班的通知

各会员单位:

　　为了保证会员单位交易、结算等业务的正常开展,兹定于 2008 年 5 月 20 日至 22 日在上海期货大厦举办上海期货交易所 2008 年第三期会员从业人员培训班。

　　请各有关会员单位于 5 月 19 日前在网上报名(上海期货交易所市场部主页),并下载培训日程、培训登记表等。参加本期培训的人员请于 5 月 19 日(星期一)持《上海期货交易所交易员培训登记表》、《上海期货交易所结算交割员培训登记表》(见附件)、1 寸免冠照片 4 张(单证书者 2 张)和培训费到上海期货交易所市场部办理正式报到手续并领取培训资料。培训费收取规定如下:如要同时获得交易员和结算交割员培训合格证书双证书者,300 元/人;获得其中一项证书者,200 元/人。

　　培训地址:浦东新区浦电路 500 号上海期货大厦

　　联 系 人:徐颖

　　电　　话:68400462

　　传　　真:68400463

　　附　　件:1. 2008 年第三期培训日程安排

　　　　　　　2. 出市代表培训登记表(下载)

　　　　　　　3. 结算交割员培训登记表(下载)

二○○八年四月

3.3.4　通报

1）通报的涵义

《国家行政机关公文处理办法》规定,通报适用于表彰先进、批评错误、传达重要精神或情况。

通报使用范围较广,机关、团体、企事业单位均可使用。通报除了公布事情外,一般还要对事情的性质、意义等进行分析,让群众不仅知其然,还要知其所以然。

2）通报的特点

（1）在选择通报的事项上要具有**典型性**、**代表性**、**重要性**

在表彰先进的通报中,所选的事项或个人必须是值得在社会上倡导的,有典型性的;在批评错误的通报中,所选的事项或个人必须是具有代表性的,是应该引以为戒的;在传达重要情况的通报中,一般应是事关全局的重要事情。

（2）在写法上叙议结合

通报一般是叙议结合。叙是表明所通报的事实,议是用来揭示问题的实质,以切实达到通报的目的。

3）通报的写法

通报一般包括标题、正文和落款几个部分。

（1）标题

通报的标题一般由发文机关名称、事由和文种构成,有时省略发文机关名称或事由。

（2）正文

通报的正文一般包括导语、主体、结论三部分。导语用简练的文字概括通报的中心内容;主体详细叙述人或事的基本情况和事实,并对所叙述的事实或情况进行分析评论,指出重要意义或严重后果,揭示出其实质性问题;结论部分写对事件、人物作出的决定、要求或希望。

（3）落款

落款写发文机关和成文日期。

另外,通报写作中的叙议结合,要处理得恰如其分。叙要突出重点,议要抓住关键,指出问题的实质。

【例文1】

国务院办公厅关于表彰中国女子足球队的通报

各省、自治区、直辖市人民政府,国务院各部委、各直属机构:

　　中国女子足球队是我国体育战线上的一支优秀队伍,长期以来,刻苦训练,锐意进取,在历次重大比赛中都获得了好的成绩,为我国体育事业的发展作出了贡献。中国女子足球队在第三届世界杯女子足球赛中,发扬为国争光、不畏强手、团结协作、顽强拼搏的精神,荣获亚军,为祖国赢得了荣誉,受到全国人民的称赞。为此,国务院决定对中国女子足球队给予表彰并予奖励。

　　各地区、各部门要认真学习中国女子足球队热爱祖国、无私奉献、坚忍不拔、团结拼搏的优秀品质和高尚情操,更紧密地团结在以江泽民同志为核心的党中央周围,高举邓小平理论伟大旗帜,振奋精神、开拓进取、立足本职、扎实工作,为把建设有中国特色社会主义伟大事业全面推向21世纪而努力奋斗。

国务院办公厅

一九九九年七月十二日

【例文2】

铜仁市人民政府督查通报

第二十一期

铜仁市人民政府督查室　　　　　　　　　　　　　2007 年 11 月 1 日

关于 2007 年全市免疫规划工作评审情况的通报(二)

　　为确保我市免疫规划工作保质保量完成各项任务,按照《市人民政府办公室关于实施免疫规划工作黄牌警告制度的通知》(铜府办发〔2007〕162 号)文件精神,2007 年 10 月 15—22 日,由市人民政府副市长张萍同志亲自带领市人民政府督查室、市卫生局、市教育局、市疾控中心等单位主要负责人及相关业务人员组成综合评审组,对全市 15 个乡(镇)办事处(市中、灯塔办事处除外)免疫规划工作开展情况进行了综合评审,现将评审情况通报如下:

　　一、免疫工作开展情况

　　(一)组织管理情况

　　1.督导情况。截至目前,各乡(镇)办事处均对所辖村级组织进行了认真督促检查和技术指导。(略)

57

2.查验接种情况。

(1)教育部门查验证情况。(略)

(2)卫生部门补证补种情况。(略)

(3)乡级联合督导情况。(略)

(二)免疫规划管理情况

各乡(镇)办事处卫生院在免疫规划管理方面都不同程度的存在以下问题:一是资料分类建档不规范;二是无流出儿童摸底调查;三是注射器领发缺批号、效期;四是2006年疫苗耗损分析出现差错,需求计划无核算依据,冷链档案不齐全;五是上墙资料出现数据间差错,免疫规划管理档案填写不完整,常规运转成果统计表等都不同程度的出现差错。

(三)接种率调查情况

1.建证、建卡情况。(略)

2.基础免疫完成情况。(略)

3.加强免疫完成情况。(略)

4.乙肝疫苗接种情况。(略)

二、督查建议

(一)各乡(镇)办事处,市直有关部门要按照免疫规划责任书的要求,认真履行各自的职责,确保免疫规划工作的有效落实。

(二)市卫生局、疾控中心要进一步加强对各乡(镇)办事处免疫规划及常规接种工作的督查和指导,及时发现问题,并指导整改,确保免疫接种各项工作规范进行。

(三)通过此次综合评审,目前,全市各乡(镇)办事处免疫规划工作均达到市级考核要求,若经省、地综合评审不合格,市人民政府仍将对不合格的乡(镇)办事处实施黄牌警告。

铜仁市人民政府督查室

2007年11月1日印发

共印120份

主题词:行政事务 卫生 免疫规划工作 督查 通报

抄　送:行署督查室。

市委各部门,市纪委,市人武部,各人民团体。

市人大办,市政协办,市法院,市检察院。

各民族乡(镇)人民政府、办事处,市政府各工作部门。

3.4 议案 报告 请示 批复

3.4.1 议案

1）议案的涵义

《国家行政机关公文处理办法》规定：议案适用于各级人民政府按照法律程序向同级人民代表大会或人民代表大会常务委员会提请审议事项。

从上可以看出，议案的发文机关为各级人民政府，受文机关是同级人民代表大会或人民代表大会常务委员会。功用为提出审议事项和审议请求。

2）议案的特点

（1）行文的合规性

议案要依照国家法律规定的职权范围行文。一个事项是否作为议案提出，首先要按法定的职权范围明确其归属。如果该事项的审议权属于同级人大或其常委会，则必须将其作为议案提出；如果该事项可在政府职权范围内处理，则不必提出。该提请审议却未提出是不对的，同样，不必提请审议却作为议案提出，也是不妥的。

（2）内容的说服力

议案提出后，要经过严格的审议程序，因此，提交议案一定要把理由和根据写清楚，要言之有理，具有说服力。有的议案是提请审议法规或条约的，还需要将法规或条约的草案作附件一并送审。

3）议案的写法

议案一般包括标题、正文和落款几个部分。

（1）标题

议案的标题一般由发文机关名称、事由和文种构成。

（2）正文

正文写明提交议案的缘由以及提请审议的事项。提请审议的事项较多时，要分条列项地写出。

（3）**落款**

落款写发文机关和成文日期。

【例文】

关于出台工业园区建设用地优惠政策的议案

届次：2006 年　第十四届　三次　编号：2006040

提案人：吴生才　时间：2006-1-17

地址：高唐镇

××县人民代表大会：

近年来，高唐镇积极按照县委、县政府"一城两镇"、"竹木制品加工带"建设发展战略部署，切实抓好工业平台建设。采取控制性统一规划、统一设计、先易后难、分步实施、滚动发展的措施，控制工业用地规划 2 000 亩（15 亩＝1 公顷），第一期工程管尾段 9.41 万平方米已基本结束，第二期部队山 20.97 万平方米，第三期常口 39.26 万平方米工业平台建设，涉及到利用率和生产条件都很低的半荒的山垅田，建设起来难度很大，需要县政府出台相关优惠政策，为此恳请解决以下几个问题：（1）在下次调整基本农田时，把间隔在部队山至常口其间的小山垅田调整出来；（2）给予园区配套设施建设及以政策上的支持，免除县里收取的相关费用；（3）加大宣传支持，给予支持引进项目在园区落产，突破阻碍发展的基础性问题。

请大会审议。

3.4.2　报告

1）报告的涵义

《国家行政机关公文处理办法》规定：报告适用于向上级机关汇报工作，反映情况，答复上级机关的询问。

报告的种类很多，按内容和用途可分工作报告、情况报告、建议报告、答复报告和报送报告。按报告的性质分为专题报告、综合报告。按报告的行文的直接目的可分为呈报性报告和呈转性报告。

2）报告的特点

（1）汇报性

汇报性是指所有的报告都是下级组织向上级机关汇报工作的，以便及时得到上级机关的工作指导。

（2）陈述性

陈述性报告大多采用叙述手法,直陈其事,即把有关事实如实地报告给上级知道,使上级能据此作出判断。

3）报告的写法

报告的种类不同,写法亦有不同,下面分别介绍几种常用报告的写法:

（1）工作报告

工作报告一般包括标题、主送机关、正文、落款等部分。其标题、主送机关、落款和其他公文格式基本相同,此处只简要介绍正文部分。

工作报告的正文一般包括开头、主体、结尾三部分。开头部分概述工作概况;主体部分是全文的核心,其内容主要包括:工作情况、成绩及经验体会、存在问题、今后意见等,要根据报告的内容确定侧重点;工作报告的结尾,常用"以上报告如有不妥,请予指正"或用"特此报告"等用语结束全文。

（2）呈转性报告

这种报告的正文一般也包括开头、主体、结尾三个部分。开头汇报情况,提出意见或建议的依据、背景和目的;主体提出意见或建议;结尾常用"以上报告如无不妥,请批转有关单位贯彻执行"等。

【例文】

统一思想　明确目标　加快推进新形势下卫生事业大发展
——在全市卫生工作会议上的报告
铜陵市卫生局局长　×××
（2007 年 3 月 14 日）

同志们:

这次全市卫生工作会议主要任务是,贯彻落实党的十六届六中全会精神,传达贯彻胡锦涛总书记重要讲话和全国、全省卫生工作会议精神,用科学发展观统领卫生工作全局,进一步明确卫生改革与发展目标,全面推进新形势下卫生事业大发展。下面,我讲三个方面意见。

一、2006 年全市卫生工作情况

一年来,在市委、市政府的正确领导和省卫生厅的指导下,在全市卫生工作人员共同努力下,我们按照统筹城乡发展、构建和谐社会要求,突出缓解群众看病难、看病贵矛盾,切实加强公共卫生、农村卫生、社区卫生、医疗质量监管、卫生行政执法,扎实推进医药购销领域商业贿赂治理,圆满完成年度目标任务,为"十一五"卫生事业发展开好局、起好步。我市连续四年评为全省卫生综合目标考核优秀等次,连续八年保持全省爱国卫生目标考核优秀等次,评为省结核病防治、艾滋病防治、禽流感防控先进集体。主要业务指标处在先进位次:

——健康"三大指标"跻身先进。

——重大疾病得到有效控制。

——新型农村合作医疗平稳运行。

——农村改水改厕稳步推进。

——社区卫生网络进一步完善。

——人才队伍和卫生科教扎实推进。

——卫生执法和医疗质量监管力度加大。

——医疗业务量增加,收费水平下降。

回顾全年工作,主要表现为五个"突出":

(一)突出了卫生事业在和谐社会建设中的积极作用,着力采取十项措施缓解群众看病难、看病贵的矛盾。(略)

(二)突出了卫生事业在社会主义新农村建设中的应有地位,着力推进农村卫生建设和新型合作医疗。(略)

(三)突出了公共卫生安全,着力提高卫生应急、预防保健、卫生执法监督能力。(略)

(四)突出了新型城市医疗服务体系建设,着力强化社区卫生服务和医疗质量管理。(略)

(五)突出了医药购销领域商业贿赂治理,着力加强卫生系统精神文明建设。扎实开展商业贿赂专项治理。(略)

过去的一年,我市卫生工作取得明显成效。主要得益于市委、市政府的高度重视和正确领导,得益于各级党委、政府、有关部门、社会各界和人民群众的关心支持,得益于各单位和广大医疗卫生工作者的辛勤努力。在此,我代表市卫生局向关心、支持卫生事业发展的各级领导、各部门、人民群众以及在座各位和新闻界朋友表示衷心感谢!向爱岗敬业、扎实工作、作出贡献的全市广大医疗卫生工作者致以崇高的敬意!

在肯定成绩同时,我们也清醒看到卫生事业发展还存在不少困难和问题。一是卫生事业发展不平衡,农村卫生历史欠账多,乡村卫生机构条件差、服务水平低。二是社区卫生服务功能不完善,群众对社区卫生服务信任度不高。三是重大疾病预防控制任务艰巨,老的传染病、地方病没有完全控制,新发传染病时有发生。四是卫生应急能力还需加强,放射性、化学性事故应急处置能力弱,农村妇幼保健、重大疾病防控存在隐患。五是医疗卫生体制改革受多方因素制约,看病难、看病贵问题仍然突出,医患关系、医疗执业环境有待进一步改善。

分析上述问题的原因:首先,我们对社会主义市场经济条件下卫生事业性质和社会保障作用认识出现偏离,财政投入不足,患者自付比例高、负担重,群众的公共卫生和基本医疗服务缺乏制度保障。其次,公立医院运行机制不合理,人员、运行经费和发展资金主要依靠收费支撑,公益性质淡化。第三,药品价格严重虚高,与"以药补医"机制相互作用,抬升价格,安全、有效、廉价药品得不到保障。第四,舆论引导存在薄弱环节,负面炒作危害深远,对大多数医务人员敬业奉献主流关注不够。这些问题影响了卫生事业发展,损害了群众利益和卫生行业形象,迫切需要着力解决。

二、认清形势,抬高标杆,提升卫生事业发展水平

随着科学发展观的深入实践和社会主义和谐社会建设全面推进,卫生事业重要地位和作用充分显现。党和政府高度重视卫生工作,人民群众十分关注卫生工作。卫生事业面临前所未有的发展机遇。

(一)党和国家进一步明确卫生事业性质和发展方向,为卫生改革与发展提供了强大的政策指引。(略)

(二)各级政府明显加大卫生投入,为卫生改革与发展提供了有力的经费支撑。(略)

(三)我市卫生系统紧紧围绕民生重点扎实工作,为推进新一轮卫生改革与发展奠定了坚实基础。(略)

综上可见,我市卫生工作积聚了十分有利于大发展的重要政策、经费和基础条件保证。卫生事业发展进入一个重要战略机遇期。(略)

三、瞄准目标,突出重点,推进卫生事业大发展

2007年我市卫生工作总体思路是:以邓小平理论和"三个代表"重要思想为指导,坚持科学发展观,贯彻落实党的十六届六中全会和全国、全省卫生工作会议精神,按照建设四项基本制度、实现人人享有基本卫生保健的要求,以创建卫生示范市为目标,以农村、社区、公共卫生和惠民医疗服务四大体系建设为重点,推进医药卫生体制改革及各项工作,着力缓解群众看病难、看病贵矛盾,为保障人民健康,促进铜陵和谐发展作出新的贡献。具体是:

瞄准一个目标:就是创建卫生示范市。

建设四大体系:

一是建设农村卫生服务体系。

二是建设社区卫生服务体系。

三是建设公共卫生服务体系。

四是建设惠民医疗服务体系。

围绕上述目标任务,主要抓好八个方面工作:

(一)加强农村卫生服务体系建设,提高农村卫生服务能力和新型合作医疗保障水平

一是实施《铜陵市农村卫生服务体系建设"十一五"发展规划》,加快农村卫生服务体系建设。(略)

二是完善新型农村合作医疗制度,保持可持续发展。(略)

三是开展城市卫生支农、卫生下乡、卫生扶贫活动。(略)

(二)加强社区卫生服务体系建设,强化社区公共卫生服务职能

一是贯彻落实《铜陵市城市社区卫生服务实施方案》,完善社区卫生服务体系。(略)

二是强化社区公共卫生服务职能,实施"十减免"、"两公开"、"三服务"惠民便民措施。(略)

三是加大社区卫生监管力度,落实相关发展政策。(略)

(三)加强公共卫生服务体系建设,健全完善公共卫生应急救援机制

一是着力提升卫生应急能力,进一步健全公共卫生服务体系。完善市、县(区)卫生应急指挥协调机构和医疗卫生单位日常办事机构建设,健全卫生应急管理体系。(略)

二是规范突发公共卫生事件监测、报告和处理,畅通信息沟通渠道。(略)

三是有效处置突发公共卫生事件,开展卫生应急知识科普宣传。(略)

(四)加强惠民医疗服务体系建设,推进医疗卫生体制创新和医疗服务质量监管

一是完善惠民医疗服务体系建设,落实各项惠民利民政策。全面实施社区卫生惠民政策,推进农村、公共卫生和医疗服务惠民政策落实。

二是积极稳妥地推进医疗卫生体制创新,实现惠民医疗长远发展。(略)

三是强化医疗服务质量监管,保障医疗安全。(略)

(五)加强重大疾病防控,落实预防保健和爱国卫生措施

一是规范实施公共卫生项目,突出血吸虫病、肺结核、艾滋病、乙型肝炎等重点传染病、地方病防治。(略)

二是切实加强妇幼保健和健康教育工作。认真落实卫生部《关于进一步加强妇幼卫生工作的指导意见》和《妇幼保健机构管理办法》,重点加强基层妇幼

保健机构规范化建设,加强妇幼卫生从业人员业务培训。

三是推进国家卫生城市创建和爱国卫生工作。宣传贯彻《安徽省爱国卫生条例》,开展省市卫生村、镇和卫生先进单位评比。推进国家卫生城市和省级卫生城市创建。(略)

(六)加强卫生监督执法,增强卫生执法影响力

一是健全卫生执法监督体系。贯彻落实《行政许可法》和《卫生行政许可管理办法》,健全依法行政制度。(略)

二是加大公共卫生执法力度。开展以年夜饭、职业病防护、生活饮用水、国庆中秋食品安全为主题的1-4号"卫监行动"。(略)

三是强化医疗卫生行业监管。贯彻《执业医师法》、《献血法》、《医疗机构管理条例》,依法加强准入管理。探索建立打击非法行医长效机制和医疗机构规范化监管机制。(略)

(七)加强卫生科教和人才队伍建设,重视中医药事业发展

一是牢固树立人才资源是第一资源的理念。不断优化人才资源配置,创新有利于人才成长和创造力发挥的管理体制和工作机制。(略)

二是加强卫生科研和继续医学教育工作。规范科研立项、评审和管理,鼓励和支持医疗卫生单位开展重点传染病或非传染病防治研究。(略)

65

三是坚持中西医并重,加快中医药事业发展。实施"名院、名科、名医"战略,加强中医重点专科专病建设和人才培养。(略)

(八)加强和谐卫生建设,推进医药购销领域商业贿赂治理

一是扎实推进商业贿赂专项治理活动。把工作重点放在长效机制建设上,扎实开展"回头看",从机制上、源头上堵塞漏洞,防止商业贿赂问题发生。

二是加强卫生系统精神文明建设。学习贯彻胡锦涛总书记重要讲话,大力倡导八个方面良好风气。推进医疗卫生单位廉政文化建设,狠刹收受回扣、"红包"、开单提成、乱收费等不正之风。

三是努力构建和谐医患关系。构建和谐医患关系,对维护广大群众切实利益以及全社会的和谐稳定具有重要意义。(略)

同志们,卫生工作面临前所未有的发展机遇和挑战。我们一定要紧抓机遇,奋发有为,改革创新,开拓进取,在科学发展观指导下,按照和谐社会建设新的要求,全面推进新形势下卫生事业大发展,为实现人人享有基本卫生保健而努力奋斗!

3.4.3　请示

1)请示的涵义

《国家行政机关公文处理办法》规定:请示适用于向上级机关请求指示、批准。

下级机关遇到各种无权处理或无力解决的问题,都可用向上级机关呈送请示的形式,请求上级机关予以批准或者给予指示。上级机关通过对请示的答复,能够及时肯定下级机关正确的意见和作法,纠正其不当的意见和作法,从而有效地帮助下级机关解决问题,推动工作的顺利进行。

请示一般分为两类:一是请求指示的请示,指针对工作中出现的具体问题,向上级机关申明情况,请求予以答复和下达处理意见的请示。二是请求批准的请示,指就某一问题或事项提出本机关的处理意见,请求上级机关给予批准,给予思想上或物质上的帮助,或表明态度的请示。

2)请示的特点

(1)请求性

这是请示最突出的特点。所谓请求性是指本机关、本部门打算办理某件事情,而自己无权自行决定,或者无力办理,或者不知应不应该办理,必须请求上级机关批准同意,才可以去办。

(2)单一性

单一性即请示的内容要单一,要求一文一事。

(3)超前性

超前性即请示应在办事之前。

另外,在具体工作中请示和报告两者容易混淆,其区别是:

①请示在事前,报告在事后。

②请示侧重说明理由与要求,报告侧重陈述情况与意见。

③请示要求上级给予答复,报告一般不要求答复。

3)请示的写法

各类请示均包括标题、主送机关、正文和落款几部分。

(1)标题

请示的标题多由事由加文种组成,也可由发文机关加事由加文种组成。

（2）**主送机关**

请示的主送机关只能是主管上级一个。

（3）**正文**

请示正文的写法，一般要掌握三个要领：一是要详细、准确地写明请示事由；二是要明确提出本单位或个人对解决这一问题的意见；三是要具体提出对上级的要求。

（4）**落款**

请示的落款与其他公文格式一样。

另外，在向上级请求办某件事或请示帮助时，理由一定要充分，语气一定要委婉，切忌越级请示或多头请示。

【例文】

共青团××××委员会（文件版头）

××××（发文字号）

关于召开共青团××××第×次

团员代表大会的请示（文件标题）

共青团上海市委员会（上级团委全称）：

共青团××××第×届委员会于××××年××月被批准产生，至××××年××月任期已满×年。根据《团章》、"沪团委（2008）年8号"文件有关规定，我委拟于××××年××月×旬召开共青团××××第×次团员代表大会，现就有关事项请示如下：

一、大会的主要任务

1.听取和审议共青团××××第×届委员会工作报告。

2.确定新一届团委会工作努力方向、奋斗目标。

3.选举产生共青团××××第×届委员会。

4.团费收缴和团的经费使用情况报告。

5.……

二、大会的议程（此处略，一般包括预备会议和正式会议的议程）

三、代表名额及构成意向

我区现在团员××名，直属团组织××个。根据"沪团委（2008）8号"文件有关规定，共青团××××第×次团员代表大会的代表名额拟定为××名，列席代表名额拟定为××名。

代表中,党员代表最多不超过总数的××,团的专职工作者最多不超过代表总数的××,女代表不少于代表总数的××,并适当注意代表中的少数民族、台胞、归侨及其他方面的比例。

四、委员会和常务委员会的规模及组成

共青团××××第×届委员会拟设正式委员×名,候补委员××名,正式委员和候补委员共计××名。正式委员中设常务委员××名(专职常务委员××名),常委中拟设书记1名,副书记×名。

五、选举方法

代表的产生:由共青团××××第×届委员会(指本届)下达代表分配名额,采取自下而上、上下结合的办法。采用无记名投票差额选举方式。代表候选人数应多于应选人数的百分之二十,被选举人获得的赞成票必须超过实到会有选举权人数的半数。

委员、候补委员、常委以及正副书记的产生:大会主席团按照委员候选人名额多于应选名额百分之十(基层代表大会委员候选人名额应多于应选名额的百分之二十)的规定,确定共青团××××第×届委员会委员候选人××名、候补委员候选人××名,采用无记名投票差额选举方式,分别产生共青团××××第×届委员会委员和候补委员。在此基础上,确定共青团××第×届委员会常委候选人××名,其中,书记候选人×名,副书记候选人×名。在共青团××××第×届委员会第一次全委会上采用无记名投票差额选举方式产生常委,差额(或等额)选举方式产生书记、副书记。

当否,请批示。

共青团上海市××区委员会

二○××年××月××日

3.4.4　批复

1)批复的涵义

《国家行政机关公文处理办法》规定:批复适用于答复下级机关的请示事项。

批复是针对下级机关的请示而发出的下行文。以批复的形式答复的请示事项,一般是比较重要而涉及面又不是很广的事项。因请示事项的内容性质不同,批复有不同的类型:一类为批准性批复,一类为答复性批复。

2）批复的特点

（1）针对性

批复是针对请示的答复，有问才有答，问什么就答什么，不涉及其他事项，具有很强的针对性。

（2）权威性

批复是上级对下级的指示，所以具有权威性。下级机关须严格按批复精神贯彻执行，而不能随意行事。

3）批复的写法

批复一般由标题、主送机关、正文和落款等部分组成。

（1）标题

标题一般由发文机关名称、事由和文种三个因素构成，也有用事由加文种这种形式的，还有一种是把发文单位、受文单位、事由、文种都写出来了，如《××省人民政府对××市人民政府关于××问题请示的批复》。

（2）主送机关

主送机关即提出请示的下级机关。

（3）正文

批复的正文部分一般应先回应下级的请示，然后再发表自己的意见。批复意见，也称批复内容，针对请示中提出的问题，作明确具体地回答。如果完全同意，就写上肯定性意见；如果不予批准，一定要在否定性意见后面写明理由。

（4）落款

落款写清发文机关名称、发文日期。

【例文1】

北京市人民政府关于北京市城市房屋拆迁补偿的有关规定的批复

市房地局：

你局《关于报送〈北京市城市房屋拆迁补偿的有关规定〉的请示》（京房地字〔1998〕第 919 号）收悉。

根据《北京市城市房屋拆迁管理办法》的有关规定，经研究，现批复如下：

一、原则同意《北京市城市房屋拆迁补偿的有关规定》（以下简称《规定》），请认真组织实施，并在执行过程中进一步完善。

二、各有关部门和单位要严格执行《规定》,确保《北京市城市房屋拆迁管理办法》顺利贯彻落实。

附件:北京市城市房屋拆迁补偿的有关规定

根据《北京市城市房屋拆迁管理办法》(以下简称《办法》),对本市城市房屋拆迁补偿的有关内容规定如下:

一、根据《办法》第二十八条第一款规定,拆迁人对被拆除住宅房屋的所有人的补偿款计算公式为:

补偿款 = 重置价格 × 成新率 × 原建筑面积

二、根据《办法》第二十九条第一款规定,拆除非成套住宅房屋,被拆除房屋原建筑面积与成套住宅房屋建筑面积的换算办法为:原建筑面积增加25平方米附属面积;拆迁人对被拆除非成套住宅房屋的使用人的补偿款计算公式为:

补偿款 = 拆迁补偿价格 × (原建筑面积 + 25平方米)

三、根据《办法》第二十九条第二款规定,拆除成套住宅房屋,拆迁人对被拆除房屋的使用人的补偿款计算公式为:

补偿款 = 被拆除房屋所在地届时普通住宅商品房价格 × 原建筑面积 − 重置价格 × 成新率 × 原建筑面积

四、《办法》和本规定所称成套住宅房屋是指有卧室、起居室、厨房、卫生间等的单元住宅房屋;非成套住宅房屋是指除成套住宅房屋以外的住宅房屋,一般指平房和简易楼房(含筒子楼)。

五、根据《办法》第三十八条规定,拆除非住宅房屋,造成停产、停业引起经济损失的,拆迁人可以根据被拆除房屋的区位和使用性质,按照被拆除房屋原建筑面积每平方米500元至1 500元的标准给予一次性停产停业综合补助费。

六、根据《办法》第四十五条规定,拆迁搬家补助费根据原正式房屋的间数计算,城区按每间300元补助,近郊区按每间200元补助,远郊区县按每间100元补助,由拆迁人出车搬家的,不予补助。

提前搬家奖励费按照提前的日期计算,城区、近郊区的每户付给500元至5 000元;远郊区县的每户付给200元至2 000元。

北京市房屋土地管理局

一九九八年十月

【例文2】

国务院关于同意山东省设立日照市岚山区的批复

（2004 年 9 月 9 日国务院文件国函〔2004〕71 号发布　自发布之日起施行）

山东省人民政府：

你省《关于申请设立日照市岚山区的请示》（鲁政发〔2002〕59 号）及有关补充报告收悉。现批复如下：

同意设立日照市岚山区。将日照市东港区的岚山头、安东卫 2 个街道和虎山、碑廓、黄墩、后村、高兴、巨峰 6 个镇划归岚山区管辖。岚山区人民政府驻岚山路。

岚山区的各类机构要按照"精简、统一、效能"的原则设置，所需人员编制和经费由你省自行解决。行政区划调整涉及的行政区域界线，要按照有关规定及时勘定。

3.5　意见　函　会议纪要

3.5.1　意见

1）意见的涵义

《国家行政机关公文处理办法》规定：意见适用于对重要问题提出见解和处理办法。

意见这一文种是新增加的。1996 年中共中央办公厅印发的《中国共产党机关公文处理条例》已正式列入这个文种，在新形势下党的机关与行政机关联合发文中"意见"的使用频率比较高，因此，新颁布的《国家行政机关公文处理办法》增加了这一文种。"意见"不同于一般涵义的意见，它是党和政府颁布方针政策的一种形式。"意见"的适用范围较宽，就其主体而言，可以适用于党政各级领导机关，就其内容而言，涉及党和政府以及企事业单位的方方面面。

2）意见的特点

（1）形式的灵活性

意见可以独立行文，也可以与其他文种搭配成文，还可以几个机关联合行文。

(2)内容的广泛性

意见可以涉及党务工作、政治思想工作、行政管理工作、经济管理工作,以及党政军民工农商学等各个方面。在内容上不仅要提出要求,而且要扼要地讲明道理。

(3)行文方向的可变性

意见可以是上行文,作为下级机关向上级上报建设性意见,也可以是下行文,作为上级机关向下发的指导性意见,还可以是平行文,作为向不相隶属机关提供参考性意见。

(4)行文效力的政策性

中央和国家机关下发或转发的"意见"带有政策性或法规性,下级机关都应当遵照或参照执行。

3)意见的写法

(1)标题

意见常用的标题由发文机关、发文事由和文种组成。如《国务院关于进一步做好退耕还林还草试点工作的若干意见》。

(2)主送机关

用于上送的意见,写明主送机关。用于下发的意见,执行意图比较明确、针对性较强的,要写主送机关,涉及面较广的,可不写主送机关。

(3)正文

正文一般分为前言、主体、结尾三部分。

前言写明发出意见的依据、背景和目的,最后一句的习惯用语是"为……现(特)提出如下意见"。主体部分分为若干小点,一般用一句简明的语言作小标题。这部分内容一是阐明贯彻落实某项工作或解决某个问题的意义,二是提出做好这项工作的基本原则、各项要求、具体措施和有关部门的职责,有的还提出实施步骤。这部分既要讲道理、明政策、通法律,又要可实施、能操作、便督查。结尾部分对加强领导提出总体要求。如果主体表面已说清楚,可省略。

(4)落款

在右下方写上发出意见的机关名称和发文的日期。

【例文】

浙江省人民政府关于大力推进职业教育改革与发展的意见

浙政发〔2006〕41号

为进一步贯彻落实《中华人民共和国职业教育法》和《国务院关于大力发展职业教育的决定》(国发〔2005〕35号),现就全面推进我省职业教育改革与发展提出如下意见:

一、充分认识职业教育的战略地位,明确改革发展的总体目标

(一)大力发展职业教育,是我省实施科教兴省战略,加快转变经济增长方式,全面提高国民素质,实现经济社会可持续发展的必然要求。"十五"期间,我省职业教育事业得到长足发展,但从总体上看,职业教育仍然是我省教育事业的薄弱环节,办学机制以及人才培养的规模、结构、质量还不适应经济社会发展的需要。各级政府必须统一思想认识,把职业教育作为我省经济社会发展的重要基础和教育工作的战略重点,采取更加有力的措施,推动职业教育持续健康发展。

(二)我省发展职业教育的指导思想和总体目标是:以邓小平理论和"三个代表"重要思想为指导,落实科学发展观,把加快职业教育特别是中等职业教育发展与服务经济、促进就业、消除贫困、维护稳定、建设先进文化紧密结合起来。

(三)"十一五"期间,继续保持中等职业教育与普通高中招生规模1:1,高等职业教育与高等普通本科教育招生规模1:1。中、高等职业院校为社会输送200万毕业生,为农村、企业提供职业技能培训200万人以上,各比"十五"期间翻一番。

二、强化政府的引导和调控,增强职业教育入学和就业的竞争力

(四)努力扩大优质职业教育资源。坚持政府导向、多元筹资、集中财力、择优扶持原则,各市有重点地办好若干所中等职业学校和1~2所高等职业技术学院,每个县(市、区)重点办好1~2所骨干中等职业学校,对欠发达县(市、区)骨干职业学校建设给予必要的扶持。

(五)建立职业教育助学奖学制度。中等职业学校扶困资助范围从"低保"家庭子女等五类学生,扩展到农村居民年人均纯收入1 500元以下、城镇居民年人均可支配收入3 000元以下的低收入家庭子女,给予免交学费。对高等职业院校学生的资助,按国家有关高等院校学生资助政策执行。

(六)合理配置资源,促进普职教协调发展。加强宏观调控,统一制定招生政策,加强对学生和家长的引导,促进初中毕业生普职教合理分流。

(七)严格劳动准入制度,全面推进和规范职业资格证书制度。用人单位招

录职工必须严格执行"先培训、后就业"、"先培训、后上岗"的规定,从取得职业学校学历证书、职业资格证书和职业培训合格证书的人员中优先录用。

(八)切实提高技能型人才的社会地位。对各行业职业领域具有绝技绝招、突出业绩的高技能人才,实行特殊奖励政策。

三、加强基础能力建设,努力改善办学条件

(九)加强职业院校建设。要根据当地经济社会发展需要,以先进的办学理念、合理的专业设置、高素质的师资队伍、齐全的教学设施、良好的育人环境为目标,大力改善职业院校办学条件,提高教育质量,使职业院校成为本地区技能型人才的培养中心、企业职工的培训中心、新技术新工艺的推广中心。

(十)加大专业建设力度。根据我省产业结构的现状和发展趋势,推动职业学校的专门化建设,形成部分综合性职业院校和一批工程技术、电子信息、交通运输、建筑工程、商贸旅游、医药化工、护理服务、农林水牧等专门化学校。

(十一)加强实训基地建设。以培养紧缺人才、提升技能水平为目的,建设一批为学生校内技能培训服务的职业教育实训基地。到 2010 年,国家和省级中职实训基地达到 100 个,高职示范性实训基地达到 40 个,切实解决职业院校实训条件差、实训工位不足的问题。

(十二)加强师资队伍建设。加大教师培训力度,重点培养一批既有教师资格又有职业资格的"双师型"专业教师。到 2010 年,中职学校专业课 80% 以上教师成为"双师型"教师,其中高级工以上职业资格达到 40%;培养 6 000 名高技能的专业骨干教师和 500 名中等职业学校专业带头人;高职院校"双师型"专业教师比例达到 80%。

四、坚持以就业为导向,深化职业教育教学改革

(十三)推进职业教育办学思想的转变。坚持"以服务为宗旨、以就业为导向",推动职业教育从计划培养向市场驱动转变,从传统的培养模式向就业导向转变,促进职业教育与生产实践、技术推广、社会服务紧密结合,开展订单培养和定向培养,加强职业指导和创业教育。

(十四)深化课程和教学改革。根据市场和社会需求,不断更新教学内容,改进教学方法,推进精品专业、精品课程和教材建设。建立由行业协会、企业领导和专家参加的专业指导委员会,论证、审核专业和课程设置,指导学校的专业教学工作。

(十五)大力推行工学结合、校企合作的培养模式。

(十六)积极探索产学研合作机制。

(十七)加快职业院校设立职业技能鉴定机构的步伐。

（十八）创新职业院校德育工作。

（十九）深化职业院校人事制度改革。

五、调动全社会的积极性，构建多元办学格局

（二十）认真实施千万农村劳动力素质培训工程。

（二十一）建立和完善企业职工培训制度。

（二十二）努力提高企业经营管理人员的素质。

（二十三）行业主管部门和行业协会要在国家教育方针和政策指导下，开展本行业人才需求预测，制订教育培训规划，组织指导行业职业教育与培训工作；参与制订本行业特有工种职业资格标准、职业技能鉴定和证书颁发工作；参与制订培训机构资质标准和从业人员资格标准；参与职业院校的教育教学评估。

（二十四）认真落实企业职工教育经费提取、使用的有关规定。

（二十五）积极鼓励、扶持民办职业教育发展。

六、加大领导和扶持力度，切实保障职业教育的改革发展

（二十六）加强对职业教育工作的领导。各级政府要把职业教育纳入经济社会发展的总体规划，真正做到认识、领导和措施"三到位"。要加强对职业教育发展规划、资源配置、条件保障、政策措施的统筹管理，为职业教育提供强有力的公共服务和良好的发展环境。要从严治教，规范管理，引导职业教育健康协调可持续发展。

（二十七）建立健全职业教育管理体制。

（二十八）实施"浙江省职业教育六项行动计划"。

（二十九）多渠道筹措职业教育经费。

（三十）加强对职业教育工作的督导和检查。

浙江省人民政府
二〇〇六年七月二十五日

附件：浙江省职业教育六项行动计划

3.5.2 函

1）函的使用范围

《国家行政机关公文处理办法》规定：函适用于不相隶属机关之间商洽工作，询问和答复问题，请求批准和答复审批事项。

函主要用于机关之间商洽工作、询问和答复问题。两个不相隶属的机关之间，主要用函来商洽工作。如需要进行相互联系，就有关事宜进行协作、协商或

解决某个问题,一般都用函来处理。另外,不相隶属的机关之间亦用函来询问和答复问题,如地方教育行政机关向人事机关询问工资执行当中的有关政策问题,人事机关答复教育机关的询问,这其间的公务往来都用函。

函还可以用于向主管部门请求批准。虽是不相隶属的单位,但就有关问题需要向归口管理的有关部门请求批准亦用函。主管部门掌管着计划、财务、人事、工商、税务、贸易等,往往有一些政策性的问题需请示和询问的也用函。

2)函的写法

(1)标题

函常用的标题形式是《关于×××问题的函》、《×××机关关于×××问题的复函》。

(2)发文对象

主送机关一般只有一个。

(3)正文

正文要写清商洽、询问、答复的事项。一般包括原因、事项、结尾三部分。

原因,阐述去函的原因和理由,行文要开门见山;事项,讲清楚具体要办的事;结尾,根据内容的不同,分别用"请函复"、"请同意"、"请批准"、"此复"等表示愿望、意见的词语。有些知照性、答复性的函也可以不加结语。

(4)落款

函要在正文之后的右下角,写发文机关和成文日期。

(5)语言

函的用途相当广泛,主要是机关单位之间商洽、询问、答复有关事项,所以函的语言要平实、得体、尽量以询问、协商的语气,戒用命令指示等语言。

【例文1】

关于处置公务车辆的请求批准函

南岸区财政局:

我委机关公务车(渝B12921)号购买于1997年4月,使用年限已超过10年,行驶里程已超过20万公里,机械老化、磨损严重,方向盘、发动机、底盘等零件已达到使用极限,维修费用年年增加。教委机关下辖基层单位众多,工作量大,用车频繁,使用该车辆有严重的安全隐患。鉴于以上原因,经区分管领导批准,同意我委使用公务编制内更新公务车一台,原公务车(渝B12921)交由资产公司处置。

专呈此函,请予批准。

南岸区教育委员会

二〇〇八年一月十八日

【例文2】

国家标准化管理委员会

国标委工交函〔2005〕9 号

关于批准 GB 15763.1—2001《建筑用安全玻璃　防火玻璃》
国家标准第 1 号修改单的函

中国建筑材料工业协会:

　　你协会以标准部函〔2005〕004 号文报批的 GB 15763.1—2001《建筑用安全玻璃　防火玻璃》国家标准第 1 号修改单,业经国家标准委批准,并在《中国标准化》2005 年第 4 期上公布,于 2005 年 6 月 1 日起实施。

　　修改单见附件。

　　附件:GB 15763.1—2001 国家标准第 1 号修改单

二〇〇五年三月七日

【例文3】

上海工程技术大学

2008 年拟录取硕士研究生调档函

考生档案所在单位:

　　贵单位_____同志报考我校 2008 年硕士研究生,成绩合格,我校拟录取。根据教育部招生文件规定,在发出录取通知书前,需要审查考生的政治情况。为此,请贵单位协助做好下列事项:

　　1.填写并寄送《上海工程技术大学招收硕士研究生政审表》。

　　2.寄送该考生全部人事档案。

　　请贵单位于 2008 年 5 月 30 日之前将该考生全部材料寄至我校(应届本科

毕业生请先寄政审表，其档案等归齐后于 2008 年 7 月 20 日前寄送至我校）。如政审不合格，则不能录取，考生人事档案将退还给贵单位。

感谢贵单位对我校硕士研究生招生工作的支持！

此致
敬礼！

上海工程技术大学研究生处
二○○八年五月九日

材料请寄：上海市松江区龙腾路 333 号研究生处招生办公室
邮编：201620
联系人：邹栎、孙勇

【例文4】

××市人事局
×人函〔2006〕129 号

××市人事局
关于同意市××医学中心聘用李兰等 3 名同志为工作人员的复函

市卫生局：

你局《关于 2006 下半年市××医学中心聘用工作人员的函》（×卫函〔2006〕156 号）收悉。根据市委组织部、市人事局《关于市属事业单位二○○六年下半年面向社会公开考试补充工作人员的公告》的规定，李兰、余国光、张宁同志经笔试、面试、体检、考核和公示合格，符合聘用条件，经研究，同意市××医学中心聘用李兰、余国光、张宁同志为工作人员。请按×委办〔2004〕44 号文件的有关规定办理人员聘用手续，并按规定实行人事代理。

特此函复。

二○○六年十月九日

主题词:事业单位 聘用人员 函

抄 送:市财政局,市编办,市工改办,市人才交流中心,市机关事业单位社保局。

×× 市人事局办公室 2006 年 10 月 9 日印发

3.5.3 会议纪要

1)会议纪要的涵义

《国家行政机关公文处理办法》规定:会议纪要适用于记载、传达会议情况和议定事项。

"纪"有综合、整理的意思,"要"指要点,会议纪要就是把会议的主要情况、主要精神加以综合整理,形成文字,是一种记载和传达会议情况和议定事项,要求与会单位共同遵守、执行的行政公文。

会议纪要和会议记录不同,会议记录几乎是每个会议都要做记录,会议纪要是一些重要的会议才做,一般的会议则不要求。

2)会议纪要的分类

会议纪要按内容和性质分有两种:

(1)办公会议纪要

这是机关、团体、企事业单位领导人和有关部门负责人研究决定日常工作中某些重要事项时使用的一种纪要。

(2)专题会议纪要

这是由上级领导机关主持召开的研究某一方面专门工作的会议纪要。

3)会议纪要的写法

(1)标题

会议纪要的标题一般有三种形式:其一是会议名称加文种,如"×××会议纪要";其二是开会机关名称加会议名称加文种,如"××市人民政府关于××× 工作会议纪要";其三是正副标题,正标题以会议精神为题,副标题是"×××会议纪要"。

(2)正文

会议纪要的正文一般包括开头、主体和结尾三部分。

开头介绍会议的基本情况。主要是介绍开会的时间、地点、名称、出席者、主持者、议程、意义等方面的内容。开头应简洁、不啰嗦、不需介绍和交代的可以不介绍、不交代,尽量做到不累赘。

主体是全文的核心。具体写会议的议定事项和会议精神。包括会议所研究的问题,所作出的决议、决定、布置的工作、任务,确定的方针、政策、措施、要求等。主体部分常用的写法,一种是综合归类法,一种是分项罗列法。涉及问题比较复杂,比较重大的,多采用综合归类式写法;涉及问题相对比较简单的,可以采用分项罗列的写法。

需要说明的是,会议纪要正文之后一般不署名,不加盖公章,也不写成文日期。

【例文1】

××市××区人民政府办公会议纪要

时　　间:200×年×月×日下午

地　　点:105会议室

主持人:×××同志

出席者:(略)

列席者:(略)

会议研究决定事项如下:

一、×××同志传达了市加快发展奶牛、改善牛奶供应会议精神和我区集体发展奶牛的安排。会议同意200×年首先在×××、×××、×××三个乡镇发展奶牛900至2 000头,其他有条件的乡镇可以逐步发展。各有关部门要积极支持,提供方便。粮食部门要协同乡镇落实好饲料供应问题。

二、×××同志汇报了我区四个山区乡土地详查结果。会议同意由区划办公室将详查结果报市政府有关部门。

三、×××同志传达了市人防工作会议精神,汇报了我区200×年人防工作的情况和200×年的工作安排。会议同意人防办公室的工作安排,决定召开业务会议进行部署。会议强调,200×年我区人防工作要本着加强维护、平战结合的原则,在保证人防工事安全的前提下,充分加以利用,发挥作用。

【例文2】

山东省医学会第七次医学教育会议暨省高等医学教育研究中心
2006年学术年会会议纪要

山东省医学会第七次医学教育会议暨省高等医学教育研究中心2006年学术年会于2006年11月30日至12月3日在济南市召开。本次会议由省卫生厅、省医学会委托山东省高等医学教育研究中心主办，山东大学高等教育研究中心与山东医学高等专科学校承办。参加这次会议的有全省医、药院校、临床教学基地、医疗科研单位等43个单位的134名代表，会议共收到学术论文84篇。

11月30日晚召开了本次会议的预备会。会议由省高等医学教育研究中心主任、原山东医科大学校长王琰璧教授和省医学会医学教育专业委员会主任委员、山东大学原副校长于修平教授主持。首先举行了省高等医学教育研究中心成员单位负责人会议。参加会议的常务委员有：王琰璧、于修平、郭伟星、苗志敏、汪翼、秦玉明、唐军、王学春、王兴武及省高等医学教育研究中心19个成员单位的负责人。会议讨论并通过了山东省高等医学教育研究中心工作条例（修订稿）、山东省高等医学教育研究中心课题管理办法、山东省高等医学教育研究中心课题指南。并将受卫生厅委托由省高等医学教育研究中心办公室起草及修订的山东省高等医学院校临床教学基地管理暂行规定（讨论稿）、山东省高等医学院校临床教学基地情况统计报表、山东省高等医学院校附属医院（教学医院）临床教学工作评估指标体系及标准、山东省高等医学院实践教学医院（实习医院）临床教学工作评估指标体系及标准等文件下发至各成员单位广泛征求意见。为方便今后工作，会议确定了各成员单位的兼职秘书。通报了省高等医学教育网页开通的好消息。最后评审了医学教育优秀论文。本次会议收到参评论文42篇，经专家评审共评选出优秀论文36篇，其中一等奖10篇，二等奖12篇，三等奖14篇。

大会开幕式由省高等医学教育研究中心主任、原山东医科大学校长王琰璧教授主持。卫生部科教司孟群副司长、山东省卫生厅刘玉芹副厅长、山东省医学会刘岩秘书长、原山东医科大学副校长周申教授及我省10所高等医学院校的校长出席大会。山东医学高等专科学校王兴武校长致欢迎辞。孟群副司长、刘玉芹副厅长、刘岩秘书长就目前教育教学质量、医学教育现状及医学会活动等问题作了重要讲话。

本次会议特别邀请了卫生部科教司孟群副司长作了题为"我国医学教育发展及思考与展望"的专题报告。孟司长从国外医学教育、我国医学教育现状、我国卫生人力状况、我国医学教育的发展等方面,重点讲解了医学人才培养模式的发展过程、院校医学教育简况、医学教育规模与质量、住院医师培训与专科医师制度、专科医师培训组织管理、专科医师培训模式、专科医师培训基地管理、专科医师培训人事管理、专科医师培训人事分配管理以及农村和社区医学人才培养等问题。

青岛大学医学院常务副院长苗志敏教授、潍坊医学院副院长秦玉明教授主持了大会学术交流。今年大会发言的是我省7所本科医学院校临床教学管理部门的负责人。发言内容主要针对教学基地的建设、临床教学改革和教学管理体制的建立。既有对临床教学未来的展望,又有教育体制的改革和教学管理手段的探讨。内容丰富,信息量大,代表们普遍认为以上发言对今后的临床教学管理工作具有很强的针对性和促进作用。

山东省医学会刘岩秘书长、组织管理部于广梅主任主持了医学教育专业委员会的换届选举。由省医学会提出候选人名单,经过无记名投票,等额选举原山东大学副校长于修平教授任主任委员,山东省卫生厅科学教育与国际合作处丁凤深处长、山东中医药大学副校长郭伟星教授、青岛大学医学院常务副院长苗志敏教授、齐鲁医院副院长孔北华教授、山东省立医院汪翼教授、潍坊医学院副院长秦玉明教授、泰山医学院副院长白波教授、滨州医学院副院长张培功教授、济宁医学院王学春教授、菏泽医学高等专科学校于信民教授、山东医学高等专科学校副院长王兴武教授、山东中医药高等专科学校副校长武继彪教授任副主任委员。

闭幕式由山东省立医院副院长汪翼教授主持。山东中医药大学副校长郭伟星教授作会议总结。省医学会组织管理部于广梅主任宣布了换届选举结果。济宁医学院院长王学春教授宣布了优秀论文获奖名单。郭伟星校长在总结中代表两个委员会感谢山东省卫生厅对山东省医学会医学教育专业委员会、山东省高等医学教育研究中心工作的大力支持,对主办及承办单位的精心筹备和组织工作表示衷心感谢,同时也感谢与会代表及其单位的积极支持与参与。他认为本次会议达到了预期的目的,会议是成功的。

会后组织与会代表进行了考察。12月3日,大会圆满结束。

山东省医学会医学教育专业委员会

山东省高等医学教育研究中心

二〇〇六年十二月九日

思考与练习

一、名词解释

①公文　②抄送机关　③主送机关　④主题词　⑤决定

⑥通报　⑦综合报告　⑧会议纪要　⑨复函　⑩批复

二、简答题

1. 什么是公文的工具性？举例说明之。

2. 公文为什么有凭证作用？

3. 决定的使用范围怎样？

4. 公告和通告的主要区别是什么？

5. 布置任务的通知要写清楚什么？

6. 通报写作要注意什么？

7. 通告和通报的区别是什么？

8. 请示和函的区别有哪些？

9. 请分别指出上行文、下行文、平行文的写作语气要求。

10. 意见和决定的区别是什么？

第4章 规约文书

4.1 规约文书概述

4.1.1 规约文书的涵义

规约文书是机关、团体、企事业单位根据法律、法令及政策,在自己的权限范围内制定的具有强制力和约束力的书面文书,是各种条例、规定、办法、章程、制度、规则、规程、公约、守则、细则、标准、须知等的总称。

规约文书是具有一定约束力和规范性的文书,应用范围极为广泛。机关、团体、学校、企事业单位为了保证工作、学习、生活正常地有秩序地进行,都可以根据实际需要,规定出若干应该遵守的事项与职责,要求有关人员共同遵守,贯彻执行。规约文书一经制定,便在一定范围内贯彻实施,具有"法规"的性质,成为它所限定的范围内工作活动的规范,对有关人员具有约束力。

规约文书主要包括法规和规章两个类别。

4.1.2 规约文书的特点

1)产生的程序性

一切规约文书的产生都要经过一定的程序,要按照国务院发布的《行政法规制定程序暂行条例》和《法规、规章备案规定》，以及各级政府相应的此类规定来产生。规约文书的制定、审批、备案、发布都要遵守有关的规定。

2）作用的约束性

各类规约文书对其所确定的范围内的所有单位和人员都具有程度不同的约束力，都有强制或倡导执行的效用。一旦正式公布，有关单位和人员都必须遵照执行，否则会分别受到法律的、行政的、纪律的制裁。

3）范围的公开性

规约文书必须在一定范围内公开发布，以使所有有关人员知晓、遵守。

4）运行的依附性

规约文书通常以"令"、"公告"、"通知"等公文予以发布生效，具有运行的依附性。

4.1.3 规约文书的作用

1）加强管理，提高活动的效率

各类规约文书都是相应的组织、团体加强管理的有力的工具，通过制定规约文书约束相关人员的行为，使人在组织生活和社会生活中有章可循，职责明确，是非分明，提高活动的效率。

2）建立秩序，使各方面活动能正常、协调地进行

各类规约文书，有助于人们行为的规范化，使社会和组织的活动有秩序地、协调地进行。

3）规定标准，保证行为目标的质量

规约文书确立人们的行为准则，以保证组织管理目标的实现。如工厂生产制度中，提倡文明、科学的生产行为，反对和限制不文明、不科学的生产行为，以保证产品的质量。

4.1.4 规约文书的写法

规约文书一般有标题、发布标识、正文三部分构成。

1）标题

标题应表明规约文书的发布单位、适用对象、事由和文种。一般有以下几种

形式:

①发布单位加文种,如《中国共产党章程》、《中国科学技术协会章程》。

②适用范围、事由加文种,如《深圳经济特区商品房产管理规定》、《国有企业职工待业保险规定》。

③事由加文种,如《票汇结算办法》、《广告管理条例》。

④发布单位加事由加文种,如《国务院关于扩大科学技术研究机构自主权的暂行规定》。

如果规约文书是暂行或试行的,应在文种前标明"暂行"或"试行",如《外商投资开发经营成片土地暂行管理办法》,或在文种后加括号注明"试行"。

2)发布标识

规约文书具有法规性,要经过一定程序制订和批准、公布才能生效,才具有权威效力。因此,许多规约文书的发布都要在标题下标识:批准机关(或会议)名称、批准(或通过)日期和发布机关名称、发布日期,有的还标出生效日期。

其写法通常有两种:一种是把批准机关或会议名称、批准或通过日期和发布机关名称、日期分两行书写,有时加施行日期,外加括号(也有不用括号的)。如:

饲料和饲料添加剂管理条例

(1999 年 5 月 29 日中华人民共和国国务院令第 266 号发布
根据 2001 年 11 月 29 日《国务院关于修改＜饲料和饲料
添加剂管理条例＞的决定》修订)

另一种是只标明发布机关或会议名称和发布或通过日期。如:

高等学校校园秩序管理若干规定

(1990 年 9 月 18 日国家教育委员会发布)

如果标题已标出发布机关,发布标识处可省略该机关名称。少数规约文书的发布标识也采用公文的签注方式,在文尾签注发布机关名称和发布日期。但规格较高、范围较广、约束性强的规约文书,则应采取标题下签注的方式。

3)正文

规约文书的正文一般应对制定目的、援引依据、适用范围、主管部门、具体规范、法律责任或奖惩办法、施行日期、解释权限等作出规定。其写作顺序有很强的规律性。即先总说后分说,从原则到具体,从主要到次要,从一般到特殊。

（1）正文内容

正文内容依次分为总则、分则、附则三大层次。

①总则 总则说明制定规约文书的依据、目的、意义、背景、总的原则和要求、适用范围和适用对象。

②分则 分则是正文的主体和重心,是实现规约文书目的的具体规定和要求,应严密地详尽说明作出的每一条规定,支持、保护、发展什么,限制、禁止、取缔什么,以及具体实施与奖惩办法,等等。

③附则 附则是主体部分的补充,主要说明违反规约的处罚办法,实施要求,生效日期,原有文件与本文件发生抵触时的处理办法,以及诸如解释权、修订权、批准权,本规约文书与其他规约文书的关系及其他未尽事项等。这些内容可根据实际需要,不一定全都要写上。

（2）正文的写作方式

正文通常有三种写作方式:

①分条式 全文从头到尾逐条排列,不设章节。所以也叫"逐条贯通式"。一个具体问题用一个条文说明,序号从头依次编排到底。如果一个问题中有几种情况,可在"条"下再列"款"（项、目）。但"条"的序号相连,"款、项、目"只在各自所属的"条"内依次列出,与其他"条"内"款、项、目"的序号没有前后衔接的次序关系。

这种写法多用于内容比较简单、层次也不复杂的规约文书。

②章条式 全文分若干章,每章分条,各章下的条其序号从头至尾依次编排,所以又叫"章断条连式"。一章可以只有一条,也可以有若干条。为使各章内容鲜明醒目,各章可加小标题。加小标题的章条式又称"小标题式"。

通常第一章为总则性内容,最后一章为附则性内容,中间各章则是分则性内容。分则性内容较多,要全面考虑,合理分章,使各章内容互相独立、互相补充、互相制约,不抵触、不交叉、不包含。

层次较多的规约文书,章下可以分节,条下可以分款、分项、分目,但节、款、项、目都不在全文依次排序,而只在各所属范围内依次排序。

这种写法适用于内容较复杂、层次较多的规约文书。

③序条式 全文开头为序言或导语,写总则性内容,接下去逐条写明分则性内容,而最后一两条写附则性内容。所以又叫"总序分条式"。

4.1.5　规约文书的写作要求

1）内容要周全、具体

规约文书的制定是为组织的科学管理立法,提高组织的工作效率,必须使事事有章可循,有法可依,对于其所确定的范围内涉及的大小方面,都要作出明确的规定。什么可做,什么不可做,应该怎么做,不应该怎么做,做好了怎么奖励,违反了怎么处理。奖惩由谁办理,什么时间办理,等等,都要逐条逐项说清楚,方方面面都要想仔细,想周全,内容必须完备、周全,不能有丝毫疏忽与遗漏。

2）体式要规范、严整

作为规约文书,其写作也应相当规范、严整。通常采用条文式写法,逐条依次排列,内容相对集中,条理清晰,层次井然,逻辑性强。每条都采用直陈式语言,直截了当指明什么可做,什么不可做,至于原因,则不必加以叙述。

3）语言要准确、简明

规约文书的每一条款的每个词、每句话,都要有肯定、明确的含义,语言必须准确、明确、无懈可击,不能有不清楚、不周全、不严密的地方。如果语义含糊,此亦可,彼亦可,或前后矛盾,便会使条文的规定失去可行性;如果语义产生歧解,执行起来就会出乱子。

4）上要符合政策,下要符合实际,旁要注意协调

规约文书有上下级层次。制定的规约文书应遵循现行的法律、法规和党和国家的方针、政策,不能与之有抵触;应从实际情况出发,作出的具体规定、要求要切实可行;要与同类的、相邻的规约文书衔接配合,协调一致。应加强政策观念、法律观念、组织观念,不可自行其是。

5）广泛征集意见,适时予以修改

社会在发展,情况在变化,对原来制定的规约文书不完善、不适应的条文,应在广泛征求意见的基础上,适时予以补充和修改。

4.2　条例　规定　办法

法规,即法的规范,是国家或地方立法机关、国家最高行政机关,为实施行政

领导和管理,依照宪法和法律,在其职权范围内制定的具有法律效力和强制执行性的规约文书的总称。

法规按制发主体的不同,分为全国法规(由全国人大及其常委会制定)、行政法规(由国务院制定)、地方法规(由省级人大及其常委会制定)三类。法规具有强制执行的法律效力,违反法规就是违法行为,必将受到法律的严厉制裁。

法规常用的文种是条例、规定、办法。

4.2.1 条例

条例是对实施和执行某一政策、法律、法令进行补充规定的规约文书,如《国库券条例》是国家对发行国库券的政策实施所作的补充规定。条例是控制某种行为细节的强制性命令、指示、禁令,用来叙述某一方面工作活动的原则和要求,是规定或调整政治、经济、文化等领域的某种事项或某方面的规则,或对某一机关的组织与职权的规定等,执行者带有义务性。

条例用于规定比较长期实行的调整国家生活某个方面的准则,或用于规定某个机关的组织和职权以及某些专门人员的任务或权限。条例所涉及的工作和活动是一个方面的,带有一定的重要性和普遍性的要求,如《金融资产管理公司条例》、《饲料和饲料添加剂管理条例》、《农药管理条例》、《煤矿安全监察条例》。

条例是各种规约文书中约束力最强的一种形式。条例只有国家权力机关或有关行政机关才能制定和发布。其他机关、政党、社会团体以及企事业单位一般不能制定条例。

条例的特点是分条列目,层次严谨,要求明确。一般采用章条式、分条式写作。

【例文】

工伤保险费条例

(国务院令第 375 号)

《工伤保险条例》已经 2003 年 4 月 16 日国务院第 5 次常务会议讨论通过,现予公布,自 2004 年 1 月 1 日起施行。

总理 温家宝

二〇〇三年四月二十七日

第一章 总 则

第一条 为了保障因工作遭受事故伤害或者患职业病的职工获得医疗救治和经济补偿,促进工伤预防和职业康复,分散用人单位的工伤风险,制定本条例。

第二条 中华人民共和国境内的各类企业、有雇工的个体工商户(以下称用人单位)应当依照本条例规定参加工伤保险,为本单位全部职工或者雇工(以下称职工)缴纳工伤保险费。

中华人民共和国境内的各类企业的职工和个体工商户的雇工,均有依照本条例的规定享受工伤保险待遇的权利。

有雇工的个体工商户参加工伤保险的具体步骤和实施办法,由省、自治区、直辖市人民政府规定。

第三条 工伤保险费的征缴按照《社会保险费征缴暂行条例》关于基本养老保险费、基本医疗保险费、失业保险费的征缴规定执行。

第四条 用人单位应当将参加工伤保险的有关情况在本单位内公示。

用人单位和职工应当遵守有关安全生产和职业病防治的法律法规,执行安全卫生规程和标准,预防工伤事故发生,避免和减少职业病危害。

职工发生工伤时,用人单位应当采取措施使工伤职工得到及时救治。

第五条 国务院劳动保障行政部门负责全国的工伤保险工作。

县级以上地方各级人民政府劳动保障行政部门负责本行政区域内的工伤保险工作。

劳动保障行政部门按照国务院有关规定设立的社会保险经办机构(以下称经办机构)具体承办工伤保险事务。

第六条 劳动保障行政部门等部门制定工伤保险的政策、标准,应当征求工会组织、用人单位代表的意见。

第二章 工伤保险基金

第七条 工伤保险基金由用人单位缴纳的工伤保险费、工伤保险基金的利息和依法纳入工伤保险基金的其他资金构成。

第八条 工伤保险费根据以支定收、收支平衡的原则,确定费率。

国家根据不同行业的工伤风险程度确定行业的差别费率,并根据工伤保险费使用、工伤发生率等情况在每个行业内确定若干费率档次。行业差别费率及行业内费率档次由国务院劳动保障行政部门会同国务院财政部门、卫生行政部门、安全生产监督管理部门制定,报国务院批准后公布施行。

统筹地区经办机构根据用人单位工伤保险费使用、工伤发生率等情况,适用所属行业内相应的费率档次确定单位缴费费率。

第九条 国务院劳动保障行政部门应当定期了解全国各统筹地区工伤保险基金收支情况,及时会同国务院财政部门、卫生行政部门、安全生产监督管理部门提出调整行业差别费率及行业内费率档次的方案,报国务院批准后公布施行。

第十条 用人单位应当按时缴纳工伤保险费。职工个人不缴纳工伤保险费。

用人单位缴纳工伤保险费的数额为本单位职工工资总额乘以单位缴费费率之积。

第十一条 工伤保险基金在直辖市和设区的市实行全市统筹,其他地区的统筹层次由省、自治区人民政府确定。

跨地区、生产流动性较大的行业,可以采取相对集中的方式异地参加统筹地区的工伤保险。具体办法由国务院劳动保障行政部门会同有关行业的主管部门制定。

第十二条 工伤保险基金存入社会保障基金财政专户,用于本条例规定的工伤保险待遇、劳动能力鉴定以及法律、法规规定的用于工伤保险的其他费用的支付。任何单位或者个人不得将工伤保险基金用于投资运营、兴建或者改建办公场所、发放奖金,或者挪作其他用途。

第十三条 工伤保险基金应当留有一定比例的储备金,用于统筹地区重大事故的工伤保险待遇支付;储备金不足支付的,由统筹地区的人民政府垫付。储备金占基金总额的具体比例和储备金的使用办法,由省、自治区、直辖市人民政府规定。

第三章 工伤认定

第十四条 职工有下列情形之一的,应当认定为工伤:

(一)在工作时间和工作场所内,因工作原因受到事故伤害的;

(二)工作时间前后在工作场所内,从事与工作有关的预备性或者收尾性工作受到事故伤害的:

(三)在工作时间和工作场所内,因履行工作职责受到暴力等意外伤害的:

(四)患职业病的;

(五)因工外出期间,由于工作原因受到伤害或者发生事故下落不明的;

(六)在上下班途中,受到机动车事故伤害的;

(七)法律、行政法规规定应当认定为工伤的其他情形。

第十五条　职工有下列情形之一的,视同工伤:

(一)在工作时间和工作岗位,突发疾病死亡或者在48小时之内经抢救无效死亡的;

(二)在抢险救灾等维护国家利益、公共利益活动中受到伤害的;

(三)职工原在军队服役,因战、因公负伤致残,已取得革命伤残军人证,到用人单位后旧伤复发的。

职工有前款第(一)项、第(二)项情形的,按照本条例的有关规定享受工伤保险待遇;职工有前款第(三)项情形的,按照本条例的有关规定享受除一次性伤残补助金以外的工伤保险待遇。

第十六条　职工有下列情形之一的,不得认定为工伤或者视同工伤:

(一)因犯罪或者违反治安管理伤亡的;

(二)醉酒导致伤亡的;

(三)自残或者自杀的。

第十七条　职工发生事故伤害或者按照职业病防治法规定被诊断、鉴定为职业病,所在单位应当自事故伤害发生之日或者被诊断、鉴定为职业病之日起30日内,向统筹地区劳动保障行政部门提出工伤认定申请。遇有特殊情况,经报劳动保障行政部门同意,申请时限可以适当延长。

用人单位未按前款规定提出工伤认定申请的,工伤职工或者其直系亲属、工会组织在事故伤害发生之日或者被诊断、鉴定为职业病之日起1年内,可以直接向用人单位所在地统筹地区劳动保障行政部门提出工伤认定申请。

按照本条第一款规定应当由省级劳动保障行政部门进行工伤认定的事项,根据属地原则由用人单位所在地的设区的市级劳动保障行政部门办理。

用人单位未在本条第一款规定的时限内提交工伤认定申请,在此期间发生符合本条例规定的工伤待遇等有关费用由该用人单位负担。

第十八条　提出工伤认定申请应当提交下列材料:

(一)工伤认定申请表;

(二)与用人单位存在劳动关系(包括事实劳动关系)的证明材料;

(三)医疗诊断证明或者职业病诊断证明书(或者职业病诊断鉴定书)。

工伤认定申请表应当包括事故发生的时间、地点、原因以及职工伤害程度等基本情况。

工伤认定申请人提供材料不完整的,劳动保障行政部门应当一次性书面告知工伤认定申请人需要补正的全部材料。申请人按照书面告知要求补正材料后,劳动保障行政部门应当受理。

第十九条 劳动保障行政部门受理工伤认定申请后,根据审核需要可以对事故伤害进行调查核实,用人单位、职工、工会组织、医疗机构以及有关部门应当予以协助。职业病诊断和诊断争议的鉴定,依照职业病防治法的有关规定执行。对依法取得职业病诊断证明书或者职业病诊断鉴定书的,劳动保障行政部门不再进行调查核实。

4.2.2 规定

规定是国家机关、社会团体、企事业单位制定的,在一些重大问题上作出的规范性要求,用以统一人们行动的规约文书。规定主要是对某一方面的工作,或某一方面的活动,提出属于管理性质的具体的执行意见或措施,以规范人们的行为。如《国务院关于禁止在市场经济活动中实行地区封锁的规定》《高等教育学历证书电子注册管理暂行规定》《互联网电子公告服务管理规定》。

规定具有规范性和约束力,是人们行为的规范准则。规定偏重于规定统一的执行标准,重在对有关方面、有关人员进行强制约束,其政策性和原则性强。如果违背规定的行为,轻者受到批评、处分,重者受到刑事惩罚。

规定一般采用分条式写作。在写法上常使用祈使语句,着重写明必须、应该、可以做什么,不能、不许、禁止做什么,违者怎样处理等内容,态度鲜明,语气肯定。常按先原则后具体,先一般后个别,先正面后反面的顺序安排内容。

【例文1】

中华人民共和国禁止使用童工规定

第一条 为保护少年、儿童的身心健康,促进义务教育,根据《中华人民共和国宪法》,制定本规定。

第二条 童工是指未满十六周岁,与单位或者个人发生劳动关系从事有经济收入的劳动或者从事个体劳动的少年、儿童。

未满十六周岁的少年、儿童,参加家庭劳动、学校组织的勤工俭学和省、自治区、直辖市人民政府允许从事的无损于身心健康的、力所能及的辅助性劳动,不属于童工范畴。

第三条 劳动行政部门会同工商行政管理部门、教育行政部门、农业主管部门和企业主管部门以及工会、妇联,负责检查本规定的执行情况。

第四条 禁止国家机关、社会团体、企业事业单位(以下统称为单位)和个

93

体工商户、农户、城镇居民(以下统称为个人)使用童工。

第五条 禁止各种职业介绍机构以及其他单位和个人为未满十六周岁的少年、儿童介绍职业。

第六条 各级工商行政管理部门不得为未满十六周岁的少年、儿童核发个体营业执照。

第七条 父母或者其他监护人不得允许未满十六周岁的子女或者被监护人做童工。

第八条 文艺、体育和特种工艺单位,确需招用未满十六周岁的文艺工作者、运动员和艺徒时,须报经县级以上(含县级,下同)劳动行政部门批准。

文艺工作者、运动员、艺徒概念的界定,由国务院劳动行政部门会同国务院文化、体育主管部门作出具体规定。

按前款规定批准招用的少年、儿童,用人单位应当切实保护他们的身心健康,促使他们在德、智、体诸方面健康成长,并负责创造条件,保证少年、儿童依法接受当地规定年限的义务教育。

第九条 劳动行政部门应当对招工工作加强管理,在办理录用和备案手续时,必须严格核查应招人员的年龄,不符合规定的,一律不予办理。

94

第十条 对违反本规定使用童工的单位或者个人,劳动行政部门应当责令其立即将童工送回原居住地。童工被送回原居住地所需费用,全部由使用童工的单位或者个人承担。

第十一条 违反本规定使用童工的单位或者个人,对被送回原居住地之前患病或者伤残的童工应当负责治疗,并承担治疗期间的全部医疗和生活费用。医疗终结,由县级劳动鉴定委员会确定其伤残程度,由使用童工的单位或者个人根据其伤残程度发给童工本人致残抚恤费。童工死亡的,使用童工的单位或者个人应当发给童工父母或者其他监护人丧葬补助费,并给予经济赔偿。

前款规定发给各项费用的具体标准和办法,由各省、自治区、直辖市人民政府确定。

对童工伤、残、死亡负有责任的单位和个人,由县级以上劳动行政部门给予行政处罚;构成犯罪的,由司法机关依法追究刑事责任。

第十二条 对下列违反本规定的人员,由县级以上劳动行政部门提请有关主管部门给予行政处分:

(一)使用童工单位的法定代表人(或者主要负责人)和直接责任者;

(二)为未满十六周岁的少年、儿童核发个体营业执照的工商行政管理部门的行政负责人和直接责任者;

（三）为未满十六周岁的少年、儿童介绍职业的职业介绍机构以及有关单位的负责人和直接责任者；

（四）为未满十六周岁的少年、儿童做童工出具假证明的有关单位的直接责任者。

第十三条　有下列行为之一的,由县级以上劳动行政部门处以罚款：

（一）单位或者个人使用童工的；

（二）父母或者其他监护人允许未满十六周岁的少年、儿童做童工,经批评教育仍不改正的；

（三）职业介绍机构以及其他单位或者个人为未满十六周岁的少年、儿童介绍职业的；

（四）单位或者个人为未满十六周岁的少年、儿童做童工出具假证明的。

对使用童工的单位,给予从重处罚,具体罚款标准由各省、自治区、直辖市人民政府规定。本条其余各项罚款标准由国务院劳动行政部门规定。

罚款一律上交国库。

第十四条　有下列行为之一的单位或者个体工商户,由县级以上劳动行政部门提请工商行政管理部门吊销其营业执照：

（一）企业和从事经营活动的事业单位以及个体工商户使用童工屡教不改、情节严重的；

（二）未满十六周岁的少年、儿童领取个体营业执照的。

第十五条　有下列行为之一,违反治安管理处罚条例的,由公安机关给予治安处罚；构成犯罪的,由司法机关依法追究刑事责任：

（一）拐骗童工的；

（二）虐待童工的；

（三）强令童工冒险作业造成伤亡事故的；

（四）对童工人身健康造成其他伤害的。

第十六条　按照本地区推行义务教育的实施步骤,尚不具备实施初级中等义务教育条件的农村贫困地区,未升入初中的十三至十五周岁的少年,确需从事有经济收入的、力所能及的辅助性劳动,其范围和行业应当严加限制,具体办法由各省、自治区、直辖市人民政府根据实际情况规定。

第十七条　各省、自治区、直辖市人民政府可根据本规定制定实施细则。

第十八条　本规定由劳动部负责解释。

第十九条　本规定自发布之日起施行。

4.2.3 办法

办法是对某项工作或某一方面的活动作出具体安排或提出具体措施的规约文书。办法比条例、规定更具体，往往用于某些具体事务和单一事项，甚至是比较细小琐碎的事情上，比如，关于某种资金的管理、税务的征收、票汇的结算、建筑安装工程的招标投标、科技成果的管理等，对办事标准、方法、步骤和措施等方面进行规范化的详细要求。如《电信服务质量监督管理暂行办法》、《机电产品国际招标投标实施办法》、《农业综合开发财务管理办法》。

办法的主要特点在于它的规定性和具体性。所谓规定性，即制定办法的机关单位要拿出对某些事情处理的规定性意见，作为人们行动的规范，否则，人们将莫衷一是。同时，这种规定性的处理办法，应该是具体的，而不是抽象的，侧重于规定统一的执行方式方法，注重具体性、程序性、可操作性。

办法一般也采用分条式写作。在写法上，办法常使用准确、具体、周密的说明方式，着重写明应该怎么做，包括具体的方法、步骤、程序、措施等内容。常按先原则后具体、先主要后次要、先直接后间接的顺序安排内容。

条例、规定、办法三者之间的区别在于：第一，在范围上，条例、规定适用于某一方面的工作，办法仅用于某一项工作；第二，条例比较全面、系统，规定则集中于某个部分，办法比条例、规定要具体得多。

【例文2】

××市国有资本收益收缴管理（暂行）办法
×财企〔2008〕1号

第一条　为维护国有资产所有者的合法权益，加强国有资本收益的收缴管理，依据《中华人民共和国公司法》、《国务院关于试行国有资本经营预算的意见》等法律、法规，结合本市实际，制定本办法。

第二条　凡占有、使用、运营国有资产的市属企业的国有资本收益，适用本办法。

市属企业包括市政府授权市国资委或主管部门履行出资人职责的、由国资委或主管部门出资并委托监管的单位，以及上述两类企业以外的由市政府及其部门或机构直接管理的其他企业。

第三条　本办法所称国有资本收益，是指市政府及其授权部门依据出资人身份依法取得的各种收益、收入。主要包括：

（一）国有独资企业按规定上交国家的利润。

（二）国有控股、参股企业国有股权（股份）获得的股利、股息。

（三）企业国有产权（含国有股份）转让收入。

（四）国有独资企业清算收入（扣除清算费用），以及国有控股、参股企业国有股权（股份）分享的公司清算收入（扣除清算费用）。

（五）其他收入。

第四条　市则政局负责企业国有资本收益的收缴、使用、管理。各出资人代表或主管部门（国有资本经营预算单位）负责组织所监管企业上交国有资本收益。

第五条　企业税后净利润以经有资质的中介机构审计的财务会计报告为准，在弥补以前年度亏损、提取法定公积金后，按照以下情况收缴：

（一）国有独资企业上缴利润比例原则上不低于当年企业当年净利润的10%，具体比例由市财政局商有关国有资本经营预算单位根据实际情况确定。并由市财政下达利润收缴通知书，国有独资企业应当在收到利润收缴通知书后，十日内足额上缴利润。

2007年国有资本经营预算试点企业中的国有独资企业上缴利润比例按以下原则上缴：

××市×××集团公司上缴企业当年净利润的40%；××市公交集团有限责任公司，××市燃气有限责任公司，××市供排水有限责任公司上缴当年企业当年净利润的10%。

（二）国有控股、参股企业国有股权（股份）应分的股利、股息按照股东会或类似权力机构确定的分配比例收缴。

第六条　转让企业国有产权（含国有股份）所得收入剔除相关的成本、费用后，按照股权转让合同规定时间全额收缴。

国家对转让境内外上市公司国有股权所得收益另有规定的，从其规定。

第七条　企业依法实施清算所得的清算净收益，根据国有股权比例，按照清算机构确定的时间收缴。

第八条　其他国有资产收益，在收益实现后，十日内收缴。

第九条　企业应上缴的各项国有资本收益，纳入国有资本经营预算管理，缴入市级国库。（具体收缴操作程序按非税收入收缴有关规定执行）

第十条　国有资本收益主要用于根据产业发展规划，国有经济布局结构调整、国有企业发展要求等需要，安排资本性支出；同时，安排部分资金解决国企改革、应对突发事件所需的支出以及市政府确定的其他必要支出。

第十一条　企业国有资本收益的有关指标及收缴情况纳入企业负责人的经营管理责任、任期考核(含年薪制考核)的内容,与奖惩挂钩。

第十二条　依据本办法应上缴国有资本收益的企业应当积极配合市财政及各国有资本经营预算单位做好国有资本收益收缴工作。对有拖欠、截留国有资本收益行为的,除责令其限期上缴外,将按照有关规定严肃处理。

第十三条　企业负责人、企业财会人员提供虚假财务会计报告,隐瞒国有资本收益的,在查清事实和分清责任后,按照有关规定进行处罚。

第十四条　本办法由××市财政局、××市政府国有资产监督管理委员会负责解释。

第十五条　本办法自颁布之日起施行。

二〇〇八年四月二十九日

4.3　章程 制度 规则 规程 公约 守则 细则

规章,即规章制度,是各级领导机关及其职能部门、社会团体、企事业单位,为实施管理,规范工作、活动和有关人员的行为,依照法律和法规,在其职权范围内制定的具有行政约束力和道德行为准则的规约文书的总称。

规章分为行政规章、组织规章、业务规章和一般规章四类。

行政规章由国务院各部门、省(自治区、直辖市)、省会所在市和计划单列市人民政府制定,常用文种是规定、办法、细则。

组织规章由党的各级领导机关、民主党派、社会团体制定,常用文种是章程。

业务规章由企业制定,常用文种多为章程。

一般规章所有机关、团体、单位均可制定,常用文种为规定、办法、细则、制度、规则、规程、准则、守则、公约、须知等。

4.3.1　章程

章,条理、条款;程,程序、程式。顾名思义,章程是有条理有程式的规章,是用来系统规定一个组织或团体的性质、宗旨、任务、组织机构、成员、活动方式与纪律等的规约文书,是该组织或团体的言行准则。

章程主要是组织章程,包括党派组织章程,如《中国共产党章程》;群团组织章程,如《中华全国总工会章程》;学术组织章程,如《四川省会计学会章程》。其次是企业、业务章程,如《中国人民保险公司章程》《中国银行外币存款章程》。

章程的主要特点是法规性、规范性和约束力。一个政党和团体的章程,就是这个组织的根本法,这个组织的所有成员都必须按照章程规定的条文去规范自己的行为,违背章程的规定,就要受到该组织的惩处,乃至开除出该组织。企事业单位规定的章程,其成员也必须受其制约,严格按照章程规定的业务经营性质、业务活动范围和基本工作职责去办事。

章程的体式相当规范,要严格按照前面规约文书的写作体式来写。多采用章条式,按总则、分则、附则三部分来写作。

在内容上,组织章程的总则部分要准确、简明、庄重地写明该组织的名称、性质、宗旨、任务、指导思想和组织本身建设要求等内容。分则部分写明组织人员、组织机构、组织经费、组织活动和其他事宜,附则除常见内容外,还需说明办事机构地址或对下属组织的要求等内容。

企业章程的总则部分要写明企业名称、宗旨、经济性质、隶属关系、业务范围等。分则部分写明资本、组织机构、人事管理、资产管理、利润分配等内容。附则一般写明公布施行与修改补充等问题。

业务章程的总则部分写明业务内容、范围、服务对象、办理机构等。分则部分须逐条写明该项业务的办理及运作程序的规定等。附则写明修改补充等问题。

【例文】

武汉××新高农作物发展有限责任公司章程

第一章 总 则

依照《中华人民共和国公司法》及武汉市的有关规定,结合公司实际,为规范公司行为,保障本公司、股东和债权人的合法权益,特制定本章程。公司的宗旨:引进高新科学技术和农作物优良品种,将科技转化为生产力,满足人民生活需要,解决武汉市的菜篮子工程。

第一条 公司名称与住所

1.公司的注册名称:武汉市××新高农作物发展有限公司

2.公司的住所为:武汉市东西湖区××路××号

第二条 公司的注册资本300万元人民币

1.公司需要减少注册资本时,必须编制资产负债表及财产清单。

2.公司增加注册资本时,股东认缴新增资本的出资,按照本章程的有关规定执行。

3.公司增加或减少注册资本,应当依法向公司登记机关办理变更登记。

第三条　公司经营范围:特、新蔬菜、农作物的种植、开发、研究、推广、特新蔬菜的销售

第四条　公司的股东名称

1.武汉××集团有限公司

法定地址:××区××大道×××号

2.武汉××科研所

法定地址:××区××路×号

3.方××

法定地址:××区××街××号

第五条　股东的权利和义务

一、股东的权利

1.参加或委派代表参加股东会并根据出资额行使表决权。

2.依据法律及章程规定转让出资额。

3.股东有权查阅股东会会议记录,了解公司经营情况和公司财务会计报告。

4.股东按照出资比例分取红利。公司新增资本时,股东可以优先认缴出资。

5.选举或被选举为公司董事、监事。

6.监督公司的经营,提出建议或质询意见。

7.公司依法终止后,有依法取得公司的剩余财产分配权。

8.参与制定公司章程。

二、股东的义务

1.遵守公司章程。

2.股东应当足额缴纳公司章程中规定的各自所认缴的出资额。股东以货币出资的,应当将货币出资足额存入准备设立的有限责任公司在银行开设的专用账户;以实物、工业产权、非专利技术或者土地使用权出资的,应当依法办理其财产权的转移手续。股东不按照前款规定缴纳所认缴的出资,应当向已足额缴纳出资的股东承担违约责任。

3.股东在公司登记后,不得抽回出资。

4.股东以其出资额为限对公司承担责任。

5.股东有义务为公司的各种经营提供必要的方便。

第六条　股东的出资方式和出资额

1. 武汉××集团有限公司股东,出资额为200万人民币,占总资本66.7%(其中,货币出资额为50万元人民币;以实物房屋作价出资额为150万元人民币)。

2. 武汉市××科研所股东,出资额为80万人民币,占总资本26.7%(其中,货币出资额为10万元人民币;以非专利技术作价出资额为70万元人民币)。

3. 方××,出资额为20万人民币,占总资本6.7%,全部以货币形式出资。

本公司成立后,应当向股东签发出资证明书。出资证明书应当说明下列事项:

(1)公司名称;

(2)公司登记日期;

(3)公司注册资本;

(4)股东的姓名或者名称,缴纳的出资额和出资日期;

(5)出资证明的编号和核发日期。

出资证明书由公司盖章。

第七条　股东转让出资的条件

1. 股东之间可以相互转让全部或部分出资。

2. 股东向股东以外的人转让其出资时,必须经全体股东过半数同意;不同意转让的股东应当购买该转让的出资,如果不购买该转让的出资,视为同意转让。

3. 经股东同意转让的出资,在同等条件下,其他股东对该出资有优先购买权。

4. 公司股东之一不得购买其他股东的全部出资,而形成单一股东形式的独资公司。

5. 股东依法转让其出资后,由公司将受让人名称或姓名、住所以及受让的出资额记载于股东名册,并及时向原登记机关办理变更登记。

第八条　公司的机构及其产生办法、职权、议事规则

一、股东会

1. 股东会为公司的最高权力机构,股东会由全体股东组成。

2. 股东会首次会议由出资额最多的股东召集和主持。

3. 股东会会议由股东按照出资比例行使表决权。

4. 股东会是公司的权力机构并行使下列职权:

(1)决定公司的经营方针和投资计划;

(2)选举和更换董事,决定有关董事报酬事项;

(3)选举和更换由股东代表出任的监事,决定有关监事的报酬事项;

(4)审议批准董事会的报告;

(5)审议批准监事会的报告;

(6)审议批准公司的年度财务预算方案、决算方案;

(7)审议批准公司的利润分配方案和弥补亏损方案;

(8)对公司增加或者减少注册资本作出决议;

(9)对发行公司债券作出决议;

(10)对股东向股东以外的人转让出资作出决议;

(11)对公司合并、分立、变更公司形式、解散和清算事项作出决议;

(12)修改公司章程。

5.股东会的议事方式和表决程序:

(1)股东会会议分为定期会议和临时会议。定期会议每年召开1次。持有公司股东10%以上的股东或者监事会可以提议召开临时会议。

(2)召开股东会会议,应当于会议召开15日以前通知全体股东。股东会应当对所议事项的决定作为会议记录,出席会议的股东应当在会议记录上签名。

(3)股东会对公司增加或者减少注册资本、分立、合并、解散或者变更公司形式作出决议,必须经代表三分之二以上表决权股东通过。

(4)修改公司章程的决议,必须经代表三分之二以上表决权的股东通过。

(5)股东会会议由董事会召集,董事长主持,董事长因特殊原因不能履行职权时,由董事长指定的副董事长或者其他董事主持。

二、董事会

1.公司设董事会,其成员由5人组成(应为奇数)。董事会设董事长1人,设副董事长1人。董事长、副董事长由董事会选举和罢免。董事长为公司的法定代表人。

2.董事会对股东负责,行使下列职权:

(1)负责召集股东会,并向股东会报告工作;

(2)执行股东会的决议;

(3)决定公司的经营计划和投资方案;

(4)制订公司的年度财务预算方案、决算方案;

(5)制订公司的利润分配方案和弥补;

(6)制订公司增加或者减少注册资本的方案;

(7)拟订公司合并、分立、变更公司形式、解散的方案;

(8)决定公司内部管理机构的设置;

（9）聘任或者解聘公司经理。根据经理的提名，聘任或者解聘公司副经理、财务负责人，决定其报酬事项；

（10）制订公司的基本管理制度。

3. 董事任期每届3年。董事任期届满，可以连选连任。董事在任期届满前，股东会不得无故解除其职务，因特殊原因要解除的，必须经三分之二以上表决权的股东同意。

4. 董事会的决议经三分之一以上董事同意方可作出，但作出属于前第2款的（8）、（9）项决议时，须经三分之二以上董事同意。董事会应对所议事项决定作出会议纪要，出席会议的董事应当在会议记录上签名。召开董事会会议，应当于会议召开10日以前通知全体董事。

三、经理

1. 公司设经理，由董事会聘任或者解聘。

2. 经理对董事会负责，并行使下列职权：

（1）主持公司的生产经营管理工作，组织实施董事会决议；

（2）组织实施公司年度经营计划和投资方案；

（3）拟订公司内部管理机构设置方案；

（4）拟订公司的基本管理制度；

（5）制订公司的具体规章；

（6）提请聘任或者解聘公司副经理、财务负责人；

（7）聘任或者解聘应由董事会聘任或者解聘以外的负责管理人员；

（8）公司章程和董事会授予的其他职权；

经理列席董事会会议。

四、监事会

1. 公司设立监事会，成员3人，其中2人由股东代表出任，1人由职工民主选举产生。

2. 监事会召集人由其组成人员选举产生。

3. 监事的任期每届为3年。监事任期届满，可以连选连任。

4. 监事会行使下列职权：

（1）检查公司财务；

（2）对董事、经理执行公司职务时违反法律、法规或者公司章程的行为进行监督；

（3）当董事和经理的行为损害公司的利益时，要求董事和经理予以纠正；

（4）提议召开临时股东会。

监事列席董事会会议。

第九条 董事、经理、监事限制规定

1.董事、监事、经理应当遵守公司章程,忠实履行职务,维护公司利益,不得利用在公司的地位和职权为自己牟取私利。董事、监事、经理不得利用职权收受贿赂或者其他非法收入,不得侵占公司的财产。

2.董事、经理不得挪用公司资金或者将公司资金借贷给他人。董事、经理不得将公司资产以其个人名义或者以其他个人名义开立账户存储。董事、经理不得以公司资产为本公司的股东或者其他个人债务提供担保。

3.董事、经理不得自营或者为他人经营与其所任职公司同类的营业或者从事损害公司利益的活动。从事上述营业或者活动的,所得收入应当归公司所有。董事、经理除公司章程规定或者股东会同意外,不得同本公司订立合同或者进行交易。

4.董事、监事、经理除依照法律规定或者经股东会同意外,不得泄露公司秘密。

5.董事、监事、经理执行公司职务时违反法律、行政法规或者公司章程的规定,给公司造成损害的,应当承担赔偿责任。

第十条 公司财务、会计、劳动用工制度:

1.公司应当依照法律、行政法规和国务院财政主管部门的规定建立本公司的财务、会计制度。

2.公司应当在每一会计年度终了时制作财务会计报告,并依法经审查验证。财务会计报告应当包括下列财务会计报表及附属明细表:

(1)资产负债表;

(2)损益表;

(3)财务状况变动表;

(4)财务情况说明书;

(5)利润分配表。

3.公司应当在每一会计年度终了15日内将财务会计报告送交各股东。

4.公司分配当年税后利润时,应当提取利润的10%列入公司法定公积金,并提取利润的5%～10%列入公司法定公益金。公司法定公积金累计为公司注册资本的50%以上的,可不再提取。公司提取法定公积金不足以弥补上一年度公司亏损的,在依照前款规定提取法定公积金和法定公益金以前,应当先用当年利润弥补亏损。公司在从税后利润中提取法定公积金后,经股东会决议,可以提取任意公积金。公司弥补亏损和提取公积金、法定公益金后所余利润,按照股东的出资比例分配。股东会或者董事会违反前款规定,在公司弥补亏损的提取法定公积金、法定公益金之前向股东分配利润的,必须将违反规定分配的利润退还公司。

5.公司的公积金用于弥补公司的亏损,扩大生产经营或者转为增加公司资本。

6.公司提取的法定公益金用于本公司职工的集体福利。

7.公司除法定的会计账册外,不得另立会计账册。对公司资产,不得以任何个人名义开立账户存储。

8.公司所有员工按劳动合同制择优录用,签订合同。

9.公司辞退职工或者职工自行辞职,都必须严格按照劳动用工合同条款执行。

第十一条　公司的解散事由与清算办法

1.公司有下列情形之一的可以解散;

(1)营业期限届满;

(2)股东会决议解散:

(3)因公司合并或者分立需要解散的;

(4)因违反国家法律、法规,危害社会公共利益,被依法撤销;

(5)因不可抗力因素发生,导致公司无法继续经营;

(6)依法被宣告破产。

2.公司依照前条第(1)、(2)、(3)、(4)、(5)规定解散的,应当在15日内成立由股东组成的清算组。

3.消算组在清算期间行使下列职权:

(1)清理公司财产,分别编制资产负债表和财产清单;

(2)通知或者公告债权人;

(3)处理与清算有关的公司未了结的业务;

(4)清缴所欠税款;

(5)清理债权、债务;

(6)处理公司清偿债务后的剩余财产;

(7)代表公司参与民事诉讼活动。

4.清算组成员应当忠于职守,依法履行清算义务。清算组成员不得利用职权收受贿赂或者其他非法收入,不得侵占公司财产。清算组成员因故意或者重大过失给公司或者债权人造成损失的,应当承担赔偿责任。

5.清算组应当自成立之日起10日内通知债权人,并于90日内在报纸上至少公告 3 次。债权人应当自接到通知书之日起 30 日内,未接到通知书的自第一次公告之日起 90 日内,向清算组申报其债权。清算组应当对债权进行登记。

6. 清算组在清理公司财产、编制资产负债表和财产清单后,应当制定清算方案,并报股东会或者有关主管机关确认。公司财产能够清偿公司债务的,分别用于清算费用、职工工资和劳动保险费用,缴纳所欠税款,清偿公司债务。公司财产按前款规定清偿后的剩余财产,按照股东的出资比例分配。清算期间,公司不得开展新的经营活动。公司财产在未按第 2 款的规定清偿前,不得分配给股东。

7. 因公司解散而清算,清算组在清理公司财产、编制资产负债表和财产清单后,发现公司财产不足清偿债务的,应当立即向人民法院申请宣告破产。公司经人民法院裁定宣告破产后,清算组应当将清算事务移交给人民法院。

8. 公司清算结束后,清算组应制作清算报告,报股东会或者有关主管机关确认,并报送公司登记机关,申请注销公司登记公告公司终止。

第十二条　股东认为需要规定的其他事项

1. 公司经营期限 20 年,自执照签发之日算起,经营期满前 6 个月应视情况继续经营或办理解散手续。

2. 董事长不能履行职责又不指定或不能指定他人主持公司董事会或股东会时,由三分之二以上的董事或代表三分之二以上表决权的股东推选的董事或股东召集并主持董事会或股东会。

3. 公司章程对公司股东、董事、监事、经理具有约束力。公司应当在登记的经营范围内从事经营活动。公司依照法定程序修改公司章程并经公司登记机关变更登记,可以变更经营范围。

4. 公司合并或者分立,登记事项发生变更的,应当依法向公司登记机关办理变更登记;公司解散的,应当依法办理公司注销登记。

5. 修改章程应按下列程序:

(1)由董事会提出修改章程的提议;

(2)股东会通过修改章程的决议;

(3)根据股东会通过的修改章程决议,制定公司章程的修改案;

(4)章程修改补充件按规定报备有关部门。

6. 公司应当置备股东名册,记载下列事项:

(1)股东的姓名或者名称及住所;

(2)股东的出资额;

(3)出资证明书编号。

7. 公司从事经营活动,必须遵守法律,遵守职业道德,加强社会主义精神文明建设,接受政府和社会公众的监督。公司的合法权益受法律保护。

8.公司职工依法组织工会,开展工会活动,维护职工的合法权益。公司应当为本公司的工会提供必要的活动条件。

9.公司的中国共产党基层组织的活动,依照中国共产党章程办理。

10.公司可以设立分公司,分公司不具有企业法人资格,其民事责任由公司承担。

11.章程的解释权归公司股东会。

全体股东签字:

武汉××集团有限公司(盖章)

武汉××科研所(盖章)

方××(签字或盖章)

二○××年×月××日

4.3.2 制度 规则 规程

1)制度

制度是国家机关、社会团体和企事业单位制定的,要求有关人员必须共同遵守,并按一定程序办事的规约文书。

制度的使用范围极广,凡是要求有关人员共同遵守,并按一定程序办理的事情,不论是行政、经济活动方面的事务还是学习、生活方面的事务,都可以使用制度这一文种。建立健全必要的制度,可用以规范人们的行为,保证井然的秩序,使工作和谐、有序地进行。如《企业会计制度》、《领导干部培训制度》、《环境保护工作制度》、《门卫管理制度》等。

制度的主要特点是规定性和程序性。所谓规定性,即制度按照所涉及事物的性质、范围,限定人们可以做什么,不可以做什么,可以怎么做,不可以怎么做,用以规范人们的行为。所谓程序性,即要求人们做某种事情时,必须按照一定的规则、程序、方法进行,不能愿意怎么做就怎么做。即使是这件事应该办,但违背了一定程序也不行。

制度的写作可繁可简。复杂的制度采用章条式、序条式写作,简单的制度采用分条式写作。

【例文】

××股份有限公司保密制度

第一条 为保守公司秘密,维护公司发展和利益,制定本制度。

第二条 全体员工都有保守公司秘密的义务。

第三条 在对外交往和合作中,须特别注意不泄露公司秘密,更不准出卖公司秘密。

第四条 公司秘密是关系公司发展和利益,在一定时间内只限一定范围的员工知悉的事项。公司秘密包括下列秘密事项:

1.公司经营发展决策中的秘密事项;

2.人事决策中的秘密事项;

3.专有生产技术及新生产技术;

4.招标项目的标底、合作条件、贸易条件;

5.重要的合同、客户和贸易渠道;

6.公司非向公众公开的财务、证券情况、银行账户账号;

7.其他董事局或总经理确定应当保守的公司秘密事项。

第五条 属于公司秘密的文件、资料,应标明"秘密"字样,由专人负责印制、收发、传递、保管。

第六条 公司秘密应根据需要,限于一定范围的员工接触。

第七条 非经批准,不准复印、摘抄秘密文件、资料。

第八条 记载有公司秘密事项的工作笔记,持有人必须妥善保管。如有遗失,必须立即报告并采取补救措施。

第九条 接触公司秘密的员工,未经批准不准向他人泄露。非接触公司秘密的员工,不准打听、刺探公司秘密。

第十条 监察委员会、监察部应定期检查各单位的保密情况。

第十一条 对保守公司秘密或防止泄露有功的,予以表扬、奖励。

违反本规定故意泄露公司秘密的,视情节及危害后果予以行政处分或经济处罚,直至予以除名。

第十二条 信息室、档案室、计算机房等机要部门,非工作人员不得随便进入;工作人员也不能随便带人进入。

××××年×月×日

2）规则

规则是国家机关、社会团体、企事业单位管理具体事务时所使用的规约文书。规则多用于局部管理事务，侧重于对事务及人们的行为提出统一的、规范化的要求，是在一定范围内对某项工作、活动作出的工作、行为规范和纪律要求。

规则的作用在于对一定范围或一定工作作出某种规范和约束，要求有关人员遵照执行，具有相当强的强制执行性。如《考试规则》、《爆炸物品管理规则》、《图书馆阅览规则》、《库存商品实物账记账规则》。

规则的主要特点在于要求的统一性和规定的具体性。因为规则本身就是对具体的事务性工作作出要求和规定，所以它所规定的事项必然具有统一性和具体性，它不像条例、规定那样概括而笼统，而是细致入微、规范化和定型化了。

规则的篇章结构同条例、规定的写作大致相同，大多采用分条式写作。写作时注意要结合实际，宽严适度，规定明确，具体可行。

【例文1】

中华人民共和国出口货物原产地规则

第一条 为了加强对出口货物原产地工作的管理，促进对外经济贸易的发展，制定本规则。

第二条 中华人民共和国出口货物原产地证明书（以下简称原产地证）是证明有关出口货物原产地为中华人民共和国的证明文件。

第三条 国家对外经济贸易主管部门对全国出口货物原产地工作实施统一监督管理。

省、自治区、直辖市人民政府对外经济贸易主管部门负责协调本行政区域内的出口货物原产地工作。

第四条 国家进出口商品检验部门设在地方的进出口商品检验机构、中国国际贸易促进委员会及其分会以及国家对外经济贸易主管部门指定的其他机构，按照国家对外经济贸易的规定签发原产地证。

第五条 在中华人民共和国境内依法设立，享有对外贸易经营权的企业，从事"来料加工"、"来样加工"、"来件装配"和"补偿贸易"业务的企业，外商投资企业，可以根据需要向本规则第四条规定的签发机构申请领取原产地证。

第六条 符合下列标准之一的出口货物，其原产地为中华人民共和国：

（一）全部在中华人民共和国境内生产或者制造的产品，包括：

1．从中华人民共和国领土和大陆架提取的矿产品；

109

2. 在中华人民共和国境内收获或者采集的植物及其产品；

3. 在中华人民共和国境内繁殖和饲养的动物及其产品；

4. 在中华人民共和国境内狩猎或者捕捞获得的产品；

5. 由中华人民共和国船只或者其他工具从海洋获得的海产品和其他产品及其加工制成的产品；

6. 在中华人民共和国境内制造、加工过程中回收的废物和废料及在中华人民共和国境内收集的其他废旧物品；

7. 在中华人民共和国境内完全用上述产品以及其他非进口原料加工制成的产品。

（二）部分或者全部使用进口原料、零部件，在中华人民共和国境内进行主要的及最后的制造、加工工序，使其外形、性质、形态或者用途产生实质性改变的产品。制造、加工工序清单，按照以制造、加工工序为主，辅以构成比例的原则，由国家对外经济贸易主管部门会同国务院有关部门制定、调整。

第七条　申请领取原产地证的出口货物，应当符合原产地标准；不符合原产地标准的，签发机构应当拒绝签发原产地证。

第八条　申请领取和签发原产地证的程序由国家对外经济贸易主管部门规定。

第九条　企业违反本规则，有下列行为之一的，国家对外经济贸易主管部门或者国家对外经济贸易主管部门根据省、自治区、直辖市人民政府对外经济贸易主管部门的建议，可以区别情况通报批评、暂停直至取消其申请领取原产地证的资格：

（一）提供虚假材料，骗取原产地证的；

（二）伪造、变造原产地证的；

（三）非法转让原产地证的。

对有前款所列行为的企业的主管人员和直接责任人员，给予行政处分；情节严重，构成犯罪的，依法追究刑事责任。

第十条　签发机构违反规定签发或者拒绝签发原产地证的，国家对外经济贸易主管部门或者国家对外经济贸易主管部门根据省、自治区、直辖市人民政府对外经济贸易主管部门的建议，可以区别情况通报批评或者暂停其原产地证签发权。

签发机构工作人员徇私舞弊、滥用职权或者玩忽职守的，给予行政处分；情节严重，构成犯罪的，依法追究刑事责任。

第十一条　普惠制原产地证依照普惠制给惠国原产地规则办理。

中华人民共和国政府与外国政府签订的双边协议对原产地证的签发有特别

规定的,依照协议的规定办理。

第十二条　国家对外经济贸易主管部门根据本规则制定实施办法。

第十三条　本规则由国家对外经济贸易主管部门负责解释。

【例文2】

铁路交通事故应急救援规则(节选)

(2007 年 8 月 29 日铁道部令第 32 号公布　自 2007 年 9 月 1 日起施行)

第一章　总　则

第一条　为了规范和加强铁路交通事故(以下简称事故)的应急救援工作,最大限度地减少人员伤亡和财产损失,尽快恢复铁路运输秩序,依据《铁路交通事故应急救援和调查处理条例》(国务院令第 501 号)及国家有关规定,制定本规则。

第二条　国家铁路、合资铁路、地方铁路、专用铁路和铁路专用线发生事故,造成人员伤亡、财产损失、中断行车及其他影响铁路正常行车,需要实施应急救援的,适用本规则。

第三条　事故应急救援工作应当遵循"以人为本、逐级负责、应急有备、处置高效"的原则。

……

111

第二章　救援报告

第八条　事故应急救援实行逐级报告制度。铁道部、安全监管办和铁路运输企业应当明确报告程序、方式和时限,公布接受报告的各级事故应急救援部门及电话。事故发生后,有关单位、部门应当按规定程序向上级单位和部门报告。

第九条　事故发生后,现场铁路工作人员或者其他有关人员应当立即向邻近铁路车站、列车调度员、公安机关或者相关单位负责人报告。接到报告的单位、部门应当根据需要立即通知救援队和救援列车。

遇有人员伤亡或者发生火灾、爆炸、危险货物泄漏等事故时,接到报告的单位、部门应当根据需要采取防护措施,并立即通知当地急救、医疗卫生部门或者公安消防、环境保护等部门。

……

第三章　紧急处置

第十五条　事故发生后,列车司机或者运转车长等现场铁路工作人员应当立即采取停车措施,并按规定对列车进行安全防护。遇有人员伤亡时,应当向邻近车站或者列车调度员请求施救,并将伤亡人员移出线路、做好标记,有能力的应当对伤员进行紧急施救。

为保障铁路旅客安全或者因特殊运输需要不宜停车的,可以不停车。但是,列车司机或者运转车长等现场铁路工作人员应当立即将事故情况报告邻近车站、列车调度员,接到报告的邻近车站、列车调度员应当立即组织处置。

第十六条　客运列车发生事故造成车内人员伤亡或者危及人员安全时,列车长应当立即组织车上人员进行紧急施救,稳定人员情绪,维护现场秩序,并向邻近车站或者列车调度员请求施救。

……

第四章　救援响应

第二十条　接到事故救援报告后,应当根据事故严重程度和影响范围,按特别重大、重大、较大、一般四个等级由相应单位、部门作出应急救援响应,启动应急预案。

第二十一条　特别重大事故的应急救援,由铁道部报请国务院启动,或者由国务院授权的部门启动。铁道部在国务院事故应急救援领导小组的领导下开展工作,开通与国务院有关部门、事发地省级事故应急救援指挥机构以及现场事故救援指挥部的应急通信系统,征求有关专家建议以及国务院有关部门意见提出事故应急救援方案,经国务院事故应急救援领导小组确定后组织实施,并派出专家和有关人员赶赴现场参加救援。

……

第五章　现场救援

第二十四条　现场救援工作实行总指挥负责制,按照事故应急救援响应等级,由相应负责人担任总指挥,或者视情况由上级事故应急救援工作机构指定人员担任临时总指挥,统一指挥现场救援工作。各工作组及参加事故应急救援的单位、部门应当确定负责人。救援列车进行起复作业时,由救援列车负责人或者指定人员单一指挥。

现场总指挥以及参加事故应急救援的各工作组负责人、各单位和部门负责人、作业人员应当区别佩戴明显标志。

第二十五条　现场指挥部应当在全面了解人员伤亡以及机车车辆、线路、接触网、通信信号等行车设备损坏、地形环境等情况后,确定人员施救、现场保护、调查配合、货物处置、救援保障、起复救援、设备抢修等应急救援方案,并迅速组织实施。

......

第六章 善后处理

第三十七条 事故善后处理工作组应当依法进行事故的善后处理,组织妥善做好现场遇险滞留人员食宿、转移和旅客改签、退票等服务工作,以及伤亡人员亲属的通知、接待以及抚恤丧葬、经济补偿等处置工作。负责收取伤亡人员医疗档案资料,核定救治费用。

第三十八条 对事故造成的伤亡人员,现场指挥部应当在积极组织施救的同时,负责协调落实伤亡人员的救治、丧葬等临时费用,待事故责任认定后,由事故责任方承担。

......

第七章 罚 则

第四十七条 铁路运输企业及其职工违反本规则规定,不立即组织事故应急救援或者迟报、漏报、瞒报、谎报事故等延误救援的,由铁道部或者安全监管办对责任单位处10万元以上50万元以下的罚款,对责任人处4 000元以上2万元以下的罚款。

......

第八章 附 则

第五十条 本规则由铁道部负责解释。

第五十一条 本规则自2007年9月1日起施行,铁道部原发《铁路行车事故救援规则》(铁运〔1999〕118号)同时废止。

3)规程

规程是对单位内部机构、某项业务的性质任务和工作程式,某项工作、某项活动的实施过程、实施办法等作出规范、有序规定的规约文书。

与规则相比,规程更注重内容的程序性,严格按照工作、活动的进程、顺序进行安排,并更具有可操作性。写作时应注意内容周到、严密、科学,没有疏漏和矛盾。结构单一,条文简短,多采用序条式写法。

【例文】

××区政府采购操作规程

为规范政府采购工作程序,促进政府采购工作高效运行,现根据《××区政府采购管理暂行办法》,特制定本操作规程。

一、政府采购计划的编制。采购单位本着实事求是、经济适用、勤俭节约的原则,对财政已安排的年度预算内、外资金支出计划及单位自行安排的其他资金采购项目,编制单位年度政府采购计划,报政府采购与调剂服务中心(以下简称:政府采购中心)。

二、追加采购计划的申报。对单位特殊情况需追加的采购计划,资金落实后,填制《××区政府采购项目申购书》,报政府采购中心。

三、市场信息调研。政府采购中心对涉及政府采购计划的项目,对市场营销状况及销售信息进行调研。

四、政府审批立项。通过市场调研,结合项目技术要求及采购规模,拟订采购工作实施方案及采购方式,写出采购项目可行性报告,填制《××区政府采购立项审批表》一并报政府采购领导小组审批。

五、采购资金的落实。采购项目立项后,政府采购中心在项目采购前通知采购单位填制《××区政府采购项目申购书》,并落实采购资金。对属于财政预算内、外拨款的采购项目,按照预算金额向财政有关业务科室发出《××区政府采购资金划拨通知书》,有关业务科室据此办理资金审批手续,经审批后,按规定将采购资金拨至"政府采购资金专户"。政府采购中心根据拨付金额,为采购单位开具《政府采购资金收入转账凭证》,采购单位依此作单位收入会计账务处理;对属于其他资金采购的项目,采购单位按采购计划确定的预算金额,依据政府采购中心发出的《××区政府采购资金划拨通知书》,将款项转至"政府采购资金专户"。

六、采购项目的实施。

(一)属于邀请招标、竞争性谈判、询价、单一来源采购方式采购的,政府采购中心会同监察、物价、采购单位等有关部门,按照规定程序组织采购。

(二)属于公开招标采购方式的,由采购中心或委托中介机构按照规定程序组织招标采购。基本程序为:编制招标文件—发布招标广告—审查供应商资格—发售招标文件—公开招标—开标—评标—决标—签订合同—履约管理—组织验收—监督合同执行。

七、签订采购合同。确定供应商后,由政府采购中心与供应商签订采购合同。特殊情况按有关规定执行。

八、组织项目验收。一般采购项目由采购单位自行验收;对采购数量及金额大且有特殊技术要求的采购项目,由采购单位、相关专家、政府采购成员单位、政府采购中心组成验收小组进行验收。经验收,所购项目符合其技术要求的,采购单位填写《××区政府采购项目验收合格书》报政府采购中心,作为与供应商结算的依据。

九、采购项目资金结算。对所购项目经采购单位组织验收合格后,政府采购中心按照采购合同有关付款规定及供应商开具的发票,统一与供应商进行结算。特殊情况按有关规定执行。政府采购中心为采购单位开具《××区政府采购资金支出转账凭证》,采购单位作单位支出会计账务处理。采购工作结束后,政府采购中心根据实际支付采购金额与采购单位予以清算,所交资金多退少补。

十、建立采购档案。政府采购中心对采购资料进行整理归档,写出采购项目工作总结,报区政府采购领导小组。

十一、本操作规程由区财政局负责解释。

十二、本操作规程自发布之日起施行。

二〇〇七年九月五日

4.3.3　公约　守则

1)公约、守则的涵义

公约、守则都是规范人们行为的管理性条文,都是在一定范围内为工作人员或社会成员规定的简明扼要的道德规范和行为准则。

公约是某一社会组织或行业的所有成员,在自觉自愿的基础上,经过充分的讨论,达成一致的意见而制定的行为准则和道德规范。公约多用于公共事业方面的道德和行为准则,一般包括文明公约、爱国卫生公约、乡规民约等。

守则是国家机关、社会团体和企事业单位根据上级有关指示精神和实际工作需要,指定出要求所属成员认真遵守的行为和道德准则。守则多用于各行各业人们的道德和行为规范,如《大学生守则》、《国务院工作人员守则》、《员工守则》,还可以用于具体操作规范,如《程控交换机使用守则》、《机房守则》等。

2)守则与规则的区别

(1)所规范的对象不同

守则是针对有关人员制定的,而规则是针对具体管理事务制定的。

（2）约束力不同

守则侧重于设立判断是非的标准，提出努力的方向，倡导、引导、教育有关人员自觉遵守，没有对违反者的处理内容，强制性和约束力不明显。而规则是针对有关工作、事项制定的工作、行为规范和纪律要求，要写明对违犯者的处理办法，强制性和约束力十分明显。

（3）语气不同

守则多使用祈使语句，正反对比，要求明确，且常省略"要"、"不要"这类规定性词句，使语气和缓而易于自觉接受；规则多从正面作出规定、规范，既可使用祈使句提出要求，也可使用说明句明晰是非。

（4）句式不同

守则常用短句，排列整齐，简明通俗，注意节奏感；规则常使用长短结合的散句。

3）公约、守则的写作特点

（1）概括性

概括性即篇幅短小，写作时要用简明概括的语言行文，不能写得太具体、太繁杂。

（2）针对性

针对性即要根据党的路线、方针、政策，结合本地区、本系统、本单位的实际情况，有针对性地拟定具体条文，不能过于空泛、笼统、无的放矢。

（3）准确性

准确性即在文字表述上，提倡什么，反对什么，应该准确、明白，不能模棱两可、含糊不清。

（4）可行性

可行性即所规定的条文，所提出的要求，应该实事求是，切实可行，通过努力可以做到，防止要求过高，变成一纸空文。

（5）通俗性

通俗性语言应明白、流畅、通俗易懂、易记，防止艰涩词汇、长句和专业术语的大量运用。

【例文 1】

烟台市民文明公约

一、热爱祖国，建设烟台；

二、努力学习,勤奋工作;

三、遵纪守法,维护秩序;

四、热心公益,履行义务;

五、团结友爱,助人为乐;

六、礼貌待人,热情好客;

七、移风易俗,破除陋习;

八、爱护公物,保护设施;

九、讲究卫生,美化环境;

十、自尊自爱,维护国格。

【例文2】

中国铁路工程集团公司《企业员工守则》

一、基本守则

1. 遵守国家的法律、法规、法令。

2. 遵守企业的规章制度,严守纪律,服从领导,不越权行事。

3. 大力弘扬"勇于跨越、追求卓越"的企业精神,爱岗敬业,勤奋学习,钻研业务,精益求精。

4. 发扬优良传统,树立团队意识,单位、部门、员工之间应相互尊重,团结合作,努力创造和谐的人际关系。

5. 顾大局,识大体,自觉维护集团公司的声誉和权益。

二、职业道德守则

1. 崇尚敬业精神,工作尽职尽责,积极进取且努力不懈。

2. 不断学习,以求进步,做一个称职的员工。对所从事的业务,应以专业标准为尺度,从严要求,高质量完成本职工作。

3. 坚持重合同、守信用,对企业和社会负有责任感、荣誉感,以实际行动塑造企业形象。

4. 文明施工生产,尊重当地民风习俗,广泛开展文明共建活动。

5. 诚信、正直。对公司各方面的工作,应主动通过正常途径及时提出意见、建议;对有损企业形象等消极行为,应予以制止。

6. 在工作交往中,不索取或收受对方的酬金、礼品。

7. 工作中出现失误,应勇于承认错误,承担责任,不诿过于人。

8. 尊重客户、尊重同行;在与外商交往中,做到有礼有节,不亢不卑。

9. 保守国家及企业商业秘密和工作秘密,妥善保管文件、合同及内部资料。

117

对公司资金状况、法律事务、市场营销策略、业务合同、员工薪酬、分红奖励等情况,除已公开通报的外,不得泄露。

10.辞职者须提前一个月向单位人事主管部门提出申请,妥善交代工作,处理好善后事宜。否则,由辞职者本人承担一切不良后果和经济损失。

三、日常行为守则

1.注重仪表整洁,着装大方得体,举止优雅文明,遵守公民基本道德规范。

2.按时上、下班;不迟到,不早退,不擅离职守。现场作业员工要严格按业务规范要求执行。

3.工作时间不串岗、不聊天、不做与工作无关的事,不上与工作学习无关的网站。

4.文明办公,禁止在办公区域喧哗、打闹,自觉做到语言文明,和气待人。

5.不在办公室接待因私来访的亲友,不把与工作无关的人员带入办公室,不把未成年人带入办公区。不乱扔纸屑、果皮,不随地吐痰。

6.爱护公物。生产施工、办公设施要保持清洁并在固定位置摆放,如有移动应及时复位。

7.下班时要整理好工作用具,摆放整齐。最后离开办公室的员工,应关闭窗户,检查电脑、电灯、电扇、空调等用电设备的电源是否关好,无遗留问题后,方可离去。

8.厉行节约,节约用电、用水、用油等。办公用品费用核算到人;外出办事,住宿、交通等费用不超标。

9.因事请假,按规定办理请假手续,事后及时销假。短时间离开单位外出办事,要向部门负责人请假说明。

10.真实、认真填写本人档案或个人资料,并及时通报相应变更。

4.3.4　细则

1)细则的涵义和特点

细则,又称为"施行细则"、"实施细则",是对某个政策性或法规性文件的具体补充,是有关机关为具体执行、实施某项法规和行政规章,而对其全部或部分条文制定的一种解释性、可操作性的规约文书。

细则都是派生性文书,具有明显的依附性、衔接性、延续性。它使原本文书内容的具体化、周全化、精细化,便于执行和实施,如《商标法实施细则》就是《商标法》这个母体派生出来的,没有原本文书作母体的文书不能叫作"细则"。

细则应当在母体发布的同时或稍后即行发布。

细则主要用于:根据授权对有关法规和行政规章作出具体解释和补充,如《中华人民共和国森林法实施细则》、《中华人民共和国外资企业法实施细则》;结合当地实际情况,对有关法规和行政规章提出执行和实施的具体意见和办法,如《中华人民共和国计量法实施细则》。

2)细则的写作要点

①细则的结构和写法与规约文书的基本体式相同。

②细则的标题大多采用"适用事项(或母体文书标题)加实施(施行)细则"的形式。

③细则的正文可视内容的多少采用章条式、分条式和序条式。在第一条必须提出母体文书张本,多数以"根据《×××》第×条规定,制定本细则"的句式开头,如《药品行政保护条例实施细则》的第一条为"根据《药品行政保护条例》(以下简称条例)第二十二条的规定,制定本细则。"最后一条必须说及"本细则自发布之日起施行"或"本细则与《×××》同时执行"等。

④写作细则时要注意以母体文书为本,为母体文书服务,细则所做的补充解释、说明,都应在原本文书所规定的原则范围之内,而不可以超越。要注意精细化,细则的关键在于"细",要提出细致周密、具体可行、操作性强的实施办法和规定。

119

【例文】

音像制品条码实施细则

第一条　为加强对音像出版的标准化管理,规范音像制品的经营活动,实施音像制品条码制度,特制定本实施细则。

第二条　音像制品条码由13位数字组成,共分4段,第1段为出版物前缀(共3位),第2段为出版者前缀(共6位),第3段为出版物序号(共3位),第4段为校验码(共1位)。

第三条　音像出版单位的出版者前缀由新闻出版署分配,并向出版单位颁发《出版者前缀证书》。

第四条　出版物序号自实行条码之日开始计算,不分年度,按出版单位的音像制品出版顺序依次累加。出版物序号使用完后,需重新申请出版者前缀。

第五条　音像出版单位申请版号时,须提交《音像制品条码(版号)使用目录》(附件一[略])一式两份;申请出版者前缀时须填报《申请出版者前缀数据单》(附件二[略])。

第六条　音像制品条码与中国标准音像制品编码（版号）是相互对应的，对于同一品种、不同载体的音像制品，将使用不同版号和条码，以保证条码的唯一性。

第七条　条码软片由新闻出版署条码中心统一制作，其他单位不得从事此项业务。条码软片制作费按国家规定的标准，每个条码收取人民币48元。

第八条　各音像出版单位在接到新闻出版署分配的版号额度后，持批文和《音像制品条码申请单》（附件三［略］）到新闻出版署条码中心申办条码。新闻出版署条码中心收到条码申请单后，应在三个工作日内完成条码软片的制作。

第九条　条码须印制在彩封、封套背面的显著位置。条码软片的尺寸为38 mm×13 mm。印制单位应当按规定印制条码，不得随意缩小。

第十条　音像制品条码自2001年1月1日起正式实施。自实施之日起，所有的音像制品均须使用音像制品条码。对不按规定使用条码者将按照《音像制品管理条例》、《出版物条码管理办法》等有关规定进行处罚。

第十一条　在实施条码的过程中，有关技术问题，可向新闻出版署条码中心咨询。

本细则由新闻出版署负责解释。

思考与练习

1. 什么是规约文书？规约文书的特点是什么？

2. 规约文书的写法是怎样的？其正文内容包括哪三大层次？正文的写作方式有哪三种？

3. 法规类文书常用的主要文种是什么？它们之间有何区别？

4. 规章类文书分为几个类别？常用的主要文种是什么？

5. 章程的种类和写法是怎样的？

6. 制度、规则、规程分别用于什么情况？有何区别？

7. 公约、守则的写法上有何特点？

8. 细则在写法上要注意什么？

9. 制度、规则和公约、守则在制作程序和内容上有什么不同？

10. 办法和细则有什么区别？

第 5 章 日常事务文书

5.1 日常事务文书概述

5.1.1 日常事务文书的概念

日常事务文书是指人们在日常生活、学习和交往中,以实用、办事等为目的而撰写的具有较固定格式、语言朴实的文字材料的统称。

5.1.2 日常事务文书的特点

(1)运用的广泛性

无论学何种专业,从事何种工作,都离不开写计划、总结、工作汇报和调查报告等。在人们的日常生活中,还离不开各种书信、启事、请柬、述职报告等的撰写,因此,日常事务文书的应用十分广泛。

(2)内容的实用性

日常事务文书要求以写实的手法,反映具体情况和实际问题,讲清道理和意见,不用做过多的议论和对细节作过于具体的描述。例如写总结,是为了向上级汇报情况,总结经验以指导今后的工作;写简报,是为了交流情况,促进工作等。

(3)体例的程式性

程式是指文书惯用的格式、样式。日常事务文书只有采用了这种既定的格式和结构方式,才能使行文符合实际工作的需要,达到提高工作效率,保证工作质量的目的。当然该程式不是一成不变的,随着科学技术与管理水平的提高,有些程式,将会更加规范、标准和科学。

（4）**材料的真实性**

这是日常事务文书的灵魂和生命。日常事务文书所用的材料必须是客观的、真实的情况,必须确有其人,确有其事,涉及的时间、地点、事件、引文、数据等,都必须是真实的,只有在此基础上,才能对材料进行正确的综合、推理、判断,也才能在此基础上制定出切实可行的方针、政策。

（5）**语言的朴实性**

日常事务文书在表达上须实实在在地反映事物的本来面目,因此其语言具有质朴无华、表述得体、简练明快、文通语顺等特点。

5.1.3 日常事务文书的作用

（1）**指导作用**

它是沟通党政机关、企事业单位的桥梁和纽带。部门之间既有横向的联系,也有纵向的联系。从纵向联系来讲,在管理者与被管理者之间,上下级之间,存在着指导与被指导的关系。因此,日常事务文书作为这种关系的桥梁和纽带,具有书面的指导作用。

（2）**传递作用**

作为信息载体的日常事务文书在传递各种信息时发挥着重要的、不容忽视的作用。

（3）**协调作用**

随着市场经济的不断发展和完善,各部门之间的协调联系更加频繁、更加广泛,各种协作形式也应运而生。日常事务文书作为各部门之间的文字桥梁,起着沟通信息、处理问题、接洽工作的协调作用。

（4）**凭证和依据作用**

日常事务文书是各部门、各行业为办理事务而形成的有一定格式的文字材料,它不仅具有现实的实用价值,同时也是这些活动的凭据。例如个人简历、求职材料等本身就是一种凭据,它可以证明某人的身份、职务、资格;计划、总结既是工作安排部署、完成情况的真实记录,又是事后备查,再次制订的凭据。

5.2 计 划

5.2.1 计划的概念

计划是国家机关、企事业单位、社会团体及个体为完成某项任务,预先对今后一定时期内的工作、活动所做的安排、设想、部署、谋划、规划和筹措。即对该项工作完成的具体任务、质量及数量的要求,完成的时间,进行的步骤、措施以及内外部保证条件等内容进行通盘考虑和周密安排的一种说明性质的应用文体。

5.2.2 计划的种类

①从性质上划分,可分为学习计划、工作计划、研究计划、财务计划、教学计划、分配计划、购销计划等。

②从使用范围上划分,可分为国家计划、部门计划、单位计划和个人计划等。

③从时间范围上划分,可分为年度计划、季度计划、月计划、周计划等。

④从内容上划分,可分为综合性计划和单项计划等。

⑤从表达方式上划分,可分为条文式计划、表格式计划、条文与表格结合式计划、文件式计划等。

5.2.3 计划的格式及写作要求

计划的结构一般由标题、正文和署名三部分构成。

1)标题

计划的标题一般由制订计划的单位名称,加完成计划的时限,加计划内容,加文种构成,如《云南大学人文学院 2001 年度工作计划》。如果只是初稿,尚需征求意见修改或报上级批准才能执行,应在标题正下方用括号标明"草稿"、"试行稿"、"送审稿"等字样。

根据计划时间的长短,内容的繁简和实施步骤的粗细,计划有不同的说法。

设想——初步的草案性的

打算——不太长时间的要点

安排——较短时段比较具体的计划

要点——不论时间长短,只列出主要目标任务

方案——对目的要求、怎样完成目标任务的每一个步骤作出全面详细安排

规划——是对较长时期的全局性目标任务的设想,它往往是指导性的、宏观的。如《国民经济发展十一五规划》(在此之前全为计划)

2)正文

正文由前言、主体两部分构成。前言简要说明制订计划的指导思想、政策依据。主体部分具体、全面说明计划内容,内容由任务要求、措施和时间、步骤等事项组成。为使文意完整,少数计划主体后加一段文字,概括说明完成计划的有利条件或信心、决定。

3)署名

署名写明订立计划的单位名称,加盖公章;并注明日期。若标题中有单位名称,可只写日期。

【例文1】

××市义务植树造林二○××年春季工作计划

根据全国人大《关于开展全民义务植树运动的决议》,希望我市广大人民群众积极响应党和政府的号召,人人争当义务植树的突击手,个个为绿化祖国贡献力量。为此,我市在今年春季要做好以下几项工作:

一、任务与要求

(一)我市今年春季计划造林面积××亩,植树××株。要求每人平均3~5株,栽下后要有人管理,保证成活,植树不要只用好地。春季植树造林要在植树节前基本完成。

(二)开展以市政府为领导,以各区为单位,以全民义务植树造林指挥部为指导的群众性的植树造林运动,具体要求:

1.各机关、团体的领导要带头,并指定专人负责此项工作。

2.充分发动群众组织好力量,采取分片包干的办法。

3.要因地制宜,根据气候、土壤等不同条件,栽植不同品种的树。

4.各苗圃要及时做好挖苗备运工作。

5.加强各环节工作的检查,2月中旬做一次全面检查。

二、措施

（一）于2月下旬召开一次植树造林工作会议，参加人员：本市机关、团体、学校、工厂的有关负责人及政府区以上的主要负责人等。重点研究植树造林的各项准备工作，采取必要措施予以落实。

（二）加强各单位各部门的植树造林的领导工作，认真解决各单位存在的问题。

（三）抽调××名干部到植树造林第一线做具体指导工作。

（四）在植树节前把春季植树造林基本搞完。

×× 省 × × 市政府

二〇 × × 年 × 月 × 日

【例文2】

音乐教学工作计划

为了更加合理地安排教学时间，更有效地完成教学目标，根据我校音乐教学的实际情况，制订本教学计划。

一、教育理念必须强调"以学生发展为本"

以往教学从教师的"教"考虑较多，以教师为主，很少考虑学生的学。它的理念是建立在"教师中心论"上，强调教师作为教育的主体，学生通过教师的教、传授去获取知识，因此学生往往在被动的状态中学习。现代教育的理念，强调学生的学，以学生为本。所以教育理念定为"以学生发展为本"。

二、音乐教育要面对全体学生，也应当注重学生的个性发展

中小学音乐教育是基础教育、是普通公民教育，它有别于专业音乐教育。因此，面向全体学生实施素质教育乃是中小学音乐教育的理想价值观。基于这种教育理念，组织音乐教学活动，必须面向每一个中小学生。音乐课应使每一个学生都能从中受益，都能得到发挥潜能的机会，也都能从中得到生活的乐趣和美的享受。为此，要转变以教师为中心、以课本为中心、以课堂为中心的传统教学模式，提倡以学生为主体，以参与艺术实践和探索研究为手段，以培养学生创新、实践能力为目标的新型教学模式。

音乐教育的目标之一就是要完善学生的个性。众所周知，学生的音乐能力都会因为先天的遗传因素和后天的教育条件不同而形成巨大的差异。因而其音乐兴趣、音乐潜能、音乐生活的方式也会有所不同。音乐本身的非语义性及音乐

艺术的自由性和多样性,给接受者对音乐的多解性和个性化的演绎提供了广阔的舞台,所以,一切音乐教学活动都不应该强求一致,应该允许学生的个性得到充分自由的发展,允许学生用自己独特的方式学习音乐,允许学生有个性化的独立见解。

三、钻研教材编写的思路

教材编写的思路是:以审美为中心,以(音乐)文化为主线,以(音乐)学科为基点,加强实践与创造,加强综合与渗透,把激发学生学习音乐的兴趣贯穿于始终。

1. 以审美为中心

在整个教学过程中,要以音乐的美感来感染学生,要以音乐中丰富的情感来陶冶学生,进而使学生形成健康的音乐审美观念、高尚的道德情操以及必要的音乐审美能力。为了实现这一目标,要积极引导学生对音乐的各种要素、各种表现手段作出整体性的反应,要积极引导学生感受、体验、表现音乐中丰富的情感内涵,还要积极引导学生感受、体验、鉴赏音乐的美。

2. 以(音乐)文化为主线

普通中小学的音乐教育,以艺术教育为内容,把单纯的音乐拓宽为音乐文化是素质教育的需要,因此应该把音乐置身于大文化背景之文化主题来组织教材,其教材内容包括音乐与人、音乐与社会、音乐与民族、音乐与大自然的联系等。

3. 以(音乐)学科为基点

作为一门学科必然有它自身的体系,音乐学科也不例外。从音乐的诸要素的感性体验认识:从最基本时值"一拍"到各种音符时值;从单拍子到复拍子;从单一音色到复合音色;从舞步到动作组合;从打击乐器到有固定音高的简易乐器的演奏;等等,教材都一一通过由浅入深地步步展开,让学生在实践操作中,逐步获得学习音乐必须掌握的浅显音乐基础技能。

4. 加强实践与创造

音乐课是实践性很强的教学活动。教学活动要特别重视学生的参与和实践,重视学生感受、体验、表现音乐的情感,重视学生体验、表现、鉴赏音乐的美。在教材的编创与活动中,编有大量的实践要求,让学生在活动中去体验音乐的美感,提高他们的音乐感受、表现、创造的能力。

5. 加强综合与渗透

其一,音乐学科中不同教学领域间的相互综合。如:演唱、演奏教学与音乐欣赏教学相联系;演唱、演奏、欣赏与音乐基础知识、基本技能相联系;感受、体验、表现、鉴赏与相关音乐文化相联系等。其二,音乐艺术与姊妹艺术间的相互

126

联系。如：音乐与诗歌、舞蹈、戏剧、美术、建筑、影视等。其三，音乐与艺术之外的其他相关学科间的相互联系。如：音乐与文学、历史、地理、民族、民俗、宗教、哲学等。

6.把激发学生学习音乐的兴趣贯穿于始终

兴趣是最好的老师，因此，激发学生的学习兴趣，逐步形成学生对音乐的学习志趣，是促使学生学习音乐的重要保证。在组织音乐教学活动时，都应充分挖掘音乐作品的艺术内容和情感内涵，发挥音乐作品的艺术魅力，创造性地设计生动活泼的教学形式，以激发、培养、发展学生的音乐兴趣及爱好。

新教材的曲目选择，尤其注重歌曲的可唱性与欣赏曲的可听性，朗朗上口，易听易记，让学生爱唱爱听。在乐谱使用上，从我国的国情出发兼顾世界上使用的各部分主要谱种。删除了过难的和弦等知识，和声（音程）主要通过口风琴的自定低音伴奏的形式去操作实践。另外，还有自制乐器，编创小品、游戏、舞蹈等活动，培养学生的创新精神与实践能力。教材的最后，还有活动性的测试与评估，鼓励学生自测、自评、互评、他评，形式丰富多彩。

××××学校

二○××年×月×日　127

5.3　总　结

5.3.1　总结的概念

总结是人们对前一段时期或某一方面的工作、学习、生产、科研和生活所作的系统全面的回顾、分析和评定，并从中找出经验和教训，得出规律性认识，用于指导下一阶段工作而形成的书面文字材料。

5.3.2　总结的种类

①从时间上划分，可分为年度总结、季度总结、月份总结。
②从内容上划分，可分为综合性总结、专题性总结。

③从性质上划分,可分为学习总结、工作总结、生产总结、科研总结和思想总结。

5.3.3 总结的格式

总结的结构由标题、正文和落款三部分构成。

（1）**标题**

总结的标题有三种形式：

①发文单位名称加期限加文种构成,如《中国工商银行昆明市正义路办事处 1997 年度工作总结》。

②期限加文种构成,如《三个月总结》。

③正副标题结合式,如《坚持党的领导,促进文艺繁荣——回顾一年来云南的文艺工作的总结》。

（2）**正文**

正文由前言、主体和结语三部分构成。

①前言 综合性的总结在开头一般用概述方法,简要介绍工作概况。主要是对计划期内工作情况作全面的概述和估价,文字很短。有的总结为了突出工作取得的成绩,在谈成绩前先交代一下开展工作的情景,说明工作是在什么情况、什么基础上开展的,有什么困难和问题,经过了怎样的努力,取得了怎样的成绩,有什么经验和教训等。专题性总结的前言在讲工作概况之前,往往先介绍一下工作对象的情况,为介绍工作情况做好铺垫。

②主体 主体一般重点讲工作过程、工作成绩和经验。综合性总结有的重点谈成绩(成绩是指取得的物质成果、精神成果和以往工作情况回顾),有的重点谈工作过程,开始怎样,后来怎样,出现什么问题,经过怎样的努力和取得怎样的效果等。专题性总结则侧重于谈经验体会及应吸取的教训(经验教训是指具体分析取得的成绩和存在问题的原因),写作时要求有实例、有数据,逻辑严密,条理清楚。

③结语 综合性总结结尾,一般是结合存在问题提出改进意见或努力方向,这是综合性总结的有机组成部分。而专题性总结,做法和体会讲完,全文结束,一般不另写结尾。

（3）**署名**

写明发文机关名称或个人姓名,并注明日期。

5.4 调查报告

5.4.1 调查报告的概念

调查报告是指运用科学的方法,有目的、有计划、有系统地收集有关活动真实情况的各种情报资料,并进行全面或局部的整理、分析和研究而得到的相关文字资料。

5.4.2 调查报告的特点

1)真实性

调查报告的基础是客观事实,其主旨是调查研究后所揭示的客观事物的本质和规律。

2)典型性

调查对象是否典型,所运用的材料是否典型,是调查报告成败的关键。

3)论理性

调查报告不是材料的堆积,也不是对事物的具体描述,它主要通过对大量的材料进行分析综合,达到揭示事物本质和规律的目的。

4)时效性

调查报告要回答当前工作中迫切需要解决的问题,具有较强的时效性。

5.4.3 调查报告的种类

调查报告的种类按内容分,有综合性和专题性两种;按范围分,有全国性的、地区性的和单位调查报告等;按性质分,有典型经验、反映情况、揭露问题和工作研究等类型。

5.4.4 调查报告的格式与写法

1)标题

标题通常有两种格式:一是公文式标题,如《关于 200×年华东地区彩电市场的调查报告》;二是文章式标题,文章式有单双标题之分,单行标题有的突出调查报告的内容,有的突出调查报告的主旨,双行标题就是把这两种结合起来,一般用正标题突出调查报告的主旨,用副标题表明调查的对象、范围、性质、特点,对正标题起补充作用。无论用何种标题、标题的拟制都应做到具体、醒目、简明。

2)正文

正文分开头、主体、结尾三部分。

(1)开头

调查报告的开头一般有:

①说明式　着重说明调查根据和原因、调查对象、范围、时间、地点和方式。

②叙述式　先叙述被调查对象的基本情况及开展调查工作的概况,后概括地介绍有关工作的主要成绩、主要问题或经验教训。

③设问式　用设问的方式把要写的中心问题引出来,以引起读者的注意。

④点题式　开门见山,直截了当表明中心。

(2)主体

主体部分应充分展开,使主旨得到充分体现。可以以叙述为主,在叙述的基础上作必要的议论。在结构上可以按调查的前后顺序展开,或按事物本身的自然发展顺序展开。需要时也可以打乱其自然顺序,按问题的性质、重要程度、逻辑关系的顺序展开。这一部分写作时,需要引用调查所得的基本数据,经过处理后的百分比以及基本事实的叙述,用事实和数据说话。

(3)结尾

调查报告的结尾,贵在自然。一般有两种处理方式:一是较为简单的调查报告,可与对策建议合写;二是对较复杂的调查报告,有时有必要单写结尾,主要与引言相呼应,重申全文的基本观点,增强决策者的紧迫感。

【例文1】

关于当前企业重负问题的调查

当前企业遇到许多非自身能解决的问题,普遍的是背着自身无法解脱的沉重包袱。重负之下,企业举步维艰。据对××系统部分行业和企业的调查,突出表现在以下几个方面:

其一,人员过多。过去,国有企业多属劳动密集型生产企业,现在随着科技进步和产品结构的调整,企业人员过多的问题日渐突出。由于人员过多,造成有效劳动时间的减少和劳动生产率的下降,最终形成生产成本升高,产品缺乏市场竞争力。以××鞋公司为例,这是一个拥有年产1 500万双布鞋、500万双全胶鞋和全国最大的绝缘制品生产能力的大型企业公司。目前全公司职工总数是11 247人,其中在职职工6 886人,退休职工4 361人,在职职工与退休职工的比例是1.56:1;在6 886名在职职工中,在岗职工与下岗人员比例为1.58:1;形成在岗职工4 349人担负2 537名下岗人员和4 361名退休人员费用的状况,约为1:1.5。因此造成一双售价只有70元钱的鞋,却要负担一元钱的下岗和退休职工的费用。实际上等于两名在岗职工要养活一名下岗职工和两名退休职工。诚然,对企业的下岗职工可通过兴办第三产业来安置,但受资金、场地、经营范围等因素的制约,全部吸纳并非易事。加上社会保险特别是待业保险不到位,企业对这些曾为企业出过力流过汗的下岗职工,只好尽其所能养起来。

其二,社会负担过重。

……

其三,债务累累。资金严重不足和极度紧张是企业普遍的痼疾。这一现象背后,则是企业的负债经营。

……

其四,企业承受职工医疗费的负担加重。

鉴于业已存在的以上企业自身无法解脱的沉重包袱,急需政府有关部门尽快拿出解脱企业重负的实际对策。其中,重要的一招是尽快出台与企业有关的各种社会保险制度改革。

【例文2】

汉中市留坝县桑园乡社会经济基本情况调查报告

桑园保护区社区服务队

调查时间:2007年7月24日至8月2日

调查地点:汉中市留坝县桑园乡

调查对象:桑园保护区林场职工、乡政府领导、村民以及主要项目户

调查方式:问卷、访谈

调查概况:在十余天的时间里,我们主要对桑园乡部分村子的人口、教育、农户收支状况、农业结构、文化娱乐、医疗卫生等方面进行了较为详细的调查。

指导老师:马宁、赵鹏

调查人员:西北农林科技大学:刘淑荣　何海泉

　　　　　陕西中医学院:王贵举　李佳蕊　党海荣　昝献辉　李江林　韦秋莉　陈晶

地理概况:桑园保护区位于秦岭中断南坡,地处陕西省境内的汉中市留坝县境内,位于东经106°38′05″~107°18′14″,北纬33°17′42″~33°53′29″,气候属亚热带北缘山区暖温带湿润季风气候区,系长江流域汉江支流褒河水系。气候温和、雨量充沛。年平均日照1 804.4小时,年降雨量860毫米,平均气温11.1 ℃,无霜期208天。

境内高速公路穿境而过,桑园坝村是桑园乡政府、桑园保护中心站所在地,距离桑园保护区边界6千米,桑园乡距离县城26千米,实际距离40千米。该乡最为偏僻的范条峪村距离乡政府通班车地点约6千米。

第一部分　调查内容

一、人口状况

全乡总面积约有21 846平方千米,辖桑园坝、沙岭子、范条峪、徐家坝、田坝、小川子六个村20个村民小组,510户,总人口2 074人。16岁以下有200余人,17~60岁约有1 700人,60岁以上约有200人。近几年人口增长稳定,外出打工的人增多,大多打工去向为广州、深圳、厦门等地,民族几乎全部为汉族。

二、教育方面

桑园乡科技经济发展相对缓慢,教育文化相对落后。

1.教育条件:全乡共有两所小学,其中一所位于桑园坝村——桑园乡中心小学。总共设有6个年级(一个年级一个班),学生137人,教师11人。另一所小学是小川子民办小学,由于地理条件限制,该所小学共有15人,教师1人,负责所有年级学生的全部课程。

2.教育费用:桑园乡中心小学的学生每人每年的花费大约为1 000元。这其中包括实行"两免一补"后的学费、书本费和大部分住宿学生的寄宿费和伙

食费。

三、农户收支情况(2006年)

此次下乡,我们总共调查了83户,项目户13户,并对此次调查进行了较为概括的统计,调查统计得出:桑园保护区居民2006年平均年每户收入为1 076.74元。2006年,桑园乡平均每户的支出为13 762.17元,其中主要支出为人情、建房以及医药费的支出。

四、农业结构

桑园乡耕地面积2 124亩,平地328亩、坡地236亩,其中水田493亩、旱地1 631亩。大部分坡地用于退耕还林。

1. 种植种类:以种植玉米、小麦、土豆为主,水稻种植面积近几年逐渐缩小;

2. 经济作物:该地区以种植木耳和香菇为主,部分农户以此作为主要的经济收入;

3. 中草药种植:该地区以种植猪苓、天麻等中草药为主;

4. 畜牧养殖:该地区大多农户家中都养殖少量的鸡(每户10只左右,均为土鸡)和猪(平均约1~2头,用于自食或卖钱)。

五、政府组织机构

桑园乡各级干部均由村民选举产生,区内各村没有成立相应的农户自主组织,村委会由村长、支书、文书组成,各组有相应的组长负责任务的传达和解决反映村民提出的问题。

六、医疗卫生与文化娱乐

该乡的6个村基本上都有自己的医疗机构(卫生院或医疗所),加之该地区交通条件还相对较好,医疗条件较方便,但由于部分诊所设施较为简陋,医疗人员技术水平有限,同时医疗费用的昂贵,造成了该地区医疗设施及条件方面的缺陷。

第二部分 调查结果分析与评价

根据近十天对桑园乡展开的调查,我们对该地区的具体情况作出如下的分析与评价:

1. 从自然概况来看,桑园坝境内沟壑纵横,山峦起伏,地域辽阔,资源丰富。但由于受到经济相对落后等因素的制约,可开发资源利用不够,珍稀动植物资源保护仍有困难。

2. 从社区人口及教育状况来看,青壮年占近80%,而大部分青壮年长年都以外出打工作为主要经济来源,农户家中多为留守的儿童、老人和部分中年妇女,靠种少量庄稼维持生计。

3.从农业生产方面来看,整个桑园坝地区的农业生产属于自给自足,仅有极少一部分的粮食输出。耕作也是最传统的方式。

4.从医疗卫生、文化娱乐以及政府组织机构来看:一方面,桑园乡医疗条件总体来说还是便利的,卫生状况比较前些年有了很大的提高,政府政策宣传以及农民们自身意识的提高是其重要原因;另一方面,乡里各户自娱自乐的形式多元化,丰富了农民们的精神生活。

5.从农民收支情况来看:

从我们的调查结果可以看出,桑园乡局大部分村民2006年总体支出大于收入,而居大多数农户的收入主要来源在于劳务输出部分。

从统计数据来看,当地农民急切渴望能有新的发展经济的项目,但是由于农民自身眼光狭窄等缺陷的存在,使得他们很难找到适合自身发展的好项目。

第三部分　存在问题

1.自然资源保护与经济发展的矛盾。

2.交通不便,观念落后,资金短缺,严重阻碍了社区经济的发展。

3.一直以来,销售环节得不到保证造成了大量农产品的积压和腐烂,农户经济损失惨重。

4.政府管理不完善,百姓对政府的不信任。

第四部分　解决思路

1.有效保护自然资源,开发合理的经济项目,同时合理配置人员。

2.大力改善当地的交通状况。尤其是大力改善范条峪村以及褒河南北两岸的交通问题。

3.在解决好农民合法权益不受侵害的同时,加大宣传力度,加大监督力度,加大巡护力度,对违法村民进行深入的教育。

4.明确当地政府和保护站之间的责任,建立保护站与当地政府经常对话机制,密切协作,共同致力于当地的经济发展和环境保护,共同维护村民的合法权益。

第五部分　总　结

一、活动背景

项目背景

桑园保护区是2002年8月由省政府批准成立,位于秦岭南坡留坝县境内,在秦岭大熊猫保护区中,东与牛尾河保护区接壤,南与摩天岭保护区、盘龙、板桥保护区交界,北与太白县相接,西与桑园社区为邻。

已有产业:食用菌生产

未来发展方向:生态旅游、食用菌袋料栽培、中药材。

传统经济来源:牲畜养殖;经济作物种植。

未来发展方向:食用菌生产、外出劳务、生态旅游。

为了促进当地自然保护与经济的协调发展,此次"三下乡"活动我们主要对该社区农民的生活状况以及收入状况进行了较为详细的调查。

二、活动思路以及具体实施情况

根据此次活动"服务当地生态保护,发展社区绿色经济"的目的,此次我们赴桑园保护区服务主要开展了以下活动:

1. 经济调查。

2. 进行了科普与环保以及法律意识的宣传。

3. 通过实际调查,根据当地生态环境以及优势经济提出了相应发展建议。

4. 义务支教。

总之,此次活动,我们是从当地的实际情况出发,以促进当地经济发展为出发点,深入群众,了解实际,在亲身实践的基础上尽自身的力量为当地的发展提出可行性的项目建议。

三、收获与心得

我们是来自西北农林科技大学和陕西中医学院的"WWF 秦岭青年使者",在对桑园保护区周边经济和环境保护开展调查的同时,我们还着重调查了桑园坝乡的农作物及中草药材种植的相关情况。

1. 水资源便利,确实使产量有所提高,所以农民就减少了对化肥的投资,时间一长,土壤肥力严重不足,又加大灌溉量,使土壤盐碱度增大,作物产量下降。

2. 部分农民在化肥价格上涨的情况下,几乎只依靠农家肥,而不同经济作物和中草药材对营养元素要求相当高,造成农家肥片面营养供给不足,质量无法得到足够保证,产量也无法得到保证。

3. 家庭经济状况较好的农户在使用化肥方面毫不吝啬,但由于对土壤组成及养分知识的缺乏,施肥时尽最大用量,高成本低收入,经济效益差。

针对这些情况,希望WWF 能够组织相关的农技人员对当地土地进行"体检",并开出"药方",按"药方"施肥,不仅可以节省肥料投入,更能使农作物及中草药材的产量增加,提高经济效益。

同时,要采取专题讲座,发放资料,技术员进村入户,田间地头指导等多样形式广泛开展培训活动。引导农民科学种田,科学施肥,在经济效益提高的同时,应该会推动降低污染和减少浪费,达到双赢。

5.5 简 报

5.5.1 简报的概念

简报是党政机关、社会团体、企事业单位编发的汇报工作、反映情况、交流经验、沟通信息等情况的简短报告。常用的名称有:"××简报"、"××动态"、"××情况反映"等。简报报送上级,可以起到汇报工作、反馈信息、提供情况,为上级指导工作、制定政策提供参考;发到机关内部,可以起到掌握情况、指导工作、研究问题、积累资料的作用;发到下级,可以用来传达上级的有关指示和精神。

5.5.2 简报的特点

1)针对性

简报针对性很强,反映的内容都是本地区、本系统、本单位工作中的实际情况和问题。这些情况和问题一般带有普遍性,制文是为了指导工作。

2)时效性

简报和新闻一样求真求实求快。一般反映情况和问题,特别是新情况、新问题、新经验、新动态更要快速及时。

3)广泛性

简报应用范围十分广泛,品种门类齐全,各单位内部编发的"简讯"、"动态"、"快报"、"工作通讯"、"情况反映"、"内部参考"等文书,都是党政机关日常工作中不可缺少的交际工具。

4)记载性

简报作为日常工作记录文字,内容真实,行文灵活自由,短小精悍,所记内容可作为重要情况资料保存,为今后工作提供信息。

5.5.3　简报的分类

按性质分,可分为工作简报、信息简报、会议简报;按时间分,可分为定期简报和不定期简报;按内容分,可分为综合性简报和专题性简报;按编发单位分,可分为机关团体简报、企事业单位简报、临时组织简报等。

5.5.4　简报的格式及写法

简报的结构由报头、正文和报尾三部分组成。

1）报头

简报报头由以下部分组成:即报名、期数、编号、编发单位、印发日期和密级。简报名称,一般套红,用大号字体印刷,位置在报头中间;简报期数,在名称下一行正中,字体要小些;编发单位,在报头左下方,横线之上;编发时间,在报头右下方,横线之上;密级在报头左上角,或提示词"内部刊物,注意保存"字样。

2）正文

正文由标题、前言、主体和结语四部分构成。

（1）标题

简报标题有五种形式:

①正副式标题,如《坚持理论联系实际的教学原则——××大学教学改革取得新成果》。

②公文式标题,如《××市委关于各县贯彻省委工作会议精神的情况汇报》。

③提问式标题,如《海尔电器为什么能进入国际市场》。

④概括式标题,如《经济工作一定要实事求是》。

⑤文学性标题,如《领导干部必须五官端正——嘴不馋、腿不懒、耳不偏、心不散、手不长》。

（2）前言

前言即正文开头,用简明语言高度概括全文内容,点明中心。

（3）主体

主体承接导语所提问题,用典型材料加以说明,可反映当前情况,肯定成绩,介绍经验,指出问题。结构可按顺序行文,也可纵横交叉。

（4）结语

结语用一两句话简要概括全文内容或者指出事物发展趋势,发出号召,提出

137

打算。

3）报尾

一般用一条横线隔开文章和报尾部分，随后注明报送单位名称和本期印数；随后再用一条横线隔开，标明责任编辑、打字、校对；最后用一条横线收底。

【例文】

教育部积极推进未成年人科学素质教育工作

工作简报第 79 期

2007 年，教育部发挥职能作用，积极推动未成年人科学素质教育工作的落实。

1. 推进学校科学教育工作。充分发挥课堂的主渠道作用，确保从 3 年级到 9 年级均要开设科学课程。启动了基础教育课程标准修订工作，明确课程标准修订的要求，组织专家参与基础教育科学课程标准的修订，进一步完善科学课程标准内容，提高科学教育的质量。积极推进科学教育特色学校建设项目的开展，制订了"科学教育特色学校"理科教师培训课程方案（实验稿）和"低成本高教育价值探究性实验资源"的方案，初步规划了科学教育特色学校实验室建设的总体思路。

2. 广泛开展科技教育活动。与中国科协等部门联合组织了第 22 届"全国青少年科技创新大赛"和第七届"明天小小科学家"活动。与国务院应急办、中国气象局联合举行了防雷科普 DVD 光盘和科普挂图捐赠活动；组织了"和谐交通·中国行"——道路交通安全状况大型车队考察与宣传活动；与体育总局等联合举办了第八届"我爱祖国海疆全国青少年教育竞赛"活动；结合"世界水日"、"国际禁毒日"号召各地中小学开展多种形式的主题教育和校园文化活动。

3. 强化校外活动场所的科普功能。下发了《教育部办公厅关于做好 2007 年暑期未成年人校外活动场所工作的通知》，要求各地校外活动场所要面向广大未成年人大力开展公益性普及活动，并努力开展"免费开放日"活动。配合有关部门继续推动"科技活动进校园"工作，推进校外科技活动与学校科学教育的有效衔接，进一步充分发挥校外活动场所的科普功能。

4. 加强科技教师队伍建设。采取"分区域送培下省"方式分别在北京、上海、重庆三地举办了"2007 年小学科学学科骨干培训国家级培训班"，为 15 个省（区、市）培训小学科学学科骨干教师及教研人员 105 人。同时，还支持中央教科所开展了中小学教师科学教育能力成长培训活动。

动态

◆科技部编制《南方地区雨雪冰冻灾后重建实用技术手册》，为灾后重建做好技术服务和科技支持。近日，科技部会同国土资源部、交通部等有关部门，紧密围绕南方受灾地区灾后恢复重建的技术需求，及时编制了《南方地区雨雪冰冻灾后重建实用技术手册》。《手册》分两部分，第一部分包括农业、交通和居民生活三个方面，第二部分包括地质灾害防治、食品安全、通讯及遥感遥测、房屋重建选址等内容。科技部表示，将根据有关部门和地方的需要与反馈，不断补充和更新实用技术手册，为抗灾救灾提供有效的科技支持。

◆广西老科协科普演讲团工作扎实，成效显著。2007 年广西老科技工作者协会科普演讲团全年演讲 369 场，听众人数 19.6 万人次，覆盖面达到全区 110 个县区的 66.4%。演讲团紧密结合《科学素质纲要》，积极为未成年人、城镇劳动人口、农民、领导干部和公务员宣讲文化教育、卫生保健、现代科技知识、法制教育、服务"三农"等方面知识，受到社会各界普遍欢迎。演讲团还创办了《广西科普演讲团简报》，及时反映工作动态和经验体会。如今演讲团的队伍不断壮大，分团的数量已增至 8 个。

5.6　告启文书

5.6.1　海报

1) 海报的概念

海报是向公众宣传、介绍文化娱乐和体育活动等消息的应用文体，也是一种广告。它常用于戏剧、晚会等文艺表演活动和体育比赛、集会、演讲会等有关信息的发布，一般采用张贴、登报或在广播电视中播放等形式。其内容，除了用文字说明外，还可以充分运用计算机技术作一些美术加工，配以色彩鲜艳夺目的美术字、装饰图案、图画等，既给人以美感，又可使海报更具吸引力。

海报没有法定的强制性和约束力。

2) 海报的结构和写法

(1) 标题

标题可用醒目的大字在纸的"天头"居中书写"海报"字样，也可直接写明海报的内容,如"××展销会"、"×××演唱会";或采用正副标题的形式,如主标题为"2001年新春晚会",副标题为"著名演员×××,著名歌唱家×××应邀参加演出"。

（2）正文

海报的正文与广告用语相似,必须有很强的吸引力,因此,除将活动内容、时间、场所、举办单位等情况交代清楚外,还可用一些带鼓动性和形象性的词语。

（3）署名

写明演出单位或举办单位的名称及日期,若在正文中已写有举办单位、时间的,署名可略去单位和时间。

【例文】

××图书馆主办音乐会讲座
特约星海音乐学院李××副教授赴美访问前主讲演奏

钢琴伴奏:陈××　　徐××
演奏曲目:《椰林迎春》、《丰收渔歌》、《思乡曲》、《江河水》等
讲座形式:以演奏为主,辅以讲解,届时有《曲目简介》发送
时间:×××年5月1日晚8时
地点:广州图书馆3楼报告厅
入场方式:×月×日起在本馆门口售书处售票,每票1元,凭票入场

5.6.2　捷报　喜报

1）捷报、喜报的概念及作用

捷报和喜报是单位、部门或个人,向领导机关、领导人或家庭报告喜讯的专用文书。

捷报和喜报的使用范围:一是单位、部门就成绩向上报捷、报喜;二是上级机关或有关单位就个人成就、战功向其家属报喜;三是个人以实际行动响应党和国家的号召,荣获批准,有关单位或团体向其家属报喜。

捷报和喜报能及时反映工作贡献、鼓舞士气、渲染气氛,激励人们取得更大的成绩。

捷报和喜报的区别在于:捷报向上报捷,而喜报则具有向上或向下报喜的两种功能。

2) 捷报、喜报的写法

捷报和喜报由标题、称谓、正文、结语、署名及日期构成。

(1) 标题

标题在第一行居中写"捷报"或"喜报"字样,字体较大。

(2) 称谓

在题目下空一行顶格写收捷报或喜报的单位或个人名称,后加冒号。有的喜报可不加称谓。

(3) 正文

正文称谓下一行空两格书写,回行时顶格写。内容主要写明取得了什么成果及其重要意义;简述取得如此好的成果的原因;表明今后的打算。

(4) 结语

结语写"特此报喜"、"特此捷闻"、"此致敬礼"和"特此报捷"等。

(5) 署名及日期

写明发送捷报、喜报的单位名称及日期。向下报送的喜报,则需加盖单位公章。

写作时应注意以下几点:不滥用捷报、喜报,只有重大的胜利、突出的成绩、重要的成果才有写捷报、喜报的必要;实事求是,不说假话,不报假情;语气热情恳切,语言简明朴实。

【例文】

喜　报

××家长:

为了支援兄弟民族和大西北地区的开发建设,您的孩子×××从本校毕业后自愿报名赴××省(区)工作,已被光荣批准。特此报喜。

此致

敬礼!

××大学(公章)

××××年×月×日

5.6.3　启事

1）启事的概念

启事是为了让公众知道某件事或希望公众协助办理某件事而使用的应用文。通常张贴在公共场所或者登在报刊上以及在电视上播出。机关、团体、企事业单位和个人均可以使用启事。如招工招生、征文征订、寻人寻物、更名改刊、开业、搬迁等。

启事无强制性和约束力。

2）启事的结构和写法

启事由标题、正文、署名三部分组成,其写作方法如下:

(1)标题

标题一般写明××启事即可,如"征文启事"、"招工启事",也可仅写"启事"二字。

(2)正文

正文要写明启事的原因、情况、目的与要求等。语言要简明,语气要诚恳。针对不同内容的启事,其写作要求和侧重点有所不同,如征文启事要写明征文原因、内容、要求、截稿时间、投稿地点、奖励办法等;寻人寻物启事,要说明所寻找的人或物的基本特征、丢失时间、联系方式、地址及酬金等。

(3)署名

署名写明启事人的单位名称、姓名和年月日。

【例文1】

征婚启事

某女,22 岁,1.63 米,貌俊、苗条、温柔大方、爱好音乐。欲求一位 1.70 米以上,28 岁以下,体健、开朗、有修养重感情,诚实正派,在本省工作的未婚男子为知音。有意者请与××省××县××中学××联系,勿访。

【例文 2】

寻物启事

本人不慎于 6 月 24 日（星期日）在学校图书馆将一真皮红色小提包丢失，内装钱夹一个，身份证一个，新书两本。有捡到者请电话联系，电话号码为：×××
××××，重谢。

××市××大学××系××
××××年×月×日

【例文 3】

招领启事

我校职工拾到钱包一个，内有人民币若干，请失主来我校保卫科认领。

××市××学校
××××年×月×日

5.7 公务书信

5.7.1 公务书信概述

公务书信是指用于特定场合，针对特定事务或特定需要的具有专门用途的书信。

公文书信的种类很多，通常有介绍信、证明信、求职信、推荐信、感谢信、慰问信、述职报告、表扬信等。

公务书信的格式由标题、称谓、正文、署名及日期构成。

（1）**标题**

标题在第一行正中写上书信名称，如"证明信"、"求职信"等。

（2）**称谓**

称谓在第二行顶格写，完整的称谓一般由姓名或单位、称呼和修饰语组成，如"成都市人民政府"等。

（3）正文

正文在第三行空两格写，这是公务书信的主要部分。在写作时要特别注意，一是言简意赅，重点突出；二是层次清楚；三是文风端正。有的结尾处还要加上致敬语，如"此致"、"敬礼"。

（4）署名及日期

注明发信单位名称及日期。

5.7.2　几种常用的公务书信

1）介绍信

介绍信是用来介绍本单位派出人员与其他单位或个人联系工作、了解情况、洽谈业务或参加各种社会活动时所写的一种专用书信。一般要说明被介绍者的姓名、身份、接洽事项及要求。介绍信一方面可以作为派出人员的身份证明，另一方面收信方可通过介绍信来了解来者的姓名、身份、职务和所要联系的情况、意图。介绍信的书写格式及写法应分类对待。

（1）普通介绍信

普通介绍信是指不留存根、采用一般书信方式书写的介绍信。其格式如下：

①标题　"介绍信"三个字（写在第一行正中）。

③称谓　收件单位或单位负责人全称（第二行顶格写）。

③正文　要求写明持信者姓名、身份、接洽事项及要求等。有时还须写明持信者的年龄、政治面貌等。结尾写上祝语或致敬语，如"此致敬礼"等。在正文写作时要求实事求是，语言准确明了，不得涂改，若需涂改必须在涂改处加盖公章。

④署名与日期　在日期上加盖公章。

【例文】

介绍信

××公司负责同志：

今介绍我所研究员张××、高级工程师李××二位同志前往贵公司洽谈有关合作的具体事宜，请予接待。

此致

敬礼!

> ××实用技术研究所
> (盖章)
> ××××年×月×日

(2)印刷介绍信

印刷介绍信是按一定格式事先印刷好的专用空白介绍信,一般印有两联,一联是存根,一联是介绍信本文。中间有间隙,上面有虚线,在虚线上有××字第××号字样。

印刷介绍信的书写格式与普通介绍信一样,只是空出了可变项目,按需要填写。另外印刷介绍信因为有存根备查,所以存根和介绍信本文都必须编文号,存根部分要求在印刷字体"介绍信"后用括号注明"存根"二字。其他印刷项目有被介绍者姓名、前往单位、联系事宜、有效期、年月日,有的还要印出经手人、签发人等。其格式如下:

```
介绍信(存根)        ※            介  绍  信
  字第   号         ※
被介绍者             字        字第      号
前往单位             第    兹介绍      同志      人,前往
联系事宜                                        ,请接洽。
经手人               号        此致
有效期     天        盖        敬礼!
                     章
        年  月  日    ※
                              单位(公章)
        盖章         ※     (有效期      天)
                              年   月   日
```

2)证明信

证明信是以机关、团体或个人名义为某人的身份、经历或某事的真实情况作证的书信,具有凭证作用。通常被称为"证明"或"证明书"。常用的有以组织名义出具的证明信、以个人名义出具的证明信和随身携带的证明信三种。

不论哪种证明信,其格式大体上相同,类似于一般书信的格式。

(1)标题

标题在第一行正中写明"证明书"或"证明"字样,或写明"关于×××同志

××情况(或问题)的证明"。

(2)**称谓**

称谓第二行顶格书写收件单位或单位负责人。标题为"证明"的可以不用称谓。

(3)**正文**

正文要求按针对的需要写,证明内容实事求是,不得弄虚作假,语言要准确明了,用词分寸要得当。并不得涂改,若有涂改需加盖公章。在文章结尾,一般用"特此证明"表示结束。

(4)**署名及时间**

若是以组织名义出具的需加盖单位公章;若是以个人名义出具的需签上写证明者的姓名或手印,并由其所在单位或其居住地有关部门签署意见。并写明日期。

【例文1】

证 明 信

××县教育局:

你局××同志,系××省×县人,现年××岁,确于 1998 年 7 月在我校历史系本科毕业,情况属实。特此证明。

××大学(公章)

××××年×月×日

【例文2】

证 明

兹证明×××同志,现年××岁,1998 年 5 月 9 日确在我院内科住院部住院治疗。特此证明。

××医院内科黄××

××××年×月×日

黄××为我院内科主任医师,所证明的材料属实。

×××医院(公章)

××××年×月×日

3）表扬信

表扬信是以组织的名义或以个人名义书写的用来表扬某个人、某单位的先进事迹、先进思想和高尚风格的专用书信。表扬个人的信除可以直接寄给本人外，还可以寄给其所在单位或在该单位的适当处张贴，也可以通过电台播报、电视台播放、报刊登载。表扬单位的信可以直接寄给其上级主管机关。

表扬信的格式一般由标题、开头、正文、署名和日期构成。

①标题　张贴的表扬信，一定要用标题，即在第一行正中写"表扬信"三个较大的字。邮发函件式表扬信，一般不用标题。

②开头　在第二行顶格写受表扬单位、集体的名称或个人姓名，有时可在个人姓名后加称呼。

③正文　开头的下一行空两格写，先交代表扬原因；其次写清表扬的事迹，热情颂扬受表扬者的高贵品质和可贵精神；再次写明表示向被表扬者学习、致敬等。该部分在写作时要注意三点：一是表扬的先进事迹要实事求是，不可夸大；二是语气要热情，语言要朴实；三是篇幅要短。

④署名和日期　写明寄发表扬信的单位名称（或盖章）或个人名称及日期。

147

【例文】

表 扬 信

××商店：

在开展优质服务竞赛活动中，贵单位全体职工积极开展文明礼貌服务，以商业战线著名劳动模范张秉贵同志为榜样，满腔热情为广大人民群众服务，深受群众好评，被评为市"精神文明建设先进单位"，特给予表扬，望你们戒骄戒躁，争取更大成绩！

××市人民政府
××××年×月×日

4）感谢信

感谢信是为感谢有关单位、团体和个人而写的专用文书。它除了直接写给对方单位或个人外，也可以送交报社、电台、电视台刊登、播报和播放。

感谢信的格式由标题、称谓、正文和署名及日期构成。

①标题　在第一行正中写"感谢信"或"致××的感谢信"。

②开头　在第二行顶格写被感谢的单位名称或个人姓名,并在个人姓名后加上"同志"、"先生"等称呼。

③正文　这是感谢信的主体。首先,用简洁的语言叙述对方的先进事迹和优秀品德,并同时交代清楚事迹发生的时间、地点、人物、事件、原因和结果;其次,热情赞扬对方的高贵品质,希望这种精神发扬光大,并号召大家向对方学习。在这一部分的写作过程中,一定要注意把具体人物、事件交代清楚,内容要充实,语言要简练;在表示感激之意时,注意感情真挚,用词恰当,符合对方的身份。

④署名及日期　写明感谢方的单位全称或个人姓名并注明日期。

【例文】

感 谢 信

××部队全体指战员:

　　我市今年遇到了特大洪水灾害。在万分紧急的情况下,你部队全体干部、战士发扬了无私无畏、连续作战的精神,同我市全体人民并肩战斗,赢得了抗洪斗争的胜利。这一胜利表明,中国人民解放军不愧为人民的子弟兵,不愧为钢铁长城。你们这种全心全意为人民服务、不怕艰苦、团结奋斗的精神值得我们学习。为此,特向你们表示衷心的感谢!

　　愿我们进一步加强军民团结,为推进改革开放和地方建设而共同努力!

××省××市人民政府
××××年×月×日

5)慰问信

慰问信是组织或个人向有关单位或个人表示亲切慰藉、关切、致意和问候的专用文书。它能够充分体现组织的温暖和同志、亲人之间的深情厚谊,给人以继续前进的信心,克服困难的勇气,勤奋学习和努力工作的力量。

（1）慰问信的种类

①表彰性慰问　是对作出贡献的个人或集体的慰问信。这种慰问信侧重于对对方的赞扬、慰劳和问候,鼓励其再接再厉,继续前进。

②同情、安慰性的慰问　是对遇到困难、遭受灾害的个人或集体的慰问信。这种慰问信侧重于表示同情、安慰并鼓励其克服困难、战胜灾难,从而改变现状。

③节日慰问　是在节日来临之际,对有关人员(大多是节假日坚守岗位的人员)的慰问信。这种慰问信侧重于称颂他们的贡献,对他们的辛勤劳动表示

谢意和敬意,勉励其不懈努力,作出更大的贡献。

（2）慰问信的格式和写作方法

慰问信的格式一般由标题、称谓、正文和署名及日期构成。

①标题　第一行正中写"慰问信"或"××致××的慰问信"。

②称谓　在第二行顶格写受慰问的单位、个人全称。

③正文　正文部分是慰问信的主体,一般应包括以下几个方面:一是简述目前形势,说明慰问的原因和背景,引出下文;二是赞扬对方的功绩和精神,或对对方的不幸与辛劳表示安慰、关心和问候;三是提出希望,表示共同的希望和决心。

④署名和日期　写明慰问方全称并注明日期。

【例文】

慰　问　信

全体离退休职工:

在春节即将来临之际,请让我代表全厂职工,给你们拜个早年,并衷心地致以节日的问候!

在过去的一年中,你们发扬了一贯的爱厂如家、人离心不离、人休心不休的精神,忠心耿耿地关心和支持厂里的生产和各项工作,使我们时刻感到,在我们背后,有一股巨大的力量激励着我们奋斗、前进。有些老工程技术人员、老师傅还亲临生产、管理第一线,指导工作。你们不仅发挥了余热,而且为我厂的发展、壮大作出了积极的贡献。

对于离退休职工来说,健康是第一位的。身体健康,才能更好地享受幸福的晚年。希望你们积极锻炼身体,多参加有益身心的集体活动,注意营养、娱乐和休息,永远保持身心健康。

敬祝各位新春快乐,合家幸福!

××××厂厂长×××

××××年×月×日

5.8　礼仪文书

礼仪文书是指在各种礼仪活动中所运用的各种应用文的总称。礼仪文书的种类很多,常用的是机关、团体和个人在节日和红白喜事中用的各种请柬、邀请信、贺信、贺词、祝词、题词、讣告、悼词、碑文、祭文、唁电和对联等。

5.8.1 请柬　邀请信

1)请柬

请柬又叫请帖,是为邀请个人或集体参加某项活动(如出席重要会议、典礼等)所使用的一种礼仪性的书信,它是一种友好前提下的具有通知性质的礼仪书信,体现了对应邀者的尊敬以及邀请者主办活动的隆重。

(1)请柬的种类

①从发请柬单位来讲,有单位团体的,也有个人的。其中,单位团体的如,召开会议(庆祝会、招待会、展销会等)、举行典礼(开工、竣工、开业、毕业典礼等)和仪式(开幕式、闭幕式、剪彩仪式等)等;个人的如生日、结婚、祝寿、乔迁新居、孩子满月等。

②从活动内容来讲,有邀请某人前来庆贺的、前来指导或出席某种集会(会议)的。

③从请柬的外观来讲,有开合式的、有正反式的,其中外面(正面)印制艺术装饰,里面(背面)书写文字内容。

④从格式上来讲,有书信式的,由邀请者拟写全文;有填写式的,由邀请者在印制好的请柬上填写。

凡属有喜庆、纪念意义的活动,一般都适宜发请柬。但气氛庄重、严肃的活动,如追悼会、宣判会等,则切忌用请柬通知。

(2)请柬的结构和写法

请柬的书写格式一般由封面和内文两部分组成。

①封面　装饰精美的印刷请柬、邀请函(书),在封面印"请柬"、"邀请函(书)"字样。若需邮寄另加信封。

②内文　完整的内文,采用书信的格式,由称谓、正文和署名及日期构成。

③称谓　写清被邀请者的称呼或姓名。

④正文　写清什么事、什么日期、什么地点、做什么;邀请对象的范围、人数。

⑤署名及日期　署明发出邀请的单位、部门或个人的名称,并注明发出邀请的年月日。

在具体写作时,须注意,外观上,讲究美观大方。一般用红色的、纸质较厚的纸印制,在封皮上除写明"请柬(请帖)"二字,还要作适当的图案装饰。文字上,一要求"达",即要求用词达意,简单明了,二要求"雅",根据具体对象和内容,讲究措辞,做到文雅而通俗,热情而礼貌。如果被邀请者是长辈、领导或知名人士,注意措辞恭敬;如果被邀请者是平辈或一般人士,措辞可较亲切随便些。总之,对象不同,措辞分寸不同。

【例文】

请　柬

×××同志:

　　兹定于5月4日下午2时,在我校大礼堂举行"发扬'五四'爱国精神,把青春献给祖国建设事业"为主题的演讲比赛。敬请光临指导!

×× 大学　团　委
　　　　学生会　(公章)
　　　　××××年×月×日

2)邀请信

　　邀请信是单位、团体或个人邀请单位团体(代表)或个人参加某种活动的书信,如邀请参加聚会、参观、旅游等。邀请信可以加强社团之间或个人之间的联系和友谊,加深某种正面氛围,扩大某种正面影响。

　　(1)邀请信与请柬的异同

　　相同点:都是用来邀请上级领导、有关单位、团体或个人参加活动的书面通知。可以直接散发,也可以间接传递;可以作为入场的券证,也可以作为报到的凭证。

　　不同点:①邀请信的内容比请柬复杂。邀请信除了要写明被邀请的对象、活动内容、时间、地点、参加人员外,还要交代有关事项,如行车路线、携带钱物、食宿安排、要求做的事情等。从篇幅看,请柬较短一些,外观要求较高;邀请信较长,外观一般。②邀请信要求被邀请者回告(填写并寄回回告单);或者直接在邀请信上附言。请被邀请者回信,主要说明是否受邀、能否如期参加,能否办到邀请信上交代的事项,还有什么要求、意见等。因故不能受邀,则应写明原因、写上表示遗憾的礼貌性文字,语气要婉转,不可生硬拒绝。这些内容请柬是没有的。

　　(2)邀请信的写作格式

　　邀请信和应邀信的写作格式和一般书信的格式一样,由称谓、正文和署名及

151

日期构成。

【例文】

邀 请 信

×××大学办公室：

　　贵校××同志上星期五给我们做了一次关于世界观、人生观、价值观的报告，受到大家的热烈欢迎。下星期五(×月×日)我校准备召开一次由部分同学参加的讨论会，谈他们听了××同志报告后的体会。诚望贵校再次派××同志来我校参加这次讨论会。如能同意，请早回函，我们准备派车接送。

××××中学(公章)

××××年×月×日

5.8.2　贺信　祝辞

1) 贺信

　　贺信是表示庆贺的一种专用书信，它是从古代的祝辞演变而来的。今天，贺信已成为领导机关、领导人、单位、团体或个人进行节日、纪念、喜庆的祝贺，或表彰、赞扬、庆贺某单位、某团体或某个人在某方面所做贡献，或用以表示慰问的重要形式。重要的贺信佳作，对广大人民群众会起很大的教育和激励作用。

　　(1) 贺信的种类

　　贺信一般有以下几类：一是上级单位对下级单位或所属职工的贺信；二是同级单位的贺信；三是下级单位、职工给领导机关的贺信；四是对重要领导人、科学家、艺术家、重要名人的寿辰贺信；五是给远方的亲朋好友的生日、结婚、迁居、出国等的贺信。

　　(2) 贺信的格式和写法

　　①标题　一般由单位名称、事由和文体构成，也可以只写"贺信"二字。

　　②开头　顶格写接收贺信的单位名称或个人姓名。如果是写给个人的，一般姓名之后要加"同志"、"先生"等相应的称呼。

　　③正文　一是简述当前的形势，指明对方取得的成绩的社会背景，或重要会议隆重召开的历史意义。二是概括对方取得哪些成绩，并分析取得成绩的主客观原因。如果祝贺重要会议的召开，应说明会议的内容及其重要性；如果是寿诞

贺信,则说明对方的贡献和品德。三是表示热烈的祝贺、颂扬。四是热情的鼓励,殷切的希望和衷心的祝愿。

④署名及日期　指署明写贺信的组织的全称或有关个人的姓名,并注明年月日。

【例文】

贺　信

××厂全体职工同志:

你们艰苦奋斗,用高科技,开发了新产品,保证了产品质量,提前六十天完成了全年的生产任务。为此,局党委向你们表示热烈的祝贺!

望你们认真总结经验,继续努力,不断取得新的成绩,为祖国的建设事业作出更大的贡献。

　　　　此致

敬礼!

××局党委会(公章)
××××年×月×日

153

2)祝辞

(1)祝辞的概念

祝辞是对人或事表示祝愿、庆贺的言辞或文章。现代的祝辞,有祝人的,一般祝其健康、长寿、前程远大等;也有祝事的,则祝某项事业顺利进行、胜利成功等。在祝事中,可分为会议祝辞和活动祝辞,会议祝辞是对重要的或有意义的会议隆重召开表示祝贺;活动祝辞是对某项活动的顺利进行表示祝贺,如祝寿、祝新婚和祝酒等。

(2)祝辞的格式和写法

祝辞的格式与一般书信相同。

【例文】

在纪念中国人民抗日战争暨
世界反法西斯战争胜利 60 周年招待会上的致词
温家宝
(2005 年 9 月 3 日)

各位来宾、各位朋友、各位同志:

今天,我们隆重纪念中国人民抗日战争暨世界反法西斯战争胜利 60 周年。

我们永远不会忘记,中国人民同日本侵略者进行的长期艰苦卓绝的斗争,付出的巨大的民族牺牲。我们深切缅怀为着民族独立和解放而英勇捐躯的先烈们!

我们向所有参加抗日战争的老战士、老英雄、老将领,致以崇高的敬意!向所有为抗日战争胜利作出贡献的海内外同胞,致以崇高的敬意!向所有在抗日战争中支援和帮助过中国的各国人民,致以崇高的敬意!我们纪念抗日战争的伟大胜利,是因为它在中国历史上具有十分重大的意义。抗日战争是近百年来中国人民第一次取得完全胜利的伟大的民族解放战争,是进步的正义的战争,是中华民族由危亡走向复兴的历史转折。我们纪念抗日战争的伟大胜利,是因为中国的抗日战争,是世界反法西斯战争的重要组成部分。在抗日战争中,中国人民受害最深,牺牲最烈,斗争持续时间最长,为世界反法西斯战争的彻底胜利作出了不可磨灭的历史贡献。

我们纪念抗日战争的伟大胜利,就是要以史为鉴,面向未来,坚持走和平发展的道路,推动新世纪的世界和平事业。

全中国各族人民团结起来,振奋以爱国主义为核心的民族精神,努力建设富强、民主、文明的社会主义现代化国家,实现中华民族的伟大复兴!

全世界各国人民携起手来,高举和平旗帜,努力建立公正、合理、安全的国际新秩序,缔造一个和平、和睦、和谐的新世界!

现在,我提议——

为纪念中国人民抗日战争和世界反法西斯战争的伟大胜利,干杯!

5.8.3　讣告　悼词

1)讣告

(1)讣告的概念

讣告又叫"讣文""讣闻",是向死者家属、亲友及有关单位报丧的专用文书。一般由死者的直系亲属或治丧委员会在追悼会之前发布。发布的形式视死者生前在社会上的影响、地位的不同,可以通过新闻媒介发布,或登报,或张贴,以便死者的亲友及时安排,准备花圈、挽联等,到时前去祭奠。

(2)讣文的种类及写法

讣告根据形式的不同,可分为三种类型,即一般式、公告式和新闻式。

①一般式是最为常见和通用的形式。

a.标题。一般只写"讣告"二字,字体要大一些,放在开头一行居中。

b.正文。写明死者的职务、职称、姓名、逝世的原因、时间、地点及享年(或终年);简介死者生平,表示哀悼之词;通知吊唁及追悼会的时间、地点。在写作时,用语上要准确、简练、严肃、郑重,要用白纸黑字,以符合民族的哀祭习俗。

c.署名及日期。写明发出讣文的单位、团体或个人的名称,以及发出讣文的日期。

②公告式讣告比一般式讣告要隆重、庄严得多,只用于生前具有广泛社会影响的人物,多由党和国家或一定级别的机关、团体作出决定制发。一般由公告、治丧委员会公告、治丧委员会名单三部分组成,核心内容是治丧委员会公告。

a.公告。写明"公告"发出单位及"公告"二字,这是一般式所没有的。同时应写明死者的职务、姓名、逝世原因、时间、地点以及终年;对死者的简评和哀悼;签署公告的日期。

b.治丧委员会公告。标题要冠治丧委员会名称;正文分条写明治丧活动的具体安排和要求;最后写上公告的时间。

c.治丧委员会名单。公告式讣告的发布手段,主要是在报刊发表或广播、电视播发。

③新闻式讣告,实际上是登在报刊上关于某人逝世的一则短消息。死者一般是老干部、老战士、劳动模范及各方面的知名人士。这种讣告应根据逝世者的资历、知名度,按规格在一定级别的报纸上发表。

【例文】

讣　告

民革中央检察委员会常委、政协××省委员会副主席、民革××省委员会副主任委员、黄埔军校同学会理事×××同志,因病医治无效,于××××年×月×日×时×分在××逝世,享年××岁。

×××同志的遗体告别仪式定于××××年×月×日(星期×)×时在××革命公墓大礼堂举行。

送花圈、挽幛(联)、唁电(函)的单位和个人,请与×××同志治丧委员会办公室联系(办公室设在×××××,电话:×××××)。

×××同志治丧委员会

××××年×月×日

附:×××同志治丧委员会名单(略)

2）悼词

悼词,是从祭文发展而来的,有广义和狭义之分。广义的悼词泛指向死者表示哀悼的一切文字;狭义的悼词专指在追悼会上宣读的悼念文章。

（1）悼词的分类

从用途上分,有宣读体和书面体悼词。宣读体悼词,要求能在一定场合或祭奠仪式上宣读,以记叙或议论死者生平业绩为主。书面体悼词,用于普通礼节性书面哀悼,不适合宣读,该悼词内容广泛、形式多样、灵活自由。

从表现手法上分,有记叙式、议论式和叙述式三大类。记叙式悼词,以记叙死者的生平业绩为主,适当结合议论和抒情。议论式悼词,以议论死者对社会的贡献为主,适当结合叙事或抒情。抒情式悼词,以抒发对死者悼念之情为主,适当结合议事或叙事。

（2）悼词的格式和写法

①开头 写明死者的职务(职称)以示尊敬,概述死者逝世的时间、原因及享年。

②正文 主要写明死者生平简介;追述死者身前有代表性的、重要的业绩;作出评价,充分肯定其社会意义和社会价值。

③结尾 主要表示生者对死者的悼念及化悲痛为力量的决心。

156

【例文】

在宋庆龄同志追悼大会上的悼词

邓小平

今天,我们怀着极其沉痛的心情,深切悼念中华人民共和国的缔造者之一,中华人民共和国名誉主席,中国各族人民包括台湾同胞和海外侨胞衷心敬爱的领导人,举世闻名的爱国主义、民主主义、国际主义、共产主义的伟大战士,保卫世界和平事业的久经考验的前驱,中国共产党优秀党员宋庆龄同志。

宋庆龄同志因患慢性淋巴细胞性白血病,多方医治无效,不幸于一九八一年五月二十九日二十时十八分在北京逝世,终年九十岁。

……

悼念宋庆龄同志,我们要化悲痛为力量,紧紧地团结在党中央的周围,为完成统一祖国的神圣大业,为把我国建设成为高度民主、高度文明的社会主义现代化强国而努力奋斗!

宋庆龄同志永垂不朽!

5.8.4 求职信 自荐材料

1）求职信

（1）求职信的概念

求职信（应聘书）是个人为谋求某一个职位或岗位，所书写的一种专门文书。由于它强烈的针对性，决定其内容的写实和语气的委婉。

（2）求职信的格式及写法

求职信的格式由标题、称谓、正文、结尾、署名及日期附件组成。

①标题 在第一行正中写"求职信"或"应聘书"。

②在第二行顶格写招聘方的单位名称或个人姓名，并在个人姓名前加敬辞，在个人姓名后加"先生"、"同志"或"领导"，也可以不加。

③正文 这是求职信的主体。首先，用简洁恰当的文字介绍自己的姓名、年龄、身体状况、学历、现工作情况。然后用一段文字叙述对所求职位或岗位需要的能力与才干的认识，由此转入对自己应聘该职位或岗位的经历、能力的介绍，这一段文字叙述要客观，语气要肯定，最好能用自己在实践中的经历和取得的效果以及别人的评价，直接或间接说明胜任职位与岗位要求的理由。注意不夸大，不绝对，用词恰当，符合身份特征。如有证明自己能力的材料，可注明见附件。

④结尾 提行空两格书写，向招聘单位或个人表示敬意。

⑤署名及日期 求职人加冒号，然后署上个人姓名在正文的右下方书写，日期写在姓名下一行。

⑥附件 证明自己学历与能力的材料和个人的联系方式（移动电话、固定电话、邮编、邮箱等）。

2）自荐材料

（1）自荐材料的概念

这是大中专毕业生和各行各业有关人士需要准备的证明自己求学经历、工作情况、个人素质、能力的一类材料的合称。由自荐书、个人简历、相关证明材料等组成。

它的传递方式主要有当面呈交、投递等。

（2）自荐材料的写法

它的写作可以设计成表格逐项填写，可以用文字进行叙述。一般来说，自荐书用文字表述，个人简历用表格书写。

写好这种材料,对推荐自我,吸引聘用单位的注意力,意义重大。

个人简历至少应包含以下相关信息。

①标题　在第一行正中书写"个人简历"或"×××的简历"。

②姓名、性别、出生年月、身高、健康状况、现居地或求学院校、现工作单位等。

③高中以来的求学基本情况。

④个人的工作经历或社会实践情况。

⑤个人的性格、素质、特长、技能介绍。

⑥各种附件。

附件有:成绩单(各科成绩的罗列,盖章)。

　　　　获奖证书(复印件,原件备查)。

　　　　等级证书(复印件,原件备查)。

　　　　社会实践证明材料。

自荐书是个人自荐材料中最主要的材料。它与求职信既有区别又有联系。它们都有个人能力素质特长的介绍,但求职信针对某个职位或岗位,自荐书重在全面介绍个人,特别是个人综合素质和各种能力的介绍。

自荐书的格式由标题、称谓、正文、结尾、署名及日期构成。

①标题　在第一行止中写"自荐书"。

②开头　在第二行顶格写具体的单位或负责人的名称、职务,如没有具体的单位,可以统一写成"尊敬的领导"。

③用一段文字概括介绍个人基本信息。

④正文　这一部分是自荐书的最核心的内容。需要用平实、客观的语气介绍自己的综合素质、性格、特长以及能力,特别是能力的介绍。注意的是,善于学习也是个人能力的方面。为表示客观公正,这一部分的最后,可以写自己的不足或缺点。

⑤结尾　向有关领导或单位表示谢意。

⑥署名及日期　提行在自荐人后面署名,日期写在署名的下面。

⑦附件　个人的各种联系方式。

写作时需注意的是:

①最好用工整的汉字书写,不用打印稿。

②最好不超过一页的字数。

③不夸大其词,不说绝对的话。

自荐材料按自荐书,个人简历,各种附件的顺序装订,可以不做封面。

思考与练习

1. 以自己的学习（或工作）为内容，自拟一个计划，要求体现计划的规范写法。

2. 你认为总结的哪一项内容是最重要的？请说明理由。（200字左右）

3. 设计一份规范的简报格式。

4. 请说明贺信、祝辞之间的主要区别，两种文体的侧重点有什么不同？

5. 调查报告由哪些要素组成？写作中要注意什么？

6. 以具体工作单位的工作为内容，编写一份简报。

第6章 科技研究文书

6.1 科技研究文书概述

科技写作是随着科学技术的产生而产生,随着科学技术发展而发展的。科技写作具有自己的写作特点、程式和要求,形成了独特的写作规律,其对科学技术的进步发展所发挥的重要作用已被人们普遍地认识。同时随着社会对报道、传播、交流、存储科研成果要求的逐步提高,对科技写作质量的要求也越来越高。科技写作水平的高低,会直接影响科技工作的进展,一篇简明、准确、言之有理、令人信服的论文,也许会促使某项先进技术迅速推广,反之,则可能贻误一个有价值科研项目的上马。由此可见掌握科技研究文书的基本知识已成为从事科研工作的人员必须具备的基本技能。

所谓科技研究文书(简称科技文书)是记载和传播科技信息、描述和反映科技研究成果、交流和沟通科技活动意见的应用文书。

6.1.1 科技文书的特点

科技文书较之公务文书、日常事务文书具有自身的特点:

①写作目的是促进科技事业的发展,而不是出于审美的需要,它的成果并不是给人欣赏,而是要直接影响科学技术工作的进展,进而转化为社会生产力。

②写作内容是科学技术信息,因此应具有科学性和先进性;科技文书是反映科技成果,反映研究所得,是总结和阐述对事物发展规律的认识,说明有关科技活动技术的,因而,科技写作自始至终都应该立足于客观实际存在的事物,不容

许任何虚构和想象。

③写作对象是专业科技工作者,因此表现出对象的专门性和狭隘性。优秀的文艺作品拥有众多的读者,可以雅俗共赏,而科技文书的读者面却相当窄,主要是本专业的科技工作者,同时专业不同,读者对象也不同。

④表达方式具有论说性,一般不做形象描绘,也不叙述事情的详情细节,而是阐述一定的科学观点,或说明一定的处理意见。它要用科学的概念、术语,用严谨、准确的语言来论证说明一定的道理。忌用夸张之类的修辞手法,忌用华丽的修饰,忌用带主观感情色彩的词句。

⑤科技文书有着特定的反映对象和应用范围,并且在长期使用中形成了惯用的、较为固定的格式,因而有约定俗成的规范。近年来随着科技的飞速发展,科技文书基本格式更趋于统一、标准。科技发达国家都相应制定了撰写、编制科技文书的国家标准。我国国家标准局也先后发布了《科学技术报告、学位论文和学术论文的编写格式》、《文后参考文献著录规则》等国家标准。这些标准对各种科技文书的书写格式、术语、编写、符号、计量单位、表格、插图等的使用,都作了规范化、标准化的规定。

6.1.2 科技文书的种类

现今的科技文书,涉及的范围广,种类多,而且无论是在内容还是形式方面,都必将会随着科学技术本身的发展而不断发展。因此,对科技文书进行十分科学、准确的分类并非易事。我们依据各种科技文书的内容性质、使用范围、表现方法的不同,大致将科技文书分为如下几类:(本章将有选择的加以介绍)

1)研究文书

研究文书是科技工作者在科研工作中,从准备阶段、研究阶段到成果管理阶段所形成的一系列文书的总称。即从科研工作的选题、立项、开题,到实验、试验、结题、成果验收鉴定以及成果报告等一系列工作中所形成的文书统称为研究文书。

研究文书是研究工作过程和结果的科学记录,包括整个研究工作的方法及其具体细节材料。因而,这类文书在反映科研过程、方法和结果方面必须具有科学性,必须是科学的、真实的记录是对客观事实的报告和反映;在内容上有较强的针对性和实用性,有统一的格式要求及较强的时效性。

研究文书种类很多。在科研准备阶段有选题可行性研究报告、选题报告、科研课题申报书、科研计划任务书、科研协议书等,在研究阶段有开题报告、进度报告、实验报告、试验报告、结题报告等,在成果管理阶段有成果验收报告、技术鉴定书、成果报告等。

2)技术文书

技术文书是科技工作者围绕某一专题从事研究、设计、试制工作,或处理某一项技术问题时所撰写的应用文书。它是科技工作者将科研成果运用于技术开发,并付诸科研、建设、生产实施时的技术文件。它的内容专业性较强,通常包含技术数据、设计图纸、工艺要求等。

较之研究文书,技术文书具有更强的技术性,它主要是围绕科研成果的应用而形成的一系列文件材料,应用性强。它起着具体指导建设和生产操作的作用,是技术实施的方案、规则和规范,在内容上要求必须有充分的科学根据,必须是经过实验、试验和生产实践证明的技术内容。没有经受实践检验的内容不得写入技术文件之中,否则将会造成严重的后果。

技术文书的种类繁多,主要包括技术研究和开发、技术设计、技术应用三大类。常见的技术文书有技术设计任务书、工程设计任务书、技术设计说明书、产品说明书、学业设计说明书(包括作业设计、毕业设计、课程设计)、技术标准、技术规则、工艺文件、技术引进合同等。

3)情报文书

情报文书是科技工作者以当代科学技术的新成就为主要对象,通过对这些成就的分析、提炼、整理,并联系社会的政治、经济、环境、生态等各方面的因素,经过综合性、整体性的研究而写出的一种信息性情报材料。科技情报文书通过对科技成就价值的判断,发现问题、启发思想、预测未来、提出建议、帮助决策,以指导科技工作实践。

科技情报工作包括情报的搜集、情报的加工整理、情报研究、情报报道、情报服务和情报机构的组织管理。在信息学上,原始文献称为一次文献;经浓缩而内容未作改变的新文献,如目录、题录、文摘等,称为二次文献;运用综合和分析的方法,对原始文献重新进行组合、汇编而成的新文献,如综述、述评、年鉴等称为三次文献。科技情报研究主要是围绕科研和生产中的某个专题进行调查,把研究成果向有关人员、有关方面报告、报道、发布,所以说科技情报工作是在充分利用一次文献和二次文献的基础上,经过综合分析,编写三次文献的情报服务工作。它不仅要对各种情报进行分析、比较、提炼、综合,更要求研究者具有能够创造知识、运用知识的能力和技巧。

科技情报文书常见的形式有科技情报综述、科技情报述评、科技文摘、学科

162

和专题总结、技术经济情报研究等。

4) 学术论文

学术论文是对科学领域中的问题进行探讨、研究,反映科学研究成果的文章。即对某学科领域中某些问题进行创造性的科学实验和理论分析,并运用逻辑思维方法揭示其客观规律和本质的一种论说性文章。(将在第二节详述,此处不作赘述)

6.2　学术论文

科学研究是人类社会实践的一项重要内容,是人类认识世界、改造世界、推动社会发展的有效手段。随着科学的空前发展,新的见解、新的发明创造层出不穷,旧的观点得以不断的更新,学术论文就是这些新见解、新观点、新发明的研究结晶。它通过科学的分析和阐述,阐明某些科学的规律与结论,论证客观事物的真理,是人类智慧的集中反映。

学术论文由于它的内容和表达方式有较强的科学性,所以又被称为科学论文。有人称科学论文为"科技论文",这是由"科技写作"演变而来,与外文翻译有关。(例如,有人把"English style in scientific papers"译为"科技论文中的英语体式")通常所说的"科技论文"还有其特殊的含义,即专指自然科学领域的学术论文,也可以理解为"科学技术论文"。但无论指哪个领域的论文,自然科学论文还是社会科学论文,它们都属于学术论文的范畴,因此可统称为学术论文。

6.2.1　学术论文的特点

学术论文虽属于论说文体,但与一般的论说文不同,除了具备一般论说文抽象概括、议理为主和以理服人的特点外,其本身具备如下特点:

1) 科学性

学术论文的这一特点是由其本身性质所决定的。科学性首先表现在学术论文的内容是科学技术研究的成果,是对客观存在的事物现象及其客观规律科学而准确地反映。因而要求它的观点正确且具有现实意义,论据要真实、充足,论证准确可靠。其次表达形式要具有科学性,结构严谨清晰、符合思维的一般规律,且具有较为固定的格式。语言准确、简明而规范,不能含糊其辞、模棱两可、枝蔓横生。再者科学性还表现在学术论文的科技术语、符号、计算单位等使用上的标准化、国际化。

2)学术性

学术,是指系统和专门的学问,是指有较深厚的实践基础和一定的理论体系的知识。学术性也叫理论性,首先表现在科学论文的写作目的总是同建设和发展某一学科或学科的某一方面紧密相连的,对学科的发展具有理论上或实践上的意义,具有一定的学术价值。其次科学论文对新的发现和发明,不仅重视实际运用,同时重视从理论上进行分析和研究,探讨理论上的价值,求得对客观规律的认识。

3)创新性

创新性是学术论文的生命根源,是衡量学术论文价值的根本标准,是区别于其他科技文体的基本特征。一般科技文体如科技综述、科技成果报告只要结构合理、阐析清楚、准确真实,对有无创新性并不作要求,而学术论文是为交流学术新成就,发表新理论、新设想,探索新方法、新定理而写的,没有创新就不称其为学术论文。

创新性的内涵是十分丰富的。研究和探索前人未曾涉猎的领域,独领风骚,自成一家之言是创新;纠正前人某些错误观点,补充前人某些观点的不足之处,锦上添花也是创新;综述前人的研究成果,加以分析,指出争论所在,提示争论方向,指点迷津同样是创新。凡此种种不一而足。总之要求学术论文的作者通过创造性的劳动,有所发现、有所发明、有所创造,既要有求实精神,又要有探索的勇气。

6.2.2　学术论文的种类

学术论文由于研究领域、写作目的、研究方法和议论方式上的差异,从不同的角度可作不同分类。

①从研究领域来分,有自然科学论文、社会科学论文。自然科学论文又可分门别类地分为数、理、化、天文、地理等各学科论文;社会科学论文又可分为文、史、哲、经、社会学等各学科论文。

②根据研究方法和手段的不同,可分为理论分析型、实验研究型、观察描述型三种类型。

理论分析型学术论文是指通过逻辑推理或假说,以理论的阐发为主要研究方法或纯粹以抽象的理论问题为研究对象所撰写的论文。这类论文大多使用于数学、理论物理、理论化学等学科的学术研究中。

实验研究型学术论文是指在科技领域内，从事科学研究工作的科技人员以实验为研究手段，利用实验发现新的现象、寻求新的规律、验证某种理论和假说，以实验结果来描述科研成果的论文。它反映各学科领域内最新、最前沿的科学技术水平，反映本学科发展的动向，既是科学研究的重要手段，又是科学研究的重要成果，也是学术思想交流的工具。通常是由科技工作者撰写供各专业性杂志发表的，或在各专业性学术会议上宣读的纯学术论文。

观察描述型学术论文是指科技工作者有计划、有目的的通过感官来考察某些事物外部特征和现象，以揭示事物的本质，寻找其规律所撰写的论文。其写作目的重点是向读者介绍新发现的具有科学价值的某一客观事物或现象，重点在于说明事物和现象是什么，因此不需进行大量的逻辑分析和推理。如介绍新发现的某一地区地质形态，说明观测到的天体或自然界的某些奇特现象等。

③根据写作目的和使用范围的不同，可分为杂志论文、学年论文、毕业论文和学位论文。

杂志论文是指研究人员提供给学术性期刊发表或向学术会议提交的论文。它以报道学术研究成果为主要内容。这种论文是纯学术性的，它总是体现着本学科领域最新、最前沿的科学技术水平和发展动向，对科学技术事业的发展起着重要的推动作用。它比学位论文更集中、更精炼，篇幅不宜太长。

学年论文是高等学校学生在学习、掌握一定专业知识的基础上，独立进行的一种作业。一般是二年级以上的学生写作。写学年论文，目的在于巩固已学过的专业知识，并在此基础上进行科学研究方法的训练。

毕业论文是高等学校应届毕业生运用已学过的基本理论、基础知识所写的论文。毕业论文要求有一定的学术性、或对实际工作有一定的价值。它是考核学生理论联系实际、独立工作能力的重要依据和手段。在具体实践中，毕业论文常与学位论文等同。

学位论文是高等院校学生为申请学位而提供的鉴定学术水平的论文。按照《中华人民共和国学位条例》及其《暂行实施办法》，学位论文又分为学士论文、硕士论文、博士论文三级。三级学位论文对作者的学术水平和从事科学研究工作或专门技术工作的能力有不同程度的要求。

④根据议论方式的不同，可分为立论型论文和驳论型论文。

立论型学术论文，主要是根据大量的资料或事实，经过分析论证，从正面阐述、论证自己的观点和主张。在论证过程中，虽然有时也可采用反驳对立观点的方法去达到立论的目的,但就全文总体而言,主要是采用立论的方法来确立基本观点。

驳论型学术论文,主要是采用反驳的方法,通过科学的理论和可靠的事实来反驳别人错误或对立的观点和主张,从而树立自己的观点,故又被称为论争型学术论文。反驳既可用直接反驳法,也可用反证法。直接反驳法,即直接揭示对方观点的错误;反证法,即通过证明与对方对立观点的正确,间接说明对方观点的错误。

此外,根据研究内容的不同,还可分为论证型,科技报告型,发明、发现型,计算型和综述型等五种。

6.2.3 学术论文的写作要求

在社会生活中各行各业、各个部门有许多值得探讨和研究的课题,不仅专门从事科学研究的人要把科研成果写成科研论文,各行各业许多有实践经验的人们也常把他们的发明创造、创新见解用论文来进行阐述,因而学术论文在社会生活中的应用是极其广泛的。各学科的论文,因其论述的内容、对象、性质不同,在写作上有着各不相同的要求,但同为论说文体在写作上又有一些共同的要求。概括地讲有以下几点:

1)言之有物

这是对学术论文内容方面的要求。论文作者必须从客观实际出发,花精力去搜集查阅文献、深入调查、反复实验,尽可能多地占有资料。以最充分有力的论据、严谨而富有逻辑的论证,引出符合实际的科学结论,以丰富的材料、充实的内容使得论文血肉丰满。并力求在前人已有成果的基础上作出进一步的探讨,提出新的理论、新的思想或新工艺、新方法,进而对这一科研课题作出重大的补充或修正。

2)言之有理

这是对论文论证方面的要求。具体说包括立论正确、论据充足、论证过程合乎逻辑、论证方法科学合理。论点是作者对研究课题的看法,是论文内容的核心,论文撰写的一切环节安排都应围绕论点来进行,因而论点的确立一定要做到正确、新颖、深刻,论点必须同客观实际相符合,同已得到的科学理论相符合,切莫人云亦云无所创见。论文中所引用的材料必须真实、典型、充分、可靠,只有经过作者或前人实践检验过,又能反映事物本质、有普遍意义的典型材料才能用作学术论文的论据,才能让人心服口服、才能做到纠谬订误,使自己的立论处于不败之地。在学术论文中,材料的选择与安排、论点与论据的关系、论据与论证的关系等都必须合乎逻辑。

3)言之有序

这是对论文谋篇布局方面的要求。所谓"序",不仅是行文的先后有序,重要的是思路的条理有序。论文主要是在事理条件下的平面展开,结构的逻辑性要求很高。学术论文是议论文的一种,同样也适用由提出问题、分析问题、解决问题这一人类一般思维规律转化而成的绪论、本论、结论的"三段论式"的文章结构形式。绪论、本论、结论三个部分前后相续、紧密衔接,是学术论文写作最常见、定型化的结构形式,每一部分都有一些比较常见的写法。但也有的文章开篇便进入对问题的实质性论证,结篇点题、揭示论点,只有本论、结论,而没有一个相对独立、非常明确的绪论,也有的文章只有绪论、本论,而不单列结论部分。在论文撰写中,究竟采用哪种结构程序为好,要视实际写作需要而定。

4)言之有文

这是对论文语言方面的要求。语言能力是构成写作能力的一个要素,语言运用的水平直接关系到文章的质量。学术论文作者要把文章写好,除了要在其他环节上多努力之外,还必须在语言的运用上多下工夫,以使所用语言形式充分体现科学语体的特征。语言是思维的外壳,只有想得深刻、认识准确,才能表达深刻、精确。一般而言,精确是学术论文语言的首要特点。文从字顺、准确达意,是对论文语言的基本要求,言简意赅、自然流畅,则是较高水准的要求,而文采飞扬、富有极大的概括力与深刻的哲理,则是大家手笔,是论文写作所推崇和追求的较高境界。

6.2.4 学术论文的格式

根据国家标准局公布的《科学技术报告、学位论文和学术论文的编写格式》的要求,学术论文的结构形式主要由三部分组成:

①前置部分 包括题名、作者、摘要、关键词等。

②主体部分 包括引言(绪论)、本论、结论、致谢、参考文献、英文摘要等。

③附录 包括比正文更为详尽的补充信息、罕见珍贵资料、某些重要的原始数据、数学推导、计算程序、图表等。

(具体写作要求可参见第三节,此处不作赘述)

6.3　经济论文

经济论文是学术论文的一种,属于社会科学论文的范畴,是指比较系统地、专门地探讨和研究经济科学领域中的问题,并表述经济科学研究成果的文章。经济论文既是探讨经济问题,进行经济科学研究的一种手段,又是表述经济科研成果,进行学术交流的工具,是对客观经济规律的揭示和真理的发现。

6.3.1　经济论文的种类

经济学术论文的种类,按不同标准可以作不同分类。

1)根据研究对象的不同分类

(1)宏观经济论文

这类经济论文是对国民经济中带有普遍性、全局性的经济问题进行研究而撰写的论文。例如,如何控制货币发行总量和贷款规模,怎样建立、完善中央银行金融调控手段,通货膨胀与经济增长的关系等问题,都属于宏观经济论文。

(2)微观经济论文

这类经济论文是对国民经济中带有局部性的经济问题进行研究而撰写的论文。它是以单个经济单位作为考察对象,对经济活动中具体方式方法的研究。例如,对于个别企业,某区域市场经济活动的研究等。

2)根据表述功能的不同分类

(1)论说型经济论文

这类论文侧重于经济理论研究。作者要从大量的经济资料中进行深入系统地分析研究,理论联系实际,针对经济领域中的现实问题从正面阐述自己的观点和见解。这类论文理论性强,表述以议论说理为主。

(2)论争型经济论文

这类论文是指对不同观点展开争鸣性的论辩,通过论争使观点明晰。通常采用"——兼与×××同志商榷"或"——兼答×××同志"的标题形式。写这类论文,要特别注重提炼正确的观点,用确凿有力的证据,严密的论证和逻辑力量使文章具有说服性,多从驳论入手,在论辩中提出自己的观点。

(3)综述型经济论文

这类经济论文是把同一时空内对某些学术问题的研究结论加以综合归纳,

摆出问题,从而引起社会重视,促进对这些问题进行深入研讨。这类论文常采用述评或笔会的形式。写这类经济论文,一定要熟悉某学科或某专题的动态情况及发展趋势,具有透视与综合述评能力。

6.3.2　经济论文的特点

从写作的表达方式上来看,经济论文具有一般论文的特点,要有论点、论据、论证三个基本要素;要有鲜明的论点、充分的论据、严密的论证,具体从形式上讲经济论文的特点是:

1)写作格式标准化

遵照原国家标准局1987年颁布的《科学技术报告、学位论文和学术论文编写格式》的规定来写作。

2)要使用学术语体

科学、规范、严谨地使用术语是经济论文的显著特点。要求数字、计量单位的使用必须符合国家颁布的标准;图表的使用必须直观、简明、美观、一目了然;引文必须准确无误并注明出处;注释必须正确、完整、统一;句法必须完整、严密。

169

6.3.3　经济论文的选题

论文的写作不外乎有两个问题,一是写什么;二是怎么写。选题就是解决写什么的问题。所谓选题就是选择所要研究的、主攻的学术课题,它不等同于论文的题目或论文的论点。课题是研究的目标、范围和中心,选择课题是研究工作正式展开前必需而主要的酝酿,是论文写作的第一步,所以应当深思熟虑,做好充分的准备。

1)选题的意义

选题的意义主要在于以下几个方面:

(1)选题决定着研究的方向和目标,标志着研究活动的开始

学术研究和论文撰写,是目的性很强的活动,正如爱因斯坦所说:"提出一个问题往往比解决一个问题更重要。"不选定课题,在诸多领域、许多问题间漫无目的的游移,就如无的之矢。确定了选题才标志着具体科研活动的开始。

(2)选题决定着研究的价值、论文的成败

有人说,"选题选好了,科研就成功了一半"。选题决定着论文的效果,课题

有意义,写出的论文才有用,才会获得好的效果。如果课题无意义、无价值,即使论文表达得再完美无缺也没有价值,也是于事无补。

(3)选题水平标志着研究的水平和科研进展的状况

选题就意味着发现问题和提出问题,而发现和提出问题的能力,是一个人认识能力和认识水平的表现,是一个人创造能力大小的标志。选题水平的高低,标志着科研整体的状况和水平。选题愈是尖端和前沿,研究愈是有深度和广度,则科研水平就愈高。

2)选题的原则

经济论文的选题,既要考虑客观需要,又要考虑作者的主观条件。客观需要是写作的前提和关键,主观条件是写作的基础和可能。因此,选题时必须使客观需要和主观条件结合起来,这是选题的基本原则。具体而言体现为:

(1)选择客观需要的,有经济价值的课题

"文章以明理适事,无当于理与事则无所用文"(清·魏禧·《魏叔子文集》),经济论文亦如此,其写作的目的在于研究和探讨经济问题。无论是宏观还是微观经济,在现实活动中都存在着一些亟待解决的问题。如果解决得好,就能促进经济发展,而发展经济是社会的需要,所以经济论文的选题应从社会客观需要出发,这样才能写出有价值有水平的论文来。这类选题主要包括:

①创造性研究课题　随着我国市场经济的进一步发展,新的、亟待解决的课题会越来越多。这些问题有的是关于国民经济的重大问题,有的是经济学科发展中的关键问题。例如:世界经济衰退的大环境下中国经济发展的趋势与对策,中国经济面临的机遇与挑战,深化经济体制改革和国有企业改革,全球化趋势下我国银行业潜在的危机与重建战略等都是当前经济领域中面临的重大问题。这就要求写作者敢于思索前人未思索过的问题,敢于在前人研究成果的基础上提出具有创新精神、具有研究价值的课题,从理论上作出概括与综合,用以指导现实经济活动。

②发展性研究课题　科学的发展有其不平衡性。从学科建设上来看,由于某一时期经济研究热点、侧重面不同,就会出现某些方面的短缺和空白。从客观需要、从学科发展的全局来看,选择经济理论研究的空白点作为研究课题意义是非常重大的。

此外还可以选择补充前说、纠正通说的课题。学术研究在许多情况下总是先提出某种假说和论断,再经过不断的验证、补充、丰富之后,才能成为完整的理论和观点。所以补充前说的选题也是客观需要,是对学科研究的进一步发展。例如:美国学者泰罗 1911 年发表的《科学管理原理》一书至今已有九十多年的历史,由于社会生产力的不断提高和发展,许多经济学家对如何科学管理企业这个问题,从不同的角度继续研究,大胆运用系统论等新兴学科的理论和方法,研究包括企业在内的社会各种管理问题,打破传统框架,从而才使管理科学理论得以不断提高和发展。

③争鸣性研究课题　对在经济活动中出现的实际问题、理论问题人们往往会有不同的观点、看法,有的还有争论。选择这种带有争鸣性质的课题,针对性强、利于辩论,更能体现出写作者新颖的观点与独到的见解。只要本着"坚持真理、修正错误"的精神进行研究,也会在学术上取得新的突破、促进学术的发展。

(2)选择主观上有条件完成的课题

要保证写出高水平的论文,在考虑客观需要的同时,还要考虑是否有顺利完成论文的各种有利因素。这些主观条件应从以下几方面考虑:

首先,选择能发挥自己业务专长的课题。每个学科领域都有其独立的研究对象,即使同一学科研究者也各有专长,例如财务会计领域,有些学者精于会计史、有些精于计账方法、有些致力于资金运作。术业有专攻,选题时一定要结合个人专业特长、扬长避短,充分发挥优势。

其次,要选择那些自己有浓厚兴趣、潜心追求的课题。因为有兴趣才会激发深入研究的热情,产生创作的欲望。

最后,还要考虑课题的大小、难易、时间、经费和资料占有等方面的因素,时间的长短、经费的多寡、甚至计划篇幅,都会影响到选题的大小与研究的展开。

6.3.4　资料的搜集与研究

"夫立言之要在于有物"(章学诚·《文史通义》),资料是研究经济问题、撰写经济论文的物质基础。资料的丰富与否对论文观点的深刻与否直接相关,正犹如庄子所说的水之于风,风之于鸟——"水之积也不厚,则其负大舟也无力","风之积也不厚,则其负大翼也无力",资料的多寡直接关系到经济论文价值的大小。因此在动笔写作之前一定要抽出大量的时间搜集、阅读、整理、研究资料。

1)资料的搜集

资料搜集的过程是伴随着科研选题同时进行的,有时还先于选题。知识浩如烟海,信息无处不在,资料种类繁多,来源广泛,那么怎样才能有效的搜集资料呢? 通常有如下几种途径:

(1)利用图书馆

柏林图书馆大门口写着"这里是人类知识的宝库,只要你掌握了它的钥匙,那么全部知识都是你的"。利用图书馆是写作学术论文搜集资料的基本途径，也是论文作者的基本功。

①要掌握文献检索的方法，熟悉图书分类法和现有经济类书目索引，以便按图索骥，直接找到所需书刊、文献。"检索"译自外来语"Retrieval"，原意有"取回"、"恢复"、"修正"等含义，引申为"查找"。文献检索就是从汇集的文献中，选出既定需要的事实和数据，以供研阅、使用。检索的方法有：

a. 按照图书馆分类法进行检索。在我国，各图书馆的分类主要是以下列图书所规定的分类法编排的：《中国人民大学图书分类法》、《中小型图书馆图书分类法》、《中国科学院图书馆图书分类法》、《武汉大学图书馆图书分类法》、《中国图书馆图书分类法》等。此外，还有书名目录、著者目录等。入乡问俗，进入图书馆首先应了解该图书馆的分类与查找方法，以便快速、准确地检索到自己所需要的图书资料。

b. 利用书目、索引检索。书目，是为了某专科或专题研究的需要，把一批相关的图书按照一定的次序编辑而成的图书目录。索引，是把图书馆、报刊中的项目和内容摘记下来，按一定顺序排列，用于检索散见于书刊中资料的工具书。检索书目、索引能使我们了解在某个研究领域中已有哪些成果，又能引导我们定向查到散见于报刊中的资料。

②要善于使用各类工具书，包括百科全书、年鉴、手册（如《中国经济年鉴》），各类文摘（如《经济学文摘》、《综合科技文摘》、《新华文摘》）等。

③查阅经济专业杂志，也是获取资料的主要途径。杂志在年终要编写全年的目录索引，有的报纸也往往另编全年的目录索引，这都给检索带来很大方便。

(2)进行社会调查

通过调查收集第一手资料是进行科学研究的重要手段。调查步骤、方法、方式和要求与一般调查大致相似。调查应做好必要的准备，以明确目的、确定对象。在调查时一般采用典型调查、抽样调查、重点调查等方法。在调查过程中，可采用访问、开会、问卷等方式，来获取所需要的具体材料。

(3)利用网络进行资料的查询、验证、搜集、综合，也是方法之一。

2)资料的整理与研究

广征博采，多方搜集到大量资料后，还要经过一个去伪存真、去粗取精的研究整理过程，然后根据论文内容表达的需要进行严格的取舍剪裁，把零散的、表面的感性材料联系起来，发展成一个完整的、反映事物本质规律的理论认识，从而形成论文的论点和基本框架。具体而言这一过程包括：

(1)资料的记录整理

在资料搜集过程中,应当边搜集边思考边记录。古人云:"学而不思则罔,思而不学则殆",孟子更有名言"尽信《书》,不如无《书》"。面对大堆的资料不能教条地照抄照搬,要"批判地阅读",经过思考、鉴别、筛选,明辨资料的真伪优劣,并随时将所发现的新颖的、必要的资料记录下来。记录的方法很多,可采用笔记本、活页纸或卡片,也可用复印、剪贴、微机存储的方式。在记录时应注意不但要摘录原文,还应注意在资料上加上标题,以便易于了解资料的内容和分类。在资料的末尾应注明书名、作者名、出版单位、时间、页数等,以便日后使用时加注或核对。

对收集到的文献资料还要注意及时整理,在形式上注意分类编排。起初分类可参照本学科、本专业一般所设的章节项目划分、归并,以简明为好。以后资料积累越多,使用频率越高,自己对资料就越熟悉,就会对分类产生自己的看法,根据需要重新调整分类项目,逐渐形成自己独特的分类方式。

(2)资料的研究分析

对加工整理后的资料,必须运用归纳、演绎、分析、综合等科学的逻辑思维方法进行研究,从而产生正确而深刻的认识,形成论文的观点。这就要求选用到经济论文中的资料必须是真实准确、典型有力、新颖而富有创造性的。只有真实准确的资料才经得起推敲,才能得出科学的结论;只有典型的资料才能反映事物的本质特征,才能使论点得到充分地论证;只有新颖的资料才能激发创造性思维,从中引出新的见解,才有可能写出有创见的经济论文。

6.3.5 拟订提纲

有了资料和论点,写作准备阶段的基本任务就完成了。但要使论文写作顺利进行要先拟订写作提纲。提纲是论文写作之前的设计蓝图,它起到帮助作者理清思路、明确论文的论点、论据和论证步骤,确定论文的基本框架的作用。

提纲相当于由序码和文字组成的一种逻辑图表。在总体上包括有题目、基本论点、内容纲要、上位论点及从属于上位论点的分论点。以《我国失业保险制度存在的问题与完善》一文为例,可以看出提纲的作用及构成方式。

173

题　　目:我国失业保险制度存在的问题与完善

基本论点:见内容提要

内容纲要:

一、我国失业保险制度发展的现状

二、我国失业保险制度存在的主要问题

(一)覆盖面小,实施范围窄,不能进一步适应市场经济发展的要求

(二)失业保险给付水平低,不能保障失业者的基本生活和促进就业

(三)资格条件审核不够严格,资格审核欠缺相应的机构

(四)失业保险资金筹措不足,管理混乱

(以下略)

这些项目可用图表示:

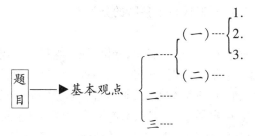

经济论文提纲的详略、长短一般由作者自己掌握,但总的要求是作者要深思熟虑,做到纲目清晰、明确,能够形成论文的轮廓。

6.3.6　经济论文的写作

1)经济论文的格式

经济论文的格式内容包括题名、作者、摘要、关键词、引言、本论、结论、致谢、参考文献、附录等部分。

(1)题名

题名又称题目、标题。是对论文课题或论点的简明概括。其内容要素可以是研究对象、研究目的、研究结论或兼而有之。例如:《加强金融监管必须强化金融机构内部控制》,这一标题表明了作者对所研究课题的看法,是对研究结论的揭示;《会计决策的模型和方法》、《工业设计与 CI 识别系统》这类标题只是作者对所研究的课题的揭示。标题的具体形式有两种:一是单行标题,二是双行标

题。用双行标题时,主标题表明写作内容或观点,副标题标明研究对象和范围。例如:

①对"股票期权制"本质的再认识
　　——一种关于异质型人力资本产权的定价机制
②如何看待目前居民收入差距
　　——关于收入分配问题的思考
③交通先行 一通百通
　　——论公路建设与经济发展的关系

经济论文的标题是研究目录、索引等二次文献的重要著录内容,是供读者检索论文的主要标识。因此论文标题必须提供必要的信息量,能概括全文的中心内容,在写作中要求用语准确、简明、直接、醒目,不用比喻。

(2)作者

作者即论文的直接撰稿人,置于经济论文标题之下。如系合作研究撰写的论文,可按所承担任务和贡献的大小先后署名。署名表明作者身份,也表示文责自负,即对论文的全部内容负责,一般要求用真实姓名,并注明工作单位、研究方向、邮编等。

(3)摘要

摘要又称内容提要,位于经济论文正文之前,是全文的简明要点,是对全文基本思想的浓缩。其内容要素包括课题研究的范围、目的、对象、方法、主要成果及价值、研究结论和存在的问题等。例如:《我国失业保险制度存在的问题与完善》一文,其摘要从五个方面揭示了完善我国失业保险制度的基本构想,是对该课题研究结论的高度概括。

摘要具有节省读者的时间,引导读者迅速了解全文内容的作用,同时又可以满足二次文献工作的需要,使文献索引杂志不做修改或稍做修改就可转载,避免由他人摘要所产生的误解和缺漏。故写作时要忠实于原文、突出重点、文字精练、语言连贯。摘要一般为 100~300 字,外文摘要一般不超过 250 个实词。

(4)关键词

关键词又称主题词,是说明论文核心内容的名词性词、词组或术语,一般为 3~8 个,应尽量用《汉语主题词表》等有关材料中提供的规范词。这主要是为电脑储存和检索论文及文献标引服务的。

(5)引言

引言又称前言、绪论、导言、序论,是经济论文的开头部分,内容是说明研究

175

的缘起、目的、任务、方法和结论等。这些内容在实际写作中无须面面俱到、详细铺陈,要有所侧重,有所选择,有的只需点到为止。除了学位论文要说明研究过程,引言较长外,一般经济论文的引言较短,要求言简意赅。

(6)本论

本论是经济论文的主体,是描述研究成果、具体展开论证的核心部分,是作者学术水平和创造才能的集中体现,直接决定着论文质量的优劣高低。

本论部分根据写作意图,或正面立论,或破除谬论,或争鸣探讨,或解决疑难。不管哪种情况,都需提炼出明确的中心论点,并以中心论点为轴心贯穿全文。对中心论点的阐释与论证应当严密,做到层层深入、节节展开,使事物内部的联系及本质呈现出来,从而使文章具有无懈可击的逻辑力量。论述要条理清楚,由表及里地开掘,自浅而深地推进,从而体现思维的论辩性、顺序性、有机性。

(7)结论

结论是根据本论所做的结语,是对本论中分析、论证的问题的综合概括,可说明解决了什么问题、有何对策或建议等。结论必须是引言中提出的,本论中论证后自然得出的结果。写论文切忌没有经过充分论证而妄加结论。

(8)致谢

致谢是作者对那些在论文的形成中给予过帮助,提出过有价值的建议、意见或提供了资料、科研经费的个人或单位予以感谢的文字。一般置于正文之后,另行。致谢应写明致谢原因与对象,语言诚恳、简短、恰当。

(9)参考文献

参考文献是作者撰写论文所引用和借鉴的主要文献。参考文献必须注明出处,这既是论文科学性、严肃性的反映,也是作者严谨认真的科学态度的体现,更便于读者查对有关内容。根据原国家标准局《文后参考文献著录规则》(GB 7714—87)的规定,图书的著录格式是:[序号]、作者、书名、出版者、出版地、版次、出版年月、起止页码;期刊的著录格式是:[序号]、作者、文献标题、刊名、卷期号、年月、起止页码。常见的参考文献的标注方法有以下三种:

①夹注 即段中注,直接在引文后用括号注明作者、篇名和出版发表期号等事项。这种方法用于引文出现次数不多的经济论文,否则会不便于阅读正文。

②脚注 即页下注,将同一页引用的文献按顺序编号,然后集中在本页下端依序号注明。这种方法最便于阅读,是目前在学术专著中常用的方法。

③尾注 将全文引用的文献统一按顺序编号,然后在文末依次注明。这是一般经济论文常用的方法。

（10）附录

附录是论文的重要补充。凡因篇幅所限不便于写入正文的,有重要参考价值的资料、数据、图表等均可入附录,并编连续页码。

上述各项,有些是每篇论文都必须有的,有些则可根据论文具体情况决定取舍,不必生搬硬套,发表在报纸上的社会科学论文一般都可省去摘要、主题词等。

2）经济论文的起草

起草是作者根据论文总体构思和提纲将论文内容书面化、定型化的过程。它的主要任务是内容和形式的整合,即使字、词、句、段组成为一个有机的文章整体,且要充分显示作者遣词造句的能力。行文方法因人而异,有人构思充分、胸有成竹,能一气呵成,这样有利于作者思想集中,文脉贯通,思路畅通。有人遵循提纲顺序分部分起草修改,这种方法适于长篇、复杂的经济论文,便于严密的推理和分析计算,可避免前一部分的推导差错引起后边各部分的连续错误,但就某部分的起草仍应一气呵成。

3）经济论文的修改

作为反映有创见的科研成果的经济论文,在初稿完成后,还需要由内容到形式、表达等各个环节进行反复多次推敲、修改才能最后定稿。

修改时应先从总体上审查初稿是否合乎作者的写作意图,能否达到应有的功效,着重看论点的说明和论证是否充分、合理,论点和材料是否一致,各部分的逻辑关系是否清楚。然后再作局部检查,看材料出处是否可靠,图表、数字是否有误。除了修改毛病外,还有润色的任务,通过增补、删削、调整、润色的方式可使论文更具表现力。

【例文】

浅谈我国制盐行业新的经济增长点的培育

林　敏[1,2],邓　红[1],李学琴[1]

1. 四川理工学院管理系　四川自贡　643033;

2. 四川大学工商管理学院　四川成都　610065

摘　要:针对我国制盐行业的现状,探讨了我国制盐行业新的经济增长点;并对我国制盐行业进军盐保健品市场进行了优势分析,提出了培育盐保健品市场的几点建议。

关键词:制盐行业;新的经济增长点;培育

中图分类号:TS365　　　　　　文献标识码:B

文章编号:1001-0335(2004)02-0043-03

Brief Discussion on the Cultivation of New Point of Economic Growth in Salt Making Industry in Our Country

Lin Min[1,2], Deng Hong[1], Li Xueqin[1]

1. Administration Department of Sichuan Institute of Science and Technology Zigong, Sichuan 643033

2. Business Administration Institute of Sichuan University Chengdu, Sichuan 610065

Abstract:Based on the current situation of salt making industry in China,this paper approaches the new point of economic growth of salt making industry in China,analyzes the advantages of salt making industry in marching into health care products market and gives several pieces of advice on cultivating the market of health care salt products.

Key words:Salt making industry; new point of economic growth; cultivation

1. 引言

随着我国经济的不断发展,经济全球化步伐的不断加快,我国企业经营环境发生了巨大的变化。如何正确把握经营环境的现状和未来发展趋势,抓准企业发展的有利机会,避开威胁因素,乃是谋求企业生存和发展的首要问题。

2. 我国制盐行业的现状

目前,我国制盐行业与其他行业一样处在复杂多变的市场营销环境中。据英国《工业矿物》报道,2001年全球的盐产量为2.14亿吨,美国盐产量居首位,其次是中国。我国制盐生产能力在4 200万吨,实际产盐量3 335万吨,而使用能力在3 000万吨左右。生产能力严重过剩,我国盐业市场处于供大于求的超饱和状态。

我国盐的用途主要为化学工业用盐,其次为化冰雪用盐和食用盐。化学工业用盐的需求量是随着化学工业的兴衰而变化的,起伏较大,是个变量X;化冰雪用盐随气候的变化而变化,是个变量Y。两种盐的用量是制盐业无法控制的。而对于食用盐,因为人体对钠的安全摄入量为1 000~2 500毫克/天,盐中含40%钠,世界卫生组织(WHO)建议盐的摄入量每人每日为2.5~6克。我国居民进盐量较多,普通人每天约进食盐10~15克,已超过有益于健康的用量,并且随着人口的有效控制,要想增加国民对食用盐的消费量已经不可能了。

面对这样的局面,是不是我国盐业就只好停滞不前呢? 不是! 我国盐业还有很多发展机会。一方面,我国周边国家和地区如日本、中国台湾、韩国、泰国等是主要进口盐的国家和地区,这为我国制盐行业的发展提供了充分的舞台,为我国制盐行业的发展提供了市场,有关文章已对此进行了研究,在此不再探讨;另一方面,从盐的功效来看,盐有抑菌、灭菌、防腐等保健作用。制盐行业完全可以用这一功效打开一个潜在的、巨大的消费市场——盐保健品市场。

3. 我国制盐行业进军保健品市场的优势分析

3.1 盐有抑菌、灭菌、防腐等保健作用

自古以来,人们就把盐看得很珍贵。李时珍在《本草纲目》中说:"五味之中,唯此不可缺"。

《北京晚报》的一个名牌专栏《生活中来》,征集了老百姓在日常生活中积累的宝贵经验,并把它编成了书,在该书中我们可以看见关于食盐用在保健方面的有关简介。它告诉我们:淡盐水可以治红眼病;盐水洗鼻可以治好鼻炎;炒大盐可以治寒腿和失眠;盐水可以治鸡眼;海水浴治愈荨麻疹;盐卤能治圈癣;盐水治粉瘤;茶盐水去松花蛋苦味;喝糖盐水可治腹泻;用盐水漱口和刷牙,可消除口臭,预防各种牙炎和蛀牙;坚持用盐水洗头,可以除头屑、防止脱发;坚持用浓盐水洗脚、泡脚,可去掉脚臭,消除脚气、脚癣;各种蔬菜残留有农药余毒、各种寄生虫卵,对人体危害较大,若将洗净的蔬菜用浓盐水浸泡15~20分钟,可消除农药余毒,杀死寄生虫卵;穿过的短裤沾有各种细菌和病毒,若将短裤放入浓盐水中浸泡10分钟,可以杀死细菌,消除病毒;各种水果用盐水清洗消毒,干净卫生;用盐水洗餐具,不仅可以起到洗洁精的作用,而且可将餐具消毒,等等。

以上简介足可以让人们了解到盐的抑菌、灭菌、防腐等保健作用。

3.2 盐类美容、保健方法简便

食盐美容的方法很简单,油性皮肤者,单用盐和水即可;干性皮肤,用一勺水溶性或弱油性按摩霜,加半勺细盐和水混合,搅拌使它们融合。每天早晚洗脸后用细盐各美容一次,持续进行,可以帮助清除脸部毛孔中积聚的油脂、粉刺、露在外表的"黑头"以及皮肤表面的角质和污垢。一般经过一星期左右的食盐美容,面部皮肤就能呈现一种鲜嫩、透明感。

食盐也可以用作洗浴,能促进全身皮肤的新陈代谢,防治皮肤病,起到较好的自我保健作用。在浴缸中放入半缸水和25克沐浴盐,洗浴完后在浴缸中浸泡10~15分钟即可。或在洗浴后用盐水涂抹全身,加以按摩,待盐水干后,躺在温水里浸泡一小会儿。这样,毛孔中的污垢就被食盐清除掉了。

盐用于浴足的方法就更简单了。盛来半盆水,在水里放入15克浴足盐,搅拌均匀,然后把脚放入水中浸泡 10～15 分钟即可。

3.3 盐的价格便宜,绝大多数家庭经济上承受得起

加碘食盐的市价在 0.8～1.2 元/斤,普通家庭用它来消毒或保健,经济上承受得起。而其他消毒、保健用品价格都比较贵,不少家庭经济上承受不起。

3.4 用盐消毒、保健对人体安全可靠

其他消毒、保健用品对人体有副作用,使用不安全,如果买到假冒伪劣产品,坑人不浅。用盐消毒、保健就不同了。食盐本身可以吃,它本身对人体无任何副作用,安全可靠,人们用它消毒、保健就可以放心了。

3.5 食盐的普及面广,有利于培育盐的保健品市场

家家都得买食盐食用,这条消费链有利于培育盐的保健品市场,只要宣传得当,不需要花太多广告费用,盐保健品市场就能很快打开。而其他消毒、保健用品普及面窄,使用的家庭很少。

3.6 我国消费品市场向"小康型"及"小康后型"的消费结构转变

对盐的消费,不再仅仅是满足存在需要,而是讲究卫生、营养、保健、方便、安全、讲求消费质量。人们有对盐的保健、美容作用这方面的需求。

4. 培育盐保健品市场的几点建议

4.1 大力宣传盐的抑菌、灭菌、防腐、美容等保健作用

要使广大消费者认识到盐的保健功能,在生活中坚持用盐保健,就得让大家对盐的保健作用有所了解,盐行业就该大力宣传盐的保健功效。具体可以采取以下方式:

(1)利用新闻、媒体、网络向人们宣传盐的保健作用。

(2)将盐的保健功效印成宣传单,在城乡各居民住宅区张贴、散发。

(3)在食用盐的包装袋上宣传盐的保健功能,让大家对盐的保健作用有所了解。这种方式的普及面广,宣传费用最低。

(4)利用政府的各种会议宣传和食盐零售点协助宣传。

在宣传盐的抑菌、灭菌、防腐、美容等保健功效的同时,向消费者展示用盐保健与其他保健美容品的优势区别:安全、无副作用、使用简单、价格适中。而使消费者对该类保健品形成心理偏好,促进产品的销售。

4.2 对盐保健品进行正确的市场定位

市场定位,即如何适应消费者的需要。如果市场定位不准确,市场开拓则会具有较大的盲目性。

盐业保健品市场是具有高成长性和较大市场空间的市场,具有竞争优势。整个市场可以划分为三个细分市场:低收入的家庭、中等收入的家庭、高收入的

家庭市场。针对不同的细分市场,产品的档次应该分开,应对这三个市场开发相应的盐保健品。低收入的家庭可以直接使用食盐进行保健,而对于中等收入与高收入的家庭,盐行业可以研制一些相应的产品如:美容盐、竹盐牙膏、沐浴盐、浴足盐等。

4.3　注重盐保健品的研发方式

目前市场上的浴足盐、沐浴盐品种单一,有必要根据不同的肤质生产出不同类型的沐浴盐、浴足盐。同时专业的美容盐至今仍是一个空缺,目前有这方面需求的女士还不少。

只要盐行业的产品开发适当,中国有十几亿人口,市场容量十分巨大,盐保健品有望成为21世纪该行业的新的经济增长点。

4.4　改进现有保健盐的包装,满足消费者的需求

目前市场上已有沐浴盐、浴足盐和果蔬净上市,沐浴盐、浴足盐有简单包装和精致包装之分。精致包装是瓶装的,消费者在使用时对用量不好估计,果蔬净也是瓶装的,仍然面临这样的问题。实际上厂家在精致包装中可以配送一把5克的塑料小勺(因为沐浴、浴足的用量每次分别为25克与15克),这样方便了消费者的使用,有利于带动产品的销售。

4.5　突出不同的品质,制定不同的价格,争取不同需求层次的消费者

价格是市场营销组合因素中十分敏感而又难以控制的因素,它直接关系着市场对产品的接受程度,影响着市场需求和企业利润的多少,涉及生产者、经营者、消费者等各方的利益。

制盐行业在定价时应注意消费者关注的相关焦点:产品质量成分、重量、包装等方面,对不同的细分市场进行产品形式差别定价。对于低收入的家庭,可以引导他们直接购买食盐进行保健;中等收入的家庭大多愿意购买简单包装、成分有所改进的保健盐来进行消毒、保健、美容;送礼者或一些高收入者愿意购买精致包装的保健盐,既满足了对健康的需求,又突出了美观。根据消费者不同的需求及产品不同的品质,制定不同的价格,有利于各细分市场的产品销量的提高。

181

参考文献

[1] 林敏,宋伟.盐业营销创新研究[J].中国井矿盐,2003(4)44-46.

[2] 刘松先,李艳波.我国企业面临的经营环境与企业的战略选择[J].淮海工学院学报,2002(3)68-71.

［3］吴健安,等.市场营销学［M］.北京:高等教育出版社,2002:189-297.

［4］贺振泉.饮食营养保健1000问［M］.吉林:吉林科学技术出版社,2002:27-28.

［5］黄天祥.生活中来［M］.北京:科学技术出版社,2002:110-588.

（收稿日期:2004-01-15）

（编辑/廖清和）

【评析】

这是一篇要素齐备,结构完整,层次井然的经济论文。论文从分析我国制盐业的现状出发,论述了我国制盐业开发盐系列保健品的优势,并据此提出了培育盐保健品市场的建议。论文以提出问题、分析问题、解决问题三段式的典型结构,把制盐行业如何培育新的经济增长点做了比较有力的论述。

6.4 毕业论文 毕业设计

182

6.4.1 毕业论文

毕业论文是高等院校大学应届毕业生总结性的独立作业,也是高等院校必不可少且非常重要的实践性教学环节。本节主要以本科学生的毕业论文为例来谈毕业论文的完成。根据国家学位条例的规定,本科毕业生的毕业论文成绩是作者能否获得国家授予的学士学位的主要依据。因此,大学毕业论文又叫做学士学位论文。根据学位条例规定,合格的学士学位论文必须能够体现作者已经较好地掌握了本门学科的基础理论、专门知识和基本技能,并且有从事科学研究工作或担负专门技术工作的初步能力。篇幅一般为一万字左右。

撰写毕业论文的目的在于总结学习成果,培养学生综合运用所学知识解决实际问题的能力,使其受到科学研究规范性的基础训练,以便为毕业后独立从事工作奠定良好的基础。作为一名大学毕业生更要充分利用在校的有利条件,运用所学知识进行一次科研尝试,在实践中得到锻炼,提高写作能力,增长才干。

毕业论文并不是一种独立的文体,对经济专业的学生来说它是经济论文的一种形式,是经济论文的一种实际运用。我们掌握了经济论文的写作方法,对于指导毕业论文的写作是完全适用的(本节仅就毕业论文写作的一些特殊要求加以介绍)。

1)毕业论文写作准备阶段

(1)毕业论文的选题

毕业论文的选题和经济论文的选题一样,要遵循选题的基本原则,但大学生还不完全具备独立从事科研工作的能力,尤其尚不具备独立选题的能力,因而较之科研工作者在选题时应注意以下几点:

①以专业课的内容为主选题 毕业生一般应在专业范围内选题,以坚实的专业理论为基础,便于理论联系实际,有利于运用所学知识去探讨、解决实际问题,发挥业务专长。例如,会计学专业的大学毕业生,一般应在会计原理、专业会计、专业财务管理、专业经济活动分析、专业管理会计等专业范围内选题,而不能选法学或哲学等专业领域的课题。

②按照不同方式选题 目前高等院校毕业论文选题方式一般有三种:

a.教师命题与自选题结合。一般是由专业课教师根据情况拟定一些论文题目,学生根据个人客观条件和兴趣从中选择。

b.自选题。由学生在所学专业领域内自主选定毕业论文题目,这适合于那些学习成绩优秀、平时注重资料积累并作过初步研究,有一定科研能力的学生。

c.引导性命题。在指导教师了解所指导学生的具体情况的基础上,引导学生选定较为适宜的论文题目,这适合于少数学习成绩一般、缺乏科研能力,不能独立选题的学生。

③从主客观条件出发选题 具体说来,就是要做到选题大小、难易适中,时间适当。

a.选题大小要适中。课题大小要根据资料占有多少、内容充实与否及时间长短来考虑。对于初写论文的大学生来说,选题宜小不宜大。选题太大,力不胜任,难于驾驭,虽面面俱到但只是浮光掠影易使论文失之肤浅、流于空泛。选题小易于深钻细究,能够抓住要害,俗话说"伤其十指不如断其一指",能够把小问题彻底解决,比隔靴搔痒、泛泛而谈更有实际价值。

b.选题难易要适中。对于刚刚进入科研领域的大学生来说,处理难度大的课题有一定的困难,不易写好,但若课题过于简单容易又难以达到锻炼提高科研水平的目的。因此,一定要根据实际情况量力而行,选取难易适中的课题。

c.选题时间要适当。学生应在经过系统的基础知识、专业知识的学习,有一定理论基础后着手考虑选题范围或研究方向,通常是在大二之后。尽早确定选题有利于在今后的学习中有目的、有意识的积累资料,进行创造性研究,有利于取得突出成绩。若平常漠不关心,等到学校布置参考题目后才着手准备、仓促定题,是很难做好毕业论文的。

(2)制订写作计划

科学研究的进行、学术论文的完成通常要经历一个复杂的过程,写作者必须对将要着手去做的工作通盘考虑作出具体安排。"凡事预则立,不预则废",因此在选定了课题之后,首先有必要制订一个毕业论文写作计划,其基本意义就在于保证整个写作工作的顺利进行,使论文取得成功。

任何一份计划都必须反映目标、措施、步骤三项内容,论文写作计划亦如此,它大致包括以下项目:

①课题的提出及其内容的阐释。

②时间的安排。毕业论文一般是在大四第二学期进行,整个论文写作过程起止时间,从定题到论文最后完成大致只有 3~6 个月,研究与写作的时间都比较少,所以时间安排一定要考虑周详。每一阶段工作所需时间应随着工作步骤安排得到落实。

③工作步骤的安排。这一项是整个写作计划的主体部分,要尽可能详尽些。按照论文写作自身的程序,可对工作步骤作如下安排:

a. 搜集、占有资料。要写明获取资料的基本途径、手段及所需时间。

b. 阅读、整理、研究资料。

c. 拟订论文提纲。

d. 执笔撰写论文。要写明从行文准备到文章定稿大致所需的时间。

e. 修改定稿。每个人可根据以上项目结合自己的具体情况,分配好各阶段时间,订出切实可行的计划来。在订立计划时,可向指导教师请教,还可与往届毕业生交流经验,以资借鉴。

(3)搜集资料、研究课题

写毕业论文和写经济论文一样,无疑要把大量的时间和精力放在搜集与研究资料上,而且资料搜集往往是先于选题的,"养兵千日用兵一时",只有平时不断积累才能做到"厚积薄发"。对于初次进行科研工作的大学生,不仅要掌握利用图书馆查阅文献和进行实地调查这两种获取资料的有效途径,更重要的是应掌握一些阅读文献和整理资料的基本方法和技巧。

搜集文献资料,查与阅始终是相依相伴的,常用的阅读方法有如下几种:

①粗读法　即用较短的时间粗略地阅读文献资料,通过对关键词句、段落的感受,大致了解主要内容。例如,读一篇学术论文,首先读标题、摘要、开头段、结尾段以及正文各段的关键词(特别是段中主句)、参考文献等,这样就能大致掌

握一篇论文的基本内容。

②浏览法　即大略地阅读文献资料,在粗读法处理之后觉得有必要,就可采用浏览法。这种方法在阅读中并不过多停滞、推敲,只求得对整个文献内容有个全面、系统的了解,如有需要进一步钻研之处,可做记号留待下一步精读。

③研读法　即一种高度集中精力,充分理解内容,积极调动思维的读书方法。凡是经浏览处理之后觉得有价值,就可采用研读法,它要求作者边读、边思、边记录,有的还要反复研读,直到把内容全部吃透为止。记录文献资料的方式很多,如复印、剪贴、微机存储等,但无论如何笔记仍是最基本最通常的记录手段。常见的笔记种类有:

a.摘录笔记。在阅读资料时,遇到重要的段落和关键的语句要摘录下来。摘录的内容一般是文献的论点和结论,以及其他具有重要参考价值或可以直接引证的资料。

b.提纲笔记。在阅读书籍或篇幅较长的论文时,对全文的总论点、每个部分和每个层次的分论点、说明论点的主要材料,加以高度概括,并把它们依次排列出来,写出一个能够反映读物基本结构框架的大纲,即为提纲笔记。

c.心得笔记。这是在阅读之后记录自己的体会、感受、收获、批评、质疑的一种笔记。以写自己的认识为主,也可适当引用原文,以证明自己对某一问题的看法。

d.索引笔记。在查阅资料时,遇到与自己专业有关,估计以后有可能用到,但暂时没有条件或并没有必要仔细阅读的书籍、文章或其中的某些章节,为了今后查阅的方便,可把书名或篇名、作者、出版单位或出处、出版时间等记录下来,还可对其内容做个极其简要的介绍,即做成索引笔记。

搜集资料的方法因人而异,因时而异,要根据个人利用图书资料的条件因地制宜,不必强求一律,只要能为毕业论文的写作奠定扎实的基础,尽可不拘一格采用自己习惯、便利的方法。

2)毕业论文的写作

与经济论文的写作步骤一样,毕业论文写作也要经过拟订提纲,执笔起草,修改定稿等过程。起草完毕应反复推敲修改,然后誊清送指导教师审阅。由指导教师提出意见,再行修改,直到指导教师认可为止。指导教师签署意见定稿后,再誊写文稿,并按统一要求装订,整个写作过程才告完结。

根据 GB 7713—87 的规定,毕业论文通常由四部分组成:前置部分、主体部分、附录部分和结尾部分。

(1)**前置部分**

①封面　与发表在学术期刊上的论文不同,由于毕业论文篇幅较长,且都是以单行本递交学位审定委员会,最后以单行本存档,因此要求毕业论文有封面。一般封面都有统一的格式,包括题名、作者姓名、指导教师姓名、作者主修专业名称、论文完成日期(包括论文提交日期、答辩日期、学位授予日期)。

②目录　如果论文的篇幅较长,就应该编出简单目录。目录由论文的篇、章、条、款、项、附录等的序号、名称和页码组成,另页排在封面之后。目录并非毕业论文必备项目,若篇幅不长,层次不太多,则不必编写目录。

③摘要(内容提要)　在论文目录之后,正文之前要求有比较简短概括性强的摘要,其写法与经济论文摘要写法相同。其目的是提供给论文评阅人、答辩委员会、学位评审委员会获取必要的信息,了解论文的基本内容。摘要虽放置正文之前,但却是在正文写完经指导教师评审定稿后最后完成的。

④关键词　毕业论文可选 3~8 个词作为关键词,如有可能尽量用《汉语主题词表》提供的主题词。

⑤插图、附表清单　论文中如果图、表较多,可以分别列出清单置于目录之后。图的清单应有序号、图题和页码。表的清单应有序号、表题和页码。

(2)**主体部分**

主体部分即毕业论文的正文部分,一般包括引言、本论、结论、致谢、参考文献。

①引言(绪论、前言)　毕业论文的引言与一般经济论文有不同的要求。一是要求对选择这一课题的原因作较详细的说明。二是要求对与论文主题有关的文献进行综述。这是一项重要的必不可少的内容,它能反映研究工作的范围和质量,反映作者对文献的分析、综合和判断能力。但是不要不分主次将大量文献逐一说明,而应根据论文主题需要加以选择,并按其重要性作详略不同的评述。三是要求对研究工作的界限、规模、工作量作必要说明。增加这些内容后,毕业论文的引言自然要比一般经济论文长,但表述时仍要简明扼要。

②本论　本论是对问题的分析,对观点的证明,集中表述研究成果的部分,一篇论文质量的高低主要取决于本论部分的写作。必须有论点、论据、论证三要素。论点是作者的观点和主张,一篇论文除有一个基本论点外,还有若干个用来证明基本论点的分论点。论点要求正确、集中、新颖、鲜明、深刻。论据是用来证明论点的材料,包括事实论据和理论论据。理论论据可以是学者的经典论述、公理、原理、公式等;事实论据可以是现实经济活动、现象、数据等。论据要求典型、可靠、真实。论证是用论据证明论点的过程和方法,论证应当严密、完整、富有逻辑性。

本论的篇幅长、容量大,一般由多个层次段落组成,按照层次或段落之间的关系及论点的排列方式不同,可以把本论部分的结构形式分为并列式、递进式和混合式三种类型。为防止由于内容过多而使本论部分条理不清,一般可采用在各层次前加序码、小标题及空行的方式添加外在标志,以表示论述的层次。

③结论　结论是毕业论文的收尾部分,起着归纳总结全文,完整揭示研究成果或结论的作用。结论是理论分析的逻辑发展的自然归宿,它可以是中心论点的重申,或主要论点的概括,也可以是对本课题研究前景的展望,或是在研究结果基础上进行的预测。此外,研究中遗留的问题,或尚待进一步探索的问题,也可以在这一部分提出来。从表达上看,结论部分必须逻辑严密,措辞考究,观点明确,文字简洁,要避免含糊其辞,模棱两可。

④致谢及参考文献　此部分的写作要求与经济论文的写作要求相一致,可参阅上节有关内容。

(3)附录部分

附录部分是对正文的重要补充,也是对研究工作质量的体现。凡是论文正文不宜使用而对说明和理解论文有重要作用的原始数据和资料可以作为附录置于论文之后备查。如:各类统计表、各类图表、较为复杂的公式推导、计算运行结果、术语符号的说明等。

(4)结尾部分

结尾部分可以包括分类索引、著者索引、关键词索引等。结尾部分还有衬页和封底。

毕业论文按照以上各项全部誊清后,需按照学校统一要求进行装订。装订的顺序为:

①封面。

②指导教师任务书、答辩或评审意见表。

③目录。

④摘要(内容提要)。

⑤正文。

⑥附录。

⑦衬页。

⑧封底。

3)毕业论文答辩

论文答辩是审查毕业论文的一种补充形式,是对论文水平的检验,是评定论文成绩的重要依据之一。

毕业论文答辩主要是由答辩委员会就论文中阐述不清楚、不详细、不完善、不确切之处在公开答辩时提出问题,由作者当场或略作准备后作出回答,以进一步了解作者立论的根据以及处理课题的实际能力。论文答辩对于学生来说,不仅是对其论文的质量和水平的考察,同时也是对毕业生的口头表达能力、演讲能力、思维能力、应变能力的一次实际锻炼和考察。

一般毕业论文答辩时间总计为 30~50 分钟,其中自述时间 15~30 分钟。要把一万字左右的内容在几十分钟的自述时间内说清楚,并且要准确无误地回答答辩委员们提出的各种问题,并非易事,为了顺利通过答辩,在答辩前作者应在论文所涉及的学术范围内进行必要的准备。

(1)**答辩前的准备**

答辩开始要由论文作者简要报告论文的主要内容(也称自述)。自述部分阐述好坏是答辩成功的关键,因此首先要根据论文摘要写一份 2 000~3 000 字的发言提纲。若答辩需要实物演示和操作(主要是适用于自然学科的毕业论文),还需准备必要的挂图、照片、幻灯片、实物模型、多媒体示范软件等,并且要事先经过演练、试讲。

回答问题是答辩的主要方式。答辩时答辩委员会所提到的问题,一般只限于论文本身所涉及的学术问题,如有关的基本理论知识,各种结果的比较分析,研究工作的某些细节等。所以在答辩准备时应将答辩委员们有可能问及的问题归纳整理一下,以便答辩时做到心中有数、从容应对。一般应准备的内容有以下几个方面:

①论文的撰写过程。

②选题的目的、学术价值、现实意义。

③选题的研究成果与现状,有待解决的问题。

④论文的基本观点、立论的主要根据以及论证的思路。

⑤重要的引文、版本及出处。

⑥论文中未涉及或涉及很少,但在研究中自己有一定见解,因与论文中心关联不大而未写入的内容。

⑦论文涉及但尚未解决的问题,或因力所不及而未能涉及的问题。

⑧对课题研究前景的展望。

(2)**答辩时应注意的问题**

参加答辩时,一般应携带论文的底稿和主要资料,以备临时查阅。答辩时应充满自信、冷静沉着,回答问题时,语言要流畅、语气要肯定、思维要敏捷、条理要清晰,决不可用似是而非、模棱两可的语言。尤其是辩驳的时候,一要有勇气,二要能自圆其说。勇于辩论,有时会产生智慧的火花,甚至可以弥补论文的不足,并强化论题的深度。自圆其说要做到有理有据、据理以驳,以充足的理由尽可能地完善自己的观点。

答辩时无须紧张,精神应适度放松,注意听清对方的提问,听不准的可以请教师复述一遍。对于没有把握的问题不要回答,更不可辩解。因为提问者对这个问题可能有比较深入的研究,是有根据的提出质疑的。遇到这种情况,应当实事求是地虚心表示此阶段研究过程尚未搞清楚,今后将进一步研究此问题。

在答辩结束后,无论答辩委员会提出什么意见,无论自己答辩情况如何,都应从容地、有礼貌地退场。

论文答辩之后,要认真小结,对答辩委员会提出的意见要认真考虑,既明确这次科研所取得的成绩,又要找出不足,作为今后研究其他课题的借鉴。

6.4.2 毕业设计

毕业设计是高等院校技术科学专业及其他需要培养设计能力的专业或学科的应届大学毕业生,针对某个具体课题综合运用自己所学的基础理论、专业知识、基本技能作出的解决实际问题的设计。毕业设计相当于一般高等院校的毕业论文,是评定学生毕业成绩的重要依据,是能否授予设计者相应学位的重要依据。

进行毕业设计的意义在于培养学生开展科学研究、综合运用所学知识和技能解决实际问题的能力,通过毕业设计可以激励学生勇于创新、充分展示才华,便于发现、选拔人才。同时毕业设计是对学生完成工程师基本训练的最后一个教学环节,是检验教学效果、提高教学质量的重要措施,毕业设计能促进教学、科研、实验、生产相结合,能促进教师、科研人员、工人、学生相结合,从而推动高等院校各方面的工作,有的毕业设计还能直接产生社会效益和经济效益。

1)毕业设计的特点

由于毕业设计是对毕业生进行的一种全面综合性的工程设计基本训练,强调的是学习工程设计的全过程,掌握工程设计的基本方法,培养独立设计的本领。一般要求每人独立完成一个设计课题。但是,由于毕业设计受时间、经费、专业范围以及某些资料和条件的限制,不可能完成一个工程设计或设备设计的全过程。因此,它与设计部门实际的设计又是有所不同的。其特点主要表现在:

①毕业设计具有科学性,但由于是从实地考察中对工程技术所作的设想和计划,因而毕业设计方案又带有一定的主观性、预测性,设计中较多使用"预

算"、"估计"之类的词。

②毕业设计以计算为主,力求详尽,多用图表表达,设计方案力求周密。

③毕业设计是由应届大学毕业生做的,由于他们的经验少,时间又短,一般都不可能按实际生产设计的要求完成设计任务。

2)毕业设计的种类

毕业设计一般可以分为工程(工艺)设计和设备(产品)设计两大类型。

①工程设计具有整体性,涉及工程的整体布局,主要是工艺工程设计,也包括主要设备的选型和专用设备的设计以及其他辅助设施的设计等。

②设备设计具有局限性,主要对某一具体设备(产品)的规格、形式、传动结构等进行设计。

以上两类设计,都因不同的专业而有不同的内容和要求,乃至不同的设计角度。例如:冶金专业的大学毕业生可以进行冶金生产工艺流程的设计,或对冶炼生产设备进行设计;工业电气自动化专业的学生,可进行工艺流程的自动化设计,或进行某个主要设备的自动化控制的设计;建筑专业的学生,可进行某个厂房的建筑设计,或进行某一桥梁的建筑设计等。

3)毕业设计的写作

撰写毕业设计,就是用文字和图示把毕业设计成果表达出来,这是毕业设计过程中的最后一个重要环节。毕业设计成果的书面文字表达形式,叫毕业设计说明书。一份完整的毕业设计说明书应包括:

①封面　封面上应有院校名称、专业班级、指导教师、评审人、设计人以及年月日等。

②目录。

③毕业设计任务书　毕业设计中的课题任务书是由指导教师提出,经教研室审批报系批准后向学生下达的,相当于实际的工程设计中的设计任务书。毕业设计任务书包括题目名称,必要的设计资料(如地形、水文、气象、交通、通讯等必要的资料),设计的基本内容和要求,专题部分内容和要求,完成期限等。

④设计内容　即设计说明书的正文部分。一般包括绪论、技术部分、经济部分、设计图表、结语。

a.绪论,又称总说。是对毕业设计的基本内容所作的简要说明。包括对设计题目、设计任务,本设计的指导思想及特点,本设计方案的先进性,设计中采用的新技术、新工艺、新材料,本设计在国家建设中的意义及在国际上和国内已达到的水平,本设计实施后的经济效益等的概要介绍。

b.技术部分。这是毕业设计的核心部分,但不同专业各有侧重、各有详略。由于技术部分是毕业设计说明书的关键部分,必须做到层次分明、文字表述清楚简洁,要比较全面地反映毕业设计的技术部分的主要内容。

c.经济部分。设计首先要考虑国家计划和生产的需要,学生在进行这部分的设计计算时,必须树立经济观点,注重经济效益。这部分主要包括:本设计的全部投资总额,主要技术经济指标,建设周期,建设效果分析与评价,劳动定员、工资和劳动生产率等。由于毕业设计有诸多客观条件的限制,这部分内容一般只作粗略的预算、概算,计算不宜过细。

d.设计图表。这是毕业设计说明书必不可少的内容,因不同的专业、不同的设计类型而有不同的内容和要求。例如,进行设备(产品)设计,一般图纸应包括:设备总装图、设备部件装备图、全部零件图、设备安装图和毕业设计任务书上要求的其他图。表应包括:各组件的零件明细表、标准件明细表、外购零部件明细表。

e.结语。通常是设计者对自己的工作所作的客观评价,也可以是对设计中遇到的重要问题所作的讨论或发展及对该设计的展望。在文章结束时还应对指导与协助完成设计的有关人员,如教师、有关专家及其他人员表示谢意。

⑤参考文献 在毕业设计说明书的最后一页列出本毕业设计的主要参考文献及其出处,包括文献的作者、书名、或篇目名称、出版社名称或刊物名称、出版时间、页码等。

⑥附录 那些对本毕业设计有用,但限于篇幅不便写入正文的较为重要的数据、详细的附图、计算机程序等资料,都可以附录在"参考文献"之后。

4)毕业设计说明书写作注意事项

无论写什么样的毕业设计都应注意以下几点:

(1)课题选择恰当

毕业设计的课题一般有教师命题、自选题或命题与自选题结合的三种选题方式,但不论是哪种选题方式,所选课题都要难易适中,角度恰当。毕业生应在教师的指导下,从主客观条件出发,选择最适合自己、能发挥自身优势的课题。并要对自己的设计进行详细的论证和计算,对设计方案的选择过程作出必要的说明。

(2)突出重点内容

写毕业设计说明书,一般都要参考和继承前人的成果,往往是在接受别人成果的基础上有所改进,有所创新。在写作时,要突出自己在设计中的独到之处和有特色的地方。

（3）**表述准确，文面规范、整洁**

写毕业设计说明书时，所用词句要平实准确，不能用文学性语言；论述要注重逻辑性和科学性，任何设计都是多种因素的综合，因此在分析别人的方案时不能武断地否定，在介绍自己的构思时也要留有余地，应避免绝对化的表述词句，如，"本设计方案是科学、完美的"等；文字说明必须与图纸一致，并能准确地说明图示。从文面上讲，毕业设计说明书要做到字迹清晰、图示规范、干净整洁、层次分明。

（4）**运用计算机知识**

目前大多数院校要求学生在进行毕业设计过程中使用计算机，包括编写计算机程序进行设计计算，以节约计算时间并提高计算精确度；用计算机辅助绘图，以提高绘图质量。学生应尽可能将所学过的计算机知识运用到毕业设计过程中。

（5）**毕业设计答辩**

可参见毕业论文答辩的有关内容。

思考与练习

1. 经济论文选题的原则是什么？

2. 在科学研究中，获取资料的基本途径有哪些？

3. 根据自己的观察与思考，对你感兴趣的某一学科领域或社会现象中的某些问题写一篇论文。

4. 从学术刊物上选择一篇篇幅较长、写法较规范的经济论文，试着从文体特征、课题的选择、观点的确立、材料的选取以及结构的安排、段落的组织、语言的运用等角度入手，对其进行评析，然后根据论文现有的内容和形式，为其拟写一份写作提纲。

第7章 经济文书

7.1 经济文书概述

7.1.1 经济文书的涵义

凡在经济实践活动中使用的各种专业性很强、直接用于该领域的应用文,都称为经济文书。其中包括传播型文书的商业广告;预测型文书的市场调查报告、经济预测报告、经济活动分析报告;协调型文书的经济合同;评估型文书的审计报告、查账报告等。

经济文书是经济应用文当中的一个主要大类和重要分支。它在经济生活中,使用频率很高,是现代社会人们从事各类经济活动,如商务往来、信息交流,特别是企业市场营销、掌握市场动态、确定投资方向、工商财务管理、塑造企业形象、促进企业发展、增强竞争实力、提高效益等方面不可缺的工具和载体。与其他经济应用文相比较,它是不可替代的专用文书。

7.1.2 经济文书的特点

1)内容的专业性

经济文书种类繁多,涉及范围广,其中每一种又有自己特性。但无论哪种特性,其内容都离不开"经济",显示出较强的专业性。具体表现在以下三方面:

（1）内容围绕经济活动

经济文书直接服务于经济工作，服务于各类企业的生产经营活动。因此，它不仅要反映经济领域生产、流通、消费等各个环节的动态，而且十分重视总结经济活动中解决各种实际问题的经验。可见，经济文书必须以经济活动为特定内容。一旦离开经济活动，也就不成其为经济文书了。

（2）内容讲究经济效益

经济文书以经济活动为特定内容，目的就是促进经济活动的开展，以提高经济效益。不考虑经济效益，经济文书也就失去了意义。因为经济活动都是以经济效益为其出发点和归宿的。如可行性研究报告的写作，就重在对项目的经济合理性进行分析，力求以最少的投资取得最佳的经济效益。经济文书的写作还要顾及社会效益，诸如广告词、商品说明书等直接影响到企业在公众中的形象，而良好的社会形象又会赢得更多的经济效益。

（3）内容符合经济规律

经济文书要促进经济部门提高经济效益，关键在于内容符合经济规律，经济文书应该是经济规律的概括。经济规律是不以人们主观意志为转移的，是客观存在的。写作经济文书时，只有遵循市场经济规律，才能在经济活动中发挥应有的作用。

2）政策法规的制约性

社会主义市场经济本身就是法制经济，法律对规范市场主体、维护市场秩序起着至关重要的作用，作为直接服务于经济活动的经济文书必须依法拟制，这样才能得到法律的保护。一方面，有些经济文书，诸如经济合同、审计报告等，本身就是某些法律明确规定的文种，因而要体现相关的法律法规精神。另一方面，大量的处理经济工作的各种经济文书，如经济预测报告、经济活动分析报告，虽然不是法律法规规定的文种，但行文时也必须遵循、依据、符合国家的有关法律、法规和规章以及党和国家的有关方针、政策，否则就会削弱行文的现实效用，甚至达不到预期的目的。

3）表达的直述性

经济文书是用于管理经济工作、处理经济事务的，因此它的表达必须准确、简明、直述，使人一目了然，易懂可行。这种特点主要体现在以下几点：

（1）大量使用数据

经济工作离不开定量分析，离不开数据。经济活动的每一个环节，都要通过数据来发现问题、分析问题、解决问题。因此，经济文书中必然大量使用数据，通过对数据的统计、分析,说明某一经济活动的现状、变化和发展,反映经济形势和背景,显示经济效益。这样文章显得非常具体、直观,使阅者做到胸中有数。运用翔实的数据是经济文书写作的突出特点之一。

(2)常使用统计图表

为说明某一经济活动的发展变化,反映某一经济工作的成绩与失误,揭示某项经济指标在整体中的地位,有些经济文书也常使用各种统计图表,如分组统计表、曲线图、直方图、示意图等。图表的使用,使表达更准确、清楚、形象,使人获得更明确、直观的信息。

(3)运用多种表现形式

为增加表达效果,使内容更简明、清楚,使写作撰制更简便、易行,使阅读更直观、形象,部分文书不拘泥于文章稳定、规范的结构形式,而使用了不成文式结构中的表格式、图文式。如合同文书大量使用表格式,广告常使用图文结合的方式,图文并茂,甚至形、声、图文结合,相得益彰。

4)体式的规范性

经济文书要及时传递经济信息,正确反映经济活动的各种情况,以取得相应经济效益,因此,必须讲求文字格式的规范性。经济文书的这一特点,为它的撰写、处理、使用带来了极大的方便,加速了工作的规范化、制度化和标准化,有利于提高工作质量和效率。主要表现在:

(1)有惯用的文章体式

各类经济文书的结构体式,都有其相对的稳定性,有的专业文书的结构体式,甚至由有关主管部门作出了统一的规定。如经济合同,国家工商行政管理局及有关行业主管机关对各类合同都规定了规范文本,先写什么,后写什么,都不能随意增删、更改。

(2)有特定的语言习惯

经济文书中常常用到行话术语,如经济增长率、定额、资金利润率等,这些专业术语具有单义性、客观性、概括性的特点,不易产生歧义。数字的表述、专用词语的运用,都形成了共识,自有其特殊性。

(3)有规范的文面格式

有些主管部门根据有关法规、规章的规定,结合行业特点,对某些专业文书的撰写内容、方法及文面格式都作了统一规定,使用时必须按照规定的文面格式撰制、撰写。有些经济文书的文面格式虽无统一规定,但也有大家公认的习惯格式,撰写时一般不宜别出心裁另搞一套。

5）制发的时效性

在时间就是金钱、效率就是生命的当今社会,作为经济工作工具的经济文书,必须及时准确反映急速变化的经济活动情况,注重其时效性。主要表现在：

①大多数经济文书只在规定的时限内发生效力、作用,时过境迁,它们就失去了现实效用,只具有历史档案作用或参考价值了。如经济合同、市场调查报告等,只在规定的时间内起作用。

②为了充分发挥经济文书的效力,经济文书的撰写制作要及时、迅速,处理要快,也就是要写得及时、发得及时、办得及时。经济文书格式的规范化、计算机技术的运用,都为此提供了便利条件。

7.1.3 经济文书的写作要求

1）掌握政策,依据法规

经济工作有很强的政策性,要写好经济应用文,就必须熟悉党和国家有关经济方面的方针、政策。只有正确体现党的方针、政策和政府的法令、法规,经济文书才有经济价值和社会价值。这就要求撰写者必须掌握党和国家有关经济发展的方针、政策,不断提高自己的政策和理论水平。同时要严格依据国家的各种法律、法规去分析问题,提出解决问题的意见和办法。

2）熟悉业务,联系实际

经济文书写作有专业性强的特征。经济活动涉及范围十分广泛,有农、工、商、服务行业;有财政、金融、保险、审计、税收等部门;有国有、民营、个体、三资企业等。要熟练地撰写各类经济文书,就必须懂得经济基础理论知识,必须熟悉本系统、本部门、本单位的业务,有较丰富的专业知识和实际工作经验,并能深入实际,充分了解并掌握经济活动过程中的各种信息资料,这样才能撰写出反映经济工作客观实际的文章来。如果不熟悉本行业的本职业务,就会说外行话,乱用术语、名词,甚至可能闹出笑话。这样就发挥不了经济文书写作的效用。

3）实事求是,表达得体

各类经济文书的内容必须实事求是,只有从实际出发,真实、准确地反映客观事物的本来面貌,经济文书才有实用价值。引用的数据,要准确无误;使用材料,要一丝不苟;不可以偏概全,不可主观臆断,随意编排,更不许凭空捏造,无中生有。格式要规范,提倡朴素平实的文风,语言要准确、简明,戒浮华夸饰,矫揉造作。语言表达要与特定的写作目的、写作对象、写作内容相吻合,协调一致。

7.2 经济新闻

7.2.1 经济新闻的涵义和种类

1) 经济新闻的涵义

经济新闻是新闻的一种,是对经济活动中新近发生的、发现的或变动着的具有社会意义和经济价值的事实的及时报道。经济新闻主要反映生产、分配、交换、消费、货币、价格、财政、金融等经济生活各个领域的现状及其发展变化,报道内容十分广泛。随着社会主义市场经济体制的建立和完善,经济新闻在宣传国家经济政策、报道国民经济发展状况、传播经济信息、沟通经济关系等方面,起着越来越大的作用。

2) 经济新闻的种类

经济新闻的种类较多,常见的主要有:

(1) 动态经济新闻

这是为及时地反映国内外新近发生的经济事实而写的报道。大到国家重大经济政策的颁布,国内外重大经济事件的发生,小到某一市场某一商品的销售情况,都在其报道范围之内。动态经济新闻使用得最为广泛,具有重要的信息价值。

(2) 典型经济新闻

这是对经济领域中一定时期内比较突出的单位、任务或事物进行重点报道,并从中引起具有普遍意义的经验和教训的新闻文体,它具有较强的针对性和指导性。

(3) 综合经济新闻

这是从各个侧面反映较大范围内或较长时间内的综合经济情况的新闻。由于这种新闻涉及面比较广,所用的材料比较多,因此,写作时要注意点面结合,做到既有广度,又有深度。

(4) 评述经济新闻

这种新闻是就某一经济问题进行评述,说明其价值和意义。它采用夹叙夹议的形式,对经济形势进行分析和展望,对经济动向进行研究,对经营经验进行总结,促使经济沿正确的方向发展。

7.2.2　经济新闻的写法

经济新闻的结构一般由标题、导语、主体、背景、结尾五个部分组成。

1)标题

经济新闻的标题是经济新闻内容的高度概括,它可以帮助读者尽快了解新闻的内容和意义,同时起到吸引读者、先声夺人的作用。可采用叙述式和提问式的写法。经济新闻的标题常见的有三种:

(1)三行标题

三行标题即引题、正题、副题俱全的标题。引题又称眉题、肩题,它的作用是交代背景、说明原因、烘托气氛,以引出正题。正题又称主题,主要用于概括新闻的主要事实和中心思想。副题又称脚题,居于正题之下,它的作用是对正题作补充和说明。例如:

中国入世后知识产权第一案旗开得胜(**引题**)

裁决前夜赢回传奇域名(**正题**)

一个漂泊6国的域名辗转来到中国杭州,却引来了来自澳大利亚的国际诉讼,前日,从世界知识产权组织传来消息:域名归中国公司所有(**副题**)

(2)双行标题

双行标题有两种。一种是由引题和正题构成的双行标题。例如:

联合利华等相继完成股份制改造工作

14外企静候在华上市

另一种是由正题和副题构成的双行标题。例如:

快增长高效益低通胀

今年我国GDP增长7.4%国民经济保持良好态势

(3)单行标题

单行标题即只用一个正题的标题。例如:

"9·11"事件影响全球经济增长

经济新闻的标题应该新颖、醒目,能反映所报道的经济事实内容。可以根据报道的需要选用合适的标题。

2)导语

导语是指新闻的开头部分。它的作用是将最重要、最能吸引人的事实或全文的中心思想概括出来,以便读者迅速了解新闻的主要内容,进而产生阅读兴趣。写作导语常见的形式是:

(1)叙述式

以平易、朴素的叙述方式,概述主要的新闻事实。这种写法多用于动态新闻。例如:

> 在世界经济已经不景气的情况下,发生了"9·11"恐怖主义袭击事件,使世界经济增长受到危害。

(2)描写式

用形象生动而又简洁的描写方式,突出报道对象的特点,或通过场景描写,渲染气氛,烘托主题。这种写法容易给人留下深刻的印象。例如:

> 领带3 000~6 000元/条,衬衫4 000~11 000元/件,T恤7 000元/件,皮鞋1.92万元/双,西装则挂在封闭的壁柜里,标价从每件3万元到6万元不等……本月17日,顶级服装品牌史提芬劳·尼治和它天价的服饰一起来到了成都。

(3)提问式

先提出一个问题,引起读者的注意和思考,然后在主体部分给出答案。评述经济新闻较多采用这种形式。例如:

> 柯达、联合利华、米其林如果这些世界500强企业的名字出现在上海证交所的行情板上,和我们的"老八股"排在一起翻红翻绿时,你是否认为是遥远的梦想?

(4)结论式

首先明确报道对象的性质,点明事件的结果,再回过头叙述事件的经过,以收到吸引读者的效果。例如:

199

　　　　中国人民银行行长戴相龙今天在此间指出,中国人民银
　　　行没有提出降低人民币利率的方案。

　　此外,导语常用的写法还有号召式、摘要式、引语式等。不管采用什么写法,导语的写作要做到开门见山,鲜明、简练、生动,达到引人入胜的效果。

3)主体

　　主体是新闻的主要部分,是对导语的具体阐述。它的作用是使一则新闻报道的事实充实、详细、完整,让读者了解这则新闻的全部内容。主体部分内容、层次较多。为了使线索清楚井然,可按下面两种顺序来写:

　　(1)**时间顺序**

　　时间顺序即按事情发生、发展、结束的先后顺序来组织材料,安排结构。

　　(2)**逻辑顺序**

　　逻辑顺序即按事物的内在联系来组织材料,安排结构。可以根据报道对象的因果关系、主次关系、点面关系或并列关系等来确定写作顺序。

　　主体的写作要内容充实,结构严谨,层次分明,条理清楚,既要注意与导语的紧密配合,又要注意不能简单地重复导语部分的内容。

4)背景

　　背景是与新闻事实的产生相联系的历史背景、现实环境及客观条件。交代背景,有助于说明事情发生的原因,揭示事件的性质和意义,增加新闻的知识性和趣味性。

　　常见的背景材料有历史背景、地理背景、事物背景等。背景材料可以单独作为一个部分,也可以穿插在其他部分中。背景的写作主要采用对比、说明、阐释等手法,要注重发挥其烘托的作用。

5)结尾

　　结尾是新闻的最后一个部分,它的作用是表现新闻的完整性和结构的逻辑严密性。

　　结尾的写法很多,有的抒发感情,发出号召,有的预示结果,引人深思,有的归结全文,以加深印象等。当主体已把该说的话说完,就没有必要再加一个结尾。

　　以上五个部分中,背景和结尾并不是新闻结构中必须具备的部分。撰写经济新闻时应根据表达的需要选用合适的结构形式。

7.2.3 写作经济新闻的要求

1）事实要准确

真实是新闻的生命。经济新闻中反映的事件必须确实可靠,所引用的数字准确无误,所作出的判断和评价实事求是。不能道听途说、牵强附会,更不能凭空想象或歪曲。

2）导向要正确

经济新闻在报道经济活动、传播经济信息的同时,要体现或反映党和国家经济建设的方针、政策,反映人民群众在经济生活中的愿望、要求和呼声,正确反映舆论,引导舆论。

3）报道要迅速

经济新闻具有很强的时效性。要将经济活动中新近发生的新闻事件尽可能快地报道出去,起到对实际工作的指导和推动作用,及时的经济新闻甚至可能对整个经济局势起重大影响。当然,有的经济新闻也有一个报道时机的问题,不一定要快,但一定要选择合适的时机,以便取得最佳报道效果。

7.3 产品说明书

7.3.1 产品说明书的涵义

产品说明书是介绍产品的性质、性能、构造、用途、规格、使用方法、保养知识、注意事项,用以指导消费者正确使用产品的一种说明性材料。产品说明书是企业生产产品、推销产品必不可少的资料,常随产品附送。它可以使消费者获得某一产品的有关知识,加深对产品的了解,为购买和使用产品创造便利条件,起到宣传产品、吸引和指导消费的重要作用。

产品说明书具有实用性、说明性和科学的指导性三个特征。产品说明书比其他的经济文书表现出更强的实用性,其写作的目的,就是为了向广大消费者介绍、说明产品,以便消费者能正确了解并使用产品。产品说明书的基本表达方式就是说明,好的说明书应成为顾客的顾问和正确使用商品的参谋。产品说明书的阅读对象是已经购买了产品的消费者或有购买意向须进一步了解情况的顾客,其阅读是有目的的,因此它也具有扩大销售、树立企业良好形象的作用。

7.3.2　产品说明书的写法

产品说明书一般由下列各部分组成:

1)**标题**

完整的标题通常由产品牌号、规格、型号、产品名称加"说明书"构成,如"长虹 C2589 型彩色电视机使用说明书"。有时也可直接写产品名称或文种,如"金嗓子喉宝(含片)","使用说明书"。

2)**封面**

封面要标明产品名称、规格型号、注册商标、批准生产文号、生产厂家及生产日期等。有的还辅以产品照片或外形图。一般要写明"使用本产品前请详细阅读本说明书"字样。封面讲究装帧艺术,以吸引用户注意。

3)**目录**

较长的产品说明书标示目录,以方便用户翻检查阅。

4)**前言**

前言用简练的语言对产品的设计、研制、生产、功能、特性等作概括性介绍,给消费者留下一个总体印象并引起下文。

5)**正文**

这是产品说明书的主体,主要包括两大部分:

①产品本身情况说明　也称为性质说明,主要说明产品的用途、性能、规格、特点、结构、主要技术参数指标、工作原理等。

②产品使用说明　也称为指导说明,详细说明产品的使用方法、保养维修知识、售后服务和有关的注意事项。

6)**致谢**

对用户使用本产品表示感谢,并简要介绍生产厂家的情况。致谢有时放在前言部分。

7)**尾部**

在右下方注明生产厂家、经销企业和售后服务部的名称、地址、电话、网址、邮政编码、传真等,便于消费者联系。

8) 外文对照

如果产品要打入国际市场,说明书则需要有相对照的外文说明。

产品说明书的内容因物而异,写法也各不相同。但不论何种说明书,必须符合一定的说明标准及次序,包含必不可少的说明项目。《消费者权益保护法》第8条规定:消费者有权了解"商品的产地、生产者、用途、性能、规格、等级、主要成分、生产日期、有效期限、使用方法、售后服务"等情况。比如,《药品管理法》就明确规定,西药说明书必须详细完整说明品名和结构式、性状、适应证、用法用量、不良反应、禁忌症、注意事项等;机械产品说明书,要着重说明构造、操作方法和维修保养知识。要根据产品的不同,对上述组成部分有所取舍。内容简单的仅几十个字的文字说明,直接印在产品或产品包装物上。内容比较复杂的,常印成小册子,图文并茂。

7.3.3 产品说明书的写作要求

1) 内容真实,情况准确

真实是撰写产品说明书必须严格遵循的基本准则,也是《消费者权益保护法》对说明书的最起码要求。唯有真实,才能提供准确可靠的信息,才能使这种指导性、说明性文字名副其实地教人以用,才不至于对消费者产生误导。因此,写作时必须如实介绍产品情况,不虚夸,不遗漏,不隐瞒,禁止把广告宣传用语写进说明书,如"国内首创"、"质量稳定可靠"等。要把说明对象介绍清楚,必须准确精当,不能含混不清。

2) 条理清楚,特点突出

产品说明书的表述应力求清楚明了,使消费者易于接受,因此写作时要注意其条理性。写说明书一般不必写成首尾圆合的文章,而是采用分列式或条文式,逐条把问题说清楚就可以了。写作时要根据产品的特点确定写作的侧重点,与同类产品相比,要把该产品的个性化东西反映出来,以加深消费者对该产品的了解。

3) 语言通俗,配以图表

产品说明书的阅读对象是广大消费者,他们的文化水平不一,因此写作时要以平实直白、通俗易懂的语言,将产品的各方面情况写清,避免语言晦涩难懂。尽量多使用陈述句,不使用或尽量少用疑问句,以免消费者使用时造成误解。产品说明书的语言是纯粹的说明文字,切忌描写、抒情或议论。为了简单明了,一般还多采用画图、照片、列表的方法,大大简化语言,便于消费者阅读。

【例文】

富士数码相机说明和注意事项

使用前务必阅读本注意事项。

安全使用须知

- 确保正确使用相机。请事先认真阅读这些安全使用须知和《用户手册》。
- 阅读完安全使用须知后，请妥善保存。

关于标识

- 下述标识表示误操作或忽略标识的警告信息可能造成的严重后果。

⚠ 警告	该标识表示若忽略该信息，将会造成死亡或严重伤害。
⚠ 注意	该标识表示若忽略该信息，将会造成人身伤害或物质损失。

下面的标识代表必须遵守的信息性质。

⚠ 三角标志表示此信息需要注意（"重要"）。

🚫 圆形标志加一斜线表示禁止行为（"禁止"）。

❗ 实心圆形加一惊叹号表示用户必须执行的操作（"必须操作"）。

⚠警告

若发生故障，请关闭相机，取出电池，断开并拔开AC电源适配器。
在相机冒烟、散发异味或出现其他异常情况时，如果继续使用，可能导致火灾或触电。
- 请与FUJIFILM销售代理商联系。

拔出电源插头

不要让相机进水或异物。
如果水或异物进入相机内，请关闭相机，取出电池，断开并拔下AC电源适配器。
如果还继续使用相机可能导致火灾或触电。
- 请与FUJIFILM销售代理商联系。

不要在浴室中使用相机。
否则可能会导致火灾或触电。

请勿在浴室中使用相机

请勿擅自改装或拆卸相机。（切勿打开外壳）
如果相机摔落或外壳受到损坏，请勿继续使用。
否则可能会导致火灾或触电。
- 请与FUJIFILM销售代理商联系。

禁止拆卸

⚠ 警告

请勿改装、加热、过分拧扭或拽拉电线将重物压在连接电线上。
否则可能损伤电线，导致火灾或触电。
- 若电线出现损坏，请与FUJIFILM销售代理商联系。

不要将相机放置在不平稳的地方。
否则可能使相机摔落而导致损坏。

🚫

切勿在运动中拍照。
行走或驾驶汽车时，请勿使用相机。
否则可能导致摔倒或引起交通事故。

🚫

请勿在雷雨天接触相机的金属部分。
否则会因闪电放出的感应电流而导致触电。

🚫

请勿使用非指定的电池。
安装电池时，请按指示标记对齐。

🚫

请勿加热、改装或拆卸电池。
请勿摔落或使电池受到撞击。
请勿将电池保存在金属容器中。
请勿使用非指定电池充电器给电池充电。
上述任何一种行为都可能导致电池爆炸或电解液泄漏，进而引起火灾或人身伤害。

只能使用指定用于本相机的电池或AC电源适配器。
请勿使用超出额定电压范围的电源。
使用其他电源可能会引起火灾。

若电池渗漏，并接触到眼睛、皮肤或衣物，请迅速用干净的水冲洗接触部位，并采取医疗措施。

🚫

请勿用本充电器给非本手册指定的电池充电。
本充电器是专为富士HR-AA镍氢(Ni-MH)电池而设计的。用该充电器给一般电池或其他类型的可充电电池充电可能引起电池漏液、过热或爆炸。

携带电池时，请将它装入数码相机或放在硬盒内。
贮藏电池时，请将其放在硬质包装盒中。
在丢弃电池时，请用绝缘带封住电池端子。
否则与其他金属物品或电池接触时，可能会引起电池起火或爆炸。

请将存储卡存放在儿童够不着的地方。
由于存储卡很小，可能会被幼儿意外误吞。请务必将存储卡存放在幼儿够不着的地方。万一儿童误吞存储卡，请立即采取医疗措施。

富士数码相机说明和注意事项

使用前务必阅读本注意事项。

⚠ 注意	
请勿在充满油烟、水蒸气、潮湿或有灰尘的地方使用本相机。否则可能会导致火灾或触电。	🚫
请勿将相机放在极端高温的地方。请勿将相机放在封闭的汽车或阳光直射的地方。否则可能会导致火灾。	🚫
请存放在儿童够不着的地方。本产品在儿童手中可能导致伤害。	🚫
请勿将重物压在相机上。否则可能会导致重物翻落而引起损害。	🚫
请勿在AC电源适配器与相机相连时移动相机。断开AC电源适配器时不要直接拽拉连接线。否则可能会损伤电源线或电缆而导致火灾或触电。	🚫
当插头损坏或插头与插座的连接松弛时，请勿使用AC电源适配器。否则可能会导致火灾或触电。	🚫
请勿用布或毯子盖住相机和AC电源适配器。否则可能会使表面温度升高，导致外壳变形或引起火灾。	🚫
当清洁相机或准备长期不使用相机时，请取出电池，断开并拔出AC电源适配器。否则可能引起火灾或触电。	❗
充电结束后，请将充电器从电源插座上拔出。让充电器留在电源插座中可能会引起火灾。	
使用闪光灯时，太靠近眼睛，可能会暂时性影响视力。拍摄婴孩和幼儿时，需特别小心。	🚫
取出xD-Picture Card卡时，卡可能会飞出插槽。请用手挡住，轻轻取出。	❗
请定期对相机内部进行检查和清洁。相机内部积累的灰尘可引起火灾或触电。	⚠
● 请与FUJIFILM销售代理商联系，每两年进行一次内部清洗。●请注意此项并非免费服务。	

使用相机之前

使用相机前请阅读背面。

■拍摄前的测试

对于特别重要的拍摄(如婚礼或出国旅行)，请务必进行试拍以确认相机的功能是否正常。

●富士胶片有限公司对产品故障造成的意外损失(如照相技术原因造成的费用或照相收入的损失)不负任何责任。

●本手册中所有资料均经过本公司小心核对，以求准确。如有任何印刷错漏或在翻译中可能产生之误差，本公司不承担因此产生之后果。如果您发现任何错误或遗漏，请向您所居住地区的富士数码相机代理商反映，对此，我们深表感谢。

■版权说明

未经所有者允许，用本数码相机系统拍摄的图像不能用于违反版权法的用途，除非用于个人目的。请注意，即使纯粹用于个人目的，在拍摄舞台表演、文艺节目和展览时可能也会受到一些限制。用户还必须注意，当转让含有版权保护的图像或数据的存储卡时，必须在版权保护法许可范围内进行。

■数码相机的拿放

为了确保正确记录影像，使用时应避免撞击和震动。

■液晶

如果LCD显示屏受到损坏，请务必小心显示屏中的液晶。如果发生下列任何一种情况，请按指示采取紧急措施。

●如果液晶接触到您的皮肤：

请用布擦拭该部位，然后用清水和肥皂彻底清洗。

●如果液晶进入您的眼睛：

请用干净的水冲洗受感染的眼睛至少15分钟，然后寻求医护人员的帮助。

●如果吞咽了液晶：

请用水彻底漱口。喝大量的水并引诱呕吐。然后寻求医护人员的帮助。

FUJIFILM

销　售　商：富士胶片(中国)投资有限公司
地　　　址：上海市淮海中路300号香港新世界大厦31楼
邮 政 编 码：200021
产品咨询Tel：400-820-6300　800-820-6300

205

7.4 广告文

7.4.1 广告文的涵义

简单地说,广告就是一种付费的宣传,是指商品或服务的提供者,承担费用,通过信息传媒,向消费者介绍、宣传自己的商品或服务,最后达到扩大销售、提升企业形象的一种活动。一则广告通常包括语言文字和视觉形象(色彩、绘画、图片等)两部分。广告文就是用来传递广告信息的语言文字,包括广告的标题、标语、正文以及作为附文的商标、商品名称、企业地址等内容。

广告文是广告的核心,如果没有语言或者文字,广告的信息桥梁作用便无从发挥。依靠语言文字,才能明确、清晰、动人地传播广告内容,才能充分发挥广告传播信息、指导消费、扩大销售、塑造形象的功能。在当今社会,随着市场经济的不断发展和市场竞争的日益激烈,广告已成为现代企业拓展市场不可缺少的工具和手段,所以,广告文的写作就显得至关重要。

广告文的写作不同于一般的经济应用文。广告文所传递的信息,是关于商品、企业的信息,传递的目的,不仅是让消费者知晓,而是要把商品推向市场,让消费者采取购买行动,扩大销售。因此,在写作广告文时,必须要研究商品和服务,研究市场,研究消费者。广告是促销的手段,为达到促销目的,在写作广告文时,常常要调动文学创作的一些表现手法,把广告文写得生动、有趣、形象、具体,富有艺术感染力。可以运用比喻、夸张、对偶、排比等修辞手法,但又绝对要遵循真实性原则。这些都决定了广告文的写作具有极为明显的特殊性,在写作时一定要注意把握。

7.4.2 广告文的写法

一则完整的广告文主要包括广告标题、广告正文、广告附文、广告标语等几部分。

1)广告标题

广告标题就是广告的题目,是广告主题的集中表现,是区分不同广告内容的标志。由于人们阅读广告的方法是先浏览标题,所以,标题写作质量的高低直接决定广告的可读性。写作标题最基本的要求是要引人注目、便于记忆、有吸引力。

广告标题按表现的形式分,有直接标题、间接标题和复合标题三种。

(1)直接标题

直接标题是指直截了当地将广告所要传播的主要信息在标题中表达出来,使人一看就清楚广告说些什么。例如:

> 我的华联,我的家(上海华联商厦广告)
>
> 戴博士伦舒服极了(博士伦隐形眼镜广告)

(2)间接标题

间接标题是指标题并不直接介绍产品或服务,只向读者提醒或暗示,用迂回的方法引人注意、诱发阅读的兴趣。例如:

> 有如第二皮肤(牛仔裤广告)
>
> 像初恋般的滋味(日本渴而心思饮料广告)

(3)复合标题

复合标题是直接标题和间接标题的综合运用,主要用于内容多、较复杂的广告。形式上可以是正题和副题,引题和正题,甚至是引题、正题、副题三者的结合。例如:

> 今年夏天最冷的热门新闻
>
> 西泠冷气全面启动(西泠空调广告)

> 为您抹去岁月的留痕
>
> ——旁氏 AHA

2)广告正文

正文是广告文的核心部分,是传播产品和劳务信息的主角,承担着介绍商品和劳务、树立产品和企业形象、推动购买的职责。成功的正文不仅能简洁、具体地介绍商品,满足消费者的需要、解除消费者的疑虑,而且可以赢得消费者的好感与信赖,激发购买欲望,促使消费者采取购买行动。

广告正文通常由开头、中心、结尾等部分组成。开头部分要紧扣主题,以便自然、准确地引出下文。中心部分重在表达所要宣传的内容,如产品的性能、特点等。结尾部分一般要敦促人们采取响应的行动。

广告正文的表现形式主要有以下几种：

（1）陈述体

陈述体是用简洁、平实的语言，开门见山地介绍产品或服务，如商品的名称、规格、特点、价格等情况，直截了当，清楚明了。例如：

> 谁不喜欢又厚又软的毛巾。（邓迪牌毛巾广告）

EPP-20 打字机，重量只有 5 磅，是个人喜爱的电子打字机。（美国安井电子公司电脑广告）

（2）证书体

证书体是着重宣传商品的获奖情况，提供权威人士或知名人士对商品的鉴定、赞扬、使用和见证，或是用消费者对商品赞扬的信件来证明产品的质量或信誉，从而增加消费者对商品的信任。例如：

> 古井贡酒清如水晶，香如幽兰，甘美醇和，回味悠长，连续
> 三次荣登国家名酒金榜，又获第十三届巴黎国际食品博览会
> 金奖。（古井贡酒广告）

（3）描写体

描写体是用描写的手法对商品或服务的功能或特点进行合乎情理的描述和渲染。例如：

> 锦绣山林，坐落清幽静巷，毗邻森林保护地，无人声鼎沸，
> 无车马喧嚣，只有鸟语盈耳，绿树为伴。（台湾锦绣山林新宅广告）

（4）论说体

论说体是用充分的论据和雄辩的逻辑，说服消费者购买。例如：

> 节省电灯费用
> 应从选择灯泡入手
> 电灯上之所费不外电力与灯泡二项，而电力之耗省，与灯
> 泡应用之久暂，完全由于灯泡货质之优劣。故节省电灯之费
> 用，必须注意灯泡之选购。（奇异老牌灯泡广告）

（5）对话体

对话体是把广告宣传的内容通过两个或几个人对话的方式表达出来。

例如：

> 小男孩："请把您的象牙香皂包装纸给我好吗？我收集到 15 张寄到 P&G 公司可以换到画册和写字垫板。"
> 女士："对不起，我的孩子和你的想法一样，也在收集。"
>
> （美国象牙香皂广告）

（6）文艺体

文艺体是用诗歌、散文、小说、故事等形式宣传产品或服务，生动活泼，富有感染力。例如：

> 恰当地表达自己真挚、温馨的爱情，
> 不仅仅是一份勇气，
> 更是一种艺术。
> 象征永恒的精工手表，
> 是高贵的爱情标志，
> 也是天长地久的爱情魅力。
> 在我们生命中的某些时候，
> 爱情，应该是看得见的。（台湾精工手表广告）

（7）抒情体

抒情体注重情感诉求，用抒情的笔调，来激发消费者的情感，以情动人，博取消费者的好感。例如：

> 故都北京，最为人所称道、怀念的，除了天坛、圆明园外，就该是那操一口标准京片子的人情味儿和那热腾腾、皮薄馅多汁鲜、象征团圆的水饺儿。今天，在宝岛台湾，怀念北京、憧憬老风味，只有北方水饺最能让您回味十足、十足回味！
>
> （台湾北方冷冻食品公司广告）

3）广告附文

广告附文，又称广告随文，是商品名称、商标牌号、商品销售日期、价格、商品购买方法、企业名称、电话、网址、联系人等附加性信息，位于广告文案结尾处的语言文字。

广告附文并不是可有可无的，它是广告整体结构的有机组成部分，对广告作用的发挥有不可忽视的意义。消费者阅读广告正文后若产生购买的动机与欲望,就需要附文的指导才能进行实际购买。因此,附文内容表现不好,往往直接影响到广告效果。

写作广告附文的要求是既要清楚、明白、详细、具体,又不可喧宾夺主。根据广告宣传的要求,附文的内容也可有所选择,突出重点。

4)广告标语

广告标语,也称为广告口号,是某一企业或某一产品的广告在一段时期内反复使用的特定语句。它的作用在于反复出现于广告中,加深消费者的理解和记忆,形成强烈的印象,用来树立企业的形象或强调品牌效应。

广告标语的写作形式有赞扬式、号召式、情感式等。写作时要突出企业、商品的特点,要有强烈的号召力,尽量口语化。例如:

味道好极了!(雀巢咖啡广告)

中国人喝自己的可乐!(娃哈哈集团非常可乐广告)

爱是正大无私的奉献!(泰国正大集团广告)

需要注意的是,广告标语与广告标题不同。广告标题引导消费者注意广告和阅读正文,而广告标语是要在消费者的头脑里树立起企业或商品的形象,引导购买。广告标题必须与广告正文联合使用,是依附性的、短期的、一次性的,位置相对固定,而广告标语可以在广告文中出现,也可以单独使用,位置十分灵活。广告标题的形式可以是整句话,也可以是半句话,甚至一个字,而广告标语必须使用完整的句子,表达出明确的概念。

【例文】

全新诺基亚3350
自画图片信息,沟通显创意

生活多彩多姿,沟通又岂能平淡无创意。

我们秉承科技以人为本的设计理念,为你带来诺基亚3350。

它独创自画图片信息功能,让你能随时捕捉生活灵感,画出自己心意;新游戏使你处处拥有轻松心态;“跳跃”的背景灯光提示,更显你的活力;而多达150个条目的内置电话簿,定能满足你广泛交友的需要;新配的高清晰度屏幕显示,更是令沟通悦目舒心。

科技创造全新的沟通方式,这正是诺基亚3350的令人耳目一新之处。

诺基亚全国客户服务网络,为您带来专业化全心服务。

客户服务热线:(010)(020)(021)-95000123

www.nokia.com.cn

7.4.3 广告文的写作要求

1)内容真实,有针对性

真实是广告写作的最基本的要求。要实事求是地宣传产品,既不能用华而不实的语言进行夸大,又不能含糊其辞蒙混过关,要尽量避免"国内首创"、"誉满全球"等用语。虚假的广告不仅损害消费者的利益,而且损害产品和企业的形象。由于广告运作十分复杂,因此,广告文的写作要充分考虑消费者特性、市场行情、选用媒体的特点,有针对性地进行创作,并要配合图画、音响、音乐、场景等的创作,力争达到和谐统一,取得最佳效果。

2)表现形式新颖独特,有号召力

要发挥广告的作用,广告文的创作必须要新颖独特,给人耳目一新的感觉,才能吸引消费者,给消费者留下深刻的印象。抄袭、模仿、雷同、"似曾相识",这些很难达到预期的效果,反而引来消费者的厌烦和反感。因此,广告文的表现形式应不拘一格,要各具特色。可以写实,也可以夸张;可以诉诸以理,也可动之以情。由于广告的本质是"诱导",因此要增强广告文的鼓动性,在写作时就要切中消费者的心弦,说出他需要的、爱听的、贴心的话,把消费者对商品的需求欲望"煽动"起来,使之成为"挡不住的诱惑"。

3)语言简明、通俗、有趣、动人

由于消费者每天接触的广告信息非常多,因此广告语言要尽可能精简、扼要,交代明白,通俗易懂,做到不拖沓、不晦涩,才能让消费者在短时间内明了广告信息。广告要引发消费者的购买欲望,语言表达上要尽量做到生动、别致、贴切、形象,使广告有趣味性、人情味,消费者读了感到亲切,乐于欣赏。同时,多采用比喻、拟人、夸张、引用、对偶、排比、顶针等修辞手法,以增强广告的感染力和说服力。

4)内容、形式、语言不得违反公序良俗

一些广告内容与形式打伦理道德的"擦边球",迎合低级趣味,借助一些格

调低下的形式,有违大众的审美要求;一些广告带有明显的炫富情绪,一些广告词用置换成语和习惯用语的方式,反映出写作者的水平不高、创意媚俗,是应该摒弃的。

7.5 经济预测报告

7.5.1 经济预测报告的涵义和种类

1)经济预测报告的涵义

经济预测报告是指根据过去和现在的资料,对未来一定时期内经济发展过程及其变化趋势进行预见、分析和推理而写成的书面报告。它以经济调查为前提,以科学的分析研究为依据,以正确的经济理论为指导,采用大量翔实的调查、统计数字,对未来一定时期经济活动的演变进行预计和推测。经济预测报告有利于经济领导、管理机构作出正确决策,有利于企业发展生产、改善经营,有利于引导消费。

2)经济预测报告的种类

经济预测报告的种类很多,从不同的角度可对其进行分类:

①按预测的范围,分为宏观经济预测报告和微观经济预测报告。

②按预测的时间,分为长期经济预测报告、中期经济预测报告和短期经济预测报告。

③按预测的内容,分为市场预测报告、销售预测报告、技术发展预测报告、资源预测报告、生产预测报告、成本预测报告、居民生活水平预测报告、社会购买力预测报告等。

7.5.2 经济预测报告的写法

经济预测报告一般包括标题、前言、正文三部分。

1)标题

经济预测报告的标题比较灵活,常见的有以下三种形式:

①四项式标题 包括预测时限、预测区域、预测对象和文种四个要素,如《2008 年我国家用汽车市场预测报告》。

②省略式标题 这类标题往往将预测时限、预测区域省略,突出预测对象和文种,如《笔记本电脑市场预测》。

③新闻式标题 这类标题类似新闻报道中的标题,标题中没有"预测"字样,但能看出是预测,如《全球经济将出现 U 型走势》、《美经济衰退程度可能会减弱》。

2)前言

前言也称导语,是经济预测报告的开头部分。一般简略描述预测对象的自然状况,交代预测的范围、时限和缘由,介绍预测方法和过程,揭示预测的结果。有的预测报告没有前言部分。

3)正文

经济预测报告的正文,一般包括现状、预测和建议三部分。

(1)现状

预测以现实为基础。不说明现状,就无法进行分析,预测未来。这一部分,应当写明预测对象的历史、现状及与之有关的各种情况。如市场预测报告,现状部分主要说明当前当地的产销情况,同行业、同类产品的生产形势和竞争状况等。因为经济预测报告的重点在预测和对策建议,所以这一部分应该概括、简洁。

(2)预测

预测是经济预测报告的核心部分。在这一部分要对经济现象进行分析研究,用科学的方法预测经济发展的趋势,提出预测结果。一篇预测报告的质量如何,主要取决于这一部分写得如何。要做到分析全面深入,推断有理有据,结论正确无误。

(3)建议

预测的目的是为了正确地作出决策,因此建议是经济预测报告必不可少的内容。要根据预测结果,提出发展生产、改善经营的切实可行的意见和措施,为领导和管理机构的决策提供重要的参考和依据。这一部分可以采用条文式写法,将建议和措施逐条明确写出。建议是否切实可行,直接关系到经济预测报告价值的大小。

213

【例文】

涂料市场新变化
——水性漆将占有50%市场份额

北京的戴先生装修新居时,使用了一种水性漆墙体涂料,当天刷漆,当天入住,没有闻到刺鼻味道。可是他总觉得墙面效果与以前的油性漆相比,不太令人满意。

"这是国内涂料市场多年来面临的情况。一方面因环保和健康方面的缺陷,油性漆越来越受到消费者的排斥,另一方面无毒、无污染的水性漆因为消费者担心其质量和使用效果,而在市场上裹足不前。"中国建筑装饰装修材料协会建筑涂料专业委员会秘书长吴英君说。据介绍,涂料分为水性涂料和溶剂性涂料两种。水性漆是以水作为稀释剂的漆,"净味无醛、即刷即住"是水性漆的最大特点;而油性漆使用的是有机溶剂,产生污染的主要是溶剂性涂料。专家分析说,要真正实现涂料的无害化,只有水性涂料能够完成。

中国现已成为世界第二大涂料生产和消费国,业内人士认为,未来中国涂料市场竞争将侧重水性漆与油性漆对市场主导权的争夺。中国涂料工业协会秘书长岳望坤表示:"虽然目前传统涂料依然占据着较大的市场份额,但是水性漆是绿色产业,是漆类未来发展的方向。在国家大力倡导节能减排的今年,水性漆正在进行着产业发展的大提速。未来5年至8年的时间,水性漆将占到国内产业市场50%以上的份额。"

中国水性漆经过10多年的发展,大部分性能已基本能满足涂装需要。目前,国内本土的水性漆龙头企业正在崛起。记者日前采访的烟台好利洁水性涂料有限公司,自2001年起先后投资近3亿元,建成了目前国内最大的水性漆专业生产基地。据公司总经理徐维民介绍,其研发的第一代水性木器漆系列产品不仅达到国际环保指标,而且成为国内率先通过水性木器漆新国标的涂料生产企业。在好利洁的水性漆实验室,第二、三代水性漆已经开发成功,目前正在开发第四代水性漆。

业内人士指出,国内市场上,水性漆全面取代油性漆可能还需要一个较长的过程。环保专家苏扬表示,"水性漆应该在价格与油性漆接近的同时,性能达到或超过油性漆,才能为广大消费者所接受。"

本报记者 杨国民

2008年6月4日《经济日报》11版

7.5.3 经济预测报告的写作要求

1)明确预测目标,及时预测

经济预测要涉及许多层面的因素,范围也广,要事先明确预测目标,做到心中有数,然后再列出预测步骤和计划,保证预测工作的顺利进行。由于经济活动发展迅速,反映经济发展变化的预测报告应及时迅速,否则会降低或失去预测报告的价值。

2)准确、完整、及时地掌握材料

经济预测的基础是大量的相关材料,材料的质量高低直接关系预测的精确度和科学性。搜集材料时,一要保证充分优质,二要认真做好选择、鉴别工作,从而体现预测对象的特征和变化规律,为预测结论的正确性奠定基础。

3)客观准确地表达预测结果

预测结果体现在定性、定量、定时和概率四个方面。定性是指即将发生什么事件;定量是指这一事件活动水平的数量状况怎样;定时是指这一事件将在什么时间发生;概率是指发生这一事件的可能性有多大。在弄清预测结果这四个方面后,认真分析材料,预测结果会明晰展示出来,而后用朴素客观的语言表述。在表述事物发展可能性、必然性时,多采用模糊判断语态,如大概、可能、必定、势必等。

7.6 经济活动分析报告

7.6.1 经济活动分析报告的涵义和种类

1)经济活动分析报告的涵义

经济活动分析是以经济理论和经济政策为指导,以会计核算、统计报表、计划指标和调查的情况为依据,运用科学的分析方法,对某一经济组织的经济活动或某一经济现象进行分析研究,从中探索经济规律,评价成败得失,寻求改进办法,达到提高经济效益目的的活动。反映经济活动分析结果的书面材料就是经

济活动分析报告,也简称为"经济活动分析"。

经济活动分析报告的作用在于为决策者提供决策依据,帮助企业了解其生产、经营、管理活动情况,强化经营管理职能,为财政、金融、工商、税务部门提供信息资料,通过诊断、建议、反馈、预测等功能,提高经济效益。

2)经济活动分析报告的种类

①按时间分,有定期经济活动分析报告,包括年度分析、季度分析、月度分析等;有临时撰写的不定期的经济活动分析报告。

②按功能分,有事前预测分析,事中过程控制分析和事后总结评价分析。

③按分析的对象分,有财务状况分析报告、质量分析报告、成本分析报告、设备情况分析报告、销售情况分析报告、资金运用情况分析报告等。

④按内容分,有对某一部门或单位一定时期的经济活动作整体分析后写成的综合分析报告,有对某项重要问题或关键性问题作重点、专门调查研究后写成的专题分析报告,有职能部门结合自身业务活动,对其所掌握的经济指标进行分析后写成的部门分析报告。

7.6.2 经济活动分析报告写作的准备

要写作经济活动分析报告,事先要做好写作的准备工作,包括拟订分析计划、搜集资料、分析研究三个环节。

1)拟订分析计划

拟订计划,就是明确分析的目的、内容、形式和要求,安排好分析的时间、工作的程序以及分工等。

2)搜集资料

搜集资料,掌握数据,是正确分析的前提。资料搜集要广,既要有计划资料、统计资料、会计核算资料、定额资料、历史资料、实地调查的活资料及一些原始记录,还要有国内外同行业的主要技术经济指标、市场供需状况,甚至包括证券市场行情等。搜集的资料数据要准确、情况要真实。

3)分析研究

分析研究是经济活动分析的关键环节,分析报告能否写好,取决于分析质量。

分析研究首先要对各项经济指标,进行基本数量分析。即利用有关数据,计算经济效果和各项经济指标的完成情况,据以掌握它们的数量变化和复杂的数量关系。

其次,合理运用分析方法进行分析。常用的分析方法有:

(1)对比分析法

对比分析法就是将同一基础上具有可比性的数据资料加以对比,从而总结经验,找出差距。对比分析法又有:

①比计划 用本期实际完成的指标与计划指标相比,找出指标间的差距。

②比历史 用实际完成的指标与上期或历史上同期完成的指标相比,反映出经济活动发展变化趋势。

③比先进 用实际完成的指标与国内或国际同类先进单位指标相比,以便学习和赶超。

(2)因素分析法

因素分析法就是从数量上把一个综合经济指标分解成各个因素,探究影响经济发展的诸多因素中具有本质特点和最大影响的主要因素,并测定各个因素对经济活动的影响程度。

(3)动态分析法

动态分析法就是把有关经济指标或反映有关发展水平的动态指标,按时间顺序排成动态序列进行分析,从中发现经济活动规律和发展趋势的分析方法。

各项经济指标反映的只是经济活动的一个侧面,只有以各项经济指标的分析为基础,将各项经济指标的完成情况相互联系起来考查研究,剔除表面现象,排除偶然因素,把各部分的共同之处归纳起来,这样才能揭示出经济活动的内在规律。

7.6.3 经济活动分析报告的写法

经济活动分析报告通常包括标题、正文、落款三部分。

1)标题

经济活动分析报告的标题有三种写法:

①四项式标题 写明单位名称、分析时限、分析内容和文种四要素,如《公司2008年经济效益分析报告》、《公司2008年第二季度财务活动分析报告》。

②省略式标题 突出分析报告的主旨或概括分析报告的主要内容,省略了单位名称、分析时限和文种,如《商场的利润为什么上不去?》。

③以"对策"、"评价"、"意见"、"建议"作标题,如《关于节支增收、扭亏为盈的几点意见》、《国有企业困难成因及其对策》。

2) 正文

正文一般由前言、情况、分析、意见或建议组成。

(1) 前言

前言是分析报告的开头,一般要围绕分析中心,简要介绍基本情况,提出问题,说明分析目的,为下文的展开做好铺垫。也可以直接交代分析的对象、内容、重点和目的,以引出下文。这部分应做到开门见山、简明扼要。

如需报送有关单位,第一行写受文单位名称,第二行才正式开头。

(2) 情况

详细写明经济活动的情况,包括主要经济指标完成情况、经营管理措施实施情况,业务工作开展情况等。写情况是为了总结经验、揭露问题,为下文的分析作好铺垫。这部分通常要使用具体的数字和数据来说明情况。

(3) 分析

经济活动分析报告要以"分析"为主,而不能只堆砌材料,罗列事实。对现实的情况用科学的方法加以剖析,深入了解现象形成的原因以及不同因素的影响程度,既要分析经济活动的成效和经验,又要揭露矛盾,找出存在的问题及主客观原因,然后作出客观、恰当的评价,得出结论。

有的经济活动分析报告把"情况"和"分析"放在一起来写,其结构安排有两种形式。一种是先列出总的表格、数据和有关情况,然后再分析评价,另一种写法是对某一方面的问题边列出表格、数据、情况边分析评价,然后再写另一方面的情况与之进行分析。这部分要做到有数据、有情况、有分析、有观点,重点突出,材料典型。

(4) 意见或建议

根据分析的结论,回答今后会"怎么样"或者应当"怎么办"的问题。一般是在分析问题的基础上提出对策,即提出解决问题的意见、建议或措施。也有的在结尾部分概括总结全文,重申观点或对未来的发展趋势作出预测。这部分意见要中肯,措施要切实可行,语言准确、有力。

3) 落款

写明撰写报告的单位名称或人员姓名,有的还要签字盖章,最后标明成文时间。

【例文】

切实提高知识产权保护意识

李争平

"接单时没怎么在意，还以为国外来的订单我们照着做就行了，没想到会侵犯知识产权，不仅企业要受处罚，还可能面临降低信用等级的风险。"东莞长安镇一电子加工企业负责人说。

原来，该企业在接受外国订单时，未确认要生产的货物是否已得到权利人的授权，就按照订单的要求进行了生产，结果在申报出口时，因涉嫌侵犯标志专有权被黄埔海关截获。

据记者了解，类似情况在黄埔海关查获的案件当中已不是第一次出现。黄埔海关法规处处长陈兵指出，国内企业在接受国外订单时，往往不太注意审核相关的知识产权状况，从而导致侵犯知识产权的情况时有发生。

"如今，知识产权守法情况将直接影响企业的海关分类管理。"陈兵说，无论是进出口收发货人，还是报关企业，都必须更加重视知识产权守法情况，否则企业就会因侵权被降级或受处罚。

陈兵所说的"分类管理"是指今年4月1日起正式实施的《海关企业分类管理办法》，该办法首次将知识产权守法情况作为企业分类管理的考量因素。这就意味着企业将承担起更多的知识产权保护职责。因此，企业接受国外订单时要多留个心眼。

据黄埔海关知识产权保护专家介绍：过去，海关监管工作更多的是针对商品，包括涉及知识产权的货物。如果有侵权货物进出口行为，海关首先会对商品、对合同进行监管。但是，随着我国对外贸易的不断发展，海关面临着日益攀升的进出口货物监管业务量与海关监管人员不足的矛盾。

对此，海关转变监管思路，将以前重点对货物和合同的监管，逐步转向对企业的监管。企业分类管理也应运而生。特别是海关在企业分类管理中加入了知识产权方面的规定。比如A类企业，就要连续一年货物进出口未因侵犯知识产权而被海关处罚。如果违反了这一项，该企业就要降级，不能享受A类企业在进出口环节各方面的通关便利。若一年内有三次发现侵犯知识产权的货物，企业就会被降到D类。D类企业在海关通关的任何一个环节都将受到严密监管。

此外，侵权企业还将承担相应的行政、民事或刑事责任。

"将知识产权保护工作纳入企业分类管理工作的评价标准，充分表明了我国海关保护知识产权的坚定决心。"陈兵说，新的管理办法实施后，海关对企业管理类别的调整,无论是对进出口货物收发货人,还是对报关企业都将产生重要的影响。

为此,海关提醒企业应特别注意,加工生产企业接受订单进行生产之前,应要求委托方提供合法的知识产权授权材料,明确授权的范围、权限与时限等。只有确定接受合法的授权,才能避免侵权的风险。同时,加工生产企业在获得知识产权权利人的授权后,最好要求权利人将该授权在海关总署知识产权备案系统中予以及时更新登记,以便提高通关效率。

此外,海关还建议,国内企业应提高知识产权保护意识,充分运用法律赋予的权利,与海关积极配合,共同做好知识产权海关保护工作。

(2008 年 6 月 4 日《经济日报》)

7.6.4 经济活动分析报告的写作要求

1)充分占有,恰当使用材料

真实、准确的材料是判断情况、分析原因、总结经验教训、提出对策的依据。因此,对搜集到的会计核算资料、计划资料等应当尽量使用第一手资料,要进行认真的核实和查对,去粗取精,使其系统化,写作时再根据主题的需要恰当地运用材料来说明观点。

2)科学分析,揭示经济活动规律

经济活动分析是一门科学,写经济活动分析报告时必须掌握并运用科学的分析方法,保证报告的科学性,从而正确指导经济活动。除正确使用对比分析法、因素分析法、动态分析法以外,分析时要做到微观分析和宏观分析的统一,现象和实质的统一,处理好反映全貌与突出重点的关系,这样才能揭示经济活动规律。

3)注意数字和文字的有机结合

经济活动分析主要是定量分析,应当靠数据说话。不仅反映情况是用数据表述,分析原因也要有具体的数据。同时,也应当注意经济活动分析又不同于各种分析表,它不是纯客观地记录和反映生产经营的原始过程,它是用以检查、总结、指导工作的,单靠数据不能达到目的,所以它是数据和文字的有机整体。当然,经济活动分析报告的文字说明也不同于一般的总结。经济活动分析报告是实用文书,专业性很强,以数据为核心展开分析,而总结是事务文书,概括性强,用数据作为论据来论证观点。因此,经济活动分析报告表达上要力求条理清楚,简明扼要,文约意丰。

7.7 可行性研究报告

7.7.1 可行性研究报告的涵义和作用

1)可行性研究报告的涵义

可行性研究是指在某一经济活动实施之前,通过全面的调查研究和有关信息的分析以及必要的测算等工作,对项目的实施进行全面、深入、细致的技术论证和经济评价,以求确定一个"技术上先进、经济上合理、实施上可行"的最优方案,为决策提供科学依据的一种活动。反映可行性研究的内容和结果的书面材料就是可行性研究报告,又称可行性论证报告。

2)可行性研究报告的作用

可行性研究报告主要用于生产、基建、科研等领域,按照规定,一切大中型项目,在编制设计任务书之前,都必须进行可行性研究,写出可行性研究报告。此外,新设立一个股份有限公司,组织一次大型的产品销售活动,推广一项科学技术之前,都需要做可行性研究,拿出可行性研究报告。

可行性研究报告不仅可为实施该项经济活动的单位作出决策提供依据,还可为合作者、投资者及金融机构、评审专家对该项经济活动的评价提供依据,也为主管部门对该项经济活动的审批提供依据。一旦可行性研究报告被批准,即成为申请贷款、筹措资金、招标采购、签订协议和合同、组建机构、培训人员等工作的依据。

7.7.2 可行性研究报告的写法

可行性研究报告篇幅的长短和内容的繁简,往往取决于项目的大小或问题的难易。一般说来,可行性研究报告主要包括标题、说明、正文、附件几个部分。

1)标题

①公文式标题 由编写单位名称、项目名称及文种组成,如《海南建立钛白

粉厂的可行性研究》。

②新闻式标题　如《股份制是深化改革的产物》。

2）说明

标题之下应分行写明以下内容：项目名称；项目主办单位名称；项目负责人职务、姓名；项目技术负责人职务、姓名；项目经济负责人职务、姓名；进行可行性研究的人员；编制时间等。这部分也可放到正文的前言部分去写，在说明之后。复杂的可行性研究报告还可编制目录。

3）正文

正文一般由前言、主体、结论三部分组成。

（1）前言

前言主要概括介绍、说明提出项目的原因、目的、依据，报告的内容范围，可行性研究结论的要点等。

（2）主体

主体部分是可行性研究报告的分析论证部分。项目是否必要可行，就看这一部分是否充实、有力。要对可行性研究项目涉及的所有情况和影响因素加以说明，包括研究对象的现状、技术论证和经济评价的内容、数据、测算的方法、各种方案得失的比较、研究者的意见等，要明确回答项目为什么要实施、实施的主客观条件、何时实施、实施中遇到难题如何解决、实施后的经济和社会效益等。

联合国工业发展组织编写的《工业可行性研究编制手册》，我国有关部门提出的关于编制建设前期工作计划的文件，都为主体的写作提供了规范的模式。写作时应从客观实际出发，根据项目的性质和要求的不同，主体部分阐述的广度和论证的重点都有差异。

（3）结论

结论是可行性研究报告最后的综合性评述意见。根据主体部分的论证，对项目建设的整体必要和可行作出明确肯定的判断，也可提出存在的问题，或者提出有关的建议，供有关部门决策时参考。

4）附件

附件部分实质上是正文的论据材料，主要是有关文件和图表。包括证明项目必要性的材料，如审批文件、上级批示性材料、调查报告等；证明项目现实性的材料，如材料需要量估算表、设备明细表、价格表、有关资源及地质的勘察报告等；证明项目科学性的材料，如选址报告、环保方案、区域平面图等。

【例文】

关于"春华山庄"项目可行性研究报告(提纲)

为适应社会发展的需要,拓展企业的经营范围,提高企业的经济效益,总公司经充分调查论证和办公会多次专题研究,拟将原后勤基地改造开发为休闲旅游场所,定名"春华山庄",现将项目开发的可行性分析报告如下:

一、项目概况

1. 地理位置

2. 地形环境(图、略)

3. 项目规划设计主要技术招标(略)

二、休闲旅游市场分析

(一)项目所在地经济、交通、环境状况

1. 交通便利(略)

2. 环境优美(略)

(二)项目的市场定位及理由

1. 市场定位(略)

2. 理由(略)

三、设计分析

(一)项目规划设计科学合理(略)

(二)突出湖光山色特征(略)

四、竞争实力分析

(一)竞争对手情况

(二)我公司竞争优势

五、开发成本分析(略)

(一)前期成本

(二)中期成本

(三)配套成本

六、开发效益分析(略)

1. 周、月、季营业情况

2. 总收入

3. 经营成本

4. 利税

结束语(略)

223

××总公司

××年×月×日

7.7.3 可行性研究报告的写作要求

1）材料真实，准确可靠

可行性研究报告是决策的重要依据，一经采纳，就将成为正式立项和具体实施的主要依据。因此报告中的所有材料必须反复核实，使所选材料准确、翔实。按国家有关规定，项目可行性报告中的各项条件及计算，如有错误或不实，应由主管部门及承担协作部门负责，由此造成重大损失的，要追究主管部门的责任，直至追究法律责任。

2）实事求是，科学分析

为能得出客观、正确的结论，写作可行性研究报告时必须以实事求是的态度研究问题，要把对项目有影响的各种因素和条件全部考虑在内，不能只讲有利条件，不讲不利条件。要善于运用系统分析法、动态分析法、定性和定量相结合的分析方法等科学方法，系统、全面、精确地考察项目，以保证可行性研究的科学性。

3）论证有力，说服力强

可行性研究报告是一种论证性文体，其协作过程也就是一个论证的过程。文中所使用的材料要能有力地证明论点。要灵活运用列举归纳论证、逐层推进论证、对比分析论证等多种论证方法，以使论证有力，推论合理，使报告具有很强的说服力。

7.8 审计报告

7.8.1 审计报告涵义

审计报告是审计机构或审计专业人员在完成某一审计工作之后，向授权者或委托者提交的全面反映审计情况、分析结论、评价结果及处理意见等的一种书面报告。

审计报告的作用主要是使审计机关或委托单位了解和掌握被审计单位执行财经纪律的情况、经济指标完成情况及财务管理工作的情况,是对被审计单位作出审计结论和决定的主要依据。根据中共中央、国务院的规定,对国家机关工作人员特别是主要负责人的离任审计,也是审计报告的用途之一。

7.8.2　审计报告的种类

(1)按审计活动的性质分类

可分为内部审计报告和外部审计报告。

①内部审计报告是由单位内部的审计机构或专职人员对本单位或某一部门的经济工作进行审计后所提供的审计报告。

②外部审计报告是由国家审计机关或社会审计机构(如,审计师事务所、会计师事务所等)对某单位或部门的经济工作进行审计后提供的审计报告。国家审计机关的审计报告,具有较强的权威性和强制性;由审计师事务所、会计师事务所等合法的民间审计机构提交的审计报告,主要是为了用作证明和咨询,具有公证性和参考性。

(2)按审计内容的不同分类

分为财政审计报告,财务审计报告,财经法纪审计报告,经济效益审计报告。

(3)按审计范围的不同分类

分为综合审计报告和专项审计报告。

7.8.3　审计报告的写法

1)标题

一般采用公文式标题,写明审计机关名称、被审计单位名称、审计内容和文种,如《××市审计局关于××公司2006年财务收支的审计报告》,也可省略审计机关名称或被审计单位名称,如《关于××公司财经纪律执行情况的审计报告》、《关于加强和改进农业资金管理的审计报告》。

2)主送机关

呈报审计工作的派出机关或委托单位。

3)正文

①引言　概括介绍审计的依据、目的、时间、范围、内容、方式等有关情况。

②情况 被审计单位的基本情况,包括企业的性质、规模、业务经营范围、企业管理情况、固定资金及流动资金的规模等,要用精确的数据反映审计期内的主要经济指标完成情况。

③审计中发现的主要问题 对审计中发现的各种违纪事实,应归纳分类,逐项列出,并进行原因分析,以分清责任。

④审计评价 在查明问题的基础上,就问题的后果和产生问题的主客观原因进行评价。

⑤处理意见 对查明的问题,依据国家政策、法令和财经纪律提出处理意见。如对不恰当地使用财政拨款和信贷资金的单位,应提出停止拨款和贷款;对严重违反财经纪律的人员,应提出追究经济责任或法律责任。

⑥改进建议 针对问题,提出帮助被审计单位改进工作、提高经济效益的建议。如关于加强内部控制制度的建议;改进核算工作的建议;如何防止发生违反财经纪律问题的建议;等等。

4)附件说明

写明附件名称及件数。

5)落款

审计人员的签名、盖章,并写明成文的年月日。

审计报告正文部分的表述形式,有叙述式、条文式、表格式和综合式四种,可根据审计报告的具体情况选用。

7.8.4 审计报告的写作要求

1)客观公正,实事求是

审计工作的政策性很强,审计报告必须尊重事实,客观公正。报告中提出的问题必须以经济事实为依据,不夸大也不缩小。对证据不足或未经查明的事项,可暂时搁置,不要轻易地写入报告,以免陷于被动。切忌主观、片面。

2)准确定性,态度明确

凡属定性的问题均应引用有关政策与法律条文,这样,既体现了依法审计的严肃性,同时又增强了说服力。立场要鲜明,观点要正确,既要按政策、法令办事,维护国家的整体利益,又要能辩证地看问题。

3)语言准确,语气庄重

审计报告语言必须准确、精练,合乎逻辑和语法。数字准确无误,一般不用约数。措辞适当、严谨,语气要庄重。是"贪污"还是"挪用",是"疏忽"还是"有意",应准确,决不能含糊。

7.8.5 注册会计师出具的审计报告的写法要求

注册会计师出具的审计报告可分为无保留意见审计报告、保留意见审计报告、否定意见审计报告和拒绝表示意见审计报告,根据《中国注册会计师独立审计具体准则第 7 号——审计报告》的要求,其写法是:

1)标题

写上"审计报告"四个字。

2)收件人

审计业务的委托人,写明其全称。

3)范围段

写明已审会计报表名称、反映的日期或期间,明确会计责任与审计责任,审计依据和已实施的主要审计程序。

4)意见段

清晰地发表注册会计师对已审会计报表的意见,包括会计报表的编制是否符合《企业会计准则》及国家其他有关财务会计法规的规定,会计报表在所有重大方面是否公允地反映了被审计单位资产负债表的财务状况和所审计期间的经营成果、资金变动情况,会计处理方法的选用是否符合一贯性原则。

5)说明段

如果注册会计师出具保留意见、否定意见或拒绝表示意见的审计报告,应在范围段与意见段之间增加说明段,清楚地说明所持意见的理由及其对会计报表反映的影响程度。

6)落款

由注册会计师签名、盖章,加盖会计师事务所公章,标明会计师事务所的地址。最后写明报告日期。

227

【例文】无保留意见审计报告范式

审 计 报 告

ABC(股份)有限(责任)公司董事会(全体股东):

（以下为范围段例式）

我们接受委托,审计了贵公司×××年12月31日的资产负债表及××××年度损益表和财务状况变动表。这些会计报表由贵公司负责,我们的责任是对这些会计报表发表审计意见。

我们的审计是依据《中国注册会计师独立审计准则》进行的。在审计过程中,我们结合贵公司的实际情况,实施了包括抽查会计记录等我们认为必要的审计程序。

（以下为意见段例式）

我们认为,上述会计报表符合《企业会计准则》和《企业会计制度》的有关规定,在所有重大方面公允地反映了贵公司×××年12月31日的财务状况及××××年度经营成果和资金变动情况,会计处理方法的选用遵循了一贯性原则。

×× 会计师事务所(盖章)

中国注册会计师:(签名、盖章)

中国　北京　××××年×月×日

7.9　合　同

7.9.1　合同的涵义

合同是平等主体的自然人、法人及某些组织之间的设立、变更、终止民事权利义务关系的文书。合同主要涉及经济方面的内容,如买卖、抵押、租赁、转让等,因此,人们常将它们归入经济类文书。对合同的涵义可以从以下几个方面去理解:

首先,合同的当事人可以是平等的自然人、法人、其他的经济组织、个体工商户、农村承包经营户等。

其次,合同是为明确相互权利和义务关系而订立的协议,当事人之间,要按照等价有偿的原则,建立一种权利义务对等的交换关系。例如购销合同中,买方有得到商品的权利,同时有支付价款的义务;卖方有得到价款的权利,同时有付出商品的义务。

最后,签订合同是一种法律行为,合同一旦依法成立,即具有法律约束力,当事人双方的权利受法律保护,同时双方必须全面履行合同,否则就要依法追究违约责任。

合同是社会经济发展的产物,特别是在当前市场经济快速发展的背景下,合同作为一种证明、约束性文书,在社会经济生活中发挥着重要的作用。合同有利于当事人实现经济目的,保证某一项经济活动的顺利完成;有利于保护当事人的合法权益,是经济纠纷出现时协商、仲裁、诉讼的依据;有利于维护社会经济秩序,促进市场经济的繁荣;有利于国家有关部门对企业的监控,以提高企业经济效益和竞争能力。

7.9.2 合同的种类

合同的种类繁多,可以从不同的角度去进行划分。

1)按业务性质分类

(1)购销合同

供方将产品销售给需方,需方接受产品并按规定支付货款的合同,包括供应、采购、预约、购销结合及协作、调剂等合同。

(2)建设工程承包合同

承包方按时、按质、按量地完成一定勘察设计任务或建筑安装工程,发包方(建设单位)按期验收并支付工程费用或报酬的合同,包括勘察、设计、建筑、安装等合同。

(3)加工承揽合同

承揽方根据定作方的要求完成一定工作,定作方接受承揽方完成的工作成果并支付约定费用和报酬的合同,包括加工、定作、修缮、修理、印刷、测绘测试及其他承揽合同。

(4)货物运输合同

承运方将承运的货物安全运送到指定地点交给收货人,托运方按照约定支付运费的合同,包括铁路、公路、水路、航空运输合同和联运合同等。

（5）供用电合同

供电方按照规定的供电标准和电力分配计划,保质保量地向用电方输送电力,用电方按规定用电并支付电费的合同。

（6）仓储保管合同

保管方对存货方交付的货物安全储存,并在储存期满时返还,存货方按期提取所存货物并按约定支付保管费的合同。

（7）财产租赁合同

出租方将财产交给承租方使用,承租方按约定用途使用租赁物,按时交纳租金,并在租赁关系终止时将财产返还给出租的合同。

（8）借款合同

贷款方将货币交付借款方使用,借款方按规定使用借款并按期向贷款方还本付息的合同,包括基本建设贷款、农业贷款、流动资金贷款等合同。

（9）财产保险合同

投保方向保险方交纳规定的保险费,保险方在发生保险事故时负赔偿责任的合同,包括财产保险、农业保险、责任保险、运输工具保险、货物运输保险、保证保险、信用保险等合同。

2）按写作形式分类

（1）条款式合同

条款式合同是用文字叙述的形式,把双方协商一致同意的合同内容,一条一条地记载下来。内容多或复杂,条款就多些、细些;内容少或单纯,条款就少些、粗些,如基本建设贷款合同、仓储保管合同等。

（2）表格式合同

表格式合同是把某些合同关系必然涉及、必须明确规定的内容设计印制成固定的表格,当订立这项合同时,按表格项目一一填写就可以了。这种形式不但便于管理查阅,而且比较完备和规范,可以减少疏漏,如铁路货物运输合同等。

（3）表格条款结合式合同

把条款式合同和表格式合同结合起来,既有文字叙述的条款,又有固定的表格,使用机动灵活,运用范围广,如购销合同、加工承揽合同等。

（4）固定式分同

用于某些行业,就是把合同中必不可少的内容分门别类,印制成一种固定的格式,双方当事人签订时,只需按合同固定的表述就达成的协议逐项填写到空白处即可。这种固定式合同是根据业务需要,在长期的实践中形成的,一般由国家行业主管部门拟定,比较规范、详尽,内容一般不需要增减,其特点是可以避免在签订时由于考虑不周全而遗漏,因此常规性的业务活动一般都采用这种格式合同。如房屋买卖和保险业务合同等。

7.9.3 合同的写法

合同一般包括标题、合同当事人、正文、落款四个部分:

1)标题

标题应标明合同的业务性质,即写明是哪一类合同,如购销合同、保险合同。同时还可以进一步写出内容,如"彩电购销合同"、"机动车辆保险合同"。

标题的右下方写明合同编号。"签订日期"、"签订地点"在表格式合同中也放在标题的右下方,与合同编号上下排列,用小一号字体标注。在条款式合同中,这两项也可放在末尾,成为结尾的项目。

2)合同当事人

合同当事人也叫立合同人,是指签订合同的双方或多方。在标题和合同编号等之下,写明合同当事人的名称。名称应按营业执照上核准的全称来写,不能写简称,更不能写代称、代号,并注明当事人在合同中的位置是"供方"还是"需方",是"投保方"还是"保险方"。同时,为了正文行文方便,可在括号中注明一方为"甲方",另一方为"乙方",如有第三方可称"丙方"。不论什么情况,都不能将当事人称作"我方"、"你方"。

3)正文

正文通常由开头、主体、结尾几部分构成。

（1）开头

简要说明签订合同的目的或依据,以引起下文。依据多指法律依据及实际情况,多数合同只要写出签订合同的目的即可。一般表述为:"（根据……）××方与××方……为明确双方责任,经充分协商,特订立本合同,以资共同遵守。"

（2）主体

主体是合同最重要的部分,是当事人双方或多方协议的具体内容。这部分写明合同应具备的主要条款。

①标的　标的是合同双方的权利和义务所共同指向的对象,即双方当事人要求实现的目的。标的可以是实物、劳务、货币、工程项目等。签订合同的双方对标的要协商一致,写得具体、明确。没有标的或标的不明确,当事人双方的权利和义务就不能落实,合同就没有意义。

②数量和质量　数量是确定双方权利和义务大小的标准,是对标的的具体计量,如借款金额、购买货物数量。合同写作中要明确计量单位,并使用法定的标准计量单位,如用"公斤"不能用"市斤"。数量规定要准确、具体,如购销合同,不仅应写明总的数量,而且要规定按月、按旬甚至按日分批购销的数量。质量是对标的质的要求,如产品、工程、劳务的优劣程度,是标的内在素质和外观形态的综合。它包括产品的规格、型号、轻重、大小、性能等。在合同中应详细、准确地标明质量要求以及检验、验收方法。有法定标准的用标准,有些产品分等级的,要规定等级品率。

③价款和酬金　价款和酬金又称价金,是指当事人一方向交付标的的一方支付的货币。除法律或行政法规另有规定外,以货币履行义务时,必须用人民币计算和支付;除国家允许使用现金履行义务外,必须通过银行转账或者票据结算。写作时规定要合理、适当,写明单价、总金额、计算标准、结算方式和程序等。

④履行合同的期限、地点和方式　履行的期限是享有请求权的一方要求对方履行合同的时间规定,是衡量合同是否按时履行的标准;履行的地点是指履行合同义务和接受对方履行义务的地方,它直接关系到履行合同的费用和时间;履行的方式指当事人履行合同的具体方法,不同的合同有不同的规定,如购销合同中,交货方式是送货、提货还是代运,合同中就应规定清楚。

⑤违约责任　又称"罚则",指合同当事人一方或双方因过错造成合同不能履行或不能完全履行时所承担的经济和法律责任。违约责任是履行合同的重要保证,是出现矛盾分歧时解决合同纠纷的可靠依据。要写明制裁措施及违约金、赔偿金的数额等。

（3）结尾

结尾写明合同的其他条款,主要包括:

①不可抗力条款　明确在签约后,如果发生了当事人不能预见或人力不可抗拒的事故(如洪水、地震、台风等),导致履行合同困难,当事人可根据这一条款免予承担不履约或延期履约的责任。

②解决争议的方式　此条款要约定在履行合同发生争议时解决问题的方式和程序,要明确注出是通过仲裁解决,还是通过诉讼解决,并写明约定仲裁机构、仲裁事项或管辖法院等内容。一般来说,解决的方式包括协商、调解、仲裁、诉讼四种。

③附件说明　如果有附件,通常要注明合同附件的效力,如"本合同附件、附表均为本合同的组成部分,且具有同等的法律效力"。这些附件、附表均标写在合同的落款的最下方,即"年、月、日"以后的部位,并注明附件名称、序数、份数。

④合同的有效期限　有效期限是指合同执行的起止日期,是合同当事人要求必须具备的条款。要注明合同的生效、终止的时间,如"本合同有效期自××××年×月×日至××××年×月×日,过期作废。""本合同自双方代表签字,加盖双方公章或合同专用章即生效,至××后终止。"

⑤合同文本份数及保存　注明合同文本的份数,即合同一式几份,当事人保管的份数,需报送的主管机关等。如"本合同一式四份,甲乙双方各执一份,副本两份,送双方上级主管机关存查。"

4)落款

落款包括以下内容:

①依次写明当事人的名称、法定地址、法人代表、委托代理人、开户银行、银行账号、电话、邮政编码等,双方代表的签名、盖章。

②鉴证、公证机关的鉴证、公证意见。

③合同的签订日期,有的还注明生效日期。

【例文1】

四川省建筑业企业用工劳动合同书

甲方:　　　　　　　　　　法定代表人:

营业执照注册号:　　　　　　资质等级:

在川通讯地址:　　　　　　　邮编:

乙方:　　　　　　　　　　性别:　　　　电话:

居民身份证号码:

家庭住址:　　　　　　　　　邮政编码:

户口所在地:　　　省(市)　　区(县)　　乡镇　　村

根据《中华人民共和国劳动法》和有关规定,甲乙双方经平等协商一致,自愿签订本合同,共同遵守所列条款。

一、劳动合同期限

第一条　劳动合同期限(甲乙双方选择适用)

(　　)1.有固定期限劳动合同

本合同于　　年　月　日生效,于　　年　月　日终止(如有试用期,则试用期从　　年　月　日到　　年　月　日)。

(　　)2.以完成一定的工作任务为期限的合同

本合同生效日期为　　年　月　日;以乙方完成

工作任务为合同终止时间。

二、工作内容和要求

第二条　甲方招用乙方在　　（项目名称）

工程中担任　岗位(工种)工作。乙方的职业资格等级证或上岗证号码为：

第三条　乙方应按照甲方的要求,按时完成规定的工作任务,达到规定的质量标准。

三、劳动保护和劳动条件

第四条　甲方对乙方的工作时间安排必须执行国家规定的工时制度。甲方由于生产经营需要,经乙方同意方可安排乙方加班,但不得违反国家有关规定,且应合理安排职工补休或按照《劳动法》的有关规定支付乙方加班、延长工作时间工资报酬。

第五条　甲方应当在乙方进入施工现场前对乙方进行入场施工安全教育。甲方应当对已取得电工、焊接等特殊工种操作证书的乙方进行岗前培训(或书面交底)后,方可上岗作业。

第六条　甲方根据生产岗位的需要,按照国家劳动安全、卫生的有关规定,为乙方配备必要的劳动保护用品和卫生用品。

第七条　甲方根据国家有关法律法规,依法建立安全生产制度;乙方应当严格遵守甲方的劳动安全规章作业,防止劳动过程中的事故,减少职业危害。

四、工资保险待遇

第八条　乙方在试用期间的工资为每日(或每月　元,试用期满后工资为每日(或每月　元;按工资的,每　(工作量单位)支付工资　元。

双方约定的工资不得低于施工地行政区域内最低工资标准。

甲方应在每月　日前计发乙方的工资(不得交由包工头代发),并由乙方签字确认。

甲方应在劳动合同终止、解除时一次性付清乙方的工资。

合同甲方如为分包方,工资支付发生违约情况由工程总承包单位负责支付。

第九条　甲方应按规定为乙方办理社会保险,并按规定足额缴纳社会保险费用。双方劳动合同解除按规定转移社会保险手续。乙方因工负伤,其待遇按国家和当地人民政府有关规定执行。

五、劳动纪律和劳动合同的变更、解除、终止、续订

第十条　乙方应严格遵守甲方的各项制度、劳动纪律和安全技术操作规程。

第十一条　乙方有下列情形之一的,甲方可以解除本合同:

(一)在试用期间被证明不符合录用条件的;

（二）有打架斗殴、偷窃、赌博等违法、违纪行为的；

（三）严重失职，营私舞弊，对甲方造成重大损害的；

（四）严重违反甲方施工现场安全管理规定和甲方劳动纪律的；

（五）被依法追究刑事责任的。

第十二条　有下列情形之一的，乙方可以解除本合同：

（一）在试用期内的；

（二）甲方以暴力、威胁、监禁、或者非法限制人身自由的手段强迫劳动的；

（三）甲方不能提供安全的劳动条件或者按照本合同规定支付劳动报酬的。

第十三条　变更、解除、终止、续订本合同，应在规定的时限前以书面形式通知对方，不得擅自变更终止本合同。

六、违约责任、劳动争议处理及其他

第十四条　甲方与乙方解除劳动合同时，应给乙方出具终止、解除劳动合同证明书。

甲方解除乙方劳动合同，符合文件规定的，应支付经济补偿金。

甲、乙方违法解除劳动合同，应按有关文件规定给对方以赔偿。

第十五条　双方履行本合同发生争议，应当自劳动争议发生之日起，60日内向工程所在地区、的劳动仲裁委员会申请仲裁。对仲裁裁决不服的，可直接到裁决书之日起15日向人民法院起诉。

第十六条　甲方依法制定的规章制度及其他专项协议作为本劳动合同的附件，与劳动合同具有同等效力。

第十七条　本合同未尽事宜或与国家、四川省有关规定相悖的，按照有关规定执行。

第十八条　本合同一式四份，甲乙双方各执一份，一份文交工程所在地劳动部门备案，一份留在乙方施工工地备查。本合同自双方盖章签字之日起生效。

第十九条　双方约定的其他事项。

甲方（公章）

乙方（签字或盖章）

法定代表人或委托代理人

（签字或盖章）

签订日期：　　年　月　日

合同鉴证单位

鉴证日期：　　年　月　日

使用说明

一、本合同书供四川建筑业企业(含部属在川建筑企业、省外入川建筑业企业)与务工人员签订劳动合同时使用。

二、建筑业企业与务工人员签订劳动合同时,凡需要双方约定的内容,经协商一致后填写在相应的第一条中,双方在约定的事项前括号内画"√",并填写日期。

签订劳动合同,甲方应加盖法人公章;法定代表人或委托代理人及乙方应签字或盖章,其他人不得代签字。

三、本合同应使用钢笔或签字笔填写,字迹清楚,文字简练、准确,不得涂改。

【例文2】

农副产品购销合同

合同编号:

签订日期: 年 月 日 终止日期: 年 月 日

供方:

需方:

经双方充分协商,签订本合同,共同信守。

一、产品名称、品种、等级、质量、数量、计量单位、单价、金额。

产品名称	品种	等级	质量	数量	计量单位	单价	金额
合计金额(大写)							

二、交(提)货期限。

三、产品数量的超欠幅度(合理损耗)正负尾差。

四、产品的包装要求和包装物的供应与回收。

五、交(提)货方式及地点。

六、运输方式及运杂费负担。

七、产品的验收。

八、结算方式。

九、违约责任：当事人一方由于不可抗力的原因而不能履行或不能完全履行合同时，应尽快向对方通报理由，经有关主管机关证明后，可允许延期履行，部分履行或不履行，并可根据情况部分或全部免予承担违约责任。

1. 供方超过规定期限不能交货的，应偿付需方不能交货部分货款总值____％的违约金；如因自销或套取超购加价款而不履行合同时，偿付不履行合同部分货款总值____％的违约金，并退回套取的加价款和奖售、换购的物资；违约自销多得的收入，由工商行政管理部门没收，上缴中央财政。

2. 需方中途退货，偿付供方退货部分货款总值____％的违约金，并承担因此而造成的损失和费用。

其他违约责任，按《农副产品购销合同条例》的规定执行。

十、协商同意的其他事项：当事人一方要求变更或解除合同时，应及时通知对方，并采用书面形式（包括文书、电话等）由当事人双方达成协议，未达成书面协议前，原合同仍然有效。当事人一方接到另一方要求变更或解除合同的建议后，应在收到通知之日起15天内作出答复。超过规定（约定）期限不答复的，即视为默认，其他有关履行合同中的事项，均按《农副产品购销合同条例》规定执行。本合同一式____份，双方当事人各执一份。

237

【例文3】

氯化氢产品购销合同（06版）

供方：北京华宇同方化工科技开发有限公司　　　合同编号：06-H-
需方：　　　　　　　　　　　　　　　　　　　签订时间：

一、产品名称、商标、规格、单价、单位、数量、金额。

产品名称	产品牌号	规格	单价	数量	金额
		N	元/kg	kg	元
化学级氯化氢	华宇同方牌				
电子级氯化氢	华宇同方牌				
合计人民币（大写）					

二、质量技术标准：企业标准 Q/HDHYF001—2006。

三、发货地点:淄博市张店区湖田镇　淄博万达利特种气体公司

发货人:　　电话:　　手机:

四、运输方式:需方自提或汽车零担,费用需方负担(汽车零担的,提供详细收货地址)。

五、包装方式:

　　包装标准:氯化氢专用钢瓶(GB 5099),接口 CGA330;

　　钢瓶供应:需方自有,供方代管(购买新的,钢瓶价格及供应方式另议);

　　钢瓶复用:复用钢瓶由需方送至淄博市张店区湖田镇　淄博万达利特种气体公司;

　　钢瓶检验:每两年一次,检验费50元/只,需方负担;

　　钢瓶维修:供方负责,免人工费,零部件费用需方负担。零部件单价如下:

　　阀体内件:50元/套,瓶阀压盖:150元/个,手柄:10元/个。

　　打磨刷漆:30元/只,钢瓶处理费:500元/只,瓶阀:700元/只。

六、验收方法:供方提供检验报告,需方按企业标准验收。

七、配件:阀嘴保护帽及瓶阀保护帽各1件,用毕必须盖好,不得丢失或损坏。

阀嘴保护帽价格:30元/个,瓶阀保护帽价格:50元/个。

八、结算方式:见汇款单发货,开具增值税发票。

九、安全事项:

1.供方保证合格充装,塑封完好;

2.需方检查钢瓶塑封,对不合格包装应拒收,供方保证更换;

3.需方对用完的钢瓶保证做到:拧紧阀门,盖紧阀嘴保护帽,盖好瓶阀保护帽;

4.运输途中钢瓶必须牢固固定;

5.押运员及司机必须熟悉安全规程及应急处理预案。

十、解决纠纷的方式:由当事双方协商解决。协商不成,双方同意由北京仲裁委员会仲裁。

供方:北京华宇同方化工科技开发有限公司　　　　　需方:

地址:北京市海淀区紫竹院路88号紫竹花园F904号　　地址:

邮编:100089　　　　　　　　　　　　　　　　　　邮编:

销售部经理:　　　　　　　　　　　　　　　　　　委托代理人:

电话:　　　　　　　　　　　　　　　　　　　　　电话:

开户行:工行 紫竹院分理处　　　　　　开户行:

账号:　　　　　　　　　　　　　　　账号:

税号:　　　　　　　　　　　　　　　税号:

　　　　　　　　　　　　　　　　　　有效期:

【例文4】

产品购销合同

供方:武汉力源信息技术服务有限公司　　合同编号:＿＿＿＿＿＿＿＿

　　　　　　　　　　　　　　　　　　签订时间:＿＿＿＿＿＿＿＿

需方:＿＿＿＿＿＿＿＿＿＿＿＿　　　签订地点:＿＿＿＿＿＿＿＿

一、产品名称、型号、厂家、数量、金额、供货时间。

产品名称	生产厂家	计量单位	数量	单价	总金额	交货时间及数量
合计金额(大写):						

二、质量要求:(略)。

三、交货地点、方式及费用负担:(略)

四、结算方式及期限:(略)

五、本合同经供、需双方盖章签字,需方按合同规定支付定金后立即生效。

本合同一式＿＿＿份,供、需双方各执一份。

供方　　　　　　　力源销售部门　　需方

单位名称(盖章):　　地址:　　　　　单位名称(盖章):

武汉力源信息技术服务有限公司　　　　单位地址:

地址:武汉市洪山区珞瑜路424号

　　　洪山科技创业大厦3088室　　电话:　　　　　法人代表或委托代理人:

法人代表或委托代理人:　　传真:　　　电话:

电话:(027)87526752　　　销售代表:　　传真:

纳税人登记号:42010173104498×   时间: 开户银行:

账号:

邮政编码:430079   邮政编码:
开户行:民生银行洪山支行
账号:8741902-22401-01-0059-47   纳税人登记号:

7.9.4 合同的写作要求

1)熟悉法规,精通业务

合同写作中,必须熟悉有关法律法规,了解国家的方针、政策,才能做到合同的内容具有合法性,才能有利于国家利益和社会公共利益,维护正常的经济秩序。合同的签订又是一项业务活动,必须熟悉业务,全面了解生产、经营及市场情况,才能掌握合同谈判的主动权,确保自己利益不受侵犯。

2)平等协商,确定条款

合同内容应是当事人意愿的共同体现。在合同写作中必须遵守平等互利、协商一致、等价有偿的原则,在平等的基础上,达成一致意见,任何一方不得把自己的意志强加给对方。采取欺诈、胁迫等手段所签订的经济合同,是无效合同。

3)条款完备,具体周详

合同要周全、严密,条款规定要具体、细致,不能有任何遗漏和疏忽。比如,购销合同中的标的物,不仅要写明数量,还要明确计量单位;不仅要标明品种、规格型号,而且要说明质量的技术要求和标准。价款和酬金,要有计算标准、结算方式和程序。包装材料、包装方法、运输方式、保管、验收、交货日期,合同双方承担的风险等条款要完备。像产品重量,是计毛重,还是计净重,产品是按日、按旬交货,还是按月、按季交货,包装材料能否反复使用,费用如何计算,在合同中这些条款都要具体规定,否则,纠纷的出现就在所难免了。

4)用语准确,清楚无误

合同是具有法律约束力的书面语言形式,措辞用句必须准确清楚。合同中使用的概念,当事人应该有一致的理解,忌用模糊概念,以防歧义。语义准确,避免使用"希望"、"尽可能"、"争取"等模糊性用语,不说空话、套话。数字核实无误,金额大写。正确使用标点符号,防止句逗用错或点错而造成重大损失。

240

5）格式规范,符合规定

合同不能随意撰写,必须遵循相关的规定。国家工商行政管理局制订了合同统一文本格式,需要使用时,可向当地工商行政管理机关或业务主管部门购买合同纸,也可按照示范文本格式自行印刷使用。书写合同要严肃、认真,不得随意涂改。合同如有错误或遇到特殊情况确需修改时,应将双方同意的修改意见作为附件附上。如在原件上修改,应加盖双方印章。

思考与练习

1.经济文书的特点和写作要求是什么?

2.经济新闻的写法是怎样的?

3.产品说明书的结构和写作要求是什么?

4.一则完整的广告由哪些部分组成?

5.经济预测报告的写法是怎样的?

6.经济活动分析报告的正文部分包括哪些内容? 常使用哪些分析方法?

7.审计报告的标题和正文的写法是怎样的? 注册会计师出具的审计报告有什么特点?

8.合同的写法是怎样的,其写作有什么要求?

9.结合专业实习,撰写一份经济预测报告。

10.拟订一份用工合同。

第 8 章 企业经营管理文书

8.1 企业经营管理文书概述

8.1.1 企业经营管理文书的涵义

　　企业经营管理文书,是指企业经营管理各个环节、各个部门使用的各种文书的总称。它属经济文书的一大门类,但又有其独特的适用范围和自身特点。企业经营管理的每个环节,如企业的组建、投产、发展、壮大,产品的发明、研究、生产、销售、保护,企业对人、财、物的合理利用、管理,都离不开运用企业经营管理文书。企业经营管理文书所涉及的种类较多,本章只介绍企业在其经营管理过程中常使用的几类专用的文书,包括招标、投标文书,股份制文书,企业重组文书,企业破产文书,专利文书,商标文书和资产评估文书等。

8.1.2 企业经营管理文书的特点

1)内容特殊,专业性强

　　企业经营管理文书区别于其他类型的经济文书的特点在于内容的特殊性,其涉及的内容都是某一领域的特殊信息,专业性极强。如招标投标领域的招标投标文书,股份制企业领域的股份制文书,商标管理领域的商标文书等,它们反映的分别是招标投标活动、股份制公司活动、商标活动中的一些最基本的信息,内容特殊,专业性强,其受文对象也往往是懂这些专业活动的内行。

2)使用独特,约束力强

企业经营管理文书只适用于特殊的领域,其他经济领域不适用。文书一经制发,对此特殊领域的实际经营管理活动就具有约束力,这一领域的所有当事人必须受其约束,不得违背。如招标投标文书,招标人一经发出招标通告,就受通告内容的约束,投标人一经发出标函,就受标函内容的约束,如有违背,要承担相应的经济责任和法律责任。

3)体式规范,文本成熟

企业经营管理文书往往由有关部门制定了一些专业、行业管理的规范文本,这些规范文本对企业经营管理文书有关文种的内容、格式、名词术语、处理程序都做了相应的规定。如股份制文书,中国证监会正式颁布了《公开发行股票公司信息披露的内容与格式准则》,对招股说明书等的内容与格式有详尽的规定。这既有利于企业经营管理文书写作和处理的制度化、规范化,也有利于提高经营管理水平和效率。

4)图表并用,数据准确

企业经营管理文书,除运用文字表达系统外,还大量使用非文字表达系统,即用图、表、数据、符号、照片等。如招投标中的投标企业资格审查表,商标文书的商标注册申请书就是图表形式,图表的使用使企业经营管理文书的表述更加简明、直观、形象,更有表现力。再如股份制文书和资产评估文书中大量使用数据,通过数量的计算、统计、比较、分析,来说明有关事物的现状及发展变化。

8.1.3　企业管理文书的写作要求

1)掌握专业,了解规定

企业经营管理文书专业性强,要写好企业经营管理文书,前提条件是要掌握相关的专业知识。如招标投标知识,股份制企业的基本知识,商标管理、专利管理的有关知识等。由于国家及有关部门对企业经营管理文书的规定较多,所以写作时必须了解并遵循有关规定。如写作股份制文书必须了解《公司法》,写作商标文书必须了解《商标法》,写作专利文书必须了解《专利法》,写作企业破产文书必须了解《企业破产法》等。对相关知识和有关规定一知半解,置若罔闻,必定造成所写的企业经营管理文书不规范、不严谨,严重影响其效能,直接影响现实的企业经营管理活动。

2)迅速及时,准确无误

企业经营管理文书的时效性强,对文书的提交有严格的时间要求。如投标书必须在截止中标时间之前送达;股份制文书中的年度报告,必须在该会计年度结束后 120 日内提交;商标异议书必须在初审商标公告之日起 3 个月内提出等。如果不遵循时间要求,所撰写的文书不具备约束力,是无效的文书,直接影响经营管理活动的顺利进行。由于经营管理文书对当事人的行为具有很强的约束力,所以写作时必须认真、严谨,确保内容准确无误,不能有丝毫的差错。

3)用语庄重,简洁得体

企业经营管理文书的专业性强、规范性强、约束力强,因此在写作时崇尚务实、简明,强调庄重感。为此,要大量使用专业术语,如招投标文书中的开标、定标、中标,股份制文书中的发起人、上市公司、主承销商,专利文书中的专利权、优先权、专有权、许可实施权等。同时,语言表达要得体,要与特定的写作目的、写作内容相吻合,如招标通告重在"告之",招标邀请通知书重在"请之",两者的用语上就有差异,在写作时就要特别注意。

8.2 招标、投标文书

8.2.1 招标、投标文书的涵义

标,是用比价方式承包工程或买卖货物时各竞争厂商所标出的价格。招标,是在兴建工程、合作经营某项业务或大宗商品交易时,按照规定的标准和条件,对外公开邀请符合条件的国内外企业参与竞争报价,选择其中最佳对象为中标者,订立合同进行交易的经济行为。投标,是对招标的响应,是竞做承包者的行为,指承包者按招标的标准和条件,报出自己愿意承担的价格和要求,投送给招标单位,力争成为中标者的一种经济行为。在招标投标活动中形成的一系列书面文书,统称为招标投标文书。

招标和投标是一种现代贸易活动,是国内外经济活动中常用的一种交易形式。采用招标投标的交易形式,有利于招标单位运用竞争机制,使资金得到有效的使用,确保招标项目的质量,提高经济效益。也有利于促进投标企业的改革和管理,增强企业的竞争力,提高企业的经济效益。

招标、投标活动的基本程序是:招标人刊登招标公告或发出投标邀请函,进行投标人资格预审,发售招标文件,投标人投标并交纳投标保证金,招标人开标、评标,定标,最后签订经济合同。

8.2.2　招标文书的种类及写法

在招标过程中形成的文书统称为招标文书,包括招标申请书、招标邀请通知书、招标书、招标章程、投标者须知、招标技术质量要求书、中标通知书等。招标文书是对招标的政策、规章和程序的具体落实,是招标投标的依据,是竞争投标的基础和保证,是招标项目的质量和技术规范的准则。

1)招标申请书

招标申请书,是招标单位在发表招标公告前,向招标投标管理部门报送招标申请、请求批准的文书。

【例文】

建筑安装工程招标申请书

245

××市招标投标办公室:

我单位项目,经××号文件批准,现已具备施工条件,特申请通过招标选择施工企业。

附:招标准备情况一览表

申请单位:×××集团总公司(公章)
负责人:×××(签章)
××××年×月×日

2)招标公告

招标公告,又称招标通告、招标广告、招标启事,它是采用公开招标方式时,通过新闻媒体将招标项目和招标要求公告于世,从而使众多的投标者前来投标的周知性文件。其写法是:

(1)标题

标题是招标公告中心内容的概括和提炼,有单标题和双标题两种。

①单标题　由招标单位名称、招标项目和文种名称构成,如《中国技术进出口公司国际招标公司新疆塔里木灌溉、排水及环境保护项目招标通告》,也可省略招标单位名称或招标项目,或者二者均略去,只留下文种名称。

②双标题　正题标明招标单位名称和文种名称,副题点明招标项目,如:

济南机电设备招标公司招标公告

加强灌溉农业项目

凡是由招标公司制作的招标公告,必须在标题下一行右侧标明文书编号,以便归档和备查。文书编号由发文单位英文缩写、年度和招标公告顺序号组成。贷款项目还应注明贷款号。

(2)正文

①引言　揭示招标的缘由或目的、依据,说明招标项目、招标方式,有的还指明资金来源等。

②招标范围　指出招标的范围是国内还是国际招标,写明对投标者的资质要求和相应条件。

③招标项目　这是招标公告的重点和核心部分,详细介绍招标项目的内容。购买大宗商品,写明标的的名称、型号、数量、规格等,工程建设的招标,写明工程概况、规模、质量、工期的要求等。

④招标步骤　对招标工作作出具体的安排,写明招标文件的发售日期、地点、价格、发售方法,投标截止时间和地点,开标时间和地点等。

(3)结尾

写明招标单位名称、地址、电话、传真、网址、邮政编码、联系人等。标题处未注明招标单位全称、发布日期的,在此写明。

【例文】

宝钢天然气管道工程市界至金石路段

招标公告

报建编号:0701BS0093

招标单位:宝山钢铁股份有限公司

招标代理单位:上海华瑞建设经济咨询有限公司

工程名称:宝钢天然气管道工程市界至金石路段

建设地点:宝山区北蕴川路沿线

投资规模(万元):6 000万元

建筑面积(平方米):950平方米

结构形式:其他

层数:

联系人:

电话:

报名日期:2008年2月26日上午9:30—11:00,下午1:30—3:00

报名地点:徐汇区小木桥路683号2楼B区

报名条件:建设部市政公用工程(含燃气)监理甲级资质或化工、石油工程监理甲级资质

备注:资质证书、营业执照副本和复印件(加盖单位公章)、法人授权委托书、企业IC卡、近两年来同类项目监理业绩(提供合同原件)、工本费300元/本

3)招标邀请通知书

当采用邀请招标方式时,招标单位定向邀请潜在的投标者参加投标,所使用的文书就是招标邀请通知书。这种招标方式能较好地保证投标单位的质量。

【例文】

招标邀请通知书

×××公司(单位名称):

　　××工程,是我省××××年公路建设计划项目。经请示××同意,采取招标的办法进行发包。

　　你单位多年从事工程建设,施工任务完成得很好。为此,我们特邀请你单位前来投标。

　　随函邮寄《××工程施工招标公告》一份。如同意,望于××××年×月×日×时光临××处领取"投标文件",并请按规定日期参与工程投标。

招标单位:××××××

地址:××××××

联系人:×××

电话:××××××

×××××招标办

××××年×月×日

4）招标书

招标书是提供有关招标项目具体情况和投标工作事项的文书。与招标公告相比，二者在内容、要求方面是一致的，但招标公告仅起到告知、邀请投标人参与投标的作用，写得比较原则，而招标书写得比较完备、具体、实在，它对指导招标有着十分重要的作用，也是中标后双方签订合同的重要依据。其写法是：

（1）标题

标题由招标单位名称、招标项目名称加文种组成，如《××公司××工程招标书》。也可省略招标单位名称或招标项目名称，如《建筑安装工程招标书》，《××公司招标书》或《招标书》。

（2）正文

①引言　简要说明招标目的、依据和招标项目名称、资金来源等。

②主体　分条写明招标的具体内容：

a. 招标方式。说明是公开招标、邀请招标还是指定招标。

b. 招标范围。是对招标对象的限制条件，是在国际范围招标还是限于国内、省内或市内，应予说明。

c. 招标内容和具体要求。依据招标类别而定，可根据情况列表说明。比如，建筑工程类招标内容一般应包括工程内容、范围、工程量、工期、地址勘察单位和工程设计单位等，其指标要求应包括工程质量等级、技术要求、对工程材料和投标单位的特殊要求、工程验收标准等。

d. 招标程序。写明招标、议标、开标、定标的方法、步骤，有些程序还应注明时间、地点。

e. 招标过程中的权利和义务。

f. 双方签订合同的原则。包括签订、变更、解除、终止合同的条件和法律程序、时间等。

g. 组织领导。有的招标书要求写明招标领导机构和办事机构的情况和联系人姓名。

h. 其他事项。写明上述未尽事宜或投标方应注意的事项。

（3）落款

落款写明招标单位名称、地址、电话、电报挂号、传真、网址、邮政编码、联系人等。落款单位也可以是招标单位的主管部门或承办部门。

5）招标章程

招标章程，是招标过程中的纲领性文件，用以明确招标的宗旨、范围、要求、作法和程序,对招标、投标双方都具有较强的约束力,其正文一般包括八大部分:①宗旨;②招标管理;③招标;④投标;⑤开标;⑥中标;⑦合同;⑧其他。要求条文化,用章、条、款、项表述。

6)投标企业须知

投标企业须知,是招标单位发送的文件中的必备条件,用于详细说明投标程序中一些具体事务性问题,并提出相应的要求。如填送投标文件的份数、填写的要求、有关咨询的规定、中标后应履行的手续等,对投标过程中的琐碎事宜均应作出完备的说明。

7)招标技术质量要求书

招标技术质量要求书,是专业性很强的技术性文书,是就招标项目提出详细的具体的技术质量要求,是中标后签订合同的重要依据,也是今后验收的重要依据。用条文写作,专业术语要准确,名称要规范,标准引用不能有差误,并要说明技术质量的依据。

8)中标通知书

中标通知书,是招标单位通知投标单位中标的文书。通过招标、投标、开标、评标后,招标单位根据招标文件要求,择优选定的投标单位,称为中标单位。中标单位根据中标通知书与招标单位签订合同,招标活动即告结束。

【例文】

××工程施工中标通知书

××建筑工程公司:

我单位××工程,经过××××年×月×日评标委员会评定,确定你公司中标。

本工程建筑面积为×××平方米,中标总价为人民币×××元。本工程自××××年×月×日开工,××××年×月×日竣工,日历天数为×××天。工程质量必须达到国家施工验收规范的优良标准。请于××××年×月×日到××处签订工程承包合同。望精心组织施工,确保工程质量,按期完成任务。

×××(签发单位名称)
××××年×月×日

8.2.3 投标文书的种类和写法

投标文书,是投标者编制或填写的不同文书的总称,包括投标申请书,投标企业简介(资格审查书),投标书,工程量清单,投标价格表,投标保证书,书面咨询书,答辩书等。投标文书是对招标文书的应答,是招标者了解投标者的组织机构、技术力量、报价等基本情况,以确定其能否中标的重要依据,具有极强的竞争性。

1)投标申请书

投标申请书,是投标单位按照招标公告规定的时间内递交的申请参加投标的书面材料,以备招标单位审定投标资格。只有在投标申请获准后,才能拟写标书,参加投标。

【例文】

投标申请书

××市招标投标管理办公室:

我单位根据现有施工能力,决定参加××公司××工程投标,保证达到招标文件的有关要求,遵守其各项规定。

特此申请。

附:投标企业简介

投标单位:××建筑工程公司(章)

负责人:×××(签章)

××××年×月×日

2)投标书

投标书,是投标单位按照招标书提出的条件和要求,向招标单位报价并填写标单的书面材料。它要求密封后邮寄或派专人送给招标单位,故又称标函。投标书是对招标书提出要约的响应和承诺,又是对招标单位的要约,是最重要的投标文件。

投标书一般包括了标题、收件人、正文、附件、落款等几部分,其具体内容和写法是:

（1）**标题**

由投标单位名称加文种组成,如《××××建筑工程公司投标书》,或由投标项目名称和文种组成,如《××××建筑安装工程投标书》,或直书《投标书》、《标函》。

（2）**收件人**

招标单位或招标办公室,应写全称。

（3）**正文**

①引言 引言揭示投标依据,简要表明投标的态度。

②主体 主体是投标书的核心部分,要依据招标书的要求,写明各有关事项。

a. 投标项目的具体指标。对不同类型的投标项目,要写明的指标是不同的。对于建筑工程投标而言,就要写明工程总报价及对价格组成的分析,计划开工、竣工日期,主要材料指标,施工组织和进度安排,保证达到的工程质量标准,投标单位的技术力量与设备力量等。这部分往往采用表格式写作。

b. 实现指标、完成任务的技术组织措施。这是指标任务完成的保障。

③结尾 按招标书的要求,写明投标单位的保证事项。

（4）**附件**

投标书一般有附件。就建筑工程投标书而言,包括工程量清单、投标价格表、主要材料、设备标价明细表,大型重要工程还要附上投标保证书。

（5）**落款**

落款写清投标日期,投标单位名称、地址、电话、电报挂号、传真、网址、邮政编码及联系人等情况,以便招标者进行联系。

投标书一般制有封面。

251

【例文1】

标书封面

××××(招标单位名称):

    现送上××工程项目投标书正本一份,请审核。

    投标单位:×××××××(章)

    负责人(职务):×××(章)

                       投标日期:××××年×月×日

建筑安装工程投标书

×××（建设单位或招标办公室）：

在研究了×××建筑安装工程的招标条件和勘察、设计、施工图纸以及参观建筑安装工地以后，经我们认真研究核算，愿意承担上述×××工程的施工任务。我们的投标书内容如下：

	工程名称		建筑地点	
	建筑面积		建筑层数	
	结构形式		设计单位	
	工程内容			
	包干形式			
	总造价		每平方米造价	
	直接费		直接费	
	间接费		间接费	
	材料差价		材料差价	
	其他		其他	
工期	开工日期		竣工日期	合计天数
	工程进度			
质量	达到等级		保证质量主要措施	
施工方法及选用的施工机械				

我们特此同意，在本投标书发出后的××天之内，我们都将受本投标书的约束，我们愿在这一期间（即从××××年×月×日起至××××年×月×日止）的任何时候接受贵单位的中标通知。一旦我们的投标被接纳，我们将与贵单位共同协商，按招标书所列条款的内容正式签署建筑安装工程施工合同，并切实按照合同的要求进行施工，保证按质、按量、按时完工。

我们承诺，本投标书一经寄出，不得以任何理由更改，中标后不得拒绝签订施工合同和施工；一旦本投标书中标，在签订正式合同之前，本投标书连同贵单位的中标通知，将构成我们与贵单位之间有法律约束力的协议文件。

252

投标书发出日期:××××年×月×日×时

投标单位: (公章)

企业负责人: (签字)

联系人: (签字)

电话:××××××

地址:××××××

电传:××××××

网址:××××××

邮政编码:××××××

【例文2】

×× 市供排水有限责任公司

阀门采购

投

标

文

件

××××阀门有限公司

253

××××阀门有限公司

目　录

　　［评析］这是一份投标书的封面和目录,投标书制作封面与封底是为了树立企业形象和庄重的需要;目录中所需各种书、证、报告、表等,根据具体的投标行为的不同可以增减。

3)投标保证书

　　投标保证书又称投标保函,是为保护招标者的利益,防止投标者中途撤标或拒签合同而通过银行开立的书面保证文件,具有法律效力。

【例文】

投标保证书

　　根据保函,我们双方即:委托人_____(投标人)和保证人_____(银行或金融机构)保证在业主(或招标人)的利益受到损害的情况下承担总金额为_____(金额大写)的保证金。我们双方及我们的继承人或受让人对该项金额的支付均应不折不扣地共同或独自履行义务,直至_____。

　　本保函表明委托人已在截至_____年__月__日的期限内将其为承担____

工程而制定的投标书寄存。

如果委托人在招标文件规定的有效期内未经业主同意而撤回投标书,或在收到授标通知(意向书)后____日内未曾签署合同,或者未能按招标文件规定提出履行保证金或银行保函,本保函的支付义务应即予执行。

为此作证。上述受约双方已于_____年__月__日派出签字代表按照其主管部门的授权按时签字盖章,以使本函合法生效。

保证人:×××　　　　　　　　　　　　　　委托人:×××

地　　址:×××　　　　　　　　　　　　营业地址:××××

　　　　　　　　　　　　　　　　　　　　　保证人:×××

　　　　　　　　　　　　　　　　　　　　　营业地址:××××

8.2.4　招标、投标文书的写作要求

1)遵守规定,合法合理

招标、投标活动是现代经济活动的重要形式,国家为此颁发了一系列法律法规,招标投标活动既受其保护,也受其监督,不得违反。要保证招标投标活动公平、公正、公开,以激励竞争,提高经济效益。招标投标方案既要科学、先进,又要适度、可行。

2)情况吃透,内容周全

招标人要了解市场信息、投标人情况,才能根据时间确定招标项目的标准、标底;投标人要全面了解招标项目情况、市场情况和竞争者情况,才能知己知彼,报价恰当,具有竞争力,以保证中标后取得一定经济效益。不论是招标文书,还是投标文书,各个项目内容都要书写周全,要写细、写具体,不得疏漏,以防钻空子。

3)表述规范,简明准确

由于招标、投标多数是一次性成交,没有反复磋商的余地,因此,各类招标书和投标书之间要相统一、对应,各种提法、概念、用语、数字都要规范。文字表达要考究,文字要高度概括,简明易懂,要做到准确无误,避免含混不清,以免产生歧义。

8.3 股份制文书

8.3.1 股份制文书的涵义

股份制文书,是指股份制企业在其设立、运行过程中专门制作和使用的各类文书的总称,是股份制企业用以处理其经营事务,反映其经营状况的专用文书。

股份制是指按一定的法规程序,通过发行股票筹集资本,建立法人企业,对生产要素实行联合占有、联合使用,从事生产经营,并按投资入股份额参与管理和分配的一种企业组织形式和财产制度。股份制企业是按一定的法规程序设立,并按股份制原则从事生产、经营和管理的企业。在我国,主要有有限责任公司和股份有限公司两种组织形式。

在股份制企业设立、运作中,涉及多类文书。设立有限责任公司和股份有限公司,报批时必须提交设立股份公司的申请书、设立股份公司的可行性研究报告、股份公司章程、发起人协议书、出资证明书等。股份有限公司按照法定程序,向公众发行股票,必须提交招股说明书。股份有限公司的一部分,经过批准,其发行的股票可以在证券交易所上市交易,即成为上市公司,报批时必须提交股票上市报告书、定期的中期报告和年度报告、临时报告、配股说明书等文件。

股份制文书有利于国家对股份制企业的审批和管理,有利于社会公众对股份制企业的监督。它是投资者投资分析的依据,是股东权益的保障,同时也是介绍股份制企业的宣传资料。因此,股份制文书的写作必须引起股份制企业、证券主管机关、公司登记机关、证券中介机构等有关单位、部门、机构的有关人员的重视。

8.3.2 股份制文书的种类及写法

股份制文书主要包括设立股份公司申请书、设立股份公司的可行性研究报告、股份公司章程、发起人协议书、招股说明书、上市公告书、配股说明书、中期报告和年度报告。

1）设立股份公司申请书

设立股份公司申请书，是拟设立股份公司的发起人向政府授权的审批机关表达发起设立股份公司的意愿、请求批准设立的文书。它是设立和改组股份公司法定程序的第一步，具有法定性的特征。

【例文】

××××股份有限公司设立申请（要点）

××市发展和改革委员会：

　　为_____，由_____作为发起人，共同就组建_____股份有限公司提出申请，所涉及事宜报告如下：

　　一、发起人的名称、地址、法定代表人

　　二、拟设立股份有限公司的名称、目的及宗旨

　　1.公司名称

　　2.股份有限公司的目的、宗旨

　　三、拟设立股份有限公司的资金投向、经营范围

　　1.资金投向

　　2.经营范围

　　四、拟设立股份有限公司的设立方式、股份设置

　　1.股份有限公司设立方式

　　2.股份有限公司总投资、股本总额

　　3.发起人认购比例

　　4.股份总数、每股面值及股权结构

　　五、发起人的基本情况、资信证明

　　六、其他需要说明的事项

　　以上申请妥否，请指示。

发起人单位名称：_____（章）

法定代表人：_____（签字）

年　月　日

257

2）设立股份公司的可行性研究报告

设立股份公司的可行性研究报告，是设立股份公司需要提交的重要文件，是就设立股份公司是否可行，并从经济效益等有关方面进行充分论证的研究报告。其写法参照前面的可行性研究报告的写作。

3）公司章程

公司章程是公司的"根本大法"，是由股东或发起人依照《中华人民共和国公司法》制定并经公司股东大会或创立大会通过，用以规定公司法人的权利和义务以及调整公司内外关系的基本法律文件，是公司一切行为的基本准则，也是规范公司决策和经营管理的法律依据，同时也是公司以外的投资者、债权人等得以了解公司活动范围的文件。

公司章程的写法是：

（1）标题

标题由公司名称加章程构成，公司名称必须符合有关法律规定并注明"有限公司"或"股份有限公司"。

（2）题注

股份有限公司章程一般需经创立大会或股东大会通过，其通过时间和会议名称应置于标题之下，正文之前，并用圆括号括上。

（3）正文

章程的正文是章程的全部载明事项，也是章程的主要内容。一般采用章条式，分为总则、分则、附则三部分。

总则是章程的第一章，表明公司的经营宗旨、制定章程的依据、目的，公司的名称、性质、住所、法定代表人等。

分则是章程的主体和核心，由若干章构成。主要包括公司股份和注册资本、股东的权利和义务、公司的领导体制、公司的劳动工资、利润分配及财务、会计、审计、公司终止和清算等内容。

附则是章程的最后一章，写明章程的通知和公告办法、修改权、解释权、生效日期及其他需要规定或说明的事项等。

（4）落款

有限责任公司章程一般由股东共同签名、盖章，其订立时间和签名或盖章应置于正文之后。

【例文】

浙江伟星实业发展股份有限公司

章　程

（摘　要）

第一章　总则
第二章　经营宗旨和范围
第三章　股份
　　　　第一节　股份发行
　　　　第二节　股份增减和回购
　　　　第三节　股份转让
第四章　股东和股东大会
　　　　第一节　股东
　　　　第二节　股东大会的一般规定
　　　　第三节　股东大会的召集
　　　　第四节　股东大会的提案与通知
　　　　第五节　股东大会的召开
　　　　第六节　股东大会的表决和决议
第五章　董事会
　　　　第一节　董事
　　　　第二节　董事会
第六章　总经理及其他高级管理人员
第七章　监事会
　　　　第一节　监事
　　　　第二节　监事会
第八章　财务会计制度、利润分配和审计
　　　　第一节　财务会计制度
　　　　第二节　内部审计
　　　　第三节　会计师事务所的聘任
第九章　通知与公告
　　　　第一节　通知
　　　　第二节　公告
第十章　合并、分立、增资、减资、解散和清算
　　　　第一节　合并、分立、增资和减资

259

第一章　总则

第一条　为维护公司、股东和债权人的合法权益,规范公司的组织和行为,根据《中华人民共和国公司法》(以下简称《公司法》)、《中华人民共和国证券法》、(以下简称《证券法》)和其他有关规定,制定本章程。

第二条　浙江伟星实业发展股份有限公司(以下简称"公司")系依照《公司法》和其他有关规定,并经浙江省人民政府企业上市工作领导小组浙上市[2000]10号文《关于同意变更设立浙江伟星实业发展股份有限公司的批复》批准,2000年8月31日由临海市伟星塑胶制品有限公司整体变更设立。公司在浙江省工商行政管理局注册登记,取得营业执照,营业执照号:企股浙总字第002355号。

第三条　公司于2004年5月21日经中国证券监督管理委员会核准,首次向社会公众发行人民币普通股2 100万股。于2004年6月25日在深圳证券交易所上市。

第四条　公司注册中文全称:浙江伟星实业发展股份有限公司

公司注册英文全称:ZHEJIANG WEIXING INDUSTRIAL DEVELOPMENT CO. ,LTD.

公司住所:浙江省临海市花园工业区

邮政编码:317025

第五条　公司注册资本为人民币15 006.215 4万元。

第六条　公司为永久存续的股份有限公司。

第七条　董事长为公司的法定代表人。

第八条　公司全部资产分为等额股份,股东以其所持股份为限对公司承担责任,公司以其全部资产对公司的债务承担责任。

第九条　公司章程自生效之日起,即成为规范公司的组织与行为、公司与股东、股东与股东之间权利义务关系的具有法律约束力的文件,对公司、股东、董事、监事、高级管理人员具有法律约束力的文件。依据本章程,股东可以起诉股东,股东可以起诉公司董事、监事、总经理和其他高级管理人员,股东可以起诉公司,公司可以起诉股东、董事、监事、总经理和其他高级管理人员。

第十条　本章程所称其他高级管理人员是指公司的副总经理、董事会秘书、监事会干事等。

……

第一百八十八条　本章程所称"以上"、"以内"、"以下"、"超过",都含本数;"不满"、"以外"、"低于"、"多于"不含本数。

第一百八十九条　本章程由公司董事会负责解释。

第一百九十条　本章程附件包括股东大会议事规则、董事会议事规则和监事会议事规则。

第一百九十一条　本章程内容若与《公司法》、《证券法》等国家法律、行政法规以及部门规章相抵触,以相关法律、行政法规以及部门规章为准,并及时修订本章程。

第一百九十二条　本章程自股东大会审议通过之日起施行。

主要发起人股东或授权代表签名:

伟星集团有限公司:

章卡鹏:

张三云:

谢瑾琨:

浙江伟星实业发展股份有限公司

二〇〇八年一月十六日

4)发起人协议书

发起人协议书,是设立股份公司的发起人就公司的宗旨、经营范围及在设立公司过程中的权利和义务经认真协商讨论后所达成的协议书。它制约各发起人的行为,并用作申办设立公司的有关手续的有效凭据和解决发起人之间矛盾与纠纷的法律依据。

股份有限公司发起人协议书与一般的协议书的结构基本一样,其主要内容应有:

①发起人的名称、住所、法定代理人。

②拟设公司的宗旨和经营范围。

③拟设公司的股权证发行范围、对象和办法。

④拟设公司发行股份总额、每股金额。

⑤发起人认购股份金额和期限。

⑥拟设公司发起人应承担的责任。

⑦审批登记手续。

⑧发起人签名盖章。

⑨协议签订日期。

5）招股说明书

招股说明书，是股份有限公司在向中国证券监督管理委员会申请公开发行股票时必备的申报文件之一，也是获准公开发行后向社会公开披露的必备信息材料之一。它真实、准确、完整地披露公开发行股票公司的经营业绩、资产评估、财务会计资料、募集资金和运用、股利分配政策等。其目的是帮助广大投资者尽可能广泛、迅速地了解公司的现状和发展前景，从而理性地作出投资选择。

为规范招股说明书的写法，中国证监会正式颁布了《公开发行股票公司信息披露的内容与格式准则》第一号——《招股说明书的内容与格式》。按照该准则要求，招股说明书应包括封面、目录、正文、附录、备查文件等五个部分。

（1）封面

封面包括发行人名称；公司住所；"招股说明书"字样；送交证监会审核的，必须标有"送审稿"显著字样；重要提示；发行股票的类型；发行量、每股面值、每股发行价、发行费用、募集资金；发行方式及发行期；拟上市证券交易所；主承销商；推荐人；签署日期等。

【例文】

×××股份有限公司股票招股说明书

重要提示

发行人保证本招股说明书的内容真实、准确、完整。政府及国家证券管理部门对本次发行所作出的任何规定，均不表明其对发行人所发行的股票的价值或者投资人的收益作出实质性判断或者保证。任何与之相反的声明均属虚假不实陈述。

本次公开发行人民币普通股××股，其中，法人股××股，个人股×××股。每股面值元发行价每股人民币××元。

拟上市证券交易所：

主承销商：

推荐人：

×××× 年 × 月 × 日

（2）**目录**

写明每一节的标题及相应的页数。

（3）**正文**

主要内容(略)。

（4）**附录**

附录至少应包括以下各项内容:财务报表差异调节表;资产评估报告;盈利预测报告和注册会计师的意见;法律意见书;发行人的公司章程和细则;发行人的营业执照;关于本次发行的股东大会公告及决议。

（5）**备查文件**

备查文件至少应当包括以下各项:审计报告、财务报表及附注;发行人成立的注册登记文件;主管部门和证券交易所批准发行上市的文件;承销协议;国有资产管理部门关于资产评估的确认报告;发行人改组的其他的有关资料;重要合同;证监会要求的其他文件。

6）上市公告书

上市公告书,是股份公司为使其发行的股票在证交所挂牌交易,按规定向社会公众详细披露公司有关情况的报告。为使社会公众对上市公司本身及其发展有进一步的了解,帮助投资者作出投资抉择,上市公告书比招股说明书更详尽、全面和准确。

上市公告书除包括招股说明书的主要内容外,还应当载明以下事项:股票获准在证券交易所交易的日期和批准文号;股票发行情况、股权结构和最大的十名股东的名单及持股数额;公司创立大会或者股东大会同意公司股票在证券交易所交易的决议;董事、监事和高级管理人员简历及其持有本公司证券的情况;公司近三年或者成立以来的经营业绩和财务状况以及下一年的盈利预测报告;证券交易所要求载明的其他事项。

7）配股说明书

配股说明书,是股份有限公司在向中国证监委申请公开配股时所编制的书面材料,是公司获准上市后为了筹措更多的资金,谋取公司规模的扩展向广大投资者公开披露的正式法律文件。

（1）**封面**

封面载明公司股票上市的证券交易所名称、股票简称和代码;"配股说明书"字样;公司的正式名称和注册地;配股承销商;配售发行股票的类型、每股面配售发行的股份数量、每股发行价(如果发行配股权证,还须列明配股权证的发行数量）；重要提示。

（2）**正文**

①绪言　载明增配股的法律依据，批准和复审本次配股方案的部门；声明董事会全体成员确信本配股说明书中不存在任何重点遗漏或者误导，并对其真实性、准确性、完整性负个别和连带的责任。

②配售发行的有关机构　列出有关机构的名称、所在地、电话、传真以及这些机构中与本次配售的联系人姓名，包括该股票上市的证券交易所、上市公司及其法定代表人、主承销商、股份登记机构等。

③本次配售方案　包括配售发行股票的类型、每股面值、配售发行的股份数量、每股发行价；股东配股比例；预计募集资金总额和发行费用；股权登记日和除权日；发起人的持股5%以上的股东配股的相关规定；配售前后股本总额、股权结构。

④配售股票的起止日期　配股缴款起止日期；缴款地点；缴款办法；对逾期未被认购股份的处理办法等。

⑤获配股票的交易　获配股票可流通部分的上市交易开始日；配股认购后产生的零股的处理办法。

⑥募集资金的使用计划　包括项目简介；有关立项、审批情况的说明等。

⑦风险因素及对策　参照招股说明书的内容与格式对风险因素与对策的内容予以披露。

⑧配股说明书的签署日期及董事长签名。

（3）**附录**

附录包括股东大会关于配股的决议；刊载本公司最近的年度报告或中期报告名称、日期；刊载本公司最近的董事会公告和股东大会公告的报刊名称、日期；公司章程修改内容简述。

（4）**备查文件**

备查文件包括修改后的公司章程正本；本次配股之前最近的公司股份变动报告；最近年度报告或中期报告正本；本次配股的承销协议书；资产评估报告；证监会要求的其他文件。

8）中期报告和年度报告

中期报告和年度报告是公开发行股票公司按规定向社会公众披露报告期内公司的经营业绩、会计数据和财务指标、市场状况、股本变动、法律诉讼、前景预测等内容的公开报告。中期报告和年度报告所披露的信息，都影响到股票短期价格走势，是投资者判别公司素质、前景，进行投资抉择的重要依据。中期报告和年度报告都是定期报告,每年编制一次。中期报告应在每个会计年度的前六个月结束后六十日内编制完成,年度报告应在每个会计年度结束后的一百二十日内编制完成。

这里介绍年度报告的写法。按中国证监会制发的《公开发行股票公司信息披露的内容与格式准则》第二号——《年度报告的内容与格式》规定,年度报告的内容与格式包括:

(1)**封面及目录**

封面载明公司的中英文正式名称、"年度报告"字样和报告年份,并可载有公司徽章或其他标记的图案。

目录登载按顺序排列的每一节标题及相应的页数。

(2)**正文**

①公司简介　以400字以内的篇幅简要介绍公司的历史与发展、各项主营业务、突出的特点及规模等。

②会计数据和业务数据摘要　采用列表式提供至报告年度末为止的公司前三年(或自公司成立以来)的主要会计数据和财务指标,包括(但不限于)以下各项:净营业收入、税后利润、总资产、股东权益、每股收益、每股净资产、每股红利、净资产收益率等。

同期的业务数据和指标包括:产品销售量、市场份额、以实物量计算的人均劳动生产率、公司的各项主要业务占总收入的百分比、公司各地区收入占总收入的百分比,等等。

③董事长和总经理的业务报告　公司的董事长或总经理应向股东和其他年度报告使用人报告公司的经营情况及本节规定的其他内容。主要包括:公司经营情况的回顾;对实际经营结果与盈利预测的重大差异的说明;对前次募集资金的运用情况的说明;新年度的业务发展规划;其他需要披露的业务情况与事项。

④董事会报告　包括:董事会工作报告摘要;股票与股东情况介绍;董事、监事与高级管理人员情况介绍;重大诉讼事项报告;年度股东会情况介绍;其他报告事项如注册会计师、法律顾问的变更及选定用于披露信息的报刊的名称等。

⑤财务报告　内容有三项:一是财务报表,包括报告年度末及其前一个年度末的比较式资产负债表,该两年度的比较式利润及利润分配表、财务状况变动表(或现金流量表);二是财务报表注释,再次写入的主要事项有公司的主要会计政策、报表内项目的分解与详细说明,报表上非常规项目及非正常情况,表内无法反映的重要说明;三是审计报告,必须由具有从事证券业务资格的注册会计师出具。

⑥公司在报告年度内发生的重大事件及其披露情况简介　凡公司在报告年度内发生过《股票条例》第六十条和《信息细则》第十七条所列举的重大事件,以及公司董事会判断系重大事件的,应对这些事件及其披露情况,做一个简单的说明。

⑦关联企业　包括关联企业的名称、所在地、主营业务范围以及本公司持有该关联企业所有者权益的份额。

⑧有关本公司的参考信息　包括:公司正式的中文名称;公司总部所在地、通讯地址、邮政编码及各种通讯工具的号码;公司首次注册登记日期、地点;报告期内变更注册日期、地点;工商登记号码;税务登记号码;股票上市交易场所名称;公司在上市交易场所的编号;公司股票主承销机构名称;公司未上市股票的托管机构名称;会计师事务所名称、办公地;法律顾问名称、办公地;公司负责信息披露事务人员的姓名、联系地址、电话等。

(3)备查文件

在报告中应明确备查文件是否齐备、完整。备查文件是在披露年度报告后公司在办公地点备置的有关文件,主要包括:

①载有董事长、总经理亲笔签名的年度报告原本。

②载有会计师事务所盖章、注册会计师亲笔签字的审计报告正文及财务报表。

③年度内发行新股时的《招股说明书》(或《配股说明书》、《上市公告书》)。

④在其他证券市场公布的年度报告文本。

⑤公司各类统计报表和原始记录等。

8.3.3　股份制文书的写作要求

1)遵循国家的有关规定

股份制文书的制发直接关系到股东的切身利益,因此对之要求严格。其内容、格式都必须符合国家颁布的《中华人民共和国公司法》、《股票发行交易管理暂行条例》、《公开发行股票公司信息披露实施细则》,以及中国证监委颁布的《公开发行股票公司信息披露的内容与格式准则》。由于股份制文书均为规范化程度较强的文种,一定要认真阅读有关规定,严格按照规定的要求去写。

2)真实准确,完整详尽

股份制文书中所用材料,必须绝对真实可靠,没有任何虚假成分。使用虚假的材料欺骗主管机构或社会公众,会造成极为严重的后果,是必须杜绝的违法行为。股份制文书的内容必须全面详尽,应当写入的事项不能有任何遗漏。上述《条例》、《准则》中明文规定:全体发起人或者董事必须保证公开披露文件内容没有虚假、严重误导性陈述或重大遗漏,并就其保证承担连带责任;公开披露文件涉及财务会计、法律、资产评估等事项的,应当由具有从事证券资格的会计师事务所、律师事务所和资产评估事务所等专业性中介机构审查验证,并出具意见。这些都要求写作者必须具有良好的职业道德、正确的工作态度和较高的业务水平。对股份制文书中所大量使用的数据一定要认真核对,文字表述也应朴实庄重,恰如其分,而不能夸大其词,哗众取宠。

3)确保文书的时效性

股份制文书要按时报送和公布,才能使其特定的效用得到发挥。所以,许多股份制文书的报送和发布,都有严格的时间要求。不仅送交和发布的时间不得无故拖延,有的也不能随意提前。如上市公告书,必须在公开挂牌交易的前三天之内公布。招股说明书必须在正式募股前五天之内公布,过早过晚均不合乎要求。有些文书的使用期限也是有规定的,超过使用期限,文书便自动失效。由于股份制文书的时效性直接关系到文书本身的效用性和经营活动的合法性,因此在写作时要给予充分注意。

4)发挥证券中介机构的作用

股份制企业制作股份制文书,往往要经会计师事务所、律师事务所、审计师事务所、资产评估事务所和证券咨询机构等审核有关资料,或获得这些机构的帮助,有的就直接请这些机构代理制作。股票的发行、股权证的托管等事宜,则要由证券承销机构办理。正因为这些证券中介机构在股份制运作中有着不可或缺的作用,所以,在制作股份制文书时一定要注意与其合作,发挥其作用,以确保股份制文书的有效性和高质量。

8.4 企业重组文书

8.4.1 企业重组文书的涵义

企业在市场竞争中,为保持并扩展其竞争优势,往往通过兼并、集团化等方式进行重组。通过重组,企业才能实现资源优化配置,实现规模效益,充分发挥现有生产能力,形成大的优势企业集团或大的跨国公司,以占领竞争的优势地位。企业重组的方式主要是兼并和集团化,因此,企业重组文书主要就是企业兼并过程中所涉及的文书和企业集团化过程中所涉及的文书。

8.4.2　企业重组文书的种类和写法

企业重组文书的种类主要有企业兼并市场实施方案、企业兼并协议书、对债权人通知、企业集团组建方案、企业集团组建公告、企业集团核心企业经营管理规定等。

1)企业兼并市场实施方案

企业兼并市场实施方案,是各级地方政府在自己管辖的权限范围内,为组建企业兼并市场,就产权交易的市场宗旨、交易原则、上市条件、交易手段、法律程序以及领导机构、市场组织等作出政策性规定的文件。它的特点是内容上的宏观控制性,要充分体现出政府对企业兼并的引导职能。其写法是:

（1）**标题**

标题由发文机关、发文事项、文种名称构成,如《××市企业兼并市场实施方案》。

（2）**发文时间**

在题下标注发文的时间。

（3）**引言**

引言用以说明发文的目的、意义和作用。

（4）**正文**

正文采用条文式写作,一般包括以下内容:说明市场设置的宗旨;规定交易的原则和范围;明确企业兼并市场的领导机构的设置与组建;规定企业兼并市场的交易方式;规定企业兼并上市企业的条件;规定企业兼并市场的交易手续;明确企业兼并市场的法律程序。

2)企业兼并协议书

企业兼并协议书,是企业产权转让中,明确兼并双方的权利义务关系的契约。所谓兼并,它是指一企业通过购买和政权交换等方式获取其他企业的全部或具有绝对多数发言权的股权或资产,从而使其丧失法人实体地位,掌握其全部或绝对多数经济管理权的行为。企业兼并协议书,就是确认企业产权有偿转让关系的文件,是一种买卖契约,随着契约的签订,被兼并方随即丧失法人资格,也同时失去经营权。

企业兼并协议书与一般的经济合同在结构上无大区别,只是其内容不同。它必须包括以下内容:明确被兼并方的产权权限、债权债务、人员处置和审查报批的要求。

【例文】

甲股份有限公司
乙股份有限公司 合并协议书

立合并契约公司 甲股份有限公司
乙股份有限公司

兹为强化公司组织,经共同洽商同意合并经营,特订立合并契约条款如下:

一、甲股份有限公司(以下简称甲方)为存续公司,乙股份有限公司(以下简称乙方)为解散公司。

二、甲乙双方经洽商同意除甲方原投资乙方×××股,按乙方××××年×月×日结算净值折算收回外,其余股份均愿以持有乙方股份每 2 股折换甲方普通股股票 1 股,但不得超过双方公司的净值(双方股份每股面额均为 10 元),其折算不足 1 股部分,由甲方职工福利委员会按面额以现金承购之。

三、甲方截至××××年×月×日止已发行的普通股×××股,与乙方合并案内应增发的普通股×××股,于合并完成后的已发行股份合计为普通股×××股。因合并增加发行的普通股除不得享受甲方××××年度盈余及资本公积的分配,并不得于××××年×月×日以前自由转让外,其余权利义务与甲方原股份相同,并自××××年度起与其余股份同享盈余分配。

四、本契约所定的双方股票折换比例,经双方股东会分别议决同意后生效,直至合并完成为止。乙方于××××年×月×日以后发生的资本净值变动及甲方股票市价在进行期间的变动均不影响本契约所订的双方股票折换比例。自双方董事会提报股东临时会决议通过之合并日起,乙方的一切权利义务悉由甲方概括承受,但甲方可以自签订本契约日起派员监管。

五、乙方股东如有对合并案表示异议者,乙方董事会应依照公司法的规定,以公平价格收买其持有的股份,并按本契约所订折换比例折换甲方普通股股票。

六、本合并契约经由甲乙双方董事会分别通过后签订之,并分别提经各该公司股东临时会议决议后发生效力,并即由双方依照奖励投资条例的规定,共同向工商局申请本案的核准专案合并,由甲方向有关政府主管机关申请核准增加股本发行上市。倘上述申请经过相当期间后未获核准,应由各该公司董事会拟订办法,分别报请各该公司股东会办理。

七、甲乙双方于股东临时会通过本协议后应即编造截至×××年×月×日的资产负债表、财产目录等,向各个债权人分别通知并公告于3个月期限内表示异议。

八、本合并案经证券管理委员会核准后,应即择定一合并日,并由甲方召集合并后的股东会进行合并事项的报告与决议。

九、本合并契约未尽事宜,依有关法令办理,法令未规定者,由双方董事会会同商决办理。

十、本契约正本一式两份,双方各执一份,副本若干份备用。

立合并契约公司

甲方(存续公司):甲股份有限公司

董事长:×××

乙方(解散公司):乙股份有限公司

董事长:×××

×××年×月×日

3)企业兼并公告

企业兼并公告,是兼并企业和被兼并企业初步确定后,兼并方和被兼并方在当地主要报刊上发布的兼并信息,告知被兼并企业的债权债务人、合同关系人,对债权人规定债权请示期限以及返还债务的时效等,以便对被兼并企业的资产评估做准备。

【例文】

×××× 公司
×××× 公司 合并经营联合公告

×××年×月×日

(××)联字第×号

为促进经营合理化,经双方商定,并报请各有关方批准,以××××公司为存续公司,××××公司为解散公司,现特将有关事项公告如下:

一、兹订××××年×月×日为兼并基准日。

二、自该日起，××××公司的一切权利义务悉由××××公司概括承受。

三、兹依公司法的规定公告，凡××××公司的债权债务人，如有异议，请自公告之日起三个月内提出，逾期视为无异议，特此公告。

××××公司

地址：××××

董事长：×××

××××公司

地址：××××

董事长：×××

4)对债权人通知

对债权人通知，是指被兼并企业在达成被兼并意向后，除发布公告书外，还应向债权人发出被兼并的告知性文书。其主要内容是告知被兼并事项，并提请注意债权人异议期限。

【例文】

通　知

债权人：

本公司已被××××公司兼并，现将有关事项通知如下：

一、兹订于××××年×月×日为兼并基准日。

二、自该日起，本公司归并××××公司，本公司因被兼并而解散，本公司的一切权利义务由××××公司概括承受。

三、除依公司法的规定公告外，特此通知，如有异议，请自即日起三个月内提出，逾期视为无异议。

此致

××××公司(盖章)

地址：×××××××

董事长：×××(盖章)

××××年×月×日

5）企业集团组建方案

企业集团组建方案，是有关组建企业集团的具体实施计划，它就组建企业集团的宗旨、目的、组建原则以及组建后的企业集团的名称、性质、各级管理机构和工程进程作出初步规划和安排。这是建设企业集团的一项重要基础工作。其写法是：

（1）标题

标题有两种形式：一是由拟建企业集团名称和文种两部分组成，如《××轮胎橡胶（集团）公司组建方案》；二是由组建成员的名称、拟建企业名称和文种三部分组成，如《××××市橡胶厂、××××橡胶厂联合组建××轮胎橡胶总公司（集团）的方案》。

（2）引言

引言一般由两项主要内容组成：一是组建成员名称；二是拟建企业名称。同时，用"特制订方案如下"以引出正文。

（3）正文

正文多采用分项说明的方式来写，一般应包括下列项目：组建企业集团的宗旨；组建企业集团的目的和意义；实行企业联合的原则；拟建企业集团的名称、地址、性质和组织机构、人员安排；拟建企业集团的发展和完善；组建企业集团已具备的外部条件。

6）企业集团组建公告

企业集团组建公告，是指组建企业集团的核心企业及各关系企业在新的企业集团组成后，向社会公开发布的告知性文件。其写法是：

（1）标题

标题由联合的原企业名称、新组建的企业名称、文种构成。

（2）正文

正文由引言与主体构成。引言用以发布新的企业集团公司成立的声明，主体用以说明资本和资产负债及各项权利义务的承担，并提出债权人异议的时间。

（3）签署

由关系企业的法人代表签署。

【例文】

甲公司
乙公司 合并新设××(集团)公司公告

本两公司业务性质相同,为促进经营合理,经双方多次协议,并报请各有关方面批准,合并成"××(集团)公司"继续经营。现特将有关事项公告如下:

一、兹订××××年×月×日为合并基准日。

二、自该日起原两公司因合并而削减,甲公司原有股本总额××××万元,乙公司原有股本总额××××万元;以一对一之比例实行合并,设立丙公司,股本总额定为××××万元,原两公司所有资产负债均按账面价值合并列账,不另重估,连同一切权利义务悉由合并后新设的"××(集团)公司"概括承受。

三、兹依公司法的规定公告,各债权人如有异议,请自公告日起3个月内向本公司提出,逾期视为无异议,特此公告。

甲公司(公章)
地址:×××××××
董事长:×××(签章)
乙公司(公章)
地址:×××××××
董事长:×××(签章)
××××年×月×日

273

7)企业集团核心企业经营管理规定

企业集团核心企业经营管理规定,是指对于核心企业和企业集团总部、核心企业在本企业集团的地位和作用作出明确规定的文件。组建企业集团的过程,就是将相关企业的生产要素合理流动,按规模经济、优势互补、有序化和柔性组合机理优化组合的过程。它必须坚持以优势企业为骨干核心企业的组合原则,否则就难以有足够的辐射力。产品型集团,以生产名优产品的企业为核心;科技型集团,以具有先进技术的企业为核心;经营服务型集团以具有管理优势的企业为核心。管理规定的写法是:

(1)标题

标题包括企业集团公司的名称、事由和文种三部分。如《××(集团)公司本部与核心层企业经营管理分工的若干规定》。

（2）正文

引言部分写明制订本规定的目的、依据。主体的内容包括企业经营管理的主要问题,如产品销售、产品出口、产品价格、产品开发、产品订货、横向联营、资金管理、质量管理、人才培训、经济责任等,以条文的形式表达,用序号标明。

8.4.3 企业重组文书的写作要求

1）遵循企业重组的有关程序

企业重组涉及两个或更多企业的前途命运,写作时不可等闲视之。要遵循企业重组的有关程序,及时提交相关文书;要坚持自愿、互利、有偿的原则,在充分协商基础上写作相关文书,并保证文书的有效性。

2）条款要合理合法

条款内容要符合协议双方的实际情况,要反映双方的利益,自愿、互利、有偿的原则应具体体现在条款之中。条款要周全、清晰,数据要确切、真实,不能有疏漏、差错,以防给今后产生纠纷留下隐患。各条款内容要符合有关的法律、法规精神,不得超越其范围。文书一经签订,任何一方不能随便更改条款,如要变动,必须经双方签署人重新协商。

8.5　企业破产文书

8.5.1　企业破产文书的涵义

企业破产文书,是指企业破产在履行各项法律程序过程中所形成的一整套文书。所谓破产,是指债务人的全部资产不足以抵偿债务或债务人不能清偿到期债务,法院可依债务人或债权人申请宣告债务人破产。宣告破产后,破产人的财产即交法院指定的清算人管理。清算后的全部资产,按法律规定的顺序和比例分配给债权人抵偿债务。破产以破产宣告为连接点,分为破产宣告前的程序与破产宣告后的程序。破产宣告前的程序是指破产申请程序,破产宣告后的程序是指破产清算程序。在这个意义上说,整个破产实际上分为三个阶段:破产申请、破产宣告和破产清算,整个破产文书系列就是按照这三大程序的需要而组织撰写的。

8.5.2　企业破产文书的种类及写法

企业破产文书主要包括破产申请书、破产债权申报文书、和解协议、破产企业整顿方案、破产宣告文书、破产原因分析报告、破产企业财产分配方案等。

1)破产申请书

破产申请书,是当债务人的全部资产不能偿清到期债务时,债权人或债务人向法院递交的请求法院宣告债务人破产的文书。破产申请书的呈递,是整个破产程序开始的标志。破产申请书分债权人破产申请书和债务人破产申请书两种。其写法与民事起诉书基本相同。

(1)标题

标题直接写明"破产申请书"即可。

(2)首部

债权人破产申请书须写明债权人、债务人的名称、地址、法定代表人的姓名、职务等。债务人破产申请书须写明债务人的名称、地址、法定代表人的姓名、职务等。有的还须写明委托代理人情况。

(3)正文

①申请目的　用最简洁的语言,直截了当地说明申请目的,如"请求决定××公司为破产人"。

②事实与理由　写明请求破产程序开始的事实和理由。债权人破产申请书写明债权状况说明,破产状况分析,破产的财产累积额。债务人破产申请书写明企业的经营范围、创立时间、负债总额、资产总额等事项。债权状况和资产总额要分项说明。

(4)附录

写明破产申请书一同送达的各项文件名称,主要是申请破产的证据和证据来源。用列项形式表述。

(5)尾部

写明呈送法院、申请人的签署和时间。

【例文】

破产申请书

申请人(债务人)：×××电子有限公司

法人代表：×××

地址：××市×××工业区

委托代理人：×××，×××律师事务所律师

申请目的：申请宣告×××电子有限公司破产

事实与理由：

×××电子有限公司于×××年×月×日经×××批准成立，同日经××工商局登记注册，注册号为：××××号。注册资金为人民币446万元；共有四家股东：×××××、×××××、×××××、×××××。公司经营范围是瓷介电容、电子元器件及来料加工业务。公司成立至今，由于经营管理不善，连年亏损，产品不能适销对路，市场占有率低，致使资金周转不灵。加上机器设备老化，无法更新产品。同时，许多货物发出后，货款也收不回来，目前已停产、停业近半年之久。

根据公司财务部门向公司第六届董事会提交的财务报告显示，目前，公司固定资产账面值为134.07万元，流动资金2.35万元，应收款13.15万元等，资产总计人民币210.66万元；而公司负债情况是：银行借款209.77万元，应付利息111.9万元，应付材料款77.74万元，应付员工工资2.86万元等，总计为人民币443.7万元，资产负债率为210%，实属资不抵债。按公司章程第×章第×条的规定，经公司第六届二次董事会研究决定，鉴于公司目前状况，无力继续经营，根据《条例》第×条之规定，特向贵院申请破产。

此致

××市中级人民法院

申请人：×××电子有限公司

××××年×月×日

2）破产债权申报文书

破产债权申报文书包括破产债权申报表和破产债权登记表。法院在受理破产案件后，在10日内通知债权人或发布公告。债权人在收到通知后1个月内或自公告之日起3个月内，向人民法院申报债权。进行了申报，经调查确定后就成

为破产程序中的破产债权人,依法享有债权人的各种权利。如果未呈递破产债权申报表和填写破产债权登记表,尽管是实质上的破产债权人,但在法律上并未被承认其资格。因此,填制破产债权申报文书是参加破产程序的重要环节。

破产债权申报表应详细记明债权的数额、债权原因以及有无优先权。非金钱债权和附条件债权等,债权人应自行评定价额,同时,应提交有关证据材料,如合同、票据等。填制时,不仅主债要申报,其他附带的请求如利息等也应申报。

3)和解协议

和解协议,又称和解方案,它是债务人达到破产界限,被债权人申请宣告破产时,为了挽救企业,预防破产,债务人和债权人会议订立的整顿企业、清偿债务的协议。和解协议草案由债务人提出,由债权人会议按照法定的表决程序通过后方为成立,经法院认可后,对所有债权人均有约束力。它不同于一般的经济合同,是在国家干预下,破产案件当事人之间达成的合同。

和解协议应包括如下主要内容:

①债务人和债权人的名称、姓名、法定代表人、法定营业地址。

②债权的性质、数额,分清有担保权和无担保权的各自的份额。

③清偿办法。可以通过减免债务数额或债务分期支付的延期偿还等几种措施予以清偿。

④企业清偿各个债权人债务的期限。

⑤其他条件。

4)破产企业整顿方案

破产企业整顿方案,是指债务人和债权人达成和解协议,终止破产程序后,债务人为重振企业避免破产而制订的计划。它与一般的整顿方案不同。破产企业整顿方案的制订是直接以避免企业破产为目的,有法定期限的限制,必须以和解协议为前提,并纳入法律调整的范围,其执行要受法院和债权人会议的监督。

破产企业整顿方案应包括以下内容:

(1)企业的概况及现状

企业的概况及现状包括企业的名称、创立历史、面临困境以及对企业亏损原因的具体分析等。重点是对企业经营恶化原因的分析。

(2)为消除亏损而采取的具体措施及可行性报告

其具体措施包括:

①提出合理有效的经营管理措施,主要有加强专业管理,严格经济核算;改进劳动组织;制定技术改革方案;加强市场营销管理;加强质量管理等。也即是

从经营管理的薄弱环节入手,通过调整经营方针和目的,改进和完善管理组织,严格规章制度,落实管理的技术手段与经营方法、业务流程、定额指标以及企业内部的分工协作等,逐步使企业的经营管理合理化。

②为扩大再生产拟定计划。通过合理地组织生产流程,采用新技术,开展综合利用,开发新产品等措施,努力做到投入少、产出多、收效快。对于每项措施,尽可能提供多种方案并作出技术经济的比较,选择最佳方案,提供可行性报告。

(3)进行变动调整

根据在任领导的工作能力及企业的现实需要,对企业的管理机构、领导成员进行变动调整,健全和巩固企业的内部领导体制,促进企业复苏。

(4)整顿的期限和目标

5)破产宣告文书

破产宣告文书,是法院按照破产法的规定,根据申请人的破产请求,并通过一定法律程序,认为符合破产条件时制作出债务人破产决定的司法文书。破产宣告文书分为破产宣告裁定书、破产宣告公告和破产宣告通知书三种。其中,破产宣告裁定书是破产宣告文书的中心件。

破产宣告裁定书,是法院以书面裁定形式作出有关债务人破产的决定。其写法是:

(1)标题

标题写明"破产宣告裁定书"即可。

(2)首部

首部写明债务人的名称或姓名、法定营业地址、法定代表人姓名及其职务。

(3)裁定结论

裁定结论写明裁定案件的文号和案件名称,并写出裁定结论,如"对上述债务人的××××年(破)字第×号破产申请案件,法院作出以下裁定:(提行书写)债务人为破产人。"

(4)裁定理由

这部分是裁定书的主体,写明三个内容:一是受理破产申请时的资产总额和负债总额,宣告破产裁定时的负债额和清偿能力的判定;二是破产申请受理后所进行的各项工作程序及其结果的概述;三是写明裁定所依据的法律及其具体条文。

(5)附属决定

本部分是记录法院就破产宣告裁定书签发后,按法律程序对必须进行的重点事项作出的决定,如成立处理破产清算组,确定债权申报的期限等,并说明作出上述决定所依据的法律条文。

（6）签署

写明签发裁定书的法庭名称并加盖公章，审判员依次签署，表明裁定书签发的时间，要求准确到小时，即××××年×月×日×时。

6）破产原因分析报告

破产原因分析报告，是破产清算组向破产案受理法院所递交的分析说明破产原因的报告。破产清算组直接对法院负责，破产清算组对破产企业接管后，分析企业破产原因，形成文件交至法院，便于法院审理案件。其格式和一般的情况分析报告一样，有标题、主送机关、前言、主体与落款构成，其主要内容包括清算组开展工作的依据、清算工作的具体情况及破产原因分析等。

7）破产企业财产分配方案

破产企业财产分配方案，是指破产清算组实施破产财产管理、变卖，规定受偿顺序等准备之后，制订出来的破产财产分配方案。分配方案的内容是规定分配的比例及方法，具体做法是制成分配表。其内容应包括以下几项：

（1）参加分配者

写明应参加分配的债权人姓名和住所，法人组织的名称和法定营业地址。

（2）参加分配的债权额

参加分配债权，应当区别有无优先权，有优先权的债权人按照顺序受偿。按规定，清偿顺序是：破产企业所欠企业员工工资和劳动保险费用；破产企业所欠税款；破产债权。

（3）参加分配能够得到的金额

破产清算组制成的分配表，应提交法院裁定，经法院认可后，应当进行公告。

8.5.3　企业破产文书的写作要求

1）了解破产程序，及时提交破产文书

破产一般要经过破产申请、破产宣告、破产清算等几个程序，每一程序都有明确的法律规定，按照程序的规定提交相应的破产文书，并特别注意其时间要求。如破产债权申报文书，债权人应当在受到法院受理破产案件的通知后的一个月内，向法院递交，逾期未递交的，就被视为自动放弃债权。

2）准确把握术语的内涵

破产文书中使用的术语较多，每一个术语的内涵要准确把握。常用的破产

人、破产债权人、破产财产、清偿剔除权、抵消权、否认权、优先权、共益债权等术语都需要一一熟悉，不能一知半解，随意乱用。如破产财产，不是指破产宣告时破产企业拥有的全部财产，而是指在剔除权、抵消权、否认权行使后，以及破产企业减少或增加部分财产后，破产清算组所掌握的破产财产。

3）格式规范，内容齐全，用语严谨

破产文书都有特定的格式规范，内容条款规定也很详尽，写作时必须遵循，避免错误和遗漏，否则影响整个破产程序的进行。破产由于涉及债权人、债务人、法院、检察院、相关的银行、工商局、税务局等诸多主体，所以写作时要慎重，用语严谨、庄重。

8.6　专利文书

8.6.1　专利文书的涵义

专利文书，是以调整发明创造的权利归属和实施为内容的文书，它是发明创造的自然人或法人，为获取在一定时期内对该项发明创造的独占实施权，而按国家规定的程序制作并认可的文书。

专利文书是一个系列组合体，它主要包括：发明专利请求书、实用新型专利请求书、外观设计专利请求书，以及围绕这三种类型而产生的一系列有关文书。

8.6.2　专利文书的种类及写法

专利文书主要包括专利请求书、专利申请说明书、专利申请权利要求书、专利异议书、专利管理合同等几种。

1）专利请求书

专利请求书是专利申请中的重要文件，它是申请人向专利局要求专利确认和保护的书面声明。请求书是由专利局按照专利法的规定制订表格，由申请人填写。

专利请求书分为三种类型：一是发明专利请求书，是指对前人所没有的、创新的、新颖的科技成果提出专利申请的书面材料；二是实用新型专利请求书，是

指对机器、设备、装置、用具等的构造、结构组合等的革新创造成果提出专利申请的书面材料;三是外观设计专利请求书,是指对一定物品的形状、图案、色彩等所作的新的设计成果提出专利申请的书面材料。

　　专利请求书的主要组成项目有:发明名称;发明人姓名和地址;申请人;代理人、代表人;申请文件清单;附加文件清单;申请人或代理人签章等。

【例文】

发明专利请求书

(3)发明名称			(1)
(4)发明人	姓名		(2)
	地址		
(5)申请人	姓名或名称	电话	
	地址		
	国籍或总部所在地国家名称	经常居所或营业所所在地国家名称	
	代表姓名	地址	
(6)专利代理机构	名称	地址	
	代理人姓名	登记号	
(7)□申请费　　元,已通过□邮局□银行□专利局收款处缴纳 □已在中国政府主办或承认的国际展览会上首次展出 □已在规定的学术会议或技术会议上首次发表 □可能涉及国家重大利益需要保密处理			
(8)申请文件清单 1.请求书　份　每份　页 2.说明书　份　每份　页 3.权利要求书　份　每份　页 4.说明书附图　份　每份　页 5.说明书摘要　份　每份　页		(9)附加文件清单 □代理人委托书 □实质审查请求书 □不丧失新颖性的证明文件 □要求优先权声明 □优先权证明材料　　□ □要求提前公开声明	
(10)上述以外的发明人	(11)上述以外的申请人	(12)申请人或代理人签章 　　年　月　日	

说明:
①表中第(1)(2)栏由专利局填写。
②表中的"□"供填写选择性项目时使用,若有方格后所述情况,应在方格内标上"√"号。
③代理人必须是经专利局考核批准,正式承认,并在某一专利代理机构中工作的专业工作者。代理机构指定代理人时不得超过2人。代理人登记号是指代理人在中国专利局的登记号。

2）专利申请说明书

专利申请说明书,是用文字描述请求专利保护的发明或实用新型的总体构思的文字材料。其写法是:

(1)标题

标题由发明名称或实用新型名称加文种组成。

(2)正文

①基本情况说明　写明发明或实用新型名称,所属技术领域,与之相关的技术背景(包括历史背景与现状背景)。

②发明或实用新型的内容　这是主体部分,内容上不能隐瞒任何实质性的情节,要充分说明发明创造。

③实施发明或实用新型的方式　说明实现发明或实用新型构思的具体步骤和方法,清楚准确地列举各种条件与参数,以达到技术人员能够实现的程度。

④发明或实用新型的特点　与现有技术相比,说明发明或实用新型的特点、优点和进步性。

(3)签署及时间

最后签署申请人的姓名并签署年月日。

3）专利申请权利要求书

专利申请权利要求书,是申请文件的重要组成部分,具有直接的法律效力。因为专利的保护范围以被批准的权利要求的内容为准,权利要求的内容是确定他人是否侵权的依据。其写法是:

(1)标题

以文种为标题,即《权利要求书》。

(2)正文

①发明或实用新型的技术特征　在开头部分要求摘要说明发明或实用新型的技术特征、作用,这是请求权利保护范围的基础。

②请求保护的范围　这部分是文件的主体,由独立权利要求和从属权利要求两部分组成。独立权利要求写明该发明或实用新型所属技术领域及现有技术中与其主题密切相关的技术特征,提出权利要求。从属权利要求是对独立权利要求的补充,以及对引用部分的技术特征作进一步限定。权利要求必须以说明书为依据,不能超出说明书阐述的内容和范围。

③其他事项的说明。

（3）签署及时间

最后签署申请人姓名并签署年月日。

4）专利异议书

根据我国专利法的规定，专利申请自公告之日起 3 个月内，任何人都可以依法向专利局就该项专利提交专利异议书申请提出异议。

5）专利管理合同

（1）专利实施许可合同

专利实施许可合同是指专利权人或其授权人作为转让方，就许可受让方在约定的范围内实施专利技术，受让方支付约定的费用等问题，与受让方所达成的协议。受让方在合同成立后，可以在约定的期限、地区，按照约定的方式实施专利技术。

其主要条款是：①专利技术的内容，技术资料及其提交期限、地点和方式，秘密范围和保密期限；②专利实施许可的种类，验收标准和方法；③使用费及支付方式；④技术服务，后续改进的提供和分享；⑤专利权无效和侵权的处理办法；⑥违约金或者损失赔偿额的计算方法等。

（2）专利申请权转让合同

专利申请权转让合同，是指转让方就将其发明创造的专利申请权转让给受让方，受让方支付约定价款等问题，与受让方所订立的合同。合同依法成立后，受让方即成为新的专利申请权人，转让方即失去了专利申请人的资格。

其主要条款是：①项目名称；②发明创造名称和内容；③发明创造的性质；④技术情报和资料清单；⑤专利申请被驳回的责任；⑥价款及其支付方法；⑦违约金或者损失赔偿额的计算方法等。

（3）专利权转让合同

专利权转让合同，是指专利权人就将其所拥有或者所持有的发明创造专利权转让给受让方所拥有或持有，受让方支付约定价款等问题，与受让方所订立的合同。合同依法成立后，受让方成为新的专利权人，转让方就失去了专利权人的资格。

其主要条款是：①项目名称；②发明创造名称和内容；③专利申请人和专利权人；④专利申请日、申请号、专利号和专利权的有效期限；⑤专利实施和实施许可情况；⑥价款及其支付方法；⑦技术情报和资料清单；⑧违约金或者损失赔偿额的计算方法等。

专利管理合同的写作格式，参照经济合同的写法。

8.6.3 专利文书的写作要求

1）弄清概念，准确运用

专利文书种类繁杂，申请专利时必须提交发明专利请求书、说明书、权利要求书、说明书摘要、说明书附图等申请文件，专利管理中涉及专利实施许可合同、专利申请权转让合同、专利权转让合同等，写作时须了解每一种文书的涵义及使用情况，不能乱用。

2）填制规范，条款齐全

对于专利申请类文书，按规定填制相关表格时，必须进行规范填制，不得随意填写。如发明人必须是个人，即自然人，要填写真实姓名，不能填写他人或笔名、假名。申请人可以是个人、单位，是单位时，必须使用单位全称；申请人是单位又未委托代理人的，还必须指定一名代表作为联系人。地址应详细、准确、符合惯例，以能迅速投递为准等。对于专利管理合同类文书，必须条款齐全，对合同双方的权利、义务详细界定，以防纠纷出现。

8.7 商标文书

8.7.1 商标文书的涵义

商标管理是指商标管理机关依法确立、保护商标专利权，指导、监督商标使用活动的过程。在商标管理过程中形成的一系列文书统称商标文书。其目的是为了保护商标专用权，维护消费者利益，最终促进市场经济的发展。

我国的商标管理，实行的是集中注册，分级管理的原则。依照《商标法》的规定，国家工商行政管理局所属商标机构是全国性的商标管理机关，它包括主管全国商标注册和商标管理工作的商标局，以及负责商标复审、商标裁定事宜的商标评审委员会。地方各级工商行政管理局，包括省以下的各级工商行政管理部门，是地方上的各级商标管理机关。

8.7.2 商标文书的种类及写法

商标文书包括商标注册申请书、商标异议书、商标续展注册申请书、注册商标变更申请书、转让注册商标申请书、注册商标使用许可合同。

1)商标注册申请书

商标注册申请书,是指需要取得商标专用权的申请人向国家商标局申请注册的一种文书。商标专用权只有通过商标注册后才能得到认可,并受法律保护。商标注册申请书的写法是:

(1)**标题**

标题直接用文种名称,即"商标注册申请书"。

(2)**收件人名称**

接受商标注册申请的国家机关,即"国家工商行政管理局商标局"。

(3)**正文**

正文包括引言和表格两部分,说明以何商标注册何种商品,并提出申请。

(4)**签署**

申请人签字、盖章,并写明地址、时间等情况。

(5)**事务性说明**

每份商标注册申请书附带商标图样10张。对设计抽象、无文字、过于简单或过于复杂的商标,应附加说明。还应说明规费情况。

(6)**基层工商行政管理部门核转**

一般由县、市或省、市两级签署核转。

【例文】

商标注册申请书

国家工商行政管理局商标局:

　　现拟以_____商标,使用于商品分类表第_____类的下列商品,申请注册。

285

商品名称	商品用途	主要原料	技术标准			
			国家	部颁	行业	自定

申请人(印章)：_____

地址：_____

营业执照号：_____

经济性质：_____

　　　　　　年　　月　　日

附送：

商标图样10张(指定颜色的着色图样和黑白稿各1张) 其他	申请费　　　　　　　元 注册费　　　　　　　元 (地方工商行政管理局收费专用章)
县级工商行政管理局核转意见： 　　　　　　　　　　(印章) 　　　　　　年　　月　　日	省(市)级工商行政管理局核转意见： 　　　　　　　　　　(印章) 　　　　　　年　　月　　日

说明：

①商品分类表：它是一种法定文件,根据商品原料、用途、生产工艺、交易习惯或服务性质等,按照物以类聚的方法,把商品分成若干类,列成表,以便注册和管理时使用。

②商标注册申请的原则：采用的是一类商品、一件商品一份申请的原则,即同一份申请书里,只能申请一个商标在同一类别的商品上注册。

③商标图样：长宽在10 cm和5 cm之间,圆形图样的直径不小于5 cm。要使用光洁耐用的纸张,或用照片或复印物代替,便于粘贴,不得使用硬质、塑料等不能粘贴的物品。图标应清晰洁净,所用文字书写正确。

④申请书须经所在地工商局核转或商标组织代理。

2)商标异议书

　　商标异议书,是指单位或公民对商标局初步审定并予公告的商标不服,而向商标局提出的请求不予注册的申请文件。

【例文】

商标异议书

国家工商行政管理局商标局：

我厂（公司）使用在第_____类_____商品上的_____商标，已经在你局核准注册，证号_____。依照《商标法》第十九条规定，对_____厂（公司）经你局初步审定，列入编号第_____号，刊登于____年_____月_____日第_____期《商标公告》的商标提出异议。请裁定。

理由如下：_____。

商标注册人：（签章）_____

地址：_____

年   月   日

附送：副本一份，证据_____件。

其他_____。

3）商标续展注册申请书

商标续展注册申请书是，指注册商标所有人依法办理手续，为延长注册商标的有效期所提出的申请。其格式与商标注册申请书相同。

【例文】

商标续展注册申请书

国家工商行政管理局商标局：

你局核准注册的第_____号使用于商品分类表第_____类商品上的_____商标，有效期于_____年____月____日期满，现申请续展注册。

申请人（印章）：_____

地址：_____

年   月   日

附送：

原注册证一份 商标图样五份 其他	续展申请费　　　元 续展注册费　　　元 续展迟延费　　　元 （地方工商行政管理局收费专用章）
县级工商行政管理局核转意见： （印章） 年　月　日	省（市）级工商行政管理局核转意见： （印章） 年　月　日

4）注册商标变更申请书

注册商标变更申请书，是指注册商标所有人需改变其名义、地址或其他注册事项时，向商标局提出的变更申请书。

【例文】

注册商标变更注册人名义、地址及其他事项申请书

国家工商行政管理局商标局：

你局核准注册的第＿＿＿＿＿号使用于商品分类表第＿＿＿＿＿类商品上的＿＿＿＿＿＿＿商标，因注册事项由＿＿＿＿＿＿＿＿，变更为＿＿＿＿＿＿＿＿，现申请变更。

申请人（印章）：＿＿＿＿＿＿
年　月　日

附送：

原注册证　　　份 其他	变更费　　　元 （地方工商行政管理局收费专用章）
县级工商行政管理局核转意见： （印章） 年　月　日	省（市）级工商行政管理局核转意见： （印章） 年　月　日

5）转让注册商标申请书

转让注册商标申请书,是指注册商标所有人把注册商标转移给他人所有并由其专用,而向商标局提出申请的文件。转让人和受让人必须共同提出申请。

【例文】

转让注册商标申请书

国家工商行政管理局商标局:

你局核准注册的第_____号使用于商品分类表第_____类商品上_____的商标,因原注册人已将其转让给_____,现双方会同申请转让注册。

转让人(印章)：_____

地址：_____

受让人(印章)：_____

地址：_____

受让人营业执照号：_____

受让人经济性质：_____

年　月　日

附送：

原注册证一份 其他	申请费　　　　元 注册费　　　　元 (地方工商行政管理局收费专用章)
受让人所在地县级工商行政 管理局核转意见： 　　　　　　　(印章) 　　　　年　月　日	受让人所在地省(市)级工商行政管理局核转意见： 　　　　　　　(印章) 　　　　年　月　日

6）注册商标使用许可合同

注册商标使用许可合同,是指注册商标所有人将其注册商标许可给他人使用而签订的合同。其主要条款包括许可的时间、方式,使用的商品,报酬,双方的权利和义务,等等。

【例文】

注册商标使用许可合同

许可人：_____（下称甲方）

被许可人：_____（下称乙方）

经甲方和乙方协商,达成协议如下：

1. 甲方许可乙方自_____年__月__日至____年__月__日在_____商品上使用甲方注册的第_____号_____商标;

2. 乙方应付给甲方许可使用报酬_____元,支付办法为_____

_____;

3. 甲方可以/不得于_____年__月__日至_____年__月__日内在地区使用或许可第三者使用上述注册商标;

4. 甲方保证_____;

5. 乙方保证_____。

本合同一式____份,副本送_____县(市、区)工商行政管理局存查。

甲方：_____（印章）　　乙方：_____（印章）

负责人：_____（签字）　　负责人：_____（签字）

签订时间：_____年__月__日

签订地点：_____

7) 商标代理委托书

处理商标事宜,如商标申请注册、转让注册、变更注册、提出商标异议、商标使用许可合同备案等,可以委托商标事务所代理此类事项。此时,委托人应填写商标代理委托书,委托人签字后生效,代理人在委托权限内的行为具有法律效力。

【例文】

商标代理委托书

中华人民共和国国家工商行政管理局商标局：

我/我公司_____是_____国国籍,依_____国法律组成,现委托_____代理_____商标的如下"√"事宜。

☐注册　　　　☐续展注册　　　☐转让注册　　　☐变更注册人名义
☐变更注册人地址　　☐补发商标注册证　　☐注销注册商标　　☐异议
☐商标使用许可合同备案　　☐商标侵权纠纷案件　　☐其他事项

委托人：＿＿＿＿＿＿＿＿＿＿

地址：＿＿＿＿＿＿＿＿＿＿＿

联系人：＿＿＿＿＿　电话：＿＿＿＿＿　　　邮政编码☐☐☐☐☐☐

（印章）

年　　月　　日

8.7.3　商标文书的写作要求

1）掌握法规，依法行文

要写好商标文书，首先就要认真学习和掌握中国《商标法》及《商标法实施细则》，做到依法行文，以保证商标专用权受到国家法律保护，维护商标所有者的合法权益，便于国家机关对商标的规范管理。

2）遵循规定，及时行文

在商标管理的各环节，相关商标文书的提交必须遵循国家的有关规定进行。应准备好相应的文件资料，按照相应的程序进行提交。由于商标管理活动的时效性强，如商标异议的提出、续展注册的申请都有明确的时间要求，因此商标文书应及时拟写，按时提交。

3）行文规范，语气庄重

商标文书是一种法律性文书，必须严格按照规定的格式书写，做到内容齐全，行文规范。同时，要求概念清晰，用语准确、简洁，语气庄重，以示其严肃性。

8.8　资产评估报告

8.8.1　资产评估报告的涵义

资产评估报告，是资产评估机构接受委托，对委托单位被评估资产的价值进

291

行评定和估算后,向委托单位提交的反映资产评估结果的报告。它是资产评估机构履行评估协议的成果,是评估机构为资产评估项目承担法律责任的证明文件,具有公证性和法律效力。

8.8.2　资产评估报告的写法

1)首部

(1)标题

标题由评估机构、评估对象和文种构成,如"××会计师事务所关于××公司资产评估报告"。或省略评估机构,如"××公司资产评估报告"。文种也可写为"资产评估结果报告书"。

(2)编号

编号由评估机构报告代字、年号和顺序号组成,如"深资评报字(2001)第56号","深资评报字"是"深圳市资产评估事务所资产评估结果报告书"的代字,"(2001)"是年号,"56"是事务所评估报告的序号。

(3)致送单位

致送单位是委托评估机构进行资产评估的单位。写全称,并顶格书写。

2)正文

(1)前言

前言写明评估系接受委托、被评估单位的名称、评估的基准日期、评估的原则、评估范围、评估申请获批准立项等情况。

(2)主体

①评估的目的和范围。

②被评估单位资产情况。

③评估的依据:评估所依据的法律、法规和政策。

④评估的方法和计价标准。

⑤评估结果、评估价值。

⑥评估说明:对评估过程中所涉及的重要事项的说明。

主体部分的几个内容的次序如何安排,可以据资产评估报告内容的需要而定。

3）尾部

（1）附件说明

附件名称在正文之后用数字依次注明，写全称。

（2）署名和签章

写明评估机构全称、评估机构负责人、评估项目负责人以及中国注册会计师和其他评估人员。

（3）日期

提交评估结果报告书的时间。

4）附件

附件的主要内容有：

①资产评估汇总表、明细表。

②评估方法说明和计算过程。

③与评估基准日有关的会计报表。

④评估依据的有关文件。

⑤资产评估后的资产增减情况说明。

⑥相关证明文件复印件等。

293

8.8.3　资产评估报告的写作要求

1）内容客观

内容客观、真实、准确是资产评估报告的生命所在，造成评估结果不真实的，将由国家有关主管部门给予处罚。对评估过程尤其是采用具体的评估方法要介绍清楚，引用的资料要合理可靠，保证报告的客观性，从而增强社会对报告的信赖程度。

2）篇章合理

资产评估报告的逻辑结构和格式安排要合理。正文的写作，按说明——结论的次序还是按结论——说明的次序来安排，根据行文需要确定。正文篇幅不宜写长，能在附件详细展示的内容，就不宜在正文里安排篇幅。

3）交代周详

正文既要简练，又要交代周详。需要交代清楚评估过程中引用的法律、法规和国家政策与规定的评估范围是否一致，评估机构、评估人员是否合法。根据标的物的实际情况灵活选用现行市价法、重置成本法、收益现值法、清算价格法中的哪一种时,必须交代清楚,要在报告中反映出评估报告对各种影响资产价值的因素均已考虑,以显示其科学性。

4)语言严密

资产评估报告在语言上具有法律用语的一般特征,如果模糊不清,则有可能发生误导。要善于采用定义法、限定法对有关概念加以明确。

【例文】

××公司资产评估报告

××公司:

我所按照国家国有资产管理局关于资产评估的有关规定,以××××年××月××日为基准日,对××公司确定的评估范围内所有资产进行评估。现将评估情况报告如下:

一、评估的目的和范围

二、资产概况和产权的归属

(一)固定资产

(二)流动资产

(三)长期投资

(四)在建工程

(五)无形资产

(六)负债

三、评估方法

(一)固定资产采用××法进行评估

(二)对流动资产的评估采用××法

(三)长期投资采用××法

(四)无形资产采用××法

(五)土地使用权采用××法

四、主要评估依据

五、评估结果

资产原值:

资产净值:

重置价值：

评估价值：

评估价值对净值的增减值和增减率：

六、几点说明

附件：(略)

委托单位：××××(章)　　　评估单位：××××(章)

委托单位法定代表人：×××(签字)　评估单位法定代表人：×××(签字)

××××年×月×日　　　　　　××××年×月×日

思考与练习

1. 企业经营管理文书的特点和写作要求是什么？

2. 招标文书和投标文书包括哪些种类？招标公告(通告)的写法是怎样的？

3. 股份制文书包括哪些种类，分别用于什么情况？其写作要求是什么？

4. 试说明招股说明书、公司章程、年度报告的写法。

5. 企业重组文书包括哪些种类？企业兼并协议书的写法是怎样的？

6. 企业破产文书主要包括哪些？破产申请书的写法是怎样的？

7. 专利文书包括哪些种类？写作要求是什么？

8. 商标文书包括哪些种类？分别用于什么情况？

9. 资产评估报告的写法是怎样的？

第9章 工商税务文书

9.1 工商税务文书概述

9.1.1 工商税务文书的概念

工商税务文书,是工商行政管理部门及税务机关等在处理日常经济事务、传播经济信息、协调经济活动中所使用的格式相对稳定的专用文书的总称。它是经济应用文的重要组成部分,是工商行政管理部门及税务机关加强对企业的设立、终止及生产经营整个过程和税收征纳的合法性、合理性进行管理和控制的重要依据和手段。

9.1.2 工商税务文书的作用

工商税务文书属经济文书的范畴。除了具有一般经济文书处理经济事务,沟通经济信息、解决实际问题等作用外,其本身还具有以下两方面的主要作用:

1)加强企业设立、终止及运作管理,稳定社会主义市场经济秩序

在社会主义市场经济体制下,企业的组织形式不仅种类繁多,且复杂多变,各级工商行政管理部门要加强对本地区各种类型企业的管理,就必须要建立健全企业的设立、终止及运营过程等各环节的有关规章制度。要求所有企业(不

论何种组织形式)在其开业、运营及终止时,都要向当地工商行政管理部门提出申请,办理相关的登记手续。如企业开业(营业)时,必须在工商行政管理部门申请开业登记并注册,在运营过程中根据客观实际情况需要变动时,必须申请变更登记注册及企业在发生破产、倒闭、歇业等情况时,必须申请注销登记注册,等等。这些都是国家工商行政管理部门加强对企业管理所采取的重要手段。而企业设立、终止或调整经营范围及经营方式的法律依据和证明,就是企业在各个环节所填制的书面材料,即企业开业、变更及终止等各种登记注册书,它们不仅是各级工商行政管理部门依法监督、检查、考核企业经营合法性和合理性的主要依据,同时,还是稳定社会主义市场经济秩序的重要手段。

2)加强税收征纳管理,考核分析和检查了解税收征纳工作情况

税收征纳管理是税务管理的重要内容,是贯彻税收政策,执行税收法制任务,指导、监督纳税人正确履行纳税义务,发挥税收作用的重要措施和基础性工作。而取得和填制各种税务类文书是加强税收征纳管理,保证税收征纳工作顺利进行的主要手段和前提。如税务登记表是税务机关执行税收征管政策,纳税义务人履行税负的重要依据;减免税申请书则是征收机关及征收人员依法向纳税义务人减免税款的依据;税收检查报告和税负分析报告,则是税务主管部门考核分析和检查了解本地区税收征纳工作进展状况和结果的重要手段,以便于有关部门和人员及时作出决策,促使税收征纳任务的顺利完成。

9.1.3 工商税务文书的种类

工商税务文书按其使用部门的不同,可分为工商行政管理文书和税务管理文书等两类:

工商税务文书是指工商行政管理部门使用的文书,主要包括不同组织形式的企业申请开业(营业)登记报告;企业变更登记申请书;企业申请注销登记报告等。这些文书既是企业依法取得、变更或终止生产经营活动合法权利的证明,又是各级工商行政管理部门及税务机关,依法监督和检查企业生产经营活动的业务内容及范围是否合理合法的主要考核依据,也是税务机关征纳各种税收的主要依据。

税务管理文书是指国家和地区税务机关在日常税务征收活动中使用的文书。主要包括税务检查报告、税务分析报告、税务行政复议决定书、税务登记表及各种减免税申请书等。税务管理文书是国家和地区税务机关征纳税款、减免税款及检查分析税收征纳情况的主要依据,是监督纳税人照章纳税,征税人依法征税的法律保证和证明。

综上所述工商税务文书不仅是工商行政管理部门和税务机关处理日常经济事务,传播经济信息,协调经济活动的重要手段,而且在稳定社会主义市场经济秩序,保证国家财税收入,及时足额上缴国库等方面具有重要的作用。现结合教学和应用的实际需要,选择实用性、代表性较强的几种文书分别阐述。

9.2　企业法人登记报告

企业法人登记报告,是指在我国境内欲开办独立承担民事责任的企业于投产或营业前,向工商行政管理部门申请填写的有关登记注册事项的文字材料。企业法人登记报告根据申请人的不同,可分为企业法人申请开业登记注册书和外商投资企业申请登记表等。

9.2.1　企业法人申请开业登记注册书

1)概念

企业法人申请开业登记注册书,是指欲开办独立承担民事责任的国内独资企业于投产或营业前,向工商行政管理部门填写的申请开业登记事宜的文书材料。它既是工商行政管理部门对企业的开业及其生产经营活动进行监督管理的一种手段,又是企业取得法人资格,依法从事生产经营活动的法律依据,同时,它也是企业最基本的档案资料,是企业法人申请变更登记注册和注销登记注册的前提条件。

2)结构

企业法人申请开业登记注册书由封面和正文两部分组成。

（1）封面

封面包括文号、编号、标题、组建单位、组建负责人姓名、申请日期。

（2）正文

正文属表格式,由两个表格组成:

①申请开业登记事项,填写企业法人名称、住所、经营场所地址、法定代表人、经济性质、从业人数、注册资金、经营方式、经营范围、经营场所面积及企业主要设备和主要服务设施、分支机构等。

②提交文件、证件及有关部门意见。填写申请开业登记提交的文件、证件，有关部门签署意见等两类内容。应提交的文件、证件有：

a. 组建负责人签署的登记申请书。

b. 主管部门或审批机关批准该企业法人设立的文件。

c. 企业法人组织章程。

d. 企业法人注册资金的信用证明。

e. 企业法定代表人的身份证明。

f. 住所和经营场所使用证明。

g. 其他有关文件、证件。

【例文】封面

文号：工商企字(20   □)第   □号

编号：

企业法人申请开业登记注册书

组建单位：   （盖章）

组建负责人签字：

申请日期：   年   月   日

中华人民共和国
国家工商行政管理局制

正文

（一）申请开业登记事项

企业法人名称			
住　　所			
经营场所地址			
法定代表人		电话号码	
经济性质			

续表

从业人数 （人）	其中：			
	管 理 人员数	技 术 人员数	生产（业务） 人员数	其 他 人员数

注册资金 （万元）	其中：	
	固定资金	流动资金

经营方式		
经营 范围	主营	
	兼营	

经营期限	自　年　月　日至　年　月　日止

主管部门		批准文件文号及日期	
审批机关		审批文件文号及日期	

经营场所面积	合计	其中：			
		生产加工用	营业占用	仓库占用	其他

企业主要设备和 主要服务设施	名　称	单　位	数量	名　称	单　位	数　量

分支机构简况 （不够可附纸续 填）	企业名称	地　址	法定代表人（负责人）	执照号

（二）提交文件、证件及有关部门意见

申请开业登记提交文件、证件	
有关部门签署意见	年　月　日（公章）

注：①企业法人申请开业登记时，填写、提供（一）（二）两栏的内容。

②企业法人设立的不能独立承担民事责任的分支机构，由国家经费支持的事业单位、科技性的社会团体从事经营活动或设立不具备法人条件的企业，因企业分立或者合并后新开办的不具备法人条件的企业等，一律在开业或投产前填写申请营业登记注册书（格式略）。

9.2.2 外商投资企业申请开业登记表

外商投资企业,是指依照中华人民共和国法律的规定,在中国境内设立的,由中国投资者和外国投资者共同投资或者仅由外国投资者投资的企业。外商投资企业按其投资方式的不同可分为中外合资经营企业、中外合作经营企业和外商独资经营企业三种。外商投资企业申请开业登记表就是外商投资企业为取得中国企业法人资格,向工商行政管理部门申请填写的有关登记注册事项的文书材料。

外商投资企业申请开业登记表包括标题、主送机关、正文、落款和附件。

1)标题

标题一般就写"外商投资企业申请开业登记表"。

2)主送机关

主送机关是填写所登记的工商行政管理局名称。

3)正文

正文由填写登记表的缘由、申请单位有关情况、申请日期及举办外商投资企业审批事项和外商投资企业登记注册事项组成。①填写该登记表的缘由。②申请企业有关情况。填写申请企业名称,董事长、副董事长签字。③申请日期。填写该申请登记表的日期,要求年月日俱全。④举办外商投资企业审批事项。填写项目建议书审批机关、项目建议书批文文号、日期,可行性研究报告审批机关、可行性研究报告批文文号、日期等内容。⑤外商投资企业登记注册事项。填写企业名称、住所、企业类别、投资中方、投资外方、投资总额等十八项内容。

4)落款

落款即填表人姓名。

5)附件

附件包括董事会成员登记表和提交的有关文件、证件。应提交的有关文件、证件有:

①由董事长、副董事长联合签署的外商投资企业申请登记书。

②企业合同、章程以及审批机关的批准文件和批准证书。

③项目建议书、可行性研究报告及其批准文件。

④投资者合法开业证明。中国投资者的合法开业证明是工商行政管理机关

核发的营业执照副本。

⑤投资者的资信证明。外国投资者的资信证明是指与外国投资者有业务往来的银行出具的、证明外国投资者财产状况的书面材料。

⑥董事会名单以及董事会全体成员、总经理、副总经理的委派(任职)文件和上述有关中方人员的身份证明。

⑦其他有关的文件、证件。

【例文】

外商投资企业申请开业登记表

_____工商行政管理局：

根据《中华人民共和国企业法人登记管理条例》的有关规定,申请登记注册,请予审核批准。

申请企业名称：_____

董事长签字：_____

副董事长签字：_____

申请日期：_____

(一)举办外商投资企业审批事项

项目建议书审批机关	
项目建议书批文文号、日期	
可行性研究报告审批机关	
可行性研究报告批文文号、日期	
合同、章程审批机关	
合同、章程批文文号、日期	
批准证书颁发机关	
批准证书文号、日期	
有关专项规定审批机关	
专项规定批文文号、日期	
开户银行及账号	

(二)外商投资企业登记注册事项

企业名称	（中方）	
	（外方）	
住　所		
企业类别		
投　资	中　方	
	外　方	
投资总额		
注册资金(万元)	中　方	
	外　方	
投资各方认缴出资额期限	中　方	
	外　方	
合同有效期限		
经营范围		
企业人数	其中外方	
董事长	姓　名	
	籍　贯	
	住　址	
副董事长	姓　名	
	籍　贯	
	住　址	
总经理	姓　名	
	籍　贯	
	住　址	电　话
副总经理	姓　名	
	籍　贯	
	住　址	电　话
分支机构		

填表人签名_____

_____公司

董事会成员登记表

姓　名		性别		年龄		照片
人事关系所在单位						
现工作单位			职务			
工作单位地址				电话		
家庭住址				电话		
法定代表人任职时间		年　月　日起至　年　月　日				
个人简历						

主管部门签章
年　月　日

9.3 企业变更情况登记申请书

　　企业变更情况登记申请书是指已在工商行政管理机关核准注册的企业,在生产经营过程中由于企业发展,市场行情变化,国家经济、财税政策的调整等客观条件的变化,需要变更有关事宜,依照法定程序,向工商行政管理部门提出变更申请时,填写的变更登记事宜的文书材料。它是企业调整经营方式、经营范围、变更注册资金等的法律保证和前提条件。企业变更情况登记申请书根据申请人的不同可分为:企业法人申请变更登记注册书、外商投资企业变更申请书和私营企业申请变更登记注册书等。

9.3.1 企业法人申请变更登记注册书

　　企业开业有关事项一经工商行政管理机关核准注册,便受到法律保护,企业不能擅自改变。如果由于客观条件的变化,如企业发展、市场行情变化、国家政策调整等因素,企业需要变更有关事宜,必须向工商行政管理部门提出变更申请。企业法人申请变更登记注册书就是企业法人在申请变更登记时使用的文书材料。

企业法人申请变更登记注册书由封面和正文两部分组成。

①封面由标题、文号、编号、企业名称、法定代表人签字、申请日期组成。

②正文由两个表格组成:a. 企业法人申请变更登记事项,包括企业名称、企业场所、法定代表人、经济性质、经营范围、经营方式、注册资金、增设或撤销的分支机构及企业分立、合并、兼并后的登记注册;b. 提交文件、证件的名称,申请变更理由,有关部门签署意见等内容。应提交变动文件、证件有:法定代表人签署的变更登记申请书,原主管部门或审批机关审查批准变更的文件,根据变更内容的不同提交的其他有关文件、证件。

【例文】封面

文号:工商企字(20   )第   号

编号:

企业法人申请变更登记注册书

企业名称: (盖章)

法定代表人签字:

申请日期: 年   月   日

中华人民共和国
国家工商行政管理局制

正文

(一)企业法人申请变更登记事项

项　目	原核准登记事项	申请变更登记事项
企业法人名称		
住　所		
经营场所地址		
法定代表人		
经济性质		
从业人数(人)		

续表

项目	原核准登记事项			申请变更登记事项		
注册资金(万元)	其中：			其中：		
		固定资金	流动资金		固定资金	流动资金
经营方式						
经营范围 主营						
经营范围 兼营						
经营场所面积						
经营期限	自 年 月 日至 年 月 日止			自 年 月 日至 年 月 日止		
增(减)分支机构简况(可附纸续写)	名 称	地 址	负责人	执照注册号		

（二）提交文件、证件及有关部门意见

申请变更登记提交文件、证件	
企业申请变更理由	法定代表人签字： 年 月 日
企业电话	联系人
主管部门	批准文件、文号及日期
审批机关	审批文件、文号及日期
有关部门签署意见	年 月 日 （公章）

9.3.2 外商投资企业变更登记申请书

外商投资企业变更登记申请书,是指外商投资企业变更登记事项发生了变化,向原登记的工商行政管理机关呈交的申请变更登记事由的文书材料。

申请变更的事项有:企业名称、住所、注册资本、经营范围、董事长、总经理、经营期限、增减分支机构或办事机构、转让、企业类别、合并、分立等。上述事项发生变化,都需要办理变更登记手续。

外商投资企业变更登记申请书由标题、主送机关、正文等三部分组成。

1)标题

标题由事由和文种组成,一般就写"变更登记申请书"。

2)主送机关

主送机关即办理登记的工商行政管理部门名称。

3)正文

正文由变更理由、企业概况、申请日期、公司印章、变更登记项目组成:①变更理由。需申请变更登记的外商投资企业填写,该申请书上写作"本公司原登记项目有变更,现予变更登记,请予审查核准"。②企业概况。包括申请企业名称、企业类别、营业执照号、董事长签字、副董事长签字几项内容。③申请日期。填写清楚具体的年月日。④公司印章。加盖公司印章戳记。⑤变更登记项目。包括名称、住所、注册资本等,分为原登记与变更登记两类。

申请变更时应提交的文件、证件有:

①董事长、副董事长签署的变更登记申请书。

②董事会的决议。

③原审批机构的批准文件。

④其他需提交的文件,如变更住所等。

【例文】

变更登记申请书

_____工商行政管理局:

本公司原登记项目有变更,现申请变更登记,请予审查核准。

申请企业名称 _____

企 业 类 别 _____

营业执照号 _____
董事长签字 _____
副董事长签字 _____

申请日期： 年 月 日
公司印章：

变更登记项目

项　目	原登记	变更登记	备　注
名　称			
住　所			
注册资本			中方： 外方：
经营范围			
董事长			
副董事长			
总经理			
经营期限			
增减分支机构或办事机构			
转　让			
企业类别			
审批意见		年 月 日	

注：①本表报国家工商行政管理局一式两份备案。
　　②初审的工商行政管理局报核准登记的工商行政管理局一式四份。

9.3.3 私营企业申请变更登记注册书

私营企业申请变更登记注册书,是指私营企业在需要改变登记事项时,向工商行政管理机关填写的申请变更登记事项的文书材料。

私营企业申请变更登记注册书由封面和正文两部分组成。

封面包括文号、编号、企业名称、企业负责人、行业、核准日期等。

正文由申请变更登记事项和提交文件、证件及有关部门意见两个表格组成。申请变更登记事项包括企业名称、企业负责人、经营地址、经营范围、经营方式、注册资金、企业类别、分支机构、修改合伙协议或公司章程所涉及主要登记事项,因合并、分立而保留的企业分支机构变更登记事项及私营企业主要登记事项等内容。

申请变更时应向有关部门提交的文件、证件有:

①企业负责人签署的变更登记申请书。

②变更登记事项涉及国家有关部门审批权限的,应提交有关文件、证件有:a.分支机构负责人签署的变更登记申请书;b.私营企业负责人签署的决定书。

【例文】封面

文号:工商个字[20　　　]　第　　　号

编号:

私营企业申请变更登记注册书

企业名称＿＿＿＿＿＿＿＿＿＿＿＿＿＿＿

企业负责人＿＿＿＿＿＿＿＿＿＿＿＿＿

行　　业＿＿＿＿＿＿＿＿＿＿＿＿＿＿＿

核准日期＿＿＿＿年＿＿月＿＿日

中华人民共和国
国家工商行政管理局制

正文

（一）申请变更登记事项（申请人填写）

项　目	原核准登记事项 （逐项填写）			申请变更登记事项 （只填变更事项）		
企业名称						
经营地址						
企业负责人						
企业种类						
投资者人数						
雇工人数						
注册资金 /万元	合计	固定资金	流动资金	合计	固定资金	流动资金
经营方式						
经营范围	主营					
	兼营					
分支机构数						
申请变更 登记理由						

（二）提交的文件、证件及有关部门意见（申请人提交）

提交的文件、证件	
有关部门的意见	

9.4　行政复议文书

　　所谓行政复议是指公民、法人或其他组织不服有关行政机关的行政处罚、或者其他处理决定,依法向原处理机关或者其上级机关提出申诉,由原行政机关或上级机关对该行政处理决定是否合法与适当,重新进行审议,并作出裁决的行政程序制度。行政复议包括工商行政复议和税务行政复议。现主要以税务行政复议为例,阐释行政复议过程中所运用的主要文书。

9.4.1 税务复议申请登记表

税务复议申请登记表,是由承受税务机关征税决定和违章处理决定的当事人,包括纳税人、代征人、代扣代缴义务人、直接责任人和其他税务争议当事人等依法提出复议申请时,在税务行政复议机构填制的复议申请登记表。

税务复议申请登记表要求申请人填写自己的姓名、电话、住址、邮编、单位、法定代表人、地址、邮政编码、电话及委托代理人等;被申请人的机关名称、负责人、地址、邮政编码、电话等;具体行政行为和请求复议的事实理由等有关内容。并签名盖章。具体格式见下表:

复议申请登记表

编号:

申请人	姓　名		电　话	
	住　址		邮　编	
	单　位		法定代表人	
	地　址			
	邮政编码			
	委托代理人			
被申请人	机关名称		负责人	
	地　址			
	邮政编码		电　话	
具体行政行为				
复议请求与事实理由				
备注				
申请人签名或盖章			时　间	

9.4.2　受理复议通知书

　　受理复议通知书,是指税务行政复议机关在对复议申请进行审查后,根据《税务行政复议规则》的有关条文规定,对符合申请复议条件的复议申请,决定依法予以受理后,制发的告知申请人自收到复议申请之日起受理复议的书面通知。

【例文】

×××税务局

字第　　号

受理复议通知书

　　＿＿＿＿＿＿＿(申请人):

　　你(单位)不服＿＿＿＿＿＿＿＿＿(被申请人)＿＿＿＿＿＿＿年＿＿月＿＿日作出的＿＿＿＿＿＿＿＿＿＿＿＿处理决定的复议申请书收悉。经审查,符合《税务行政复议规则》第三十六条规定的条件,决定自收到复议申请书之日(＿＿＿＿＿＿＿＿年＿＿月＿＿日)起予以受理,复议审理期限为＿＿＿＿＿＿＿＿。

　　特此通知

复议机关印(印章)

××××年×月×日

9.4.3　不予受理裁决书

　　不予受理裁决书,是指税务行政复议机关在对复议申请进行审查后,根据《税务行政复议规则》的有关条文规定,对不符合法定条件的复议申请依法作出不予受理的裁决后,制发的告知申请人不予受理的理由和诉权的书面通知。

【例文】

××税务局

字第　　　号

不予受理裁决书

_____（申请人）：

　　你（单位）不服_____（被申请人）_____年_____月_____日作出的_____处理决定的复议申请书收悉。经审查，不符合下列条件：_____。根据《税务行政复议规则》第三十六条、第三十八条规定，本复议机关裁决不予受理。如对本裁决不服，可以在收到本裁决之日起十五日内就不予受理裁决本身向人民法院起诉。

　　特此通知

复议机关（章印）

××××年×月×日

313

9.4.4　停止复议通知书

　　停止复议通知书，是指根据《税务行政复议规则》的有关条文规定，税务行政复议机关在复议审理过程中，由于发生某种特殊情况，决定复议程序暂时停止时，制发的告知申请人待这种特殊情况消除后，再恢复复议程序的书面通知。

【例文】

××税务局

字第　　　号

停止复议通知书

_____（申请人）：

　　你（单位）不服_____（被申请人）_____年____月____日作出的处理决定一案，经审查，本复议机关认为由于_____，根据《税务行政复议规则》第四十九条规定，本复议机关决定暂时停止对本案审理，停止期间不计算在复议期间内。

　　特此通知

复议机关印(印章)

××××年×月×日

9.4.5　行政复议决定书

　　行政复议决定书,是指根据《税务行政复议规则》的有关条文规定,税务行政复议机关在复议案件审理终结后,根据查明的事实和有关法律、法规、规章或其他规范性文件的规定,制发的告知申请人详细情况的书面材料。

【例文】

×××税务局

字第　　号

行政复议决定书

　　申请人:姓名、性别、年龄、职业、住址;法人或其他组织名称、地址;法定代表人姓名、职务

　　法定代理人:姓名、性别、年龄、职业、住址

　　被申请人:名称、地址

　　法定代表人:姓名、职务

　　申请人不服＿＿＿＿＿＿(被申请人)＿＿＿＿＿年＿＿＿月＿＿＿日作出的＿＿＿＿＿处理决定,以＿＿＿＿＿为由依法向本复议机关申请复议,要求＿＿＿＿＿＿＿＿现经本机关审理查明:＿＿＿＿＿＿＿＿＿＿＿＿＿＿＿＿＿＿＿＿＿＿＿＿＿＿＿＿＿＿＿＿＿＿＿＿＿＿＿。

　　本机关认为＿＿＿＿＿＿＿＿＿＿＿＿＿＿＿＿依据规定,本复议机关作出以下复议决定:＿＿＿＿＿＿＿＿＿。

　　申请人对本复议决定不服,可以在收到复议决定书之日起＿＿＿＿日内向人民法院起诉,逾期不起诉又不履行本复议决定的,＿＿＿＿＿＿＿(税务机关)可申请人民法院执行或依法强制执行。

复议机关印(印章)

法定代表人签名或盖章

××××年×月×日

9.5　纳税检查报告

纳税检查报告即税务检查报告,是检查人员向税务机关报告和向被检查的纳税人通报检查结果的书面文件。纳税检查报告由税务检查报告表和税务检查报告书两部分组成。通过检查报告可以反映纳税人履行纳税义务的程度及税务机关施行税收法律法规的情况。

9.5.1　税务检查报告表

【例文】

纳税检查报告表

被检查单位：　　　　　　　　　　　　　　　　×税征表××号

经济性质：　　　　　　　　　　　　　　　　　金额：(列至角分)

税种及税目	所属时期	申报计税金额	查补(退)计税金额	检查核实合计金额	税率%	应纳税额	已入库税额	未缴税额	应补(退)税额	审定补税额	缴款书号码
合计											
被检查单位意见	年月日	检查单位意见		主管业务部门意见		年月日		分管县局领导批示	年月日		年月日

检查人员：

税务检查报告表,是在检查计算表的基础上形成的书面文件,其特点是主要以具体数据来反映税务检查的结果。税务检查报告表有两方面的含义:一是向纳税人反映本次税务检查的全部数据;二是向税务机关报告本次检查结果的主要依据和基础。

税务检查报告表主要列示的内容包括:①被查企业名称、企业经济性质、税征表的种类及编号、税额的计量单位等;②税种及税目、所属时期、申报计税金额、查补(退)计税金额、检查核实合计金额、税率、应纳税额、已入库税额、未缴税额、应补(退)税额、审定补税额、缴款书号码等内容。

9.5.2 税务检查报告书

税务检查报告书,是纳税检查工作结束后,检查人员在税务检查报告表的基础上,对本次检查的情况及结果向税务机关提交的定量和定性的书面分析报告。税务检查报告书的主要内容包括:①纳税人的概况;②检查范围;③检查的内容和发现的问题;④对存在的各类问题的处理意见及依据。

税务检查报告书在填制上有以下要求:
①内容真实、完整、具体。
②依据充分、准确、可靠。
③处理意见应慎重、正确、客观。
④主要表述应概括、简练、通俗。

【例文】

税务检查报告书

案件编号		纳税人识别号											
纳税人		经济类型					法定代表人						
检查时间		检查人											
检查类型		检查实施时间											

续表

税务检查报告书的要素：
①案件来源
②被查对象的基本情况
③稽查时间和稽查所属期间
④主要违法事实及其手段
⑤稽查过程中采取的措施
⑥违法性质
⑦被查对象的态度
⑧处理意见和依据
⑨其他需要说明的事项
⑩稽查人员签字和报告时间

9.5.3 税务登记表

317

税务登记表里由税务机关统一制作的,由纳税义务人在办理开业登记手续时所使用的一种通用表格。

税务登记表在填制上有以下要求:

①内容真实、完整、具体。

②纳税人名称应写全称。

③营业地址要详细具体。

④经济性质按国家标准确定。

⑤经营范围与方式按工商部门确定。

【例文】

税务登记表

纳税人名称:　　　　　　　法定代表人:(负责人)

经济性质:　　　　　　　　地　址:

××市税务局制

纳税人名称				主管部门			
经营地址				经济性质			
居住地址（个体户适用）				预算级次			
职工人数				核算形式			
电话号码				所属行业			
注册资金	固定资金		元	批准开业部门			
	流动资金		元	开户银行			
营业执照	执照名称			账号			
	执照号码	字第		有关人员		姓名	职务
	有效期限			法定代表人（负责人）			
	发证机关			财务负责人			
	发照日期 年 月 日			办税人员			
经营方式				生产经营范围			

经营场所占地面积(m²)	合计	生产加工占用	营业占用	仓库占用	其他

所属非独立核算的分支机构或联营机构	名称	地址	营业执照号码	单位负责人	财务负责人

续表

申请登记单位（人）		申请单位：(公章) 负责人：(签章) 填表日期　年　月　日
基层税务机关审核意见		税务登记集中由分(县)局办理的,此栏可空置不填 审核日期　年　月　日
发证税务机关意见		基层税务机关 (盖章) 负责人： 调查人： 发证机关(盖章)　负责人：　经办人： 日期：　年　月　日
核发税务登记	证(卡)情况	税务登记证(卡)类别	
		号码	
		发证日期	
		核发税务登记证副本数	
备注		

注：1. 按照规定办理注册登记和交纳国家能源交通重点建设基金、国家预算调节基金的单位的登记也用此表。

2. 此表要求用钢笔或毛笔填写一式四份交税务机关。

319

9.6 税收分析报告

9.6.1 税收分析报告的涵义

　　税收分析报告,是指以会计核算资料为依据,结合现行税收政策法令、税收统计资料、征管资料及有关历史资料,运用一定的方法,对税收资金运动情况,包括应征税金、欠缴税金及入库税金等主要环节的情况进行综合、全面的研究和评价的书面报告性材料。它是对税收会计分析结果的评价和总结。通过税收分析报告,可以了解影响税收收入增减变化的种种原因和税收政策的贯彻执行情况,了解税收工作过程所取得的成绩和存在的问题,以促进征收管理,提高征管质量,推动税收工作。

9.6.2 税收分析报告的种类

　　税收分析报告可以从分析的时间、范围、对象等多种形式进行不同的分类,但不论哪种形式都离不开所要分析的具体内容:即对应征税金、欠缴税金和入库税金等三方面情况的分析,现主要阐释这三方面税收分析报告的主要内容。

1)应征税金分析报告

　　应征税金分析报告是指对一定时期内的应征税金总量按地区、按税种分析其变动情况和升降原因的书面报告。它包括对应征税金管理的分析和应征税金变动的分析。通过对应征税金管理情况进行分析,可以综合地概括评价一定地区或单位的申报状况和税收征管水平。为进一步强化征收管理工作提供有力的依据;通过对应征税金变动情况进行分析,可以了解税金总量变化的原因,掌握税源变动的规律与趋势,及时为领导决策和征管部门提供有用的信息,以便有针对性地提出组织税收的有效措施,促进应征税金的管理工作。

2)欠缴税金分析报告

　　欠缴税金分析报告就是指对一定时期内的滞欠税金按地区、按税种和税源大户分析其产生的原因和寻求解决办法等的书面报告材料。欠缴税金分析报告是有关领导和征管部门了解欠缴税金的具体原因,分析其是主观原因还是客观原因,是纳税人原因还是征管方面的原因,从而有针对性地采取有效措施,及时清理和压缩欠税,积极为组织税收服务的依据。

3)入库税金分析报告

入库税金分析报告就是指对一定时期内解缴国库的税金,按地区、按税种和税源分析其解库情况的书面报告材料。通过入库税金分析报告,可以使有关领导和财税部门及时掌握税金入库进度,了解税金入库与收入计划进度差异的原因,及时发现税金入库过程中积压和滞留的问题,以便采取具体有效的措施,确保国家财税收入安全、足额地入库。

9.6.3 税收分析报告的写法

税收分析报告一般由税收分析资料、税收分析指标和税收分析情况说明书等三部分组成。税收分析资料,是指可供分析的当期税收会计核算资料、统计资料、征管资料及有关的历史资料;税收分析指标,是指衡量和分析税收资金运动各主要环节税收计划完成程度的绝对数金额和相对数比值,如欠缴税金额、欠缴税金率;税收分析情况说明书,是指根据税收分析资料及税收分析指标,结合国家的税收政策、法令,并运用一定的数学分析方法,在详细分析研究的基础上,进行概括、提炼,编写的具有说明性、结论性和建议性的书面材料,税收分析情况说明书一般由标题、正文和落款三部分组成:

（1）标题

标题包括税务局名称、时间界限、分析内容等。

（2）正文

正文由开头、主体、结尾三部分组成。

①开头用简洁的文字概述分析对象的基本情况和税收情况,取得的主要成绩和存在的主要问题,以及对分析税收状况的基本评价。

②主体是税收分析报告的核心部分,是对税收计划指标的完成情况及其他情况的说明,并对影响指标增减变动的原因进行分析。

③结尾指出问题并提出解决问题的建议和措施。

（3）落款

落款包括报告单位名称和撰写报告的日期。

【例文】税收分析报告

×××税务局20××年应征税金分析报告

××征管部门：

　　根据我局汇总统计及分析计算该地区甲、乙、丙三地本年度的应征税金情况来看，总的情况良好。税金总量呈上升趋势，且与经济增长速度基本相适应。其中应征税金总量比上年增加 1 938 000 元，增长率为10%。但就某些单位和个别税种来看，较上年相比有所下降。详细分析如下：

　　首先，分单位来看，该地区应征税金增长水平不一致，乙地增长速度最快，为30.6%；甲地与丙地比较慢，分别为7.2%和3.0%。主要是因为：(1)乙地应征税金增长快，除了该地区经济稳步持续发展和税收征管措施得力外，主要是因为税收政策调整及新税源的增长等，使得乙地的应征税金增长幅度大，速度快；(2)甲地的应征税金增长比较缓慢，从表内分析可以看出，主要是因为营业税下降所致（具体原因可结合该地营业税税源情况作进一步分析）。(3)丙地的税源增长最小，从表内数字分析，主要是增值税增幅小和营业税大幅度下降所致，而该地的消费税增长幅度是比较高的（具体原因可结合当地的经济结构情况作进一步分析）。

　　其次，分税种来看，该地区应征税金在各税种之间增长水平也不一致，增值税和消费税均保持了较好的增长势头，且税收增长均高出工业产值和社会商品零售额的增长幅度。而营业税应征税金却下降17.18%，主要是因为税收政策的调整，引起营业税税源缩小，增值税税源与消费税税源扩大等原因所致。

　　根据上述分析，应加强甲、丙两地的应征税金管理工作。并注重培植营业税税源，扶持该地区工农商业经济和具有特色的区域经济的发展；继续巩固发展乙地的经济，以确保各项税种及税源的稳步持续增长发展的势头。

×××税务局

二○××年×月×日

322

思考与练习

1. 什么是工商税务文书？其主要作用有哪些？
2. 什么是企业法人登记报告？其内容及结构怎样？
3. 什么是企业法人变更登记和注销登记？其条件是什么？
4. 什么是行政复议决定书？
5. 什么是税收分析报告？税收分析报告的内容有哪些？

第 10 章　行业专门文书

10.1　行业专门文书概述

　　本章包括四节内容,包括银行业务文书、保险业务文书和房地产业务文书三大类。学习这些实用文体,必须与学习有关的专业知识相结合,只掌握一些实用文体的写作方法,而不具备一定的专业知识,是不能够很好地掌握这一章的内容的。相对于其他的实用文书来说,行业专门文书中通常要包含很多数据资料,这些数字与写作的方法似乎关系不大,却对于文章的成败起着很重要的作用,所以,我们在学习的过程中一定要引起高度的重视。另外,学习各种行业专门文书的写作,不仅对于各行业的业务部门理顺工作关系,促进部门、单位之间的纵横沟通有着重要的作用,而且对积累、传播有关经济信息,指挥和控制有关业务活动有着极其重要的意义。因此,我们有意把它从实用文体大类中划分出来,作为一种独立的专业实用文体来进行讲解。

10.1.1　行业专门文书的特点

1)专业性

　　专业性强是行业专门文书的主要特点,因为行业专门文书的写作,除具备一定的写作知识和掌握一定的应用文的写作方法外,还特别需要掌握一定的相关专业知识。

2)政策性

　　金融业、保险业和房地产业的业务活动必须遵循国家的有关法律法规,因此其业务活动具有很强的政策性,作为其信息载体的行业专门文书也必然带有很强的政策性。

3)准确性

无论是银行业务文书的写作,还是保险业务文书、房地产业务文书的写作,都需要经过详细、周密的调查、分析后(其中有很多数据),才能动笔撰写。再加上其具有专业性强的特点,因此,在撰写行业专门文书时,对语言准确性方面的要求一般较高。

10.1.2 行业专门文书的内容

行业不同,其业务活动也不同,当然反映业务活动情况的文书的内容也不尽一致。银行业务文书、保险业务文书和房地产业务文书具体内容分别体现为:

银行业务文书,包括银行业务计划、银行业务计划编制说明、银行业务计划执行情况报告、银行贷款项目申请书、银行贷款项目评估报告、贷前调查和贷后检查报告、银行业务章程。

保险业务文书,包括保险合同、保险查勘理赔报告、保险案例分析等。

房地产业务文书,包括土地使用文书(土地登记文书、土地申请文书、土地使用权出让及土地使用权转让、出租和抵押),房地产开发业务文书(房屋买卖、房屋租赁等)。

10.2 银行业务文书

10.2.1 银行贷款项目评估报告

1)银行贷款项目评估报告的涵义及其作用

银行贷款项目评估报告,是用以反映贷款项目调查评估结果的书面报告。它是评估人员通过调查、核实、分析、论证,对项目方案进行审查和评价,并作出正确、公正和有说服力的结论的一种实用文书。它不仅为银行是否发放贷款提供决策依据,而且也为优化工程投资项目提供重要的依据,同时在防范贷款风险方面发挥很重要的作用。

2)银行贷款项目评估报告的结构和写法

银行贷款项目评估报告一般由标题、报告目录、正文、落款(评估单位名称、评估日期、评估人员名单)、附件等几部分构成。

①标题 一般由建设单位名称加建设项目加文种三部分组成,如《×××厂扩建造纸生产线贷款项目评估报告》。

②报告目录 一般在正文之前,列出本报告各项内容的要点,主要为阅读查找提供方便。

③正文 正文的结构不固定,一般来说由以下几个部分组成:

a.前言。着重说明评估工作的起缘,一般从可行性研究报告产生的背景、过程说起,至本评估报告编制有关说明为止。

b.总论。着重论证项目建设的必要性及其经济意义,重点介绍项目的背景、立项的经过、立项的意义,如果系技改或改建、扩建项目还要介绍企业现在的概况。

c.重点分析下列几项:ⓐ市场分析。以市场调查、市场预测为基础,对项目未来的市场情况进行分析,明确销售的前景和渠道,预测产品的竞争力和应变力。ⓑ生产建设条件分析。分析资源条件、工程地质条件、燃料动力条件、交通运输条件、环境保护治理方案、厂址的选择、施工技术条件和施工材料的物资供应条件等。ⓒ技术条件分析。分析项目设计是否合理,设备条件能否达到预定生产的要求,工艺是否先进适用、有无竞争力。ⓓ经济效益分析。包括企业经济效益和国民经济效益分析。主要分析项目的投资需求、投资构成、投产后的产品成本、销售收入、盈利水平和还款能力;搞好流动资金估算,明确资金来源;要以现行市场价格分析出项目投产后企业的经济效益,如净现值、投资利润率等。在分析过程中,还要注意从整个国民经济的社会角度去评估。ⓔ敏感性分析。主要是对评估测算中一些不确定因素的分析,以明确项目的抗风险能力。

d.结论。包括总结和建议两个部分。总结是综合分析预测的结果,对建设项目作出总的评价;建议是评估人员向银行领导提出的贷款建议。

④落款 包括评估单位名称、评估日期和评估人员名单。

⑤附件 一般由附图、附表、清单及有关文件组成。

【例文】

北京市旅行车股份有限公司

"十一五"技术改造项目评估报告(摘录)

目 录

327

10.2.2 企业信用等级评估报告

1)企业信用等级评估报告的涵义及其作用

企业信用等级评估报告,是银行对企业的信用状况进行客观、公正地综合评估,并确定其信用等级的书面报告。其作用有:

①信用作用 凡被评为特级或一级信用等级的企业,商业银行可发给《信用优良证书》,并予以公布,这有助于增强企业的信誉和树立企业良好形象。

②证明作用 当社会公众需要深入了解企业信用情况时,评估报告因其公正性和客观性,往往能赢得客户的信任。

③有助于商业银行授信放贷 银行一般根据资金经营的安全性、流动性和效益性的要求,在对企业评估定级的基础上确定贷款投向。

2)企业信用等级评估报告的基本结构和写法

企业信用等级评估报告主要由正文和附表两部分组成,此外,还有封面、扉页、目录等。正文和附表一般都有统一格式。

(1)封面

封面填写评估报告的标题、组织评估的单位名称和评估日期。

（2）**封一**

封一内容与封面基本相同,在标题下面有组织评估单位的负责人签名。

（3）**扉页**

扉页填写评审委员会名单、评估责任人名单,包括工作单位、职务和职称。

（4）**目录**

目录填写正文各部分的标题和附表。

（5）**正文**

①企业概况　主要包括该企业发展历史、地理环境、组织机构、人员构成、在同业中地位、产销、经营、财务、设备等现状,已取得的成绩和存在的主要问题。

②资金信用评估　主要从资金"三性"(安全性、流动性和效益性)的角度,对企业的资产负债率、短期偿债能力、应付货款逾期率、贷款归还能力、货款回收率五项指标进行评估。

③经济效益评估　主要对企业的全部资金利税率、销售收入利税率、全部资金周转天数、人均利税额四项指标进行评估。

④经济管理能力评估　主要是对企业的合同履约率、成品(或商品)资金占用率、资金管理能力、科学管理水平、领导班子的综合素质与能力五项内容进行评估。

⑤企业发展前景预测　工业企业主要从主要产品寿命周期、新产品开发能力、产品出口创汇能力、工艺技术和装备水平、固定资产净值率等方面进行评价;商业企业主要从利税递增率、年销售收入递增率、效益资金对比率、企业发展规划及落实情况、服务质量等方面进行评价。

⑥企业信用总评估　此为结论部分,是在充分肯定企业所取得成绩的同时,对存在问题提出看法和建议,确定企业所享有的信用等级及其有效期限。

（6）**附表**

附表指各种计算表、分析表和汇总表。

3）企业信用等级评估报告写作要求

①在编写前,必须深入调查研究,全面收集各种数据和资料为撰写报告提供依据。

②评估报告中正文内容的指标测算和分析,有两种写作方法,一是先写本项总得分,后写参照值说明,再写各项指标的得分与分析;二是先写参照值说明,后写各项指标得分与分析,再写总得分,不论哪种写法,都必须把参照值选择的理由说清楚。

③评估报告初稿写好后,应与企业见面,以确认所引数据和资料真实,听取

企业意见,经评估组长修改定稿后,再提交评审委员会进行审定。

10.2.3　银行业务计划

1)银行业务计划的概念及作用

银行业务计划一般由信贷计划、现金收支计划、财务收支计划和储蓄存款计划组成。

信贷计划,是根据国家的方针政策和国民经济发展要求,规划计划期内信贷资金来源和数量,信贷资金的运用和数量,规划流通中现金的增加或减少、现金的投放或回笼数量方面的计划,也是国家分配信贷资金的计划。信贷计划在国民经济中发挥着综合平衡、动员和分配信贷资金、调节控制货币流通和综合反映国民经济情况的作用,信贷计划也在综合运用各种调控手段来实现宏观调控目标方面发挥着重要的作用。

现金收支计划,是用来规划银行现金收入的来源和数量、现金支出的方向和数量,以及增加或减少市场货币量的计划。现金收支计划既能综合反映国民经济的情况,集中体现国家的货币发行政策,又能有目的地动员和分配资金,在国家调节市场货币流通方面发挥着重要作用。

财务收支计划,是银行在一定时期内用以确定各项营业收入、各项营业支出和管理费数额的计划。它反映银行财务活动状况和经营成果,对银行加强经营管理、增加收入减少支出发挥重要的作用,同时也是编制经济核算指标的主要依据。

储蓄存款计划,是银行根据国家的政治、经济形势,依据有关的经济资料和业务资料,规划一个时期储蓄存款规模和发展速度的计划,它分为长期储蓄存款计划和短期储蓄存款计划两种。储蓄存款计划是综合信贷计划的重要组成部分,是平衡信贷资金的重要依据,编制储蓄存款计划有利于提高各银行信贷金融机构对储蓄存款的管理水平。

2)银行业务计划的结构和写法

(1)信贷计划

信贷计划的基本结构包括:标题、正文、署名及日期。

①标题　一般由时间加银行名称加文种构成,如"××年度中国工商银行信贷计划"。

②正文　一般由以下部分组成:一是计划编制说明,首先从总体上说明计划

编制的依据和指导思想(依据包括指令、政策、客观形势和历史依据等;指导思想指计划编制所依据的思想、原则,要达到的目的等);其次说明计划对下一期国民经济和金融状况的预测,同时着重说明本期信贷计划整体安排的情况;最后说明编制计划过程中发现的问题和提出的具体的意见或建议。二是信贷计划表格,信贷计划表格是信贷计划指标的载体,利用数字来反映计划期内的任务和目标,其主要内容有:资金来源,包括各项存款、金融债券、自有资金、当年结算和向人民银行借款等;资金运用,包括各项贷款、存款准备金、库存现金等项目。编制表格时应注意:资金来源在表格的左方,资金运用在表格的右方,最后一栏为合计数,二者必须平衡,表头偏右要注明金额单位。

③署名及日期　写明编制计划单位的名称和日期。

（2）**现金收支计划**

现金收支计划一般由标题、正文和署名及日期组成。

①标题　一般由制订计划的单位名称加计划期限加文种构成,如"中国工商银行××年度现金收支计划"。

②正文　正文的一般结构为:一是编制说明部分(详见信贷计划部分);二是表格部分,具体规定本单位在一定时期内要达到的指标,主要列出"上年计划"、"上年实际"、"本年计划"等三个栏目。每个栏目分别列出全国总计和分地区的货币投放、回笼数额。表头左边注明编制单位名称,右边注明金额单位。

③署名及日期　写明编制计划单位的名称和日期。

（3）**财务收支计划**

财务收支计划一般由标题、正文、署名及时间组成。

①标题　一般由单位名称加年限加文种,如"中国工商银行××市分行二○××年财务收支计划"。

②正文　一般由以下内容构成:一是计划编制说明(详见信贷计划编制),二是财务收支计划表格。在财务收支计划表格中,首先应当写明各项业务收入,包括各项贷款利息收入、金银业务收入、手续费收入、结算罚款收入、上存总行资金和同业占用资金的利息收入。其次应写明:a.各项业务支出,包括各项存款利息支出、金银业务支出、手续费支出、损失款项支出、结算赔款支出、邮电费支出、业务印刷费支出、固定资产折旧费支出、借用总行资金和同业存入资金的利息支出、出纳短款支出、离休退休退职费和信用社亏损补贴等;b.管理费支出,包括工资、公杂费以及专项支出等。

③署名及时间　应写明编制计划的单位名称及年月日。

（4）**储蓄存款计划**

储蓄存款计划一般同样由标题、正文、署名及时间组成。

①标题　有公文式和新闻式两种，公文式标题应由单位名称加时间加文种三项内容组成；新闻式标题则有双标题和单标题之分，其中，单标题和双标题的正题可以是全文的中心或倾向性建议，双标题的副题应写明单位名称、时间、文种。

②正文　在正文的写作中，首先要简要介绍有关的经济形势以及本地区储蓄发展的趋势；其次要预测计划期内的有利因素和不利因素对本期储蓄存款发展的影响程度，分析上期计划中存在的问题及原因，总结经验教训，通过运用比例法、动态法、平均法、比重法和观察法等测算方法，预算计划期储蓄存款的增减额。

③署名及时间　应写明编制计划的单位名称及年月日。

10.2.4　银行业务计划执行情况分析报告

1）银行业务执行情况分析报告的概念与特点

银行业务计划执行情况分析报告，是银行计划管理工作的重要组成部分，它主要是通过对信贷资金的筹集、融通、运用和现金的供应、回笼等各项活动进行综合分析、评估而形成的文字材料。其特点主要有：

（1）**综合性**

银行业务计划执行情况分析报告不仅能反映银行业务计划执行情况的好坏，而且也能反映一定时期内的当地的经济发展状况是否良好。因此，它是一份综合性的分析报告。

（2）**连续性**

一般情况下，银行业务计划执行情况分析报告不但要求按照旬、月、季、年定期进行检查分析，而且要求连续不断，年复一年地进行分析。

（3）**检查性**

银行业务计划执行情况分析报告既是对银行业务计划执行好坏的检查，也是对计划本身是否合理的检查，因此，它具有双重检查的特点。

2）银行业务执行情况分析报告的结构和写法

在写该报告时，应根据当时的经济金融形势，抓住本行工作重点，反映当前经济金融活动过程中普遍关注的热点问题。在写作前，一般要做好三件事：一是搜集资料,主要是搜集本行本期信贷现金项目申报,会计资金平衡表,各项存款、贷款和财务收支资料等;二是进行对比,主要是运用对比分析、结构分析等方法,对不同来源渠道的数字进行对比分析;三是针对银行业务计划执行情况的不良方面分析查找原因,提出有针对性的、合理化的相应措施。具体写法是:

(1)标题

完整的标题是由单位名称加时间加内容加文种四部分组成,如"中国工商银行××市分行二〇〇五年信贷现金计划执行情况报告",在某些情况下,文种也可以不写,单位名称如果在落款处写,则标题上可以不写。

(2)正文

完整的正文,应该包括前言、主体和结尾三部分。

①前言 一般是从总体上对计划执行情况做概括的介绍,比如,计划期内根据什么情况,采取什么措施,取得什么成果,现金收支情况有何特点等。总之,在展开正文之前最好做一总的交代,文字宜简明。

②主体 主体部分是对信贷计划执行情况和现金收支计划执行情况具体的介绍,一般包括:a.针对资金来源情况、资金运用情况、信贷存差情况,分别阐明存贷变化的主要原因、变化的规律、趋势、增减的幅度和存贷结构是否合理等;b.针对货币回笼情况、货币支出情况等,分别阐明回笼的趋势、渠道,具体分析各个渠道的特点,增减的主要原因,货币支出情况有何变化,这些变化是怎样造成的,并拿具体事实和具体数据说明。

③结尾 根据银行业务计划执行中发现的问题,提出改进的意见或者建议,有的报告这一部分可以省略。最后写明单位名称和年月日。

【例文】

××银行××省分行××××年
1—3季度信贷现金计划执行情况分析报告

今年1—3季度,我行信贷现金计划执行情况的主要特点是:存款总量增加,贷款投入较多,货币回笼增多。

一、各项存款总量增加,储蓄存款增势好于对公存款

1—9月,各项存款增加25.4亿元,其中储蓄存款增加19.2亿元,同比多增6.76亿元;对公存款增加6.3亿元,同比少增6亿元。储蓄存款稳定增长的主要原因有:一是加强了宏观调控(略);二是国家今年利率调整,有效地引导了广大居民参加储蓄(略);三是城镇居民收入提高,扩大了储源;四是进一步完善了

储蓄存款承包责任制,月度奖金分配变福利型为效益型,调动了广大职工揽储的积极性;五是加强了对外宣传。对公存款少增的主要原因有:一是企业相互拖欠增加(略);二是对公存款分流,据了解,有相当一部分企业为逃避银行收贷收息,采取多头开户的办法,造成回笼货款分流;三是商业"四放开",经营单位划小,承包人公款私存现象比较普遍;四是银根紧缩,投入减少,企业常用存款支付货款。

二、贷款投入增加,保证重点急需

1—9 月份各项贷款增 18.8 亿元,控制在总行下达的计划之内。其中:工业贷款增加 13.7 亿元,同比多增 1.9 亿元;商业贷款增加 1.7 亿元,同比少增 3.2 亿元;固定资产贷款增加 2.8 亿元,同比少增 0.76 亿元。贷款的主要投向(略)。商业贷款少增的原因主要是粮食贷款少增,1—9 月直接收购粮食贷款仅增加 3 400 万元,同比少增 2.3 亿元。主要原因(略)。固定资产贷款少增的原因是:上年同期进行固定资产清欠,增加专项清欠贷款 2 亿元,如剔除这一不可比因素,同比多增 1.2 亿元。

三、商品销售持续增加,货币回笼增加较多

2—9 月,现金收支扩大,收支相抵,货币净回笼 21.7 亿元,比上年同期多回笼 8.4 亿元。主要原因(略)。

四、后三个月存、贷款预测及建议

1. 存、贷款预测(略)。

2. 继续把存款工作摆在各项业务工作的首位来抓(略)。

3. 继续抓紧清收系统外拆借和笼子外贷款(略)。

4. 集中资金保支付收购、保重点项目和企业的急需(略)。

××银行××省分行计划处

××××年×月×日

10.2.5　贷前调查和贷后检查报告

1)贷前调查和贷后检查报告的涵义

所谓贷前调查是银行收到借款单位的借款申请以后,对借款单位的信用状况、经营管理状况、借款用途及风险、所带来的经济效益进行实事求是的调查和分析,最后作出贷与不贷、贷多贷少、贷款利率、贷款期限和还款计划等决定的报告。

所谓贷后检查是银行向企业发放贷款以后,对借款单位定期进行调查研究而得的书面报告。

贷前调查报告,侧重于对借款申请发表意见和建议,为审批贷与不贷、贷多贷少提供直接的事实依据;而贷后检查报告,着重检查贷款的用途是否合理,是否能带来一定的经济效益,同时及时解决执行中存在的问题,进一步加强信贷管理,促进企业改善经营管理。

2)贷前调查报告的结构和写法

(1)标题

标题一般采用公文式写法,如"中国工商银行××县支行关于××商店申请××贷款的调查"。

(2)正文

正文一般由开头、主体和结尾组成。

①开头　要求写明借款单位因为什么于何年何月何日提出借款申请,银行对申请进行了什么样的调查。

②主体　重点写调查借款单位实际情况,包括企业性质、规模、固定资产、现有设备近年来的经营管理状况,申请的贷款用途是否符合国家产业政策和行业发展规划,能否带来可观的经济效益,能否按期收回本息等。

③结尾　根据调查的情况和现行的贷款政策,具体提出贷与不贷、贷多贷少的意见和建议。不贷,要讲明理由;贷,贷多少,何时发放,利率多少,何时还贷,要写具体。

(3)署名及时间

写明"调查人×××"或"信贷员×××",同时注明年月日。

3)贷后调查报告的结构和写法

(1)标题

一般也采用公文式的标题。

(2)正文

正文一般由开头、正文和结尾组成。

①开头　写检查的目的和根据。若是主动开会检查,一般用"为了××××";若是有上级指示或要求开展检查,一般用"根据××××"。也有把两者结合起来写的,常用"现报告如下"转入主体。

②主体　在介绍企业基本情况的基础上,着重讲清企业借款情况、用款情况、经济效益情况、产生问题的原因、值得注意的问题,如果效益较好,也可以谈谈经验和做法,取得的成绩和发挥的作用等方面的内容。

③结尾　根据主体的内容和工作中存在的问题,提出改进的意见或建议。

（3）署名及时间

写明调查单位的名称或签署调查人姓名,并注明年月日。

【例文1】

×××银行×××分行信贷项目审理报告
关于对×××公司申请
新增短期流动资金贷款人民币×××万元的审查报告

×××分行贷审委:

　　×××公司(以下简称借款人)于二○××年×月×日向我行申请短期流动资金借款×××万元的申请,法人客户部对该公司目前的经营情况、财务状况、担保(抵押)等方面进行了全面调查,×××分行法律审查岗进行了审查,并以×××银法审(×××)字第×××号出具的审查意见,信贷部对本笔贷款的有关情况及贷款资料进行审查,现将审查意见报告如下:

　　一、借款人基本情况及主体资格审查:

　　1.借款人基本情况:(略)

　　2.借款人主体资格审查:(略)

　　3.借款人与我行的合作情况:(略)

　　4.借款资料的完整、合规性审查:(略)

　　二、借款用途审查:(略)

　　三、借款人经营情况及发展趋势分析:(略)

　　1.行业优势较强。(略)

　　2.(略)

　　四、财务状况分析

　　集团公司近三年的财务状况分析:(列表、略)

　　五、风险评价及防范措施:(略)

　　六、抵押担保情况:(列表、略)

　　经测算:本笔贷款风险度为:×××属×××度风险。

　　七、法律审查意见:(略)

　　八、效益分析:(略)

　　九、综合审查意见及信贷管理建议:(略)

　　以上报告,请各位委员审议。

审查经办人:

审查主责任人:

335

×××行信贷管理部
二○××年×月×日

【例文2】

关于向×××公司发放短期流动资金
贷款×××万元的调查报告

×××行贷审会：

根据×××公司于二○××年×月×日向我行提出贷款的申请,我部于二○××年×月×日按照调查程序和有关信贷管理规章制度对×××公司向我行提出短期流动资金贷款×××万元的申请,进行了全面调查,现将情况汇报如下：

一、基本情况(略)

二、客户信用状况(略)

三、行业及经营前景分析

(一)行业技术分析(略)

(二)市场分析

1.原材料市场分析:(略)

2.产品市场分析:(略)

3.外部市场环境分析:(略)

四、客户财务状况及经营效益分析

(一)资产负债及经营情况(列表、略)

分析:从上表可以看出(略)

(二)损益情况(列表、略)

分析:从上表可以看出(略)

(三)现金流量情况(列表、略)

分析:(略)

(四)偿债能力分析(列表、略)

分析:(略)

(五)获利能力分析(列表、略)

分析:(略)

(六)主要流动资产构成情况(略)

1.应收账款(列表、略)

分析:(略)

2.其他应收(列表、略)

分析:(略)

五、贷款用途及还款来源分析(略)

六、担保分析(略)

×××公司可提供抵押担保的房地产清单(列表、略)

七、贷款风险及相应的风险控制措施(略)

八、利率定价测算(略)

九、综合效益(略)

十、调查结论(略)

十一、声明及保证(略)

调查人：   调查主负责人：

二〇××年×月×日

10.3 保险业务文书

10.3.1 保险查勘理赔报告

1)保险查勘理赔报告的概念及作用

保险查勘理赔报告,是根据保险业务人员深入现场对保险事故进行查勘、核实、估计损失,并与保险人协商一致,提出赔偿意见的一种书面报告。这种报告一经领导机关批准,即可据以进行经济赔偿。它既具有调查报告的一般属性,又具有自身的专业特征。

高质量的查勘理赔报告,无疑将成为合理的理赔,实现保险职能最重要的依据之一,对实现保险业科学化、规范化管理,保险合同的信守和兑现,提高保险业的信誉,都具有很大的作用。因此,查勘理赔报告是保险业经营管理的重要组成部分。

2)保险查勘理赔报告的种类

根据保险业务的分类,查勘理赔报告可分为以下两种:

(1)人险查勘理赔报告 这种报告是在人身险业务中使用的书面材料。在报告中,应根据查勘结果,首先写明被保险人及投保的情况,然后写明事故发生的"时、地、因、果",并结合医院的鉴定证明,计算出给付金额并提出处理意见。

(2)财险查勘理赔报告　这种报告是在处理财产保险理赔业务中适用的书面材料。在报告中,应把现场查勘和账面查询的结果结合起来,将被保险人和事故发生的"时、地、因、果"写清楚,然后写明核定的保险标的的损失情况,并计算出损失金额,提出赔付意见。

3)保险查勘理赔报告的结构和写法

(1)保险查勘理赔报告由标题、主体和结尾组成

①标题　标题一般要反映报告的中心内容和所属的险种,常用公文式标题,如"关于××印染厂因火灾受损案的查勘报告"。

②正文　这是报告的核心内容,要重点写,首先写现场的查勘事实,对事实从点到面要尽量做到详尽,将案情的来龙去脉交代清楚;其次写出险原因;再次写责任分析;最后写保险理赔的结算情况。

③结尾　写明经办人单位名称及年月日。

(2)保险查勘理赔报告的写作要求

保险事故发生以后,业务人员为取得第一手的资料要及时做好如下工作:

①现场查勘　通过现场查勘,及时了解和掌握灾害险情和损失起因的第一手资料。其内容一般包括:出险时间、地点、原因和经过;事故的责任方、损失的程度和范围、受损标的的名称和数量、残值评估和有关部门出具的事故鉴定等。

②责任审核　通过现场查勘,在掌握案情资料的基础上,确定保险人的赔偿责任和范围。一般根据保险合同的有效性、被保险人的索赔权利和项目的合理性、保险标的的损失情况、保险责任的有关条款以及第三者责任方应承担过失责任的法律依据等来确定赔偿责任。

③明确赔偿方式　由于保险的险种不同,赔偿所采用的计算方式也不同。如我国财险的计算方式就有按实际损失赔偿方式、按比例赔偿方式、按限额赔偿方式和按免责限额赔偿方式几种,其中:

a.实际损失赔偿方式,是指只要被保险人的损失数额在保险金额以内,保险人按实际损失给予补偿。

b.比例赔偿方式,是指按保险金额和保险财产的实际价值比例进行赔偿。

c.限额赔偿方式,是指保险在约定限度以内的损失,由保险人负责赔偿,超过部分,保险人不负赔偿责任。

d.免责限额赔偿方式,是指定一些附加险的损失,参考它的自然损耗,规定一个最低限额,发生在这个最低限额以内的损失,保险人不负赔偿责任。

【例文 1】

重庆××××乌江彭水水电站建设工程一切险
2008.4.16 暴风、暴雨赔案
查勘报告书（提纲）

保单号：

一、工程概况（略）
二、承保情况（略）
保证期　12 个月
保险金额
免赔额
1.（略）
2.（略）
扩展条款：（略）
三、查勘及售后服务安排（略）
四、出险原因（略）
五、现场查勘及损失核定（略）
赔案损失清单（列表、略）

经办人：×××
二〇〇八年四月十九日

339

【例文 2】

中国大地财产保险股份有限公司
China Continent Property & Casualty Insurance Company Ltd.

机动车辆保险查勘报告

保单号码：　　　　　　　　报案编号：

被保险车辆	号牌号码：	厂牌型号：	车架号（VIN）：
	驾驶员姓名：	驾驶证号码：□□□□□□□□□□□□□□□□□□	
	驾驶员电话：	准驾车型：□A　□B　□C　□其他	

续表

查勘时间： 年 月 日 时	查勘地点：	是否第一现场：□是 □否
出险时间： 年 月 日 时	出险地点： 省 市 县	

第三者车辆信息	号牌号码：	厂牌型号：	车架号（VIN）：	
	驾驶员姓名：	驾驶证号码：□□□□□□□□□□□□□□□□□□		
	驾驶员电话：	准驾车型：□A □B □C □其他	是否投保交强险：□是 □否	
	交强险承保机构：		交强险承保公司电话：	

现场查验信息	1.保险车辆的号牌、车架号与保险单上所载明的是否相符　　□是 □否
	2.出险时间是否与保险起止日期临近　　□是 □否
	3.出险地点与报案人所报是否一致　　□是 □否
	4.实际使用性质与保险单上所载明的是否一致　　□是 □否
	5.保险车辆驾驶人员情况与报案人所述是否一致　　□是 □否
	6.保险车辆驾驶人员准架车型与实际驾驶车辆是否相符　　□是 □否
	7.保险车辆驾驶人员是否为保险合同约定的驾驶人员　　□是 □否
	□保险合同未约定
	8.事故车辆损失痕迹及事故现场痕迹是否吻合　　□是 □否
	9.事故是否涉及第三方财产损失或人员伤亡　　□是 □否
	10.其他需要说明的内容：
	初步判断是否保险责任　　□是 □否　　□暂不明确（原因：　　　）

事故估损金额	事故损失金额估计合计：				
	其中：强制险损失金额：		商业险损失金额：		
	强制保险	死亡伤残：		财产损失：	
		医疗费用：		其他费用：	
	商业保险	车辆损失险	标的损失：	第三者责任险	车损：	其他险别	
			施救费：		人伤：		
					物损：		

事故发生经过和原因、事故车损失部位简单描述和事故责任初步估计：

查勘人员签字　　大地保险公司查勘人员签字生效　　附：查勘照片　　张,现场草图　　份,询问笔录　　页。

说明:1.估计损失金额不作为损失确认依据。　2.第三方车辆不止一辆的,可增加查勘报告用纸。

10.3.2　保险合同

1)保险合同的涵义

保险合同,是指投保方与保险方之间为确立保险关系,而达成的确定双方权利和义务关系的协议,保险合同是经济合同之一。依照此协议,投保方应向保险方缴纳规定的保险费,保险方则对由于保险事故所造成的财产损失承担赔偿责任。

2)保险合同的种类

按照不同的标准划分,保险合同有以下不同的类别:

①按保险标的分　有特定式的、总括式的和流动式的三种。

②按所保障的危险分　有一般危险合同和特定危险合同。

③按补偿的价值分　有定值保险合同和不定值保险合同。

④按赔偿的性质分　有给付性合同和补偿性合同。

⑤ 按业务对象分　有原保险合同和再保险合同。

3)保险合同的特点

保险合同属于专业性合同,和一般经济合同相比,同中有异,具体体现如下:

①签约人不一定是当事人　一般经济合同的签约人必须是当事人,而保险合同的签约人不一定是当事人,签约人可以为别人的利益来签约。

②不等价性　一般的经济合同是等价有偿的,而保险合同是不等价的,只有当保险期内发生了保险责任范围内的事故,合同则是有偿的,如不发生,合同就可能变成了无偿的。

③格式的固定性　一般经济合同的格式因涉及的具体事宜不同而不同,而保险合同的格式比较固定,写法也比较规范。

4)保险合同的结构和写法

保险合同,严格来说应由保险单和保险条款构成。因保险单多为表格式或目录式,只按需填写后附式样,这里不再赘述。这里重点讲述保险条款的写法。

保险条款的结构一般由标题和正文两部分组成。

(1)标题

要求写明保险险种名称,如《中国人民保险公司人身保险条款》。如果一个险种有多种条款,则要用括号注明,如《简易人身险(甲)》;重要的条款可以在题目下注明制订日期;特约条款要求在标题中反映出来,如《中国人民保险公司金额特约条款》。

(2)正文

正文的内容,因保险险种的不同而不同,一般来说包括:保险的目的、被保险人、保险标的、保险责任和除外责任、保险金额和保险费、保险费率、保险起讫日期、赔款处理和发生争执时的仲裁处理等。内容比较复杂的条款,一般是分章来写,每一章又可分条来写。

【例文】

团体人身意外伤害保险合同

1.团体人身意外伤害保险条款

第一章 保险对象

第一条 凡机关团体企业事业单位的在职人员,身体健康,能正常工作或正常劳动的,可以作为被保险人,由其所在单位向保险公司集体办理投保手续。

第二章 保险期限

第二条 保险期限为一年,自投保日的零时起到期满日的二十四时止。

第三章 保险金额

第三条 保险金额最低为壹千元,最高为五千元,在此限度内,一个单位选定一个保险金额,保险金额一经确定,中途不得变更。

第四章 保险责任

第四条 本保险为定期意外伤害保险,被保险人在保险单有效期间,因意外伤害事故以致死亡或残废的,保险公司按下列各款规定给付全部或部分保险金额(略)。

第五条 被保险人在保险单有效期间,不论由于一次或连续发生意外伤害事故,保险公司均按第四条的规定给付保险金。但给付的累计总数不能超过保险金额全数,给付金额累计总数达到保险金额全数时,保险效力即行终止。

第五章 除外责任

第六条 由于下列原因所致被保险人的死亡或残废,保险公司不负给付保险金的责任:

一、被保险人的自杀或犯罪行为;

二、被保险人或其受益人的故意或诈骗行为;

三、战争或军事行动;

四、被保险人因疾病死亡或残废。

第七条 被保险人因意外伤残所支出的医疗或医药等项费用,保险公司不负给付责任。

第六章 保险费率

第八条 保险费用根据行业(工种)或工作性质分别制定。

第七章 保险手续和保险费的缴付(略)

第八章 保险金的申请和给付(略)

2.团体人身意外伤害保险投保单

保险单号码: 编号:

投保单位	
被投保人人数	人(另附被投保人名单一式三份)
被保险人的受益人	按所附被保险人名单中所填写的受益人为依据
保险金额总数	人民币(大写)
保险费率	每年每千元 元 角
保险费	人民币(大写)
保险期限	自 年 月 日零时起至 年 月 日二十四时止
被保险人从事主要工作	
备 注	每一被保险人附加意外伤害医疗保险金额 元

投保单位签章

二○××年×月×日

10.4 房地产业务文书

房地产是房产和地产的合称。房产是指房屋财产,即在法律上有明确的权属关系,在不同的所有者和使用者之间可以进行出租、出售等交易活动或者由所有者自用或作其他用途的房屋等建筑物。地产是指土地财产,在一定的土地所有制关系下,作为财产的土地,是由各种地理条件组成的一个独立的自然综合体,包括地球上的陆地表层和水域。

房地产业务文书的写作按照房地产业务运作程序,可分为土地使用文书和房地产开发交易文书两大内容。

10.4.1 土地使用文书

土地使用文书主要包括土地登记文书、用地申请文书、土地使用权出让文书和土地使用权的转让、出租和抵押文书。

1)土地登记文书

根据《全国土地登记规则》第七章第五十九条规定,土地登记形成的主要文件资料有如下几种:土地登记申请书、土地登记审批表、土地登记簿(卡)、土地归户册(卡)、土地证书、土地登记收件单、土地权属证明文件资料、地籍图、土地证书签收簿、土地登记复查申请表、土地登记复查结果审批表,其中前五种由国家土地管理局统一制定。土地登记审批表的格式如下:

土地登记审批表

单位性质		主管部门	
权属性质		使用期限	
土地坐落			
农村集体土地所有权或国有土地农业用地使用面积(亩)			

续表

土地总面积	其中地类面积											
	耕地	其中		园地	林地	牧草地	居民点及企业用地	其中		交通用地	水域	未利用土地
		旱地	水地					宅基地	企业建设用地			

城、镇、村土地(含宅基地)使用权面积(平方米)			
独自使用	面　积		土地用途
	其中:建筑占地		土地等级
共同使用权	面　积		家庭人口
	其中分摊	面积	地上物类别及权属
		建筑占地	

他项权利	
申请登记的依据	
附　图	
四　至	
备　注	
图号	地号　　　　土地证号

2)用地申请文书

用地申请文书,是指用地单位或个人为获得土地使用权向县级以上人民政府及土地管理部门提出的请求。申请既可以用公文的格式,也可填写申请表。公文式用地申请文书的写法一般为:

(1)标题

标题一般是由用地单位名称加征购土地的目的加文种构成,如"××第二发电厂厂区占用土地申请书"。

(2)抬头

抬头一般写明土地管理机关或县级以上人民政府的名称,如"×××土地管理局"或"××县人民政府"。

345

（3）正文

正文部分一般情况下，首先，交代征购土地的目的和理由；其次，点明占用土地的范围、面积、四至、权属性质等；最后，提出征购用地的要求等。

【例文】

关于××大学拟建新教学区
急需征用土地的请示

××市人民政府：

随着我校的发展，招生规模扩大，专业逐渐增多，原教学区内的各种建筑用房及配套设施拥挤不堪，已无场地再建新教学区。为适应我校发展的需要，逐步考虑我校总体规划的实施，经校长办公会研究决定，在我校机关本部西面扩展新教学区。

新教学区地址拟选择在冶金大道西侧，即东靠冶金大道，西邻滨江乡农田，南接××实业总公司，北依××化肥厂。

征用土地面积：（东西长约 200 米，南北宽约 180 米）。200×180＝36 000 平方米（约合 54 亩）。

妥否，请批复。

附件：附征地示意图

××校校长办公会
二○××年×月×日

3）土地使用权出让文书

土地使用权出让，是指国家将国有土地使用权在一定年限内出让给土地使用者，由土地使用者向国家支付土地使用权出让金的行为。2007 年 8 月 30 日起施行的《城市房地产管理法》规定，土地使用权的出让方式有三种：拍卖、招标或者双方协议。本章重点讲述协议出让土地使用权。

协议出让是指由国有土地的所有者（出让人）与要求使用国有土地者（受让人）协商谈判，在取得一致意见后，由出让方向受让方出让国有土地使用权的一种出让方式。根据规定，土地使用权出让，应当签订书面出让合同。

（1）协议出让方式的程序

首先，受让人根据自己用地需要，向出让方（一般是土地管理部门）提出申请，出让方提供用地要点资料。要点资料一般应包括下列内容：坐落地、四至范围、面积和地面现状;土地规划用途;建筑面积率、密度和园林绿化比率等规划要求;基础设施的建设期限、地面设施的建设期限、必须投入的资金低限;环境保护、卫生防疫和消防要求;市政设施现状和市政建设计划要求;出让合同文稿;对拟出让地段的特殊要求等。

其次,受让方在规定时间内,向出让方提交经批准建设项目的各种文件和用地意向书。意向书应载明开发建设地投资的设想,愿意出的价款金额、支付方式等内容。

再次,出让方接到上述文件后,在规定的时间内答复受让方,如同意双方洽谈,则同时将确定洽谈的时间、地点通知受让方,然后双方就有关事宜反复谈判,直至最后达成协议。

最后,签订《土地使用权有偿出让合同》。

(2)土地使用权出让合同的写法

土地使用权出让合同一般由标题、正文和落款三部分组成。

①标题 一般直接写"国有土地使用权出让合同(宗地合同或成片开发土地出让合同)"。

②正文 首先标明合同双方当事人名称,其次是主体部分,内容包括:a. 总则部分,交代订立合同的依据;b. 分则部分,包括土地期限、出让范围、位置、面积、出让年限、土地用途、出让费用、续期出让、提前收回、转让出租、监督检查、违约责任、适用法律及争议解决等内容;c. 附则部分,一般涉及生效条件、合同份数、合同页数和签订时间等。

③落款 一般交代签订合同双方当事人单位名称、印章、法人代表签名、住地、银行名称、账号、邮政编码和电话号码等。

合同正文后有附件《土地使用条件》,这是合同不可缺少的组成部分,具有与合同同等的法律效力。

【例文】

国有土地使用权出让合同(一)

(宗地出让合同)

本合同双方当事人:

出让方:中华人民共和国_____省(自治区、直辖市)_____市(县)土地管理局(以下简称甲方);

受让方:_____(以下简称乙方);

第一条　根据《中华人民共和国城镇国有土地使用权出让和转让暂行条例》和国家及地方有关法律、法规,双方本着平等、自愿、有偿的原则,订立本合同。

第二条　甲方根据本合同出让土地使用权,所有权属于中华人民共和国。国家和政府对其拥有法律授予的司法管辖权和行政管理权以及其他按中华人民共和国规定由国家行使的权力和因社会公众利益所必需的权益。地下资源、埋藏物和市政公用设施均不属土地使用权出让范围。

第三条　甲方以现状(或几通一平,注:根据具体情况定)出让给乙方的宗地位于_____,宗地编号_____,面积为_____平方米。其位置与四至范围及现状(或几通一平)的具体情况如本合同附图所示,附图已经甲、乙双方签字确认。

……

第二十一条　该出让宗地方案经有权一级政府依法批准后,本合同由双方法定代表人(委托代理人)签字盖章后生效。

第二十二条　本合同正本一式_____份,甲、乙双方各执_____份。

合同正本具有同等法律效力。

本合同和附件《土地使用条件》共____页,以中文书写为准。

第二十三条　本合同于____年____月____日在中华人民共和国____省(自治区、直辖市)____市(县)签订。

第二十四条　本合同未尽事宜,可由双方约定后作为合同附件,与本合同具有同等法律效力。

甲方:　　　　　　　　　　　乙方:
中华人民共和国_____省　　_____
(自治区、直辖市)_____
市(县)土地管理局(章)　　　_____(章)
法定代表人(委托代理人)　　法定代表人(委托代理人)

_____　　　　_____
法人住所地:_____　　　法人住所地:_____
银行名称:_____　　　　银行名称:_____
账　　号:_____　　　　账　　号:_____
邮政编码:_____　　　　邮政编码:_____
电话号码:_____　　　　电话号码:_____

土 地 使 用 条 件

一、界桩定点

《国有土地使用权出让合同》（以下简称本合同）正式签订后____日内,甲、乙双方应依宗地图界址点所标示坐标实地验明各界址点界桩。界桩由用地者妥善保护,不得私自改动,界桩遭受破坏或移动时,乙方应立即向当地管理部门提出书面报告,申请恢复界桩的测量。

二、土地利用要求(略)

三、城市建设管理要求(略)

四、建设要求(略)

五、市政基础设施要求

(一)乙方在受让宗地内进行建设时,有关用水、用气、污水及其他设施同宗地外主管线、用电变电站接口和引入工程应办理申请手续,支付相应的费用。

(二)用地或其委托的工程建设单位应对由于施工引起相邻地段内有关明沟、水道、电缆、其他管线设施及建筑物等的破坏及时修复,并承担相应的费用。

(三)在土地使用期限内,乙方应对该宗地内的市政设施妥善保护,不得损坏,否则应承担修复所需的一切费用。

注:特殊项目出让合同的《土地使用条件》双方可根据实际情况自行约定。

该例文中,第二条至第二十条为合同的主要部分(分则),第二十一条至第二十四条为合同的结尾部分(附则)。

4)土地使用权的转让、出租和抵押文书

(1)土地使用权转让合同

土地使用权转让,是指土地使用者将土地使用权再转移的行为,包括出售、交换与赠与。土地使用权的转让方式一般比照土地使用权出让方式,即采取协议转让、招标转让和拍卖转让三种方式。

土地使用权转让的程序包括以下几个阶段:

①申请　由原先的受让人向出让人(土地所有者)提出转让土地使用权的请求。

②协商　转让人和被转让人之间就转让事宜进行协商,取得一致意见。这一般适用于协议转让方式。

③签约　指转让双方当事人通过协商达成一致意见或通过招标、拍卖方式而被转让人中标后,转让人和被转让人签订土地使用转让合同。转让合同的内

349

容应包括标的、价款、合同的期限、签约和履行地点、履行方式、违约责任等内容。

和土地使用权出让合同相比,转让合同有以下不同:a. 合同的主体不同,出让合同主体一方为国家、一方为用地单位或个人,转让的主体双方均为单位组织或个人;b. 合同的期限不同,出让合同期限应根据《城镇国有土地使用权出让和转让暂行条例》的规定来确定,而转让合同期为土地使用权出让规定的年限减去原土地使用者已使用年限后的剩余年限;c. 合同性质不同,出让合同实质上是一种土地使用权买卖关系,而转让合同可以是土地使用权买卖关系,也可以是交换或赠与关系;d. 合同签订的前提条件不同,转让合同以出让合同为前提,出让合同中规定的条款及其他建设条件和土地使用规划等的规定仍适用于转让合同,即出让合同所确定的权利义务关系随转让合同而转移。

④公证　土地使用权转让合同必须经过公证,这在我国是一项普遍的原则。

⑤登记过户　这是转让合同有效的一个必要条件。

(2)土地使用权出租合同

土地使用权出租的程序包括以下几个阶段:

①公告　应将要出租地块的位置、面积、用途、租金的收取等予以公告,以便有意承租者做好承租前的准备。如公告人撤回公告,给有意承租人造成利益损失的,则应承担相应的赔偿责任。

②协商　即出租人与承租人就有关租赁事宜进行协商谈判,为签订租赁合同做好准备。如招标出租和拍卖出租则不经过这一程序。

③签约　当出租人和承租人就租赁事宜达成一致意见之后,双方依法签订土地使用权出租合同。

出租合同的主要内容有:a. 当事人双方情况。b. 出租土地的面积、所处的地理位置、四至、周围的环境、基本建设情况、地上建筑物和其他附着物状况、市政设施情况等。c. 租期。即土地使用期限,地上建筑物和其他附着物的出租期限与土地使用权出租期限同。d. 租金。应由双方协商解决。e. 租赁期间对地块的维护责任及建设(建筑)条件。出租合同的建设条件必须要符合出让合同所规定的建筑条件和土地使用规划,不得任意改变,如欲改变,只能依照法定程序,由出租人向土地所有者或其代表提出申请。f. 违约责任条款。g. 当事人双方代表签字盖章、签约日期和副本件数。

④登记　是指出租人分别向土地管理部门和房产管理部门办理土地使用权和地上建筑物、其他附着物出租登记,不经过登记的租赁行为不具有法律效力。

【例文1】

土地使用权租赁公告

我方现已依法对位于××区××路××号至××号××平方米的土地拥有使用权,根据法律规定,出租该土地使用权。租赁期限为××年;每月租金(人民币)××元;租金支付办法为:

×××××

欲承租者可在公告发布之日起三十日内,携带证件,办理与出租有关手续或当面协商出租事宜。

出租方:×××公司
二○××年×月×日

【例文2】

土地使用权租赁合同(格式)

351

订立合同单位

甲方:出租方

乙方:承租方

为明确责任,恪守信用,特签订本合同,以资共同遵守。

合同内容如下:

一、甲方对出租地块拥有土地使用权的依据及所承担的义务。

二、出租土地的面积、位置、周围环境。

三、出租土地地上基本建筑情况,市政设施情况及地上建筑物、附着物状况。

四、租期,应与出租方取得土地使用权的期限相符。

五、租金及支付方式。

六、对出租地块在租期内的维护。

七、对出租地上建筑物或附着物的使用权限。

八、违约责任。

九、其他事项。

本合同附件有:附件一、附件二,与本合同有同等效力。

本合同的修改、补充需经甲、乙双方协商同意并签订变更合同协议书,作为合同的补充部分。

　　甲方:(章)　　　　　　乙方:(章)

　　地址:　　　　　　　　地址:

　　电话:　　　　　　　　电话:

　　法定代表人:(签字)　　法定代表人:(签字)

　　开户银行及账号:　　　开户银行及账号:

　　订立合同日期:　　　年　月　日

　　附件(略)

　　(3)土地使用权抵押合同

　　土地使用权抵押,是指土地使用权受让人以土地使用权作为履行债务的担保方式,当土地使用权受让人不能按期履行债务时,债权人享有从变卖土地使用权的价款中优先受偿权利的一种债务担保方式。土地使用权抵押的范围按照《城镇国有土地使用权出让和转让暂行条例》规定:"土地使用权抵押时,其地上建筑物,其他附着物随之抵押。""地上建筑物,其他附着物抵押时,其使用范围内的土地使用权随之抵押。"

　　土地使用权抵押程序分为,设立土地使用权抵押时的手续和抵押权实现后的手续两个部分。

　　①设立土地使用权抵押时的手续　a.申请。由抵押人向土地管理部门提出土地使用权抵押的申请,出示土地使用证等文件,申请书应写明目的、理由。b.评估、审批。抵押人应委托土地估价事务所对抵押土地进行评估并写出评估报告,说明评估目的,评估地概况、价格、结论等内容,并报土地管理部门审批备案。c.签约。指抵押双方就达成的协议签订抵押合同,抵押合同的内容包括:抵押权人的名称、住所;合同的主要条款(通常包括标的、数量和质量、价款或酬金、履行的期限、地点、方式、违约责任等);抵押土地的位置、面积、有效使用期及其他条件;双方的权利和义务;双方须约定的其他事项。d.登记。在抵押合同签订后,应进行登记,抵押合同方可有效,我国有关法律规定,土地使用权及其涉及的地上建筑物及其他附着物的抵押,应向当地人民政府土地管理部门登记。e.公证。土地使用权抵押合同公证,是指由公证机关依法证明抵押合同的真实性与合法性的非诉讼活动。将公证作为办理土地使用权抵押的必经程序,有利于避免由于合同规定不完善、权责不清等情况引起的纠纷与诉讼,既保护了抵押双方的权利,也维护了法律的严肃性。

　　②抵押权实现后应办理的手续　a.注销登记手续。债务人按期履行债务而

归于消灭的,应办理注销登记的手续。b. 过户登记手续。指抵押人到期未能履行债务或者在抵押合同期间宣告解散、破产的,抵押权人有权依照国家法律、法规和抵押合同的规定处分抵押财产,因处分抵押财产而取得土地使用权和地上建筑物、其他附着物所有权的,应分别向土地管理部门和房产管理部门办理过户手续。

10.4.2 房产开发业务文书

房产交易,是指当事人之间进行的房产转让、抵押和房屋租赁的活动。房产转让又包括房屋买卖,赠与等法律行为,本节我们重点讲述房屋的买卖和租赁方面的文书。

1)房屋买卖合同

房屋买卖,是指房屋的所有人将房屋转让给他人所有,他人支付一定的房屋价金,从而获得房屋所有权的民事法律行为。

房屋买卖必须订立房屋买卖合同,并必须采取书面形式。房屋买卖合同的主要条款为:

①标的。在房屋买卖合同中,标的特指房屋,无标的房屋买卖合同是无法成立的。在房屋买卖合同中,应对标的的情形作出明确交代,并作出统一的解释和说明。

②数量。房屋数量是房屋买卖合同的主要条款之一,一般用"平方米"、"幢"、"间"等词来衡量。

③房屋价款的确定。房屋价款是房屋买卖合同最重要的条款,房屋价款的确定,首先应由房产管理部门进行估价,确定标准价格或限定最高价格,在标准价格和最高价格的范围内,由买卖双方当事人协商确定具体房屋价款。

④购销依据。合同中应写明所购房屋的土地是否取得了使用权;使用期限的长短;所购房屋是否有房屋所有权;如果是商品房,其是否有建房和售房许可证。

⑤房屋建筑标准。包括房屋的层高、外墙、内墙、屋面、地面、门窗和辅助设施等,都应使用明确的术语在合同中表述。

⑥双方的责任。应写明双方的责任和义务。

⑦期限。指合同签订的日期和生效的日期,交付房屋的日期和交付房屋价款的日期。

⑧交付方法。包括房屋交付方法和房屋价款的交付方法,其中房屋交付是

353

指房屋及其附属设备的验收、接管;房屋价款的交付方法指价款是一次付清还是分期付款,是现金支付还是转账或汇兑支付。

⑨违约责任。如当事人违反合同规定不履行自己的义务时应承担经济责任,规定支付违约金的,违约金数额应在合同中写明。

⑩发生纠纷的处理办法。

⑪房屋宅基地的使用面积和年限。在合同中说明房屋宅基地应随房屋一起转移使用权,但不得买卖和计入房价之中。

⑫双方当事人认为必要的其他内容。

⑬合同的公证事宜。

2)房屋租赁

房屋租赁,是指房屋所有人将房屋交付他人使用、并收取一定房屋租金的行为。在房屋租赁的过程中,出租人只转移了房屋的使用权,并没有转让房屋的所有权。

房屋租赁须订立书面合同。房屋租赁合同,是指出租人将房屋提供给承租人使用,并定期收取租金,在租赁关系终止时将房屋完好无损地收回的协议。房屋租赁合同的主要条款包括:

①标的;②数量;③房屋租金包括:折旧费、修缮费、管理费、利息、土地使用费、税金、利润七项内容;④用途与维修;⑤期限;⑥承租房屋的变更;⑦违约责任;⑧承租人的优先购买权;⑨房产税缴纳的特别约定;⑩双方认为应约定的其他事宜。

【例文】

房屋租赁合同

出租方:×××(个人或单位),以下简称甲方。

承租方:×××(个人或单位),以下简称乙方。

为调剂房屋使用的余缺,甲方愿意将产权(或管理权)属于自己的房屋出租给乙方,双方根据××市(县)有关房产管理的规定,经过充分协商,特订立本合同,以便共同遵守。

第一条　出租房屋坐落地址

第二条　房屋名称、规格、等级、数量、面积、单价、金额和地面质量

第三条　租赁期限

第四条　租金和租金缴纳期限

第五条　出租方和承租方的变更

第六条　甲方的责任

第七条　乙方的责任

第八条　合同期满,如甲方的租赁房屋需继续出租或出卖,乙方享有优先权。

第九条　房屋如因不可抵抗的自然灾害导致毁损,本合同则自然终止,互不承担责任。

第十条　本合同如有未尽事宜,须经双方协商作出补充规定。补充规定与本合同具有同等效力。

本合同执行中如发生纠纷,应通过甲乙双方协商解决,协商不成,可提请当地房管部门调解或人民法院裁决。

本合同一式两份,甲、乙双方各执一份;合同副本一式××份交××市(县)房管局、街道办事处等单位各留存一份。

出租人(或单位):×××(盖章)

地址:×××××

工作单位:×××××

承租人(或单位):×××(盖章)

地址:×××××

签订合同日期:二〇××年×月×日

355

思考与练习

1.请设计一个银行业务计划表格,应有的项目需全部包括。

2.什么是银行业务计划执行情况报告? 它与工作总结有何不同?

3.写贷款评估报告要经过哪些程序? 对照本章的有关例文谈谈如何才能写好贷款项目评估?

4.请写一篇贷前调查报告。

5.试做调查,为某一新的保险险种拟制一份新保险条款。

6.请说明土地使用权出让文书与转让文书有什么区别?

7.根据所学内容,自拟一份房屋买卖文书。

第 *11* 章　涉外经贸文书

11.1　涉外经贸文书概述

11.1.1　涉外经贸文书的涵义和特点

涉外经贸文书,是指在对外经济贸易往来等商务活动中,处理业务、沟通信息时使用的,有一定惯用体式的文字材料。它是经济组织、企业、运输业、银行业、保险业、商检、海关及行政机关等,民间、官方用于国际间经济商务往来,相互联络、交流、沟通的重要工具和载体。

涉外经贸文书也是经济应用文写作中的一个重要组成部分。随着市场经济的深入发展,国际间的交往和经济往来日益频繁,涉外经贸文书也日益成为保障国际贸易业务顺利进行的不可或缺的书面凭证和依据。它除了具有一般经济文书的共性以外,还有不同于一般经济文书的特点。

1)较强的政策法规性

涉外经济通常都涉及国家与国家之间的利益。在使用的经贸文书中,都要遵守有关各方所属国的法律法规,否则都将影响涉外文书的效力和执行,而且还会带来一定的经济损失甚至伤及国家利益。此外,各国的法律法规还存在着一定的差异性,因此,面对复杂而多变的国际市场,在进行商务往来和经济活动中,使用各类涉外经贸文书时,既要注意与国外的法律法规、惯例相适应,又要注意灵活机动,注意策略性,以保证贸易业务的顺利进行。

2)严谨的格式规范性

涉外经贸文书的格式与国内经济活动中使用的文书存在着一定的差异。各类文书中,有的文种是国际间公认并长期使用的,符合国际惯例,有的文种约定俗成,有较固定的格式。随着国际经济交往的频繁,又出现了一些新的文种。在涉外经贸文书的拟定和使用时,对格式规范性都有更高更严的要求。因此,涉外经贸文书更注重不同语言文本的相互适应性,尽量使用标准句式,注意语言的严谨、庄重、典雅和委婉,以便于翻译并减少不同语种表述的差异性,以免对经济贸易业务产生不利影响。

3)注重内容的准确性

在对外经贸活动中,双方的各项协议、合同、文件一经签订,就意味着对双方具有强制性的法律效力。因此,涉外经贸文书十分注意内容的准确性,文字、数字都必须准确清楚 ,切忌模棱两可,更不能产生歧义。

4)严格的时效性

所谓时效,就是及时有效。只有"及时"才能真正有效。涉外经贸文书特别强调时效。如发盘、还盘要有严格的时限,向外商索赔,也只能在有效时限内进行,交货时间的规定在国际经贸往来中也特别重要。市场信息、商品价格,经济发展趋势等,都处在不断变动中,因此,在涉外经贸文书的拟写使用过程中,应有较强的时效意识。

11.1.2　涉外经贸文书的作用和种类

1)涉外经贸文书的作用

涉外经贸文书一方面记录、记载对外经济往来等商务活动的情况,是国际贸易实际业务发生、发展和结果的凭证和依据,另一方面也是经济信息的交流和传递。具体体现在以下方面:

(1)保障和维护各利益主体的权益

涉外经贸文书具有较强的政策性、法律性和联络性,它代表着利益主体的合法正当的权利,在一定程度上维护着国家的尊严和荣誉。同时,它也是正常经济业务往来顺利进行的凭证和依据。因此,涉外经贸文书在保障和维护各方利益主体在经济活动中的合法权益具有十分重要的作用。

(2)商品买卖的结算工具

国际贸易是国与国、地区与地区及国际组织之间的商品买卖。但在实际业务中,主要表现为单证的买卖,尽管交易中买卖的是货物,但在国际结算中,单证是基础和依据。单证,也是涉外经贸文书文种的一个重要组成部分。国际贸易中,在以信用证作为支付方式的情况下,卖方凭以向客户收取货款的,不是实际货物,而是与来证要求完全相符的一整套单据。如果单据与信用证有细小差别,开证银行就不负承付责任。在无证托收或协定贸易支付方式中,同样如此。因此,在进出口业务中,单证工作做得准确、齐全、迅速,可以保证交易业务的及时顺利进行。

(3)促使交易合同履行的必要手段

在国内贸易中,合同的履行,一般是通过商品和货币的交换来实现。但在进出口贸易中,买卖双方属不同国家,大多数情况下,商品和货币不能进行简单交换,而必须以单证作为交换的媒体。这些单证文书的签发、组合、流转、交换和应用都要反映合同的履行过程,也反映双方权责的发生、转移、终止等。由此可见,作为涉外经贸文书中重要分支的单证,是完成国际贸易程序不可或缺的重要手段。

(4)企业经营管理的重要环节

涉外经贸文书的拟写和应用是进出口业务的一个重要环节。如合同内容,信用证条款,货源衔接,商务信息,商品质量、数量,交货时间、方式、地点及运输等业务管理,都会在涉外文书中集中反映出来。因此,涉外经贸文书是为贸易全过程服务的,是外贸经营管理中的一个非常重要的环节。

2)涉外经贸文书的种类

涉外经贸文书是一个十分庞大而复杂的体系,其类别划分可以从不同角度,用不同方法进行。通常惯例是按其内容划分,大致可分为:进出口业务文书、海关口岸文书、国际经济合作文书、涉外经贸法律文书、涉外经贸财务文书、涉外经贸单证、涉外经贸调研文书、涉外宣传礼仪文书、涉外经贸业务函件等等。本章就常用的文种作重点介绍。

11.2 外贸经营合作（合同）文书

11.2.1 中外合资企业合同

1）中外合资企业合同的涵义及特征

中外合资企业，是指中国的企业或其他经济组织同外国的企业、其他经济组织或个人依照中华人民共和国法律的规定，在中国境内共同投资，共同经营，并按出资比例分享利润、分担风险及亏损的企业。

中外合资企业合同，是指合营各方为设立合营企业就相互权利、义务关系达成一致意见而订立的书面协议。

中外合资企业合同是合资企业最主要最基本的具有法律效力的文件，是合资企业建立和经营的基础，也是中外各方合作共事的准则，内容涉及企业的设立、存续、经营管理及争议解决等所有问题。较之一般的经济合同，中外合资经营合同具有其自身的一些特征，这主要表现在：

（1）**适用法律的唯一性**

中外合资经营企业属于中国企业，具有中国法人资格，其只能适用中国法律，当事人不得另行选择适用的法律。

（2）**合同期限的长期性**

根据《中外合资经营企业法》第12条的规定："合营企业的合营期限，按不同行业、不同情况，作不同的约定。有的行业的合营企业，应当约定合营期限；有的行业的合营企业，可以约定合营期限，也可以不约定合营期限。"通常一般项目合营期限原则上为 10～30 年，特殊项目或经国务院特别批准的可在 50 年以上。

（3）**合同形式的要式性**

中外合资经营合同是一种要式合同，法律规定中外合资经营合同必须经授权审批机关批准后才具有效力，且合同的修改、变更和解除也应经过原审批机关的批准方具有效力。

2）中外合资经营企业合同的结构与写法

中外合资经营企业合同的结构由标题、正文和尾部三部分组成。

（1）标题

标题一般由企业名称和文种组成，如"中外合资××有限责任公司合同"。

（2）正文

中外合资经营企业合同的内容一般应包括《中外合资经营企业法实施条例》所规定的各项内容，但不以此为限。合营各方认为应该写入合同的内容，都可以写入合同之中。由于合营企业的规模大小、投资数额及经营情况各不相同，其合同的具体内容也有所不同，但总体来看一般都采用章节和条款相结合的结构方式，即全文按内容分为若干章，每一章下再分为若干条款。这样安排结构清晰，层次分明。中外合资经营合同的主要章节包括以下几方面：

①总则。概括说明制定合营企业合同所依据的法律，所遵循的原则，投资各方的名称等。

②合营各方。

③成立合资经营公司。这一章要写明：一、合资经营公司的中文名称和外文名称，公司的法定地址；二、合资经营公司应遵守的法律，必须写明企业的一切活动应遵守中国的法律、法令和有关条例的规定；三、合资经营公司的组织形式（有限责任公司）。

④生产经营目的、范围和规模。经营宗旨一般要表明为了加强经济合作和技术交流的愿望，采用先进而适用的技术和科学的经营管理方法，提高产品质量，发展新产品，提高市场竞争能力，提高经济效益，使投资各方获得满意的经济利益的目的。范围和规模应写明主要生产或开发哪些产品及产品的用途、年产量、品种档次、年生产能力等。

⑤投资总额和注册资本。

⑥合营各方的责任。应当写明投资各方在投资、筹备和整个生产经营过程中应承担的责任。

⑦技术转让。

⑧产品销售。

⑨董事会和经营管理机构。应写明合营企业董事会的组成，董事会名额的分配以及总经理、副总经理及其他高级管理人员的职责、权限和聘用办法。

⑩劳动管理。包括职工的招聘、培训、辞退，职工的工资、劳动保险、福利待遇和奖惩等。

⑪财务、会计和审计的处理原则。

⑫合营期限。

⑬违约责任。应写明违约的发生、违约的责任、守约方的权利和义务等。

此外,还应包括合同期满后财产处理、保险、合同的修改、变更与解除、适用法律、争议的解决、合同文本采用的文字及合同生效的条件等内容。

（3）尾部

这部分包括署名和日期两项内容。署名应写明合资各方的名称,并由其授权的代表人签字。日期须写明签订合同的年月日。

3）订立中外合资经营企业合同的要求

订立中外合资经营企业合同,除了应遵守订立合同的一般条件外,还应注意以下的几点要求：

①合营各方应当具备相应的主体资格和能力。订立合同时一定要审查外方是否具备签订合同的条件和能力,要对外方的经营作风和商业信誉以及其资信状况进行详细的了解,并可以要求外方提供公证机关公证的合法资格文件、担保证书、资金信用资料等必要的资料。若外方当事人是个人时,必须具有完全行为能力；若外方当事人是企业法人或其他组织时,应当具备合法的证明文件。

②中外合资经营企业合同是要式合同,必须采用书面形式,必须经具有代表权的代表签字,才能成立。若当事人是企业或其他经济组织,应由其法定代表人或法定代表人正式授权的代理人签字,并应相互提供能证明其资格的证书。中外合资经营企业合同必须获得有关部门的批准同意后,合同才能合法成立。

③合营各方可以现金、实物、工业产权等作价出资,如果以非货币形式出资的,其作价由合资各方按照公平合理的原则协商确定,或者聘请合资各方同意的第三者评定。在合资企业的注册资本中,外国合资者的投资比例一般不得低于25％,并且外国合资者以实物、工业产权或专有技术等非现金形式作价出资的必须符合法定的条件。

【例文】

中外合资经营企业合同

第一章 总 则

中国×××公司和××国×××公司,根据《中华人民共和国中外合资经营企业法》和中国的其他有关法规,本着平等互利的原则,通过友好协商,同意在中华人民共和国××省××市,共同投资举办合资经营企业,特订立本合同。

361

第二章　合营各方

第一条　本合同的各方为：

中国×××公司（以下简称甲方），在中国×××地登记注册，其法定地址在中国××市××区××街××号。法定代表：姓名×××，职务××，国籍××。

×××国××××公司（以下简称乙方），在×××国×××地登记注册，其法定地址在××××。法定代表：姓名×××，职务×××，国籍××。

（注：若有两个以上合营者，依次称为丙、丁……方）

第三章　成立合资经营公司

第二条　甲、乙方根据《中华人民共和国中外合资经营企业法》和中国的其他有关法规，同意在中国境内建立合资经营××××有限责任公司（以下简称合营公司）。

第三条　合营公司的名称为××××有限责任公司。外文名称为×××。

合营公司的法定地址为：××省××市××路××号。

第四条　合营公司的一切活动，必须遵守中华人民共和国的法律、法令和有关条例规定。

第五条　合营公司的组织形式为有限责任公司。甲、乙方以各自认缴的出资额对合营公司的债务承担责任。各方按其出资额在注册资本中的比例分享利润和分担风险及亏损。

第四章　生产经营目的、范围和规模

第六条　甲、乙方合资经营的目的是：本着加强经济合作和技术交流的愿望，采用先进而适用的技术和科学的经营管理方法，提高产品质量，发展新产品，并在质量、价格等方面具有国际市场上的竞争能力，提高经济效益，使投资各方获得满意的经济利益。

第七条　合营公司生产经营范围是：

生产×××产品；

对销售后的产品进行维修服务；

研究和发展新产品。

第八条　合营公司的生产规模如下：

1.合营公司投产后的生产能力为×××。

2.随着生产经营的发展,生产规模可增加到年产×××,产品品种将发展到×××。

第五章 投资总额与注册资本

第九条 合营公司的投资总额为人民币××××元(或双方商定的一种外币)。

第十条 甲、乙方的出资额共为人民币××××元,以此为合营公司的注册资本。其中:甲方×××元,占××%;乙方×××元,占××%。

第十一条 甲、乙方将以下列方式出资:

甲方:现金×××元;

　　　机械设备×××元;

　　　厂房×××元;

　　　土地使用权×××元;

　　　工业产权×××元;

　　　其他×××元;共×××元。

乙方:现金×××元;

　　　机械设备×××元;

　　　工业产权×××元;

　　　其他×××元;共×××元。

(注:以实物工业产权作为出资时,甲、乙双方应另行订立合同,作为本合同的组成部分)

第十二条 合营公司注册资本由甲、乙方按其出资比例分××期缴付,每期缴付的数额如下:

第十三条 甲、乙任何一方如向第三者转让其全部或部分出资额,须经另一方同意,并报审批机构批准。

一方转让其全部或部分出资额时,另一方有优先购买权。

第六章 合营各方的责任(略)

第七章 技术转让(略)

第八章 产品的销售(略)

第九章 董事会(略)

第十章　经营管理机构(略)

第十一章　设备购买

第三十三条　合营公司在批准经营的范围内所需原材料、燃料等物资,可以在国内市场购买,也可以在国际市场购买。

第三十四条　合营公司委托乙方在国外市场选购设备时,应邀请甲方派人参加。

第十二章　筹备和建设(略)

第十三章　劳动管理(略)

第十四章　税务、财务、审计

第四十二条　合营公司按照中国的有关法律和条例规定缴纳各项税金。

第四十三条　合营公司职工按照《中华人民共和国个人所得税法》缴纳个人所得税。

第四十四条　合营公司按照《中华人民共和国中外合资经营企业法》的规定提取储备基金、企业发展基金及职工福利奖励基金,每年提取的比例由董事会根据公司经营情况讨论决定。

第四十五条　合营公司的会计年度从每年一月一日起至十二月三十一日止,一切记账凭证、单据、报表、账簿,用中文书写。(注:也可同时用甲乙双方同意的一种外文书写)

第四十六条　合营企业的财务审计聘请在中国注册的会计师审查、稽核,并将结果报告董事会和总经理。

如乙方认为需要聘请其他国家的审计师对年度财务进行审查,甲方应予以同意。其所需要一切费用由乙方负担。

第四十七条　(略)。

第十五章　合营期限(略)

第十六章　合营期满财产处理(略)

第十七章 保　险（略）

第十八章 合同的修改、变更与解除（略）

第十九章 违约责任（略）

第二十章 不可抗力（略）

第二十一章 适用法律

第五十八条　本合同的订立、效力、解释、履行和争议的解决均受中华人民共和国法律的管辖。

第二十二章 争议的解决（略）

第二十三章 文　字

第六十一条　本合同用中文和××文写成，两种文字具有同等效力。上述两种文本如有不符，以中文本为准。

第二十四章 合同生效及其他

第六十二条　按照本合同规定的各项原则订立如下的附属协议文件，包括：合营公司章程、工程协议、技术转让协议、销售协议……均为本合同的组成部分。

第六十三条　本合同及其附件，均须经中华人民共和国对外经济贸易部（或其委托的审批机构）批准，自批准之日起生效。

第六十四条　甲、乙双方发送通知的方法，如用电报、电传通知时，凡涉及各方权利、义务的，应随之以书面信件通知。合同中所列甲、乙双方的法定地址即为甲、乙双方的收件地址。

第六十五条　本合同于二〇××年×月×日由甲、乙双方的授权代表在中国×××签字。

甲方代表：中国××××公司　　　　　　　乙方代表：×国××××公司
　　　　　（签字）　　　　　　　　　　　　　　（签字）
　　　　　　　　　　　　　　　　　　　　　二〇××年×月×日

11.2.2　中外合作经营企业合同

1)中外合作经营企业合同的涵义及特征

中外合作企业,是指中国的企业或其他经济组织同外国的企业、其他经济组织或个人依照中华人民共和国法律的规定,在中国境内共同举办的,并按合作企业合同约定分配收益或产品,分担风险及亏损的企业。

中外合作企业合同是合作各方为设立合作企业就相互权利、义务关系达成一致意见而订立的书面协议。

中外合作企业合同与中外合资企业合同一样,具有涉及金额大、合同期限长、涉及的法律问题多,以及合同内容复杂的特点,并且在内容上也有许多相同之处。但由于合作企业是契约式合营,中外合作各方通过协商,就投资或合作条件、收益或产品分配、风险和亏损的分担,经营管理的方式和合作企业终止时财产的归属等事项达成一致意见后签订合同,合作企业的设立与经营是建立在合作企业合同基础之上的,所以中外合作经营企业合同较之股权式的中外合资经营企业合同在内容上有更多的灵活性。

2)中外合资经营企业与合作经营企业的比较

合资企业是股权式企业,合作企业是契约式企业,由此决定了两者有下列不同之处:

(1)企业的组织形式不同

合资企业的组织形式是有限责任公司,具有法人资格,合资各方以其出资为限对公司承担责任,公司以其全部资产对其债务承担责任。合作企业组织形式有两种,法人型的合作企业具有法人资格,对外承担有限责任;合伙型的合作企业不具有法人资格,合作各方承担连带无限责任。

(2)出资方式不同

合资企业各方以各种方式的出资都需折算成股金,以货币形式表示各方的投资比例。合作企业合作各方的投资或提供的合作条件,则无须折合成股金计算投资比例。

(3)利润分配与亏损及风险承担不同

合资企业中合资各方按其注册资本比例分享利润、分担风险及亏损。合作企业中各方收益的分配、风险及亏损的分担由合作企业合同约定。

(4)投资的回收方式不同

合资企业各方在合资期限届满前不能收回投资。合作企业的外国合作者可以在一定条件下,在合作期限内先行收回投资。

(5)企业经营期满后财产归属不同

合资企业合资期满,清算后的剩余财产由合资各方按出资比例分配。合作企业合作期满,外国合作者已先行收回投资的,企业全部固定资产归中国合作者所有。

(6)**组织机构及经营管理不同**

合资企业的最高权力机构为董事会,由总经理、副总经理组成经营管理机构,负责企业的日常经营管理工作。合作企业则设立董事会或联合管理机构,决定合作企业的重大问题,董事会或联合管理机构可以但不是必须聘任总经理,负责企业的日常经营管理工作,合作企业还可以委托中外合作者以外的他人经营管理。

3)**中外合作经营企业合同的结构、内容**

中外合作经营企业合同的结构与合资企业合同一样,也由首部、正文、尾部三部分组成,其内容主要依据项目实际情况,由合作各方协商确定。根据《中外合作经营企业法》的规定,一般应包括以下主要内容:①合作各方的名称、注册国家、法定地址及法定代表人的姓名、职务、国籍;②合作企业的名称、法定地址、宗旨、经营范围和规模;③投资总额、注册资本、合作各方的出资额、合作条件、出资方式以及出资企业所提供的合作条件期限;④合作各方利润分配的方式和亏损、风险分担的办法;⑤合作企业的组织管理机构的形式及其职责;⑥采用的主要生产设备、生产技术及其来源;⑦外汇资金收支的安排;⑧财务、会计、审计的处理原则;⑨劳动管理、工资、福利、劳动保险等事项的规定;⑩合作企业的期限及期满后合作企业财产的处理;⑪违反合同的责任;⑫争议解决的方式和程序;⑬合同文书采用的文字和合同生效的条件。

4)**订立中外合作企业经营合同的程序**

双方当事人在订立中外合作经营企业合同时应注意其订立程序:

第一,选择合作项目,并对合作项目进行初步可行性分析;

第二,中国合作者将拟与外国合作者设立的合作企业项目建议书和初步可行性分析报告,呈报企业主管部门,经主管部门同意后报送审批机关审批;

第三,项目批准后,中外合作者应就合作的原则、基础性文件、合作要点进行协商,签订合作企业协议;

第四,对合作项目进行可行性研究,各方共同编写可行性分析报告;

第五,拟订中外合作经营企业的章程;

第六,在协商一致的基础上,签订中外合作经营企业合同;

第七,中国合作方将相关文件及合作企业主要经营管理者名单,连同设立合作企业的申请书及批准文件,报国务院对外经济贸易主管部门或国务院授权的部门以及地方政府审查批准。审批机关应在 45 天内决定是否批准。合同经批准后发生法律效力。

【例文】

中外合作经营企业合同

第一章　总　则

中国×××公司和××国(或地区)×××公司,根据中华人民共和国有关法律、法规的规定,本着平等互利的原则,通过友好协商,同意在中华人民共和国××省××市,共同举办合作经营企业,特订立本合同。

第二章　合作各方

第一条　本合同的各方为:

中国×××公司(以下简称甲方),在中国××省××市登记注册,其法定地址在××省××市××区××路××号。法定代表:姓名×××职务××国籍××。

××国(或地区)×××公司(以下简称乙方),在××国(或地区)登记注册,其法定地址在××××。法定代表:姓名×××职务××国籍××。

(注:若有两个以上合作者,依次称丙、丁……方)

第三章　成立合作经营公司
第四章　生产经营目的、范围和规模
第五章　投资总额和注册资本
第六章　合作各方应负责完成的事项
第七章　合作经营期限
第八章　利润分配和偿还乙方投资
第九章　产品的销售
第十章　董事会
第十一章　经营管理机构
第十二章　劳动管理
第十三章　财务会计和审计

第十四章　纳税与保险

第十五章　合同的修改、补充、变更与解除

第十六章　违约责任

第十七章　不可抗力

第十八章　争议的解决

第十九章　文字

第二十章　合同生效及其他

甲方:××××公司　　　　　乙方:××××公司

（加盖公章）　　　　　　　　（加盖公章）

法定代表×××（签字）　　　法定代表×××（签字）

　　　　　　　　　　　　　　　　二○××年×月×日

（注:英文部分略去）

11.3　涉外经济分析报告

11.3.1　涉外经济分析报告的涵义及特点

1）涉外经济分析报告的涵义

涉外经济分析报告简称涉外经济分析。广义的涉外经济分析报告,是指对涉外市场分析报告、涉外贸易分析报告、涉外商品分析报告等的总称;狭义的涉外经济分析报告,是指从总体上分析某种国际经济现象、经济形式,或一个国家、地区经济发展情况的分析报告。本节主要介绍的是广义的涉外经济分析报告。

2）涉外经济分析报告的特点

①纪实性　是指涉外经济分析报告主要记述被研究对象在一定的事件、地点和条件下的具体情况及其发展变化的特点。

②综合性　是指涉外经济分析报告主要反映了大量的综合信息,它是对被研究对象的总体综合概括的描述。

③预测性　是指涉外经济分析报告除了把被分析的国家、地区、国际经济状

况呈现出来,还要估计其今后的走向,目的是预测并把握未来。

11.3.2　涉外市场分析报告

涉外市场分析报告一般也称世界市场分析报告,是涉外经济分析报告类中的主要文种。它是以国际市场现象、状况、形势为分析的对象,主要通过对国际市场的分析,找出国际市场繁荣或衰退的原因,寻求解决的最佳途径的分析类涉外经济文体。

涉外市场分析报告的结构一般由标题和正文两部分组成。

（1）**标题**

标题一般有文章式和新闻式两种标题,但是,不管采用哪种表达方式,总体上要求标题应使用简洁的文字,突出报告的主题。

（2）**正文**

涉外市场分析报告的正文一般由开头、主体和结尾构成。

①开头　一般要求用简洁的文字概括出分析报告的内容。

②主体　在该部分,主要介绍市场的现状、趋势等,同时要求分析造成该现状、趋势的原因。这部分是分析报告的核心内容,在写作时要求具体详细、突出侧重点。

③结尾　在该部分中,一般是对今后国际市场的发展状况作一个简单的预测,或者提出一些改进的建议和措施。

【例文】

东欧毛衣市场需求大
现在正是拓销好时机

东欧地处温带,毛衣是民生必备衣物,需求量非常大。现在正是外国厂商拓展东欧毛衣市场的好时机。

东欧8国(包括前苏联)合计人口超过4亿,市场规模比北美或欧共体大。据报道,数十年来,该地区忽视轻工业,造成货品不足,消费者对毛衣需求相对强烈。对外国业者而言,应正是开拓市场的有利时机,但对其人民消费能力不足等缺点亦需加以留意。

有关东欧毛衣市场,业者可以从三方面来了解其特征:

1.品味方面:一般而言,东欧消费者(不包括前苏联)对衣着的品味与西欧国家消费者相似。

2. 价格方面:英法等进口货在东欧(不包括前苏联)价格甚高,中级品也很贵,低级品则较为低廉。前苏联毛衣价格则呈两极分化。

3. 进口渠道方面:可分国有进出口公司及民营企业,两者各有优缺点。外国业者可采取几种方式,其一为合资方式自行建立销售渠道;其二是可与有潜力的当地私营企业,双方签订代理合约共同拓销;其三,就开发交易机会而言,最直接有效的方法就是参加当地举办的有规模的商展,可立即接触商机;其四是参加访问团,可直接与当地理想的合作对象对面洽谈。至于如何拓销前苏联或其他东欧国家市场,因两者情况不同,故拓销方式亦有别。以前苏联市场而言,外国业者须放弃传统贸易做法,而采取与前苏联合资生产开拓市场较易成功。

此外,在前苏联以外的东欧市场拓销方面,产品以100%亚克纱毛衣市场需求最大,因其价格较低。含10%以上羊毛的毛衣,如设计不亚于西欧产品,则售价可望提高。

11.3.3　涉外贸易分析报告

涉外贸易分析报告,主要是用来分析国际贸易、地区贸易、国家与国家之间贸易、国家与地区之间贸易的情况、形势和问题的分析类涉外经济文体。

涉外贸易分析报告的格式一般由标题、署名和正文三部分组成。

(1)**标题**

涉外贸易分析报告的标题一般有文章式和新闻式两种。其中:文章式标题又有一个标题和正副标题之分,副标题对正标题起着补充、解释和说明的作用,如《我国的植物油出口贸易》和《我们应珍视这块地盘——我省对外贸易现状及对策分析》等;新闻式标题也有两行或两行以上的标题(一行是肩题,另一行是正题)和只有一个标题(正题)两行书写之分。例如:

①伊拉克去年创出口新记录——正题
　　石油产量增加,加工工业发展——肩题
②《国际贸易去年增长5%
　　德国出口再次跃居首位》

(2)**署名**

署名一般是指写明分析报告作者的姓名。

（3）正文

正文一般由开头、主体和结尾组成。

开头一般写明材料的来源或对全文进行概括；主体主要写明贸易的情况及其分析，在写作时要注意突出侧重点；结尾一般是写明要提出的建议和进行简要的预测。

11.4 海关口岸文书

11.4.1 进出口货物报关单

进出口货物报关单，是指普通进出口货物、来料加工进出口货物、来料加工补偿贸易进出口货物、外商投资企业进出口货物使用的报关单。

进口货物报关单的栏目及填写要领：

①"进口口岸"栏　填写货物进入我国关境的口岸名称。如由空运到北京入境后转到大连报关的，应填写"北京"；海运在大连港入境转到其他设立海关地点报关的，则应填"大连港"。

②"经营单位"栏　是指对外签订成交合同的国内单位。如果是赠送，就直接填上受赠的单位，注意不要填写向外贸公司订货的国内工商企业，也不要填我国驻外国或港口的贸易机构名称。

③"收货单位"栏　是指货物进口后直接接受贸易公司（包括工贸公司）调拨的单位或者委托外贸公司代理进口的单位，或直接从国外进口货物的机关、团体、企业、事业单位等。

④"合同（协议）号"栏　填写本批货物合同签订的详细年份、编号及其附件号码。

⑤"批准机关及文号"栏　填写批准进口货物机关名称和文号。

⑥"运输工具名称及号码"栏　海运填船名，陆运填车。到其他设关地报关的，要填原来入境时的运输工具名称。

⑦"贸易性质（方式）"栏　主要包括以下几种：一般贸易；国家间、联合国及国际组织无偿援助物资和赠送品；补偿贸易；来料加工贸易；对口合同和来料加工装配贸易；进料加工贸易；寄售、代销贸易；边境地方贸易；其他贸易方式。

【例文】

中华人民共和国海关
进口货物报关单

申报单位编号：

海关编号：

进口口岸	运输工具名称及号码	
经营单位	贸易性质（方式）	进口日期
收货单位	贸易国别（地区）	提单或运单号
合同（协议）号	原产国别（地区）	运保费
批准机关及文号	外汇来源	保险费/年

标记号码		件数			毛重（公斤）	
净重（公斤）		包装种类				

海关统计商品编号	货名规格及货号	数　量		成交价格		到岸价格	
		数量	单位	单价	总价	人民币	外币

关税完税价格￥_____ 工商税完税价格￥_____ 关税交款书号_____

税则号列及税率%_____ 工商税税率%_____ 工商税交款书号_____

关税税额￥_____ 工商税税额￥____ 交款书签发日期　年　月　日

备注		集装箱号：	随附单据：

海关放行日期二○××年×月×日　　　　　　以上各项申报无讹

　　此致

海关经办人（签章）　　　　　　　　　　　　　　×××海关

　　　　　　　　　　　　　　　　　　　申报单位（盖章）

　　　　　　　　　　　　　　　　　申报日期：二○××年×月×日

⑧"贸易国别(地区)"栏　应当填写与我国境内的企业单位签订合同的厂家或成交厂商的所在地的国家或地区。通过我国驻港澳机构成交的,应填写港澳。

⑨"原产国别(地区)"栏　所谓"原产国"是指自然产出、种植、养殖、捕捞、开采或制造该项进口货物的国家。

⑩"外汇来源"栏　海关统计分为4类:中央外汇;地方外汇和地方留成外汇;中央各部留成外汇;其他。

⑪"进口日期"栏　应填写入境运输工具申报进口的日期。

⑫"提单或运单号"栏　海运填提单号;空运填货运单号;邮运填报税清单(包裹单)号。

⑬"海关统计商品编号"栏　要根据《中华人民共和国海关统计商品目录》填写所报货物的编号。

⑭"货名规格及货号"栏　货名既要填中文名称,又要附注英文;货号填公司自编的货号。

⑮"数量"栏　应填写实际进口的货物数量和数量单位。

⑯"成交价格"栏　应填合同(协议)规定的人民币或外币(注明币名)的价格和价格条件,运保费币值和货价不同的,要分别注明。

⑰"到岸价格"栏　应当填写进口货物到达我国输入地点的实际到岸价格,包括货价、运抵我国关境口岸起卸前的运费、保险费和其他一切费用,包括中间商的手续费在内。

⑱"集装箱号"栏　属于集装箱装运来的货物要把集装箱的号码填写上。

⑲"随附单据"栏　凡按规定领取许可证者,应交验许可证。

⑳"备注"栏　指注明一些需要注明的项。

出口货物报关单的填写要领及格式同进口货物报关单。

【例文】

中华人民共和国海关
出口货物报关单

申报单位编号:

海关编号:

| 出口口岸 _____ 贸易性质(方式) _____ 运输工具名称及号码 _____ |
| 经营单位 _____ 贸易国别(地区) _____ 装货单或运单号 _____ |
| 指运港(站) _____ 消费国别(地区) _____ 收结汇方式 _____ |
| 合同(协议)号 _____ 收货单位 _____ 起运地点 _____ |

海关统计商品编号	货名规格及货号	标记唛码	件数及包装种类	数　量		重量(公斤)		成交价格		离岸价格	
				数量	单位	毛重	净重	单价	总价	人民币	外币
备　注			集装箱号:				随附单据:				

海关放行日期二〇××年×月×日　　　　　　　以上各项申报无讹

　　此致

海关经办人(签章)　　　　　　　　　　　××××海关

　　　　　　　　　　　　　　　　　　　申报单位(盖章)

　　　　　　　　　　　　　　　申报日期:二〇××年×月×日

11.4.2　进出口检验申请单

进出口检验申请单,指的是进出口,我国商检机构申请报验进出口商品时填写的一种申请单。

1)出口检验申请单的填写

①每份申请单限填报一批出口商品。

②申请人须提供外贸出口合同、销售确认书、信用证以及有关单证、函电等。

③申请危险物品包装检验时还应提供包装容器的产品标准,工艺规程和厂检结果。

④必须向商检机构办理卫生注册及出口质量许可证的出口商品,必须交附商检机构签发的卫生注册证书、厂检合格单。

⑤出口检验申请单一般由表头部分和表内部分组成:表头部分一般应写明申请单位名称(盖章)、申请号、申请日期、存货地点、电话和联系人;表内部分一般应填明发货人、生产部门、受货人、输往国别、品名、商品编号、报验数量、报验重量、成交价格、收购价格、运输方式、所附证件名称及份数、检验处评定意见和

检验方式(一般有商检检验、认可检验、外地合格单证、其他单位检验等方式)。

2)进口检验申请单的填写

①列入《商检机构实施检验的进出口商品种类表》的进口商品应在货到进口口岸 3 天内,凭《到货通知单》和《货物明细单》向进口口岸或国境站商检机构办理登记。

②进口检验单必须附有详细单据,且有关内容必须与所附单据一致,如,品质鉴定应附合同、发票、装箱单、运单、进口货物代运发货通知单、品质证明书、说明书以及有关标准资料等;残损短少应附合同、发票、装箱单、运单、进口货物代运发货通知单、保险单、进口货物残损单或商务记录等;重量鉴定应附合同、发票、磅码单、运单、进口货物代运发货通知单等。

③每份申请单只限填报一批商品。

④申请人应当关注索赔的期限,需要在该有效期前一星期向检验机关联系领取证书,如届时不来领证耽误索赔者,与检验机关无关。

⑤进口检验申请单一般由表头和表内两部分组成:表头部分一般写明申请单的编号、申请日期;表内部分一般写明售方、购方、收货单位、货物名称、随附单据名称及份数(一般包括合同副本、口岸出口货物代运发货通知单、运单、发票、装箱单、保险单、发货明细单、品质证明、说明书及资料本、进口货的残损单、检验记录和其他等)、贸易国国名、原产国国名、索赔有效期、全批到货的数量、申请检验的数量、存货存放地点和检验处流程、检务处流程等主要内容。

11.4.3 复验申请表

复验申请表,是进出口商品的报验人,对商检机构的检验结果持有异议时,申请复验使用的文书。复验必须在收到商检结果 15 日内提出,复验商品必须保持原样。

在复验申请表中,填写的主要内容有表头部分和表内部分。

表头部分的主要包括:申请单位盖章(地址、电话、电挂、联系人),申请日期。

表内部分主要包括:①发货人、受货人、商品名称、生产企业、贸易国别、合同号、数量(重量)、原检验出证机构、出证日期、发货时间、收货时间、货物存放地和商品标记及号码。②随附单据。包括检验证书(正或副本、复印件)、合同副本、信用证、运单、发票、装箱单、发货明细表、说明书及资料、验收记录、口岸进口货物代运发货通知单、进口货物残损单、保险单和其他单证。③申请理由和复验项目、要求。④备注。此处注明申请单位是否原报验单位、是否已申请其他商检机构复验,对曾申请办理过复验的应要求申请人提供复验结论证书。

11.4.4 免验申请表

免验申请表是对进出口商品申请免验时使用的文书。

1)免验申请表的主要内容

①表头部分 一般有申请单位盖章、申请日期和申请号等内容。

②表内部分 一般有申请人(地址、电话、电传),产品名称(规格型号、使用商标),产品生产厂名(地址、电话和电传),产品生产厂概况,该产品出(进)口情况,申请理由,随附单证(获奖证书、质量认证证明、产品合格率证明、有关用户或消费者意见和商检机构意见),备注等。

2)申请免验应注意的事项

①免验的申请人,只限于在进出口贸易合同中规定的发货人、收货人,有进出口经营权的生产企业,不属此范围内的不得申请免验。

②申请免验的几种情况:a. 在国际上获质量奖(未超过三年时间)的商品;b. 经国家商检部门认可的国际有关组织实施的质量认证,并经商检机构检验,质量长期稳定的商品;c. 连续三年出厂合格率及商检机构检验合格率百分之百,并且没有质量异议的出口商品;d. 连续三年商检机构检验合格率及用户验收合格率百分之百,并且获得用户和消费者良好评价的进口商品。

③列入进口商品质量许可制度范围的商品,涉及安全、卫生及有特殊要求的商品,品质易发生变化或散装货物以及合同规定按成分、含量计价,凭商检证书结汇的商品,均不能申请免验。

④凡要求免验进出口商品的申请人,须向国家商检部门提出书面申请,填写免验申请表,并提供有关证件(包括获奖证书、认证证书、合格率证明、用户反映、生产工艺、内部控制制度、质量标准、检测方法及对产品最终质量有影响的有关文件资料)及产地商检部门的初审意见。

⑤接受申请后,国家商检部门组织专家审查组对申请免验的商品以及制造工厂的生产条件和有关资料进行审查,对产品进行抽样测试,并在此基础上提出书面审查报告,经国家商检部门批准,发给申请人免验证书并予以公布。

⑥免验证书有效期由批准机关决定,一般不超过两年。

⑦免验期内,申请人不得改变免验商品的性能结构及制造工艺等,如有改

变,须重新办理免验审批手续。

11.4.5　出口商品质量许可证申请书

出口商品质量许可证申请书,是指申请颁发出口商品质量许可证时使用的表格文书。须办理该类许可证的企业,一般包括机电产品、煤炭、纺织品、服装、畜产品、陶瓷产品等,许可证的有效期一般为四年,在有效期满半年前,申办下一有效期的手续。

【例文】

出口商品质量许可证申请书

产品名称：＿＿＿＿＿＿＿＿＿

申请单位：＿＿＿＿＿＿＿＿＿

地　　址：＿＿＿＿＿＿＿＿＿

联系人：＿＿＿＿＿＿＿＿＿

电　　话：＿＿＿＿＿＿＿＿＿

上级单位：＿＿＿＿＿＿＿＿＿

企业性质：＿＿＿＿＿＿＿＿＿

申请日期：二〇＿＿＿年＿月＿日

填写说明

1.本申请书第(一)至(十二)条由申请单位填写,一式四份,由厂长审核签字并加盖公章后有效。第(七)至(十)条可参照《出口商品质量许可证考核评分表》有关项目填写。

2.第(十三)条由有关部门填写。

3.第(十四)条由执行考核的商检局在考评后填写。

4.第(十五)条由颁发证书的商检局填写。

5.应用钢笔填写,字迹清楚。

(一)工厂、人员概况：

1.厂长：＿＿＿＿电话：＿＿＿＿副厂长：＿＿＿＿电话：＿＿＿＿

2.厂技术负责人：＿＿＿＿电话：＿＿＿＿

3.质检部门负责人：＿＿＿＿电话：＿＿＿＿

4.工厂许可证联系人:_____电话:_____

5.全厂职工总数:_____人

   其中:技术人员_____人,占全厂人数的_____%

   专职检验人员_____人,占全厂人数的_____%

6.工厂休息日:星期_____

(二)工厂主要生产设备情况(可另附报告)

   通常按设备类型、数量、扩展规划三方面反映。

(三)产品三年来每年生产量和出口量情况

   通常反映年份、生产量、出口量和出口主要国家(地区)等主要内容。

(四)三年来客户反映和处理情况

   通常反映客户名称、意见内容和处理结果等主要内容。

(五)三年来产品质量抽查情况(另附检查记录)

   通常反映检查日期、检验结果和评语(工厂自查、行业检查和工贸检查)等内容。

(六)产品型号试验或性能试验情况(另附试验结果)

   通常反映型号、规格;试验日期;试验结果和评语;测试单位等内容。

379

(七)技术管理情况

(八)设备、工装及检测器具

(九)质量管理情况

(十)出口任务完成、文明生产和人员情况

(十一)三年来产品质量升降情况综合分析(另附报告)

(十二)厂长审核

    即:以上内容经核准无误。

                            厂长: (签字)

                            年 月 日

(十三)有关部门审查意见

   省、自治区、直辖市属生产部门意见:

                   (签章) 年 月 日

   省、自治区、直辖市属外贸主管部门意见:

                   (签章) 年 月 日

   国家商检局直属的商检局意见:

   (应说明申请单位"必备条件"是否完全具备,是否同意进行考核评分)

                   (签章) 年 月 日

(十四)考核结果及商检局对颁发质量许可证的意见

  经对_____厂进行考评,评分为_____,

(考评_____项)符合发证条件。

商检局考核经办人: (签字)

商检局考核负责人: (签字)

年 月 日

(十五)质量许可证签发

  经审核同意发给质量许可证。

证书编号:

证书在 年 月 日前有效。

商检局签发人: (签字)

年 月 日

11.4.6 普惠制产地证明书申请书

  普惠制产地证明书申请书,是报验人(有进出口经营权的国内企业,中外合资、中外合作和外商独资企业,国外企业、商社常驻中国代表机构,对外承接来料加工、来图来样加工、来件装配和补偿贸易业务的企业,经营旅游商品的销售部门等单位)申办普惠制产地证明时填写的表格文书。

  普惠制产地证明书申请书一般由表头部分、表内部分和表外附注三部分组成。

(1)表头部分

  一般写明申请书名称、申请单位(盖章)、申请号、注册号和申请人的郑重声明(本人是被正式授权代表出口单位办理和签署本申请书的;本申请书及普惠制产地证格式 A 所列内容正确无误,如发现弄虚作假,冒充格式 A 所列货物,擅改证书,自愿接受签证机关的处罚及负法律责任。)

(2)表内部分

  一般写明以下内容:

①生产单位。

②生产单位联系人电话。

③商品名称(中英文)。

④H.S 税目号(以六位数码计)。

⑤商品(FOB)总值(以美元计)。

⑥发票号。

⑦最终销售国。

⑧证书种类(加急证书、普通证书)。

⑨货物拟出运日期。

⑩贸易方式和企业性质(请在适用处划"√"),即:正常贸易 C、来料加工 L、补偿贸易 B、中外合资 H、中外合作 Z、外商独资 D、零售 Y、展卖 M。

⑪包装数量毛重或其他数量。

⑫原产地标准,即本项商品系在中国生产,完全符合该给惠国给惠方案规定。

⑬申请人说明。

⑭领证人(签名)、电话和日期。

(3)附注部分

①写明:现提交中国商业发票副本一份,普惠制产地证明书格式 A(FORM A)一正两份,以及其他附件××份,请予以审核签证。

②凡含有进口成分的商品,必须按要求提交《含进口成分受惠商品成本明细单》。

11.4.7　海关发票

1)海关发票的涵义

海关发票,是指根据进口国海关的规定,由出口方填制的一种特定格式的发票。进口商凭海关发票向海关办理进口报关、纳税等手续,进口国海关根据海关发票核查进口商品的价值和产地,依其来确定该商品是否可以进口,是否可以享受税收优惠,同时还依其计算进口商品应纳的进口税款。

2)海关发票的填写要求和注意事项

①出口方在填制海关发票时,如果是以 CIF 或 C&F 成交的商品,必须要正确地计算运费,要求与承运机构计算的实际运费相符,同时将保险费、包装费和内陆运保费等都必须列明。

②海关发票的抬头一般是收货人,如果收货人不在货物到达港,则应填写到达地被通知人。

③海关发票上的金额、数量、毛净重必须与商业发票和提单上的相一致。

④海关发票不同的国家有不同的格式,名称也很不一致,所以在填制时,必须依格式仔细填写。

381

【例文】海关发票格式

××国海关发票

发票号：
发票日期：

1.卖方_____

2.随附单据_____

3.装运时间、转运和运输情况_____

4.收货人_____

5.买方_____

6.原产地_____

7.贸易和付款条件_____

8.使用货币_____

9.货物描述及规格_____

10.数量_____

11.单价_____

12.发票总额_____

13.费用项目：

(1)包装费_____ (2)海运或国际运费_____

(3)保险费_____ (4)国内运输费用_____

(5)其他费用_____

14.签字：

思考与练习

1.涉外市场分析报告、涉外商品分析报告和涉外贸易分析报告之间的相同点有哪些？各自又有什么特点？

2.根据本书的讲述，请用表格形式反映出进口商品检验单和出口商品检验单。

3.请查阅相关资料，说明我国海关发票的特点，并指出我国海关发票同其他国家海关发票的区别。

第 *12* 章　法律文书

12.1　法律文书概述

12.1.1　法律文书的涵义

目前在我国法律实践中通常有法律文书、司法文书、诉讼文书三种概念混用的现象,要正确认识并理解法律文书的概念,我们首先须正确理解这三类不同概念的关系。

法律文书与司法文书是两类不同的概念,法律文书属于上位概念,即属概念,它不仅包括了公安、检察、法院等国家司法机关依法制作的具有法律效力或法律意义的司法文书,而且还包括了自然人、法人团体和司法机关以外的国家机关制作的与法律活动相关的文书。而司法文书、诉讼文书以及具有法律意义的非诉讼文书,如授权委托书、法定代表人身份证明书等,则属于种概念,它们都包含在法律文书之内。

司法文书与诉讼文书也是两类不同的概念,它们之间存在着交叉关系,但不存在从属关系。司法文书中包含司法机关制作的各类诉讼文书,如公安机关的起诉意见书,检察机关的起诉书、不起诉决定书,人民法院的裁定书、判决书等,但不包含当事人的起诉状、答辩状、上诉状等诉讼文书。诉讼文书就其字面语意理解应为诉讼活动中所形成的各类文书,它包含由司法机关制作的也包含由当事人制作的各类诉讼文书,但不包含狱政文书、仲裁文书、公证文书等非诉讼文书。

由此可将法律文书、司法文书和诉讼文书三者之间的关系用下图表示：

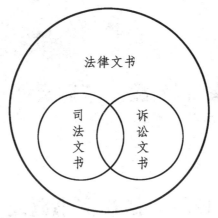

那什么是法律文书呢？我们认为法律文书是我国法律关系主体依照法律规定，按照各自的职权或权利，在办理各类诉讼案件及非诉讼事件的活动中，为正确运用、实施法律，而依法制作的具有法律效力或法律意义的文书。

12.1.2 法律文书的特征

法律文书是应用文体的一种，是法律领域所使用的一种专用文体，除了具有应用文的一般写作功能外，还有其自身独有的特征。这具体体现在：

1）法定的强制性

法律文书是由执法机关代表国家行使司法权，依照国家法律的规定处理刑事、民事、行政诉讼案件和非诉讼事件所制作并使用的文书，是具体实施国家法律的结果，是国家行使权力的体现，具有以国家强制力为保证的强制性的法律效力或法律意义，一经付诸实施任何单位和个人都必须执行或认可，不得违抗和任意改变，否则要承担法律后果。如公安机关逮捕犯罪嫌疑人出具的逮捕证，人民检察院的起诉书，人民法院的刑事、民事判决书等都具有特定的强制力，凡经过一定的法律程序而生效的，都必须予以执行，不以当事人的意志为转移。当然，法律文书的强制力也不是绝对的，并且也有强弱之分，一般而言起诉类、判决类、裁定调解类等文书具有显著的强制性，而具有法律意义的文书如书状类、笔录类、报告类等则不一定具有这一特征。

2）制作使用的合法性

其一,制作法律文书的主体(自然人、法人、国家机关)必须具有相应的合法资格。比如,"提请批准逮捕意见书"、"起诉意见书"的合法制作者只能是公安机关;"起诉书"、"抗诉书"的合法制作者只能是人民检察院;签订合同的双方一般必须是具有独立民事能力的自然人或法人。

其二,法律文书的内容必须合法。要严格遵循"以事实为依据,以法律为准绳"的原则,忠实于事实真相,忠实于法律规定,不能主观臆断、感情用事、信口开河,要重事实、重证据、重法律依据。

其三,法律文书必须依照《程序法》的有关规定制作。法律文书是对诉讼活动、非诉讼事件进展的直接反映,在诉讼程序哪个阶段、环节上应该制作什么样的法律文书,刑事、民事、行政诉讼法等法律法规都有明确的规定,因此必须严格遵守,不得任意制作和使用,否则也是违法和无效的。

其四,法律文书使用必须严格遵循法定的时限。比如,上诉状的提交必须是在一审判决之后10日内(刑事案件)或15日内(民事、行政案件),逾期提交,即丧失上诉权;再如民事案件中被告的答辩状和反诉状,只能在收到一审法院送达的原告起诉状之后提出,不可能在此之前。

其五,某些法律文书的使用必须履行特定的法律手续。比如,人民法院一审判决书的正文及副本的末端,须加盖"本件与原本核对无异"蓝戳,若缺少这项法律手续,判决书即属无效;再如,公安机关申请对犯罪嫌疑人变更强制措施报告,必须由主管局长审阅批准,否则不得变更强制措施。

3）格式的规范性

法律文书是执行法律和运用法律解决问题的,并且要诉诸法律程序,这种内容的严肃性和使用制作的程序性,就决定了法律文书的体式必须有统一的要求,必然形成较稳定的程式和规范。这种规范性主要表现在:

其一,结构程式的固定。各类法律文书虽然文种不同,但其行文表述都有较为固定的结构程式。一般都需具备首部、正文、尾部三部分内容。首部大都由文书标题、文书编号、当事人的身份事项、案由、案件来源(判决书还应增加审判组织及审判方式)等项目组成;正文是法律文书的核心内容,包括请求事项、案件事实、处理理由、处理决定(意见)等项内容;尾部一般由交代有关事项、签署、日期、用印、附注事项等内容组成。除部分非诉讼事件及司法公务类表格法律文书外,一般都应具备上述结构程式。

其二,文字表达的固定。法律文书的文字表达要遵循格式样本的具体规定,使用固定用语。比如,人民检察院起诉书在交代案由及案件来源时,须使用"被告人×××因××一案,由×××侦查终结,于××××年×月×日移送我院,经依法审查表明:";再如,人民法院一审民事判决书尾部向当事人交代上诉权事项时,须用"如不服本判决,可在判决书送达之日起 15 日内,向本院递交上诉状,并按对方当事人的人数提出副本,上诉于×××× 人民法院"。

其三,内容要素的固定。法律文书所反映的各案的具体情况虽然相异,但在同类文书中特定项目内容要素必须齐全、固定,不可残缺。如表述当事人的身份时,应写明姓名、性别、出生年月日、民族、籍贯、工作单位、职业、住址等要素。

为了保证法律文书体式的规范,我国相继修订、制订了《预审文书格式》、《公安机关刑事法律文书格式》(样式)、《人民检察院刑事诉讼法律文书样式》、《法院诉讼文书样式》等格式样本。这对法律文书的规范统一,提高法律文书的制作水准提供了有力的保证。

12.1.3 法律文书的作用

随着社会主义法制的不断加强和健全,广大公民、国家机关、企事业单位与法律的关系越来越密切,法律文书的价值作用也越来越受到重视。

法律文书是国家机关实现管理职能、实施法律的重要手段。法律文书的制作是司法工作的重要组成部分,是对法律行为真实准确的记录和反映,是检验司法程序是否合法、执法活动是否准确的重要依据,也是衡量司法人员业务能力强弱的重要尺度,更是司法公正的直接再现。

法律文书也是公民、法人、其他经济组织从事经济活动及协调人们日常生活领域中相互关系,维护自身合法权益的重要工具,法律文书的学习更是普及法律知识和培养公民法律意识的重要途径。

12.1.4 法律文书的分类

法律文书种类繁杂,由于人们对其掌握的标准和认识的角度不尽一致,因而分类方法多样。概括起来主要有以下几种分类方式:

1)按内容的性质、特点分类

可分为专业性法律文书(司法机关为履行职责而制作的法律文书)和一般性法律文书(司法机关以外的国家机关、法人、自然人制作的法律文书)。

2）按制作主体分类

可分为公安机关文书，人民检察院文书，人民法院文书，公证机关文书，仲裁机关文书，律师代书文书，公民、法人和其他组织机关使用的文书等。

3）按文种分类

可分为笔录类文书、起诉类文书、报告类文书、决定类文书、书状类文书、公证类文书、仲裁类文书、司法公务类文书、专利类文书、商标类文书等。

以上各种分类方式之间存在着一定交叉和重叠，我们可用下图表示法律文书的以上分类：

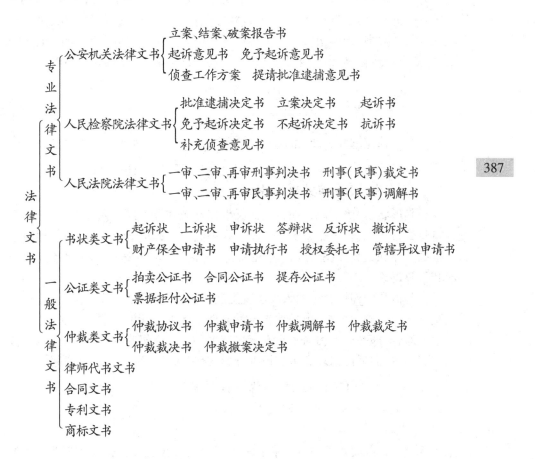

本章我们将着重介绍书状类、公证类、仲裁类文书。

12.2 起诉状 上诉状 申诉状

书状,是指涉讼的刑事或民事案件当事人为维护自己的合法权益,依照不同的审判程序向司法机关递交的诉讼书面请求。书状的作用在于它可以引起不同的审判程序,有助于人民法院正确审理好案件。书状既可以由诉讼当事人自行书写,也可以由聘请的律师代写。书状可分为书、状两类。状,指诉状,是指诉讼参加人为提起诉讼和应诉而制作、使用的文书,根据《法院诉讼文书样式》规定,包括民事起诉状、刑事自诉状、民事上诉状、刑事上诉状、申诉状、反诉状、民事答辩状、撤诉状等;书,指诉讼参加人在诉讼活动中为解决某项问题所制作、提交的文书,包括申请执行书、财产保全申请书、管辖异议申请书、授权委托书等。

12.2.1 起诉状

起诉状包括民事起诉状、刑事自诉状、刑事附带民事诉状、行政起诉状。由于诉状类文书格式和写法基本相同,我们只着重介绍民事起诉状。

1)民事起诉状的涵义及作用

民事起诉状,是民事原告在自己的民事权益受到侵害或与人发生争议时,为维护自身的合法权益,根据事实和法律向人民法院提起诉讼,请求依法裁判的书状。根据法律和最高人民法院的有关规定,民事起诉状亦适用于提起经济纠纷诉讼和行政诉讼。

民事起诉状的作用在于向人民法院提起诉讼,引起诉讼程序的发生,它是人民法院立案和审理的根据,也是被告应诉答辩的依据。起诉必须符合法定条件:有合法的原告,即必须是由与本案有直接利害关系的人提起的;有明确具体的被告;有明确具体的诉讼请求和事实根据;向有管辖权的一审人民法院提起。

2)民事起诉状的结构、内容及写作要求

民事起诉状由首部、正文、尾部三部分组成。

(1)首部

①标题 标题要根据具体案件的性质来确定,在文书顶部正中写明"民事起诉状"或"行政起诉状"。标题制作一是不宜过简,如只写"起诉状"、"诉状",这不能反映案件的性质;二是不宜过长、繁琐,如"赵××诉××县××乡××

村财务纠纷一案民事起诉状",当事人姓名及案由应在民事起诉状中写清楚,没必要写在标题之中。标题应简明扼要,一目了然。

②当事人基本情况 按原告、被告、第三人的顺序分别列写。

原告系公民的,写原告姓名、性别、出生年月日、民族、籍贯、职业或工作单位和职务、地址。原告系法人或其他组织的,依次写明原告的单位名称(全称)、所在地址、法定代表人姓名、职务、电话、企业性质、工商登记核准号、经营范围和方式、开户银行和账号。如原告有委托代理人,还需另行写明代理人的姓名、年龄、职务、住址及和被代理人的关系,委托代理人如系律师,则只写明律师姓名和工作单位。

被告及第三人所写项目同原告,可参照。被告若系法人,只写被告单位名称、所在地址和电话号码。如有被告下落不明(如离婚案件的对方当事人),则要说明原因和有关情况。

如原告、被告不止一人,应分别写明各自的基本情况。

(2)正文

正文由以下三部分组成。

①诉讼请求 诉讼请求即原告提起诉讼所要达到的目的,也是原告要求法院解决的有关民事权益的具体问题。比如,请求通过审理解决损害赔偿、追索劳动报酬、合同纠纷、遗产继承、债务清偿、给付赡养费等具体问题。

诉讼请求部分应当具体明确,简明扼要。可先写案由,如"购销合同贷款纠纷",然后再写请求;或者把案由和请求合起来写,如"因××纠纷,提出以下诉讼请求"。诉讼请求有多项时,可分项表述,如"请求:一、归还所借房屋;二、如数给付房租;三……"。需注意的是,几个诉讼请求必须与同一纠纷相关,否则应另案起诉。

②事实和理由 事实和理由是原告提出诉讼请求的材料来源,也是人民法院裁决案件是非的依据,是起诉状的核心。

事实部分要写明被告侵权行为的具体经过和当事人双方权益争议的具体内容;要注意交代清楚被告侵权行为或当事人双方争议的时间、地点、原因、经过和情节等;要着重把被告侵权行为所造成的后果和应承担的责任反映明确,将当事人双方争议的焦点写清楚,以便使人民法院能全面了解事态真相,分清责任的大小,从而依法判处。

事实部分写作,首先,要做到详略得当,具体明确。抓住案件中心争议的要害问题叙述,与案件没有直接关系的客观情况可以不写或略写;其次,叙事应当实事求是,对所叙事实应经查证属实,并有确实充分的证据予以证实,切忌那种讳饰自己的过错,夸大被告的过错甚至给被告捏造过错的做法;再者,叙事要为实现"诉讼请求"服务,要寓观点于叙事之中。凡有利于实现诉讼请求,有事实依据的具体材料,均可写入起诉状的事实部分,反之则一定要摒弃。

理由部分要对民事权益纠纷的性质进行分析以确定被告的行为,要对被告行为造成的后果进行分析并指明其应承担的民事责任,并引用相关的法律条文分析、论说提出诉讼请求的合理性、合法性,为起诉确立法律依据。

理由部分写作时要注意:首先,说理要与事实相一致,要为实现诉讼请求服务,从而使起诉状各部分相互照应、上下一致、衔接自然;其次,说理要抓住要点、切中要害,不同性质的案件要点不同,要善于从具体案情实际出发抓住要点进行评论,阐明起诉的理由;再者,要注意依法论理,根据不同性质的案件,援引有关的法律条款阐明起诉理由。

③证据和证据来源、证人姓名和住址　民事诉讼的原告负有举证责任,要能够举出证明案件事实、支持自己诉讼请求的各种证据,包括书证、物证、证人证言、鉴定结论、视听资料、当事人的陈述等。列举物证,要写明什么样的物品,在何地由何人保存;列举书证,要附上原件复印件,如系摘录式抄件,要如实反映原件本意,切忌断章取义,并应注明材料的出处;列举证人,要写明证人的姓名、职业、住址及所提供的证言内容要点。

（3）尾部

尾部首先要写明诉状的致送机关,"此致"和"×××人民法院"分行书写。其次在"×××人民法院"下一行顶格写"附:本诉状副本×份"和证据证人情况。并按被告人数写明提交副本份数。最后在附项右下方分行写"起诉人×××",另行写具状日期"××××年×月×日"。起诉人是法人或其他组织的,要写明法人或其他组织全称,并加盖单位公章。

【例文1】

民事起诉状
（法人或其他组织提起民事诉讼用）

原告名称:＿＿＿＿＿＿＿＿＿＿＿＿＿＿＿＿＿＿

＿＿＿＿＿＿＿＿＿＿＿＿＿＿＿＿＿＿＿＿＿＿

住所地:＿＿＿＿＿＿＿＿＿＿＿＿＿＿＿＿＿＿＿

法定代表人(或主要负责人)姓名：_____ 职务：_____ 电话：_____

企业性质：_____

工商登记核准号：_____

经营范围和方式：_____

开户银行：_____ 账号：_____

被告名称：_____

住所地：_____

法定代表人(或主要负责人)姓名：_____ 职务：_____ 电话：_____

案由：_____

诉讼请求：_____

_____

事实与理由：_____

_____

证据和证据来源，证人姓名和住址：_____

_____ 391

此致

_____人民法院

起诉人：_____

_____年____月____日

附：本诉讼副本____份

【例文2】

行政起诉状

（公民提起行政诉讼用）

原告：_____

被告：_____

案由：_____

诉讼请求：_____

_____

_____

_____

事实与理由：_____

_____

_____

_____

证据和证据来源，证人姓名和住址：_____

_____

_____

_____

_____

此致
_____人民法院

起诉人：_____
_____年____月____日

12.2.2　上诉状

1）上诉状的涵义和适用范围

上诉状包括刑事上诉状、民事上诉状、行政上诉状。上诉状是指当事人不服一审判决或裁定，依照法律规定的条件，在法定期限内向上一级人民法院提起的书状。上诉引起二审程序的开始。

根据我国民事诉讼法和行政诉讼法的有关规定，有权提起上诉的主体，仅限于民事案件和行政案件的当事人，这与刑事案件的上诉主体有一定的区别。《刑事诉讼法》第129条规定，有权提出上诉的主体主要是刑事案件的当事人或他们的法定代理人；被告的辩护人和近亲属经被告同意，也可以提出上诉；附带民事诉讼的当事人和他们的法定代理人，可以对附带民事诉讼部分提出上诉。

上诉有严格的期限,即上诉状必须在一审判决次日起10日内,一审裁定次日起15日内提出,逾期不提起上诉的,人民法院的一审判决或裁定即发生法律效力。

2) 上诉状的结构、内容及写作要求

上诉状由首部、正文、尾部三部分组成。

(1) 首部

①标题 应按具体案件性质来确定,写明诉状名称。

②当事人基本情况 有关当事人基本情况的写法与民事起诉状相同,但应在"上诉人"或"被上诉人"的后面用括号注明其在原审中的诉讼称谓,如"上诉人(原审自诉人或原审被告人)×××"。刑事上诉状的上诉人是原审当事人的法定代理人或近亲属的,要注明上诉人与当事人之间的关系;是原审被告人的辩护人经被告人同意提出上诉的,要注明"系被告人×××的辩护人"。要强调的是刑事上诉状中只写上诉人,没有被上诉人。

③案由 案由是上诉人提起上诉的事由。一般可表述为:"上诉人因×××(案件名称)一案,不服×××人民法院×××年×月×日〔20××〕×字第×号×××(判决或裁定),现提起上诉。"

(2) 正文

①上诉请求 上诉请求是上诉状的重要组成部分,是上诉人提出上诉所要达到的目的。这部分要具体写明上诉人不服原审判决或裁定,是请求二审人民法院依法撤销或变更原审判决或裁定的一部分或全部,还是请求重新审理。

写作时首先要从实际出发,根据一审裁判存在的主要问题,有针对性地提出上诉请求;其次注意上诉请求要具体明确,详尽扼要,不能只写"请求上级法院依法作出公正判决"、"请撤销原判"等笼统含糊的话。此部分也无需讲道理,以免与"上诉理由"重复。

②上诉理由 上诉理由是上诉状的核心,是为实现上诉请求服务的。这部分主要阐明上诉人不服原审裁判事项的具体道理,并运用事实和法律对原审裁判认定的错误内容进行批驳。

写作时主要采用反驳手法,可从这几个方面入手:一针对原审裁判认定事实不清,提出纠正或否定事实的依据和证据,反驳原审裁判的错误;二针对原审裁判定性的不准或适用法律的不当,予以辨析批驳;三针对原审裁判量刑的失当,提出纠正的事实和法律依据;四针对原审裁判在程序上的错误,提出纠正的法律依据。

上诉理由陈述完毕,一般可用"为此,特向你院提起上诉,请依法撤销原判决(或裁定),予以改判(或重新审理)"作结。

（3）**尾部**

①致送机关　"此致"和"××××人民法院"分行书写。

②附项　在致送机关下一行顶格写"附:本上诉状副本×份"和附送的有关证据。上诉状副本按被上诉人的人数提交。

③署名与日期　在附项右下方先是上诉人署名,下一行写具状日期。上诉人是法人或其他组织的,应写明法人或其他组织全称,并加盖公章。

【例文】

民事上诉状

（公民提出上诉用）

上诉人：＿＿＿＿＿＿＿＿＿＿＿＿＿＿＿＿＿＿＿＿＿＿＿＿

被上诉人：＿＿＿＿＿＿＿＿＿＿＿＿＿＿＿＿＿＿＿＿＿＿＿

上诉人因＿＿＿＿＿＿一案,不服＿＿＿＿＿＿人民法院＿＿＿＿年＿＿＿月＿＿＿日(　)字第＿＿＿号,现提出上诉。

上诉请求：＿＿＿＿＿＿＿＿＿＿＿＿＿＿＿＿＿＿＿＿＿＿＿

＿＿＿＿＿＿＿＿＿＿＿＿＿＿＿＿＿＿＿＿＿＿＿＿＿＿＿＿＿

上诉理由：＿＿＿＿＿＿＿＿＿＿＿＿＿＿＿＿＿＿＿＿＿＿＿

＿＿＿＿＿＿＿＿＿＿＿＿＿＿＿＿＿＿＿＿＿＿＿＿＿＿＿＿＿

＿＿＿＿＿＿＿＿＿＿＿＿＿＿＿＿＿＿＿＿＿＿＿＿＿＿＿＿＿

此致

＿＿＿＿＿人民法院

上诉人：＿＿＿＿＿＿

＿＿＿＿＿年＿＿月＿＿日

附:本上诉状副本＿＿＿＿份。

注:本诉状格式亦可适用于经济案件中公民提起上诉。

12.2.3 申诉状

1）申诉状的涵义、适用范围及作用

申诉状亦称申诉书，是有关案件的当事人或法律规定的其他人对人民法院已经发生法律效力的判决或裁定认为有错误而向人民法院或人民检察院要求予以复查纠正而提交的书状。

根据刑事诉讼法的规定，有权提出申诉的主体是刑事案件当事人及其法定代理人、近亲属，范围比较广。而民事、行政诉讼法却限定为案件当事人，范围比较窄。

申诉人书写申诉状虽不一定能引起再审程序，但却是人民法院和人民检察院提起审判监督程序的重要材料来源。经审查申诉有理，即可引起再审程序，原审裁判中的错误就可得到及时纠正。这样不仅使国家法律得到了正确的实施，维护了法律的尊严，同时也维护了申诉人的合法权益，保障了司法机关的正确执法。

2）申诉状与上诉状的区别

申诉状与上诉状都是依法享有相应权利的主体认为原判决或裁定有错误，而要求依法予以纠正的诉讼文书，但两者之间又有明显的区别。

①对象不同　提出申诉是对已经发生法律效力的判决或裁定，包括二审终结的甚至已经执行完毕的判决、裁定；而上诉只限于尚未发生法律效力的一审判决或裁定。

②期限不同　申诉一般不受时间限制；而上诉应在法定期限内提出，如无正当理由耽误期限的，逾期不能上诉。

③接受书状的机关不同　接受申诉的可以是原审法院，也可以是上级法院，刑事案件还可以向检察机关申诉；而接受上诉的只能是作出一审判决或裁定的上一级人民法院。

④处理程序不同　接受申诉的机关对申诉案件经过复查，认为原裁判不正确的，按照审判监督程序提起再审；而上诉案件必须由上一级人民法院按照二审程序进行审理，依法作出终审判决或裁定。

3）申诉状的结构、内容及写作要求

申诉状的内容和写法，与上诉状基本相同，可参照。

【例文】

民事申诉状

申诉人：_____

被申诉人：_____

案由：_____

_____

请求事项：_____

_____

_____

事实与理由：_____

_____

_____

此致

_____人民法院

申诉人：_____

_____年____月____日

附：生效判决书、裁定书及相关证据材料。

12.3　答辩状　反诉状　撤诉状

12.3.1　答辩状

1）答辩状的涵义及作用

答辩状是民事案件、行政案件的被告、被上诉人针对起诉状、上诉状进行答复和辩驳的诉讼文书。

根据民事诉讼法和行政诉讼法的有关规定,人民法院应当在立案或收到上诉状之日起 5 日内将起诉状、上诉状副本发送被告或被上诉人,被告或被上诉人应当在收到之日起 15 日内提出答辩状。被告或被上诉人提出答辩状的,人民法院应当在收到答辩状之日起 5 日内将副本发送原告或上诉人。被告或被上诉人不提出答辩状的,不影响人民法院审理。

答辩状是与起诉状、上诉状相对应的文书。答辩是一种应诉行为,也是被告或被上诉人依法享有的诉讼权利,是帮助被告或被上诉人取得诉讼胜利,维护其合法权益的有力工具,体现了当事人诉讼地位和权利平等的原则。同时也是被告或被上诉人向人民法院阐明意见和主张,使人民法院全面了解案情,促使其正确断案的重要途径。

2)答辩状的结构、内容及写作要求

答辩状由首部、正文、尾部三部分组成。

（1）首部

①标题　根据具体案件的性质来确定。在首页上方正中写明"民事答辩状"或"行政答辩状"即可,不用标明是一审还是二审。经济案件的答辩状仍然写作"民事答辩状"。

②答辩人基本情况　所写项目与民事起诉状相同。被诉行政机关提出答辩的,写答辩人名称、所在地址、代表人姓名、职务、电话。

对方当事人的基本情况不单独列写,因为人民法院已从起诉状(或上诉状)中知道,只需在案由部分指出其姓名即可。

③案由　这是过渡性的文字,承上启下将首部与正文联系起来,如何写并没有明文规定的固定格式,主要写明对何人起诉或上诉的何案提出答辩即可。一般写作"因×××(原告或上诉人姓名、名称)诉我××××(案件名称)一案,提出答辩如下:",亦可写作"你院××××年××月××日第×号送达的诉状副本通知书及诉状副本我已收到。现遵嘱提出答辩如下:",或"因上诉人×××(姓名或法人、其他组织的名称)对××××一案的判决(或裁定)不服,提出上诉,现提出答辩如下:"。

（2）正文

这是答辩状的主体和核心,它是一段相对完整的辩驳性文字,没有非常固定的写作模式,答辩状的"答辩"也恰恰体现在这里。通常要包含答辩理由和答辩请求两方面的内容。

①答辩理由　就是答辩人针对原告在起诉状或上诉人在上诉状中提出的诉

讼请求及其所依据的事实与理由进行答复和辩驳,对起诉状、上诉状中的不实之词、错误论点及不当的上诉请求进行驳斥,并阐明自己的意见和主张。

阐述理由时可从以下几方面入手:首先,看起诉状或上诉状所诉事实能否成立。若其事实虚假或与实际有出入,应予以否定或部分否定,并提出与其不同且客观真实的事实加以证明,予以反驳。其二,如果起诉状或上诉状所诉事实属实,则要看其理由、证据和请求有无差错。在肯定事实的基础上针对其有差错的问题予以辩驳。其三,要看起诉状或上诉状适用的法律条款有无错误。因为对各种民事、行政纠纷,人民法院总是从具体案情出发,适用各种具体法律条款加以裁判的,适用法律条款正确与否对当事人合法权益的维护至关重要。因此如果起诉状或上诉状适用的实体法有错误,就要对其曲解了的法律从立法精神和具体规定及适用方面加以反驳。再者,要看起诉或上诉是否违反程序法的规定,如果不符合程序法规定条件则要予以辩驳。比如:原告不具备《民事诉讼法》第108条规定的起诉条件,或原告起诉时间已超过了法律规定的诉讼时效等,此类问题应辩论清楚,并请求人民法院依法驳回起诉。

答辩理由在写作时要注意以下几点:

a. 必须具有辩驳性,要针锋相对、有的放矢。

b. 要抓住关键突出重点。答辩时要有理有据,抓住对方谬误、不实之处,抓住有助于自己胜诉的主要和关键性问题进行答辩。

c. 要实事求是,以理服人。写答辩状一定要坚持"以事实为依据,以法律为准绳"的原则,摆事实、讲道理,客观冷静地答辩起诉状或上诉状中的问题。

d. 在上诉案件中,被上诉人一般是在一审裁判中胜诉的一方,所以被上诉人在写答辩状时一定首先要站在支持、维护一审判决或裁定的立场之上,再针对上诉状中的不实谬误进行驳斥。

②答辩请求　就是答辩人在讲明答辩理由的基础上向人民法院提出的诉讼请求。提答辩请求要切实可行,合理合法,具体明确,事项完整,言简意赅。

正文部分具体写作时,如果答辩的问题比较简单、单一,或问题虽多,但差异不大、紧密相关的,可以把问题集中起来予以答辩。如果答辩问题繁杂,一般可采用逐条答辩的方法,即先提出对方一个差错,然后予以辩驳,如此反复直到辩驳完所有问题为止。其结构方式一般是先总说,即简要回答有关事实或叙述诉讼情况等,再逐条提出问题予以辩驳,最后归纳总结,提出答辩人自己的看法和请求。

（3）尾部

同民事起诉状,可参照。写致送机关、附项、答辩人署名、答辩时间。

12.3.2　反诉状

1）反诉状的涵义、适用范围及作用

反诉状是民事（含经济）案件的被告或刑事自诉案件的被告人在第一审程序进行之中，为维护自身的合法权益以原告或自诉人为被告，向人民法院提出独立的诉讼请求，要求人民法院依法裁判的书状。

《刑事诉讼法》第 173 条规定："自诉案件的被告人在诉讼过程中，可以对自诉人提起反诉。反诉适用自诉的规定。"《民事诉讼法》第 52 条规定："原告可以放弃或者变更诉讼请求。被告可以承认或者反驳诉讼请求，有权提起反诉。"第 126 条规定："原告增加诉讼请求，被告提出反诉，第三人提出与本案有关的诉讼请求，可以合并审理。"这是制作刑事、民事反诉状的法律依据。《行政诉讼法》没有反诉的规定，因此行政诉讼不能提起反诉。

反诉是民事被告和刑事被告人反对原告和自诉人请求的一种特殊形式，目的在于使反诉和本诉（原诉）合并审理，以抵消或吞并本诉，使本诉的权利失去作用。当事人用反诉状提起反诉，对于简化诉讼，维护法律的正确实施，保障当事人充分行使诉讼权利，达到维护当事人合法权益的目的有着重要作用。

2）反诉状与答辩状的区别

反诉状与答辩状是两种不同的诉讼文书，一般情况下要求分开使用。但如果案情简单，答辩人在答辩过程中已讲清了主张的事实和所持的理由，可遂即向人民法院提出反诉的请求；或反诉人在讲清反诉的事实根据和法律依据后，可遂即就起诉状中的某个问题予以反驳回答，这样也是可行的。反诉状与答辩状的区别主要有以下四点：

①适用范围不同　提起反诉必须具备一定的条件，即反诉人的合法权益受到原告或自诉人的侵害，反诉人具备了诉权和行使诉权的条件，且反诉与本诉在事实上或法律上要有内在联系，为同一法院所管辖并可合并审理。并非每个民事案件或刑事自诉案件都可以提起反诉，行政案件则不适用反诉。而民事案件、行政案件的被告或上诉人只要应诉，都可以提出答辩。

②目的不同　反诉状有独立的诉讼请求，刑事反诉是被告人控告自诉人的犯罪行为，要求人民法院依法惩处的独立之诉；民事反诉是被告针对原告的本诉（原诉）提出的新的用于抵消、排斥、吞并、甚至超过原告诉讼请求的独立之诉。答辩状是对起诉状或上诉状中的"诉讼（或上诉）请求"、"事实与理由"针锋相对

的回答和辩驳,其主要目的是阐述答辩人主张的事实、所持的理由及提出的请求事项,使本案得到及时、合法、正确的处理,从而维护答辩人的合法权益,答辩本身并没有独立的诉讼请求。

③提交的要求不同　反诉状必须是在原告或自诉人提起诉讼人民法院受理以后至开庭审理以前,或最迟至宣判以前向审理本诉的人民法院提交。如果不在这一诉讼期限内提出,法庭就无法依照法律规定将本诉与反诉合并审理,反诉的诉讼请求将无法实现。答辩状必须在答辩人收到法院发来的起诉状或上诉状的副本之日起15日内提交,如不提交答辩状,则不影响人民法院的审理。反诉虽与本诉一并审理,但反诉法院要另行立案,并按规定收取诉讼费用;而答辩则不用交诉讼费用。

④当事人的诉讼法律关系不同　提起反诉的案件,双方当事人互为原告(自诉人)和被告;提出答辩的,双方当事人仍然是原来的诉讼关系。

3)反诉状的结构、内容及写作要求

反诉状的内容和写法与起诉状基本相同,可参照。

(1)首部

标题可根据案件性质写明"刑事反诉状"或"民事反诉状"。当事人栏写"反诉人(本诉被告)","被反诉人(本诉原告)",其他项目与起诉状相同。

(2)正文

正文包括反诉请求、事实与理由、证据等内容。

正文部分写作时应注意以下几点:

首先,反诉请求是反诉人提出实体权利的要求,是法院通过审判解决的问题,应当明确具体。例如,某刑事反诉案,本诉自诉人控告被告人犯伤害罪,要求依法处理,而被告认为双方在互殴过程中,自己也被对方打伤,对方的行为亦构成伤害罪,因而提出反诉,则反诉请求可写为:"被反诉人犯伤害罪,请依法判处。"如附带民事诉讼,比如说要求对方赔偿医药费等经济损失,亦应当写明。

其次,反诉人提起反诉时,已从起诉状副本中了解了被反诉人(本诉原告)对事实的主张和态度,所以叙事时应加强针对性,做到针锋相对,有的放矢,并列举充分确实的证据,以增强说服力。

最后,反诉状理由部分,要通过对事实的分析论证,阐明反诉的理由和法律依据,同时可结合起诉状中谬误之处进行必要的批驳,把正面说理与反面批驳巧妙结合起来。

(3)尾部

尾部包括致送机关、附项、反诉人署名、具状日期。

12.3.3 撤诉状

1) 撤诉状的涵义

撤诉状也叫撤诉申请书,是指在诉讼程序中,原告或上诉人为取消已向法院提出的诉讼而递交的撤回自诉、起诉或上诉的书面请求。

我国刑事、民事和行政诉讼法对撤诉都作了明确、具体的规定。撤诉可以是在一审程序中,原告向人民法院提出撤回起诉的请求,也可以是在二审程序中,上诉人申请撤回上诉,不再要求人民法院对案件进行审理和裁判。撤诉与起诉、上诉、申诉、反诉一样也是当事人的一项诉讼权利。申请撤诉必须符合法定条件,即撤诉状一般必须是由提起诉讼或上诉的人(包括其法定代理人、特别授权的诉讼代理人)提出;必须是出于自愿的;必须是在人民法院对案件作出宣判前提出的。当事人递交撤诉状后,是否准许撤诉,由人民法院裁定。

2) 撤诉状的结构、内容及写作要求

撤诉状由首部、正文、尾部三部分组成。

(1) 首部

①标题 根据案件性质写明"民事(刑事或行政)撤诉状"。

②当事人栏 写撤诉人基本情况,不写对方基本情况。

③案由 写明起诉或上诉的案件性质、起诉或上诉的时间、提出的请求。如"××××(申请人姓名)诉×××(姓名)×××(案件名称)一案,于×××年××月××日诉至你院,现请求撤回起诉,其理由如下:"再如"申请人因××××一案,不服×××法院×××年××月××日×字第××号的一审××××判决(或裁定),于××××年××月××日向你院提起上诉,现因××××请求撤回上诉。"

(2) 正文

正文主要写明撤诉理由。各类案件的撤诉理由不尽相同,多种多样。比如在民事案件中,当事人自行和解,或原告思想发生变化自愿放弃诉权,或被告幡然悔悟,主动赔偿原告损失,并得到原告的谅解等原因都有可能引起撤诉。无论什么原因,但总之都是问题得到了一定程度解决,所以撤诉理由不必写得过于具体,只需讲明原因并能够成立即可,文字要简练明了。

(3) 尾部

尾部写明致送机关、撤诉人署名、具状时间及附件。

【例文】

民事撤诉状

　　　　申请人：××××物贸有限责任公司

　　　　住所地：××省××市××区××街××号

　　　　法定代表人：王××

　　　　职务：经理

　　　　代理人：×××律师事务所

　　（案由）申请人因不服×× 人民法院于××××年×月×日作出的案号为××的民事判决书，于××××年×月×日向贵院提起上诉。经友好的庭外协商，申请人与被上诉人×××本着自愿、公平、合理和合法原则于××××年×月×日达成并签署《和解协议》（见附件一）。申请人根据该和解协议的规定，已按期如数向被上诉人履行了偿付义务（见附件二）。因此，根据《中华人民共和国民事诉讼法》第十三条的规定，申请人依法向贵院申请撤回上诉，望贵院准许。

　　　　此致

中华人民共和国×××人民法院

　　　　　　　　　　　　　　　　　　申请人：（签章）

　　　　　　　　　　　　　　　　　　二○××年×月×日

　　附件一：和解协议

　　附件二：申请人业已履行偿付义务的凭证

12.4　财产保全申请书　申请执行书　授权委托书

12.4.1　财产保全申请书

1）财产保全申请书涵义、适用范围及作用

财产保全是指人民法院在案件受理前或诉讼过程中，对当事人的财产或争

议的标的所采取的查封、扣押、冻结或法律规定的其他方法的强制措施。财产保全分为诉前财产保全和诉讼财产保全。

财产保全申请书，是指享有民事权利的一方当事人在案件起诉前或起诉后，为使其合法权益得到有效保护，而要求人民法院对争议的财产采取保全措施时所提交的书面请求。

根据《民事诉讼法》的规定，财产保全必须符合法定条件。

诉前保全的条件是：必须是紧急情况，不立即采取保全措施将会使申请人的权益遭到极大损害；必须由利害关系人向财产所在地人民法院提出申请保全；申请人必须提供担保。

诉讼财产保全的条件是：案件必须具有给付内容，即属于给付之诉；必须是由一方当事人的行为或者其他行为，使判决有可能不能执行的；必须在诉讼过程中提出，即必须在案件受理后法院尚未作出裁判前提出。

当事人申请财产保全，可以有效地防止对争执的标的物可能出卖、转移、隐匿、损毁的行为，或者是标的物自身有急剧变质、降低价值的情况，以保护自己的合法权益不受侵害。此外，也可避免人民法院今后作出的判决不能执行或难以执行的情况发生。

2）财产保全申请书的结构、内容及写作要求

财产保全申请书由首部、正文、尾部三部分组成。

（1）首部

①标题 可写成"财产保全申请书"，或直接写明"诉前财产保全申请书"、"诉讼财产保全申请书"。

②案由 要写明申请人与被申请人因什么案件，是否起诉，于何时起诉，现因何申请财产保全。如："上列当事人因×××纠纷，于××××年××月××日向你院起诉一案（或申请人即将提起诉讼），被申请人现在有毁损诉讼争执标的物的可能（或其他原因），为此，申请给予实施财产保全，申请的事实和理由如下："。

（2）正文

①事实和理由 是请求事项赖以成立的依据，是申请书的重要内容。由于财产保全是解决民事诉讼活动中具体环节上的问题，并不涉及案件争议解决的实体内容，因而事实部分不必像起诉状那样将纠纷发生、发展变化的全过程翔实具体的叙述。重点应写明实施财产保全所依据的事实，即被申请人有何种分散、转移争执的标的物的行为。具体写明被申请人对争执的标的物是正在准备出卖、毁损、转移还是隐匿，抑或是对其现有的资产大量挥霍浪费。同时要提供确

实可靠的证据,提供被保全财产的具体位置和数量,以便证明它的客观存在而非主观臆断,这样有利于人民法院执行。理由部分应阐明不实施财产保全,人民法院今后的判决势必不能执行或难以执行,同时将给申请人造成什么样的损失,并可引用法律条款作为依据。

②请求事项　在阐述事实和理由的基础上,要用简洁的文字写出请求人民法院采取保全的具体措施。比如:"请求人民法院依法对××××物贸有限责任公司银行账户予以冻结"。如果保全的内容较多,应分别列项写出。并且要表明自己是否提供担保,提供何种担保及其数额。

请求事项也可置于"事实和理由"之前,可依据行文实际灵活安排。

(3)尾部

①致送机关　分两行写"此致","××××人民法院"

②附项　应具体写明要求查封、扣押财产所在地,要求冻结的钱款的开户银行及银行账号等,以便于人民法院采取保全措施。如有物证、书证,应写明附送的证据名称和件数,有证人的,写明证人的姓名和住址。

③署名与日期　申请人署名或盖章、申请时间。

404

【例文】

诉前保全申请书

申请人:×××

法定代表人:×××

地址:×××××

委托代理人:×××

地址 :×××××

被申请人:×××

被申请扣押的船舶名称:×××

(英文名:×××)

申请人系××(提单号码)提单项下货物的收货人(或正本提单持有人),该批货物由×××(申请扣押船舶名称)轮承运。现经本申请人发现,该批货物在运输途中发生××××(货物损坏或短少),责任应由承运人承担。并经初步估算,损失金额为××元。

为保证申请人的权利得以实现,今特根据《中华人民共和国民事诉讼法》第93条和最高人民法院《关于海事法院诉讼前扣押船舶的规定》的规定,特向贵院提出诉前保全申请,请求依法扣押×××轮,以责令其提供××××(要求担保的数额和货币种类)的可靠担保。

申请人保证承担因申请错误而给被申请人造成的经济损失。请核准上述申请。

  此致
  ××海事法院

申请人:××××

法定代表人:×××

委托代理人:×××

日期:××××年×月×日

另据悉:×××(被申请扣押船名)×日×时离港。该轮现停泊于××港,将于××××年×月×日离港。

12.4.2 申请执行书

1)申请执行书的涵义、适用范围、法定条件及作用

申请执行书,是享有权利的一方当事人根据已经发生法律效力的判决、裁定、调解书、支付令,以及法律规定应由人民法院执行的其他法律文书,对于另一方当事人拒绝履行法律文书规定的义务的,依照执行程序的规定,向有管辖权的人民法院申请强制执行所递交的书状。

根据我国《民事诉讼法》的规定申请执行范围包括:发生法律效力的刑事判决、裁定和调解书中的财产部分;发生法律效力的民事判决、裁定、调解书和支付令;依法设立的仲裁机构作出的已发生法律效力的裁决;公证机关依法赋予强制执行效力的债权文书;发生法律效力的行政判决、裁定和达成行政赔偿协议的调解书;公民、法人或其他组织对具体行政行为在法定期限内不提起诉讼又不履行的,行政机关可以依法申请人民法院强制执行。

当事人向人民法院申请执行应当符合法定的条件。即:据以申请执行的法律文书必须是已经发生法律效力且具有执行内容的;法律文书规定的履行义务期限届满,义务人有能力履行而仍未履行的;必须在法律规定的申请执行期限内提出(申请执行的期限,双方是法人或者其他组织的为6个月,双方或一方当事人是公民的为1年);应当向有管辖权的人民法院申请(如果被执行人或者其财产不在我国领域内,当事人可以直接向有管辖权的外国法院申请承认和执行,也

可以由人民法院依照我国缔结或者参加的国际条约的规定,或者按照互惠原则,请求外国法院的承认和执行。如果请求执行的是发生法律效力的涉外仲裁裁决,被执行人或者其财产不在我国领域内,由当事人直接向有管辖权的外国法院申请承认和执行)。

权利方当事人以申请执行书请求人民法院执行,既能使拒绝履行和不履行义务的当事人承担自己的责任,履行自己的义务,又能保障权利人自身合法权利得以实现。以国家强制力保证已生效的法律文书得以切实执行,从而维护社会主义法律和国家法律机关的尊严。

2)申请执行书的结构、内容及写作要求

(1)首部

在文书首页顶端居中标明"申请执行书"。申请人和被申请人基本情况与民事起诉状当事人项目相同,可参照。

(2)正文

①事实与理由　事实部分要简要地叙述原案件和处理结果,并说明现在被申请人执行情况。对案件的叙写应力求简洁,不必复述原案认定的事实和证据,以免造成文字冗长、喧宾夺主。对原处理结果要写明经何机关、于何时、以何字号、何种法律文书作出什么处理,如该案系上诉案件,除应写明原一审法院审理后作出的决定事项外,还应写明经二审法院审理作出的终审裁判事项。同时要简述被申请执行人拒不履行(是全部还是部分,哪一部分没有履行)的基本情况,并须写清被申请执行人现有经济状况和财产所在地,以便使人民法院确认其偿还能力和采取相应的民事强制措施。

在叙事的基础上,理由部分要阐明强制执行的必要性。即要用确凿的事实和证明说明被申请人应该履行,并且有能力履行却不履行,同时对被申请人不履行或拒绝履行的种种借口,据理作出有力的驳斥。

②请求事项　请求事项是申请人提出申请执行书所要达到的目的,必须针对被申请人不履行或拒绝履行法律文书确定的义务的实际情况,根据法律规定的几种执行措施,提出要求执行的具体请求及执行的方法。是请求法院对被申请执行人的财产查封、扣押、冻结,强行拍卖、变卖,还是从银行账户划拨,要写的具体明确,以供人民法院参考。切忌只是简单笼统地提出"请求人民法院依法强制执行,保护我方的合法权益"。另外,要注意申请人申请执行的项目必须限定于法律文书中规定的执行内容,不能超越原法律文书的规定,随意增加新的未经审理的申请执行事项。

根据具体行文需要,请求事项也可置于事实与理由之前。

（3）**尾部**

项目内容和写法同财产保全申请书,可参照。

【例文】

申请执行书

申请人:×××

住所地:×××××

法定代表人:×××

职务:××××

被申请人:×××

住所地:×××

法定代表人:×××

职务:××××

申请执行内容:

　　1.货款人民币××元;

　　2.案件受理费××元;

　　3.本案执行费用××元。

(事实与理由)申请人诉被申请人购销合同货款纠纷一案,业经×××人民法院审理结案,根据该院 ××(案号)《民事判决书》的判决,被申请人应在该判决生效之日起 10 日内支付上述申请第 1 和 2 项的款项。该判决于××××年×月×日起生效。该判决书履行的最后期限为××××年×月×日。但是,被申请人至今没有依法自动履行该生效判决。

因此,为了维护人民法院生效判决的严肃性及司法的权威性,申请人特依据《中华人民共和国民事诉讼法》第 216 条的规定请求贵院强制执行被申请人的财产计人民币××元及本案执行费用,以充分保障和实现申请人的合法权益。

　　此致

×××人民法院

申请人:×××

二〇××年×月×日

附:生效判决书复印件一份

12.4.3 授权委托书

1）授权委托书涵义及种类

授权委托书是指当事人把代理权授予委托代理人的证明文书。

授权委托书一般可分为民事代理的授权委托书和民事诉讼代理的授权委托书两种。前者是非诉讼性的委托代理证明文书,它是委托人委托受托人进行一定的非诉讼活动的依据;后者是诉讼性的委托代理证明文书,它是诉讼当事人、法定代表人和法定代理人委托他人作为诉讼代理人而向人民法院提交的写明委托事项和委托权限的证明文书。因两种授权委托书的结构、内容及写法大体一致,我们这里只介绍后者。

2）民事诉讼代理授权委托书的适用范围、法定条件及作用

民事诉讼代理授权委托书(后简称授权委托书),是委托代理人(即受托人)为被代理人(即委托人)进行诉讼活动的依据,它规定着委托代理人的代理权限。授权委托书适用于民事案件、行政案件和刑事附带民事案件。当事人委托他人代理诉讼行为的,应在开庭审理前将授权委托书送交人民法院。

3）授权委托书的结构、内容及写作要求

授权委托书的格式又可分为公民用和法人或其他组织用两种,但它们的结构形式和写作方法基本相同,具体都由以下三部分组成:

（1）**首部**

①标题 写明"授权委托书"。

②被代理人(即委托人)和委托代理人(即受托人)的基本情况 其项目内容同起诉状,可参照。

（2）**正文**

①委托事项 要写明委托何人在委托人与何人的什么案件中作为参加诉讼的委托代理人,以便表明委托人是自愿委托某人,而某人同意担任其诉讼代理人,双方均出于自愿。比如"现委托×××(或××××单位的×××)在×××(案件名称)一案中,作为我方诉讼的委托代理人。委托权限如下:"。

②代理权限 这是授权委托书的核心。委托人所委托代理的事项和权限,根据委托人的授权而有所不同,是全权委托还是部分委托,是普通委托还是特别委托,授予了几项权限,在什么范围如何履行等都要具体明确地写出来,切忌含混不清。即使委托人授予诉讼活动中所有权限,也不能只笼统地写"授委托人

全权代理"一句话,而要分项逐一列出。

(3)尾部

尾部只有署名和委托日期两项内容。由委托人和受托人分别签名并盖章,是法人或其他组织的要写委托单位的全称。如系律师代书,还应写明律师的姓名、工作单位及职务。另行注明具文时间后递交人民法院。

【例文】

授权委托书

委托单位:××××

法定代表人:××××　　　职务:×××　　电话:××××

受委托人:××××××律师事务所

　　　　××律师,性别:×　　职务:×××　　电话:××××

　　　　××律师,性别:×　　职务:×××　　电话:××××

上列委托人全权委托受托人为有关×××公司与委托人购销合同纠纷案的一审、二审和/或再审程序及执行程序中的诉讼代理人。

受托人的权限为:代为缮写和提交答辩状,出庭应诉,提出反诉;代为调查取证,收集和提交证据;同意和接受法院调解、庭外和解;发表代理词;代为承认、放弃或者变更诉讼请求;缮写上诉状并提出上诉;代为申请证据保全、诉前或诉讼财产保全;代为签收和申请强制执行生效法院文书;代为签收法院签发的裁定、判决、传票等;代为处理其他与本案诉讼有关的一切事宜。

委托人授权并确认,受托人有权委托并指派该所的其他律师处理、从事任何一项、数项或者全部上述委托事项。

受托人在上述权限范围内所作出的行为及签署的一切有关文书,委托人均予以承认。

兹确认,委托人出具此授权委托书,其有效期自签署之日起至上述委托事项完毕止。

委托单位:(盖章)

法定代表人:(签名或盖章)

二〇××年×月×日

12.5 公证类文书

12.5.1 公证书的涵义及适用范围

公证书,是国家公证机关依法对当事人申请公证的法律行为、有法律意义的文书和事实进行审查后,确认其真实性、合法性所出具的证明文书。

因公证业务所涉及的具体事项不同,公证书的内容也不尽相同。根据我国《公证暂行条例》第4条的规定,公证业务主要有四类:

①证明法律行为 如证明合同、遗嘱、继承权、财产赠与和分割、收养关系等。

②证明有法律意义的事实 如证明亲属关系、身份、学历、经历、出生、婚姻状况、生存、死亡等。

③证明有法律意义的文件 如证明文件上的签名、印鉴属实,证明文件的副本、节本、译本、影印本与原本相符,证明追偿债款、物品的文书有强制执行的效力等。

④办理有关公证的辅助性工作 如保全证据,保管遗嘱或其他文件,代当事人起草申请公证的文书等。

12.5.2 公证书的作用及效力

公证书反映了公证事项的真实性、合法性和可行性,是公证机关办理公证事项的一种凭证。它对于维护国家集体的利益、保护当事人的合法权益,对于有效地预防纠纷、减少诉讼,保障经济活动的顺利进行,起着重要作用。公证书作为非诉讼性质的证明文书具有以下三种效力:

(1)证据效力

根据《民事诉讼法》第67条的规定:"经过法定程序公证证明的法律行为、法律事实和文书,人民法院应当作为认定事实的根据。但有相反证据足以推翻公证证明的除外。"这表明公证书在法律上具有作为证据的效力,在无相反证据足以推翻公证书所证明内容的条件下,法庭即可直接采用公证书作为证据,无须再对公证书所证明的内容进行查证。

(2)法律效力

这是指国家法律法规规定的某些法律行为、法律事实和文书必须办理公证证明才能生效。

(3)执行效力

根据《公证暂行条例》第4条的规定:公证机关"对于追偿债款、物品的文书,认为无疑义的,在该文书上证明有强制执行的效力。"这表明公证机关依法赋予强制执行效力的债权公证文书,具有法律上强制执行的效力。这类公证文书是我国民事诉讼法规定的由人民法院执行的法律文书之一,当事人必须履行。

12.5.3 公证书的种类

1992年10月司法部公证司发布的《公证书格式》(试行)对公证书的使用范围进行了准确、科学、完整地分类,共分为14类59式。这14类分别是:①合同、协议公证类;②资格公证类;③招标、拍卖、提存公证类;④出生、死亡、生存公证类;⑤姓名、住所、国籍公证类;⑥学历、经历(职务)公证类;⑦婚姻状况公证类;⑧亲属关系公证类;⑨未受刑事处分公证类;⑩赠予公证类;⑪强制执行公证类;⑫保全证据公证类;⑬证明印鉴、签名属实类;⑭其他有法律意义的文书和事实公证类。

12.5.4 公证书的结构与写法

公证书由首部、正文、尾部三部分组成。

1)首部

(1)标题

标题在稿纸正上方居中写明"×××公证书",具体应根据所证明事项的性质来确定标题。如"商标权公证书"、"提存公证书"、"法定代表人身份公证书"、"拍卖公证书"等,不能只简写为"公证书"。

(2)编号

编号由年度、公证机关代字、顺序号组成,在标题的右下方书写。公证书中的年度只表明出具证书的年份,应用阿拉伯数字书写年份的全称。编排号应连续排列,不受年份限制,即上下两年之间的编号必须连接,不能中断。

首部一般不写当事人的身份等基本情况,但涉及继承、收养、亲属关系的公证书,则应当写明当事人的姓名、性别、出生年月日、现住地址等内容。

2)正文

正文又称公证证词,是公证书的主体部分。其内容应根据申请公证的事项来确定,不同性质的公证事项,写法也有所不同。但不论公证何种事项,都应写得清楚、准确,符合真实合法的要求。

下面以企业法人资格公证书为例简述正文的制作方法。

企业法人资格公证,是指公证机关根据企业的申请,依法证明申请人符合法律规定的法人条件,具有法人资格及相应的民事权利能力和民事行为能力的活动。公证机关在此活动中制作的具有证明效力的文书即是企业法人资格公证书。

制作法人资格公证书,应对申请人提供的材料进行全面审查,并向申办人了解单位成立时间、机构和隶属关系、经营情况、资产负债情况、办公地点、注册地、法定代表人等与法人资格有关的情况;在认为必要时,还要调查了解申请人的资产、信用、组织机构和人员等情况。在确认申请人符合法人条件后,方可制作公证书,否则不予公证。

企业法人资格公证书内容包括:企业名称,注册登记日期,核准登记机关名称,《企业法人营业执照》的编号,企业住址,注册资金,经营范围,法定代表人姓名,企业具有法人资格以及当事人要求证明的其他事项。

3)尾部

尾部依次写明以下内容:

①制作机关名称 在正文后右下方写公证机关名称。要求写明国名、省、市(县)名,以示庄重、合法,如"中华人民共和国××省××市公证处"。

②公证员署名 在制作机关名称下一行由承办公证员签名或盖章,如"公证员:×××"。一律以公证员的名义署名,不能添加其担任的行政职务名称,如"副主任×××"等,因为行政职务与办理公证业务是两回事,即使是业务领导也只能以公证员的身份出现。签名要求字迹规范、易于辨认。若加盖签名章也要求为 4 cm×2.5 cm 横式名章,用蓝色印泥,不得使用方形私章。涉外公证书必须签名,盖签名章无效。

③出证日期、公证处用印 出证日期即审批人批准日期,并在日期上加盖公证处公章。公章应使用红色印油。

12.5.5　公证书的写作要求

首先,制作公证书之前,要依法对申请公证的事项进行审查,符合要求的才可制作公证书。

其二,公证书内容应明确具体,不能含糊其辞,模棱两可,且要与其所证明的法律文书(如合同、协议)在内容上一致,对不需公证的事项不必涉及,以免相互矛盾,产生歧义,导致纠纷甚至使公证无效。

其三,公证书要严格按规定要求制作,格式要规范。一份公证书一般只写一项内容,即一事一证。但若申请公证的几项内容属于同一使用目的和范围,也可写在一份公证书内。对于当事人的出生地一般只写省、市(县)的名称。如果名称有变化,则应写出生时的名称。公证书一律不写年龄,而以出生日期代替。当事人姓名要求写现用名,并与身份证上姓名一致,如有曾用名、别名等,根据需要可在姓名后括注。

其四,需注意一般不得在外国文件或外文正本上盖我国公证机关和公证员印章,但如外国文件或外文正本上无损害我国主权和与我国法律、政策相抵触的内容,可用另纸公证的形式予以证明。

此外,经历和学历公证书应一律贴照片,结婚公证书贴夫妇两人的单身或合影照片,其他公证书一般不贴照片,但如果申请人提出正当理由(如使用地要求贴照片)的也可以贴。照片一律为最近的一寸半身免冠照片,且贴后应加盖钢印。

【例文】

合同公证书

〔　　〕××字第××号

兹证明当事人×××、×××于××××年×月×日来到我处(或者某地点),在我的面前,自愿签订了前面的《×××合同》。

经审查,×××、×××所签订的《×××合同》符合《×××法》和《×××
×条例》(或者其他法律法规,列出名称及条款)第×条之规定,是合法有效的。

中华人民共和国××市(县)公证处

公证员:×××(签名)

二○××年×月×日

413

12.6　仲裁类文书

12.6.1　仲裁文书的概念、种类、特点

仲裁,亦称"公断",是指双方当事人在争议发生前或争议发生后达成协议,自愿将其争议交付第三者居中评判是非并作出裁决,双方当事人都有义务执行的一种解决争议的法律制度。

通过仲裁方式解决争议的范围相当广泛,但主要有两类:一是劳动仲裁,解决因劳动法律关系所产生的纠纷;二是商事仲裁,可分为国内商事仲裁和国际商事仲裁,主要解决国内及涉外有关贸易、运输、海事等的商事纠纷。商事仲裁数量较多,涉及面广,在仲裁制度中占有极重要的地位。

因仲裁涉及范围广,故仲裁文书文种也较多,主要包括:当事人及其委托代理人所写的仲裁协议书、仲裁申请书、答辩状、代理词;仲裁机构制作的仲裁调解书、仲裁裁定书、仲裁裁决书、仲裁撤案决定书;仲裁机构在仲裁活动中制作使用的鉴定委托书、受理(不受理)通知书、管理案件通知书、应诉通知书、仲裁笔录等。本节我们只重点介绍仲裁协议书、仲裁申请书、仲裁裁定书、仲裁裁决书等几种主要的仲裁文书。

仲裁文书除要具备法律文书的法定强制性、规范性、合法性的一般特点外,制作中还具有以下特点:

1)申请仲裁的约定性

仲裁机构受理仲裁案件是以双方当事人协商一致为基础的,只有当双方当事人在经济纠纷发生前或发生后订有书面仲裁协议,明确表示愿意将他们之间的争议提交仲裁机构解决时,方可提交仲裁。否则,仲裁机构无权受理该案。

2)制作主体的民间性

仲裁中的第三方既不是人民法院也不是行政、司法机关,而是非官方的民间机构。仲裁人与当事人之间既不是诉讼法律关系也不是行政法律关系,而是授权与被授权的关系。由于仲裁人处于独立的局外人的地位,从而使仲裁成为具有司法公正性地解决争议的民间活动,由其制作和使用的仲裁文书是民间性质

的具有法律效力的文书。

3）仲裁的终局性和强制性

仲裁实行一裁终局制,即仲裁程序终结后所作出的裁决一般都是终局裁决,一经作出就具有法律约束力。除特殊情况下,当事人不得就同一纠纷再次申请仲裁或向法院起诉。同时,除依照特定程序由法院撤销的裁决外,若一方当事人不自动执行裁决,另一方当事人可以向法院申请强制执行。

4）客体的特定性

仲裁并不能解决当事人之间的所有争议,而是仅解决一定范围的争议。仲裁的适用范围不仅取决于当事人的意愿,还取决于法律规定的限制,根据《中华人民共和国仲裁法》规定,婚姻、收养、监护、抚养、继承纠纷以及依法应当由行政机关处理的行政争议不能仲裁。可见在我国,仲裁仅限于平等主体的当事人之间的合同纠纷及其财产权益纠纷。

5）一定程度的灵活性和便利性

仲裁活动必须遵循一定的程序,包括申请和答辩、庭审、调查取证、裁决和执行等。但在仲裁活动中当事人享有充分的自主权,如当事人有权选择仲裁机构、仲裁地点、仲裁员、解决争议适用的实体法乃至仲裁的程序规则。同时,常设仲裁机构也可以制定一些仲裁规则供当事人和仲裁组织选择。另外,仲裁一般不公开进行,以便保守当事人的商业秘密,有利于双方今后继续进行经济交往和合作。仲裁实行一裁终局制,可避免诉讼中的繁琐程序,节约费用。

12.6.2 仲裁协议书

1）仲裁协议书的概念

仲裁协议书,是指双方当事人在争议发生前或发生后自愿达成的,将可能发生的或已发生的争议,提交某仲裁机构仲裁解决的一种书面协议。仲裁协议是仲裁机构受理争议案件的依据。

根据《中华人民共和国仲裁法》第16条的规定,仲裁协议的表现形式包括:其一,仲裁条款。即当事人在合同中订立的,约定把将来可能发生的争议提交特定仲裁机构解决的条款。其二,仲裁协议书。即当事人在争议发生前或发生后,单独订立的愿将争议提交特定仲裁机构解决的,独立于合同之外的专门书面协议。其三,当事人通过信函、传真或其他方式表示愿意接受仲裁的书面材料。其中仲裁协议书是主要形式。

2) 仲裁协议书的结构、内容

仲裁协议书由首部、正文、尾部和附项四部分构成。

（1）首部

①标题　在稿纸正上方居中写明"仲裁协议书"。

②当事人基本状况　应按原合同签订时所处地位，分别列写出双方当事人的单位名称、地址、法定代表人的姓名和职务（如系涉外经济纠纷案件，还应附有译文）。如有委托代理人的亦应列写，并写明其姓名等事项。

（2）正文

正文中应具体写明以下内容：请求仲裁的意思表示、提交仲裁的事项、选定的仲裁委员会。

请求仲裁的意思表示必须明确、肯定，而不得有任何的模棱两可、语意不清或似是而非。因此不可表述为"凡因本合同所引起的或与本合同有关的一切争议，可提交中国经济贸易仲裁委员会仲裁解决；如不服仲裁裁决，可向有管辖权的法院上诉"或"凡发生争议，可以提交×××仲裁机构仲裁解决，也可以提交法院解决"，此类仲裁协议是无效的。

提交仲裁的事项应写明哪些争议需提交仲裁，是当事人之间因合同引起的全部纠纷，还是当事人之间因合同引起的某项财产权益纠纷。

当事人的协议选择是仲裁委员会行使管辖权的依据，因此必须明确规定仲裁事项由哪个仲裁委员会进行仲裁，如果仲裁协议对仲裁委员会没有约定或约定不明确的，当事人可以补充协议，达不成补充协议的则仲裁协议无效。

（3）尾部

在正文之后的右下方写明协议双方当事人及其法定代表人工作单位、姓名、职务，并盖章。协议书制作的年月日和协议地址。

（4）附项

在尾部之后的左下方附项中可注明"本仲裁协议书一式×份，甲乙双方各执×份，送交×××仲裁委员会×份。"

仲裁协议书的制作中需注意，有下列情形之一的仲裁协议无效：约定的仲裁事项超出法律规定的范围的；无民事行为能力人或限制民事行为能力人订立的仲裁协议；一方采取胁迫手段，迫使对方订立仲裁协议的。

12.6.3　仲裁申请书

1)仲裁申请书的概念

仲裁申请书,是仲裁协议的一方当事人向仲裁委员会提出要求对争议进行仲裁审理的书面申请。

根据《中华人民共和国仲裁法》第22条的规定:"当事人申请仲裁,应当向仲裁委员会递交仲裁协议、仲裁申请书及副本。"这表明当事人申请仲裁只能采用书面形式,口头仲裁是无效的,这与我国民事诉讼关于起诉方式的规定是不同的。合乎规范的仲裁申请书能够引起仲裁程序的开始,它是仲裁委员会受理案件和组成仲裁庭审理的依据,也是被申请人答辩的根据。

2)仲裁申请书的结构、内容

仲裁申请书由首部、正文、尾部和附项四部分构成。

（1）**首部**

①标题　在稿纸正上方居中写明"仲裁申请书"。

②当事人基本状况　应分别列写双方当事人姓名、性别、年龄、职业、工作单位和住址。如是法人或其他组织的,应写明其全称、地址及法定代表人的姓名和职务(如系涉外经济纠纷案件,还应附有译文)。如有委托代理人的亦应列写其基本情况。

③案由　即提起仲裁申请的事由,应简要写明申请人申请仲裁所依据的仲裁协议的主要内容,并说明争议的性质(如合同履行中的质量争议、价款争议等),以及收受该申请书的仲裁机构名称。

（2）**正文**

正文中应具体写明以下内容:

①仲裁请求　指申请人通过仲裁机构向被申请人提出实体权利的具体请求,即要求仲裁机构所要解决的问题,是要求仲裁机构裁决被申请人履行相应的义务,或者是变更某种法律关系,或者是确认某种法律关系是否存在。这一部分要写得具体明确,如果在同一纠纷中申请人要提几项请求的,应标明次序逐项写明,如"一、立即付清欠款38 933元;二、赔偿经济损失7 892元,其中欠款利息3 923元……"

②事实和理由　这部分是申请人仲裁请求成立的主要依据,也是仲裁庭裁决纠纷的主要依据之一。应首先陈述纠纷事实,包括:纠纷发生的时间、地点、原

417

因、争议焦点、争议经过和结果,以及各自应负的责任,并充分列举证据;然后再根据纠纷事实和法律予以论证,论述理由要观点明确、论据充分有力,引用法律条款或国际公约要准确无误。

在正文后另行写结尾性文字,如"为了维护我公司的合法利益,特向你会申请仲裁,请速予以公证裁决。"

(3)**尾部**

尾部写明致送的仲裁委员会的全称。在右下方写明申请人的姓名(或名称),另行写明法定代表人或主要负责人的姓名、职务,如有委托代理人的,代理人也应签名、盖章。注明年月日。

(4)**附项**

附项写明仲裁申请书副本的份数,以及提交的证据的名称、份数,并附在仲裁申请后。如有证人的应写明其姓名、地址、通讯方式等。

【例文】

仲裁申请书(格式)

申请人:_____　_____

住所:_____

电话:_____　传真:_____

法定代表人:_____　职务:_____

委托代理人:_____　单位:_____

被申请人:_____

住所:_____

电话:_____　传真:_____

法定代表人:_____　职务:_____

委托代理人:_____　单位:_____

案由:_____

仲裁请求:1._____

　　　　　2._____

　　　　　3._____

事实与理由:

此致
××××仲裁委员会

申请人： （盖章）
法定代表人： （签字）
年 月 日

附项：

12.6.4 仲裁裁定书 仲裁裁决书

1）仲裁裁定书与仲裁裁决书的概念

仲裁裁定书,是指仲裁机构在处理经济合同纠纷案件中,为维护当事人合法权益,保证仲裁活动的顺利进行,就程序问题所作出的书面决定。它与仲裁裁决书具有同等的法律效力。如驳回当事人的回避请求、驳回申请、采取保全措施、中止仲裁程序等都可制作仲裁裁定书。

仲裁裁决书,是指仲裁机构依照仲裁程序,对于当事人申请仲裁的经济纠纷案件,在查明事实的基础上,根据法律的规定,对案件的实体问题作出的书面决定。仲裁裁决是终局性裁决,具有法律效力,双方当事人均不得向法院或其他机关提出变更的请求,仲裁裁决书是当事人解决争议的凭证,也是执行仲裁处理决定的依据。

2）仲裁裁定书与仲裁裁决书的结构和内容

仲裁裁定书和仲裁裁决书的结构大体相似,都由首部、正文和尾部三部分组成。此处只介绍后者。

（1）**首部**

①标题和编号 标题应分两行写明制作机关名称和文书名称。标题右下方写明编号,如"〔20××〕××仲字第××号"。

②当事人基本情况 写明申请人的姓名（名称）和地址、通讯号码。有代理人的写明代理人的姓名、单位和住址等。被申请人的基本情况,内容同申请人。

③案由 这是仲裁委员会受理案件的根据,要写明申请人的请求及其所持的理由,被申请人的答辩及其所持的理由。如果裁决一并处理第三人的诉讼请求或被申请人的反诉,也应写明其请求及其所持理由。这部分内容应根据申请

书、答辩书及仲裁审理中双方的答辩进行综合归纳,以突出反映当事人争议实质和明确的请求。如"湖南××有限公司与广州××工业进出口公司(或为:上列双方)于×××年×月×日签订'××购销合同'一份……因供方不履行合同义务,拒绝支付货款余额而发生争议。为此,需方于×××年×月×日向本会申请仲裁。"

(2)**正文**

正文中应具体写明以下内容:

①**仲裁庭的组成**　即写明"本会依法受理了本案,按照仲裁程序规则的规定,组成了以××为首席仲裁员,××、××为仲裁员的仲裁庭,于×××年×月×日审理了此案。现查明:"。

②**裁决认定的事实、理由和法律依据**　这一部分应写明仲裁委员会已查明、认定的纠纷事实和证据。重点叙述争议发生的时间、原因、经过和双方争议的焦点,以及经过审理,根据什么证据认定了哪些事实,或否定了哪些事实,对当事人的要求和主张哪些应予支持,哪些应予反驳,并说明理由。此处应做到适用法律准确,与事实相吻合、与所阐述理由相一致,具体引用法律条款作依据,应写明依据何法哪条哪款,而不能简单、笼统地写"依法作出如下裁决"。

③**裁决主文**　即裁决结果,写明仲裁庭对案件的处理决定。必须明确、具体。如果是给付之诉的裁决书,应明确指出是谁给付谁,给付的数额、时间和具体办法等。若裁决结果不止一项的,应分项列出。

④**仲裁费用**　写明仲裁费用如何计征,数额,由何方负担。

(3)**尾部**

在正文之后右下方依次由首席仲裁员、仲裁员签名,写明裁决书制作日期、加盖仲裁委员会印章,由书记员签名。

【例文】

××仲裁委员会裁决书

×仲裁〔2007〕民字第12—45号

申请人:万家庭苑第一期33户业主。

地址:××市大安区仁和路中段。

业主代表:

×××,男,41岁,身份证号

×××,男,31岁,身份证号

委托代理人：××四川品诚律师事务所律师,代理权限为特别授权,代为承认、放弃、进行和解、调解、仲裁等权利。

被申请人：重庆市万州万安物业发展有限公司。

地址：重庆市渝北区龙华大道 1809 号 3 栋。

法定代表人：×××,董事长。

委托代理人：××,重庆悦诚律师事务所律师,代理权限为一般代理。

委托代理人：××,重庆万州万安物业发展有限公司营销部经理,代理权限为特别授权,代为承认、放弃、进行和解、调解、仲裁等权利。

申请人×××等万家庭苑第一期 33 户业主与被申请人重庆市万州万安物业发展有限公司购房合同纠纷一案,本会受理后,依法由仲裁员××,×××,×××组成仲裁庭审理本案。现本案已审理终结。

申请人称：(略)

据此,申请人仲裁请求裁令被申请人：

1. 退还多交的房款共计人民币 82 538.92 元及税差和资金占用补偿；

2. 立即完清房屋产权证书移交手续,并承担逾期办理房屋产权证书的赔偿责任；

3. 承担全部仲裁费用。

为支持其请求,申请人举出以下证据：

1.(略)

2.(略)

被申请人辩称：

1.(略)

2.(略)

为支持其辩论理由,被申请人提供以下证据：

1.(略)

2.(略)

3.(略)

在庭审的举证、质证过程中,申请人与被申请人对于双方提供的《商品房买卖合同》、房屋面积补差收据予以认可,无异议。本庭予以确认。

对双方无争议的事实,本庭予以确认。

本庭查明：(略)

另查明：(略)

本庭的争议焦点：

421

一、(略)

二、(略)

三、(略)

本庭认为:略

根据《四川省物价局、四川省建设厅关于进一步规范房地产交易与收费管理通知》(川价费〔2004〕171号)第四条的规定,鉴于申请人所举证据不足以证明被申请人存在收取该费用的欺诈故意,因此申请人主张被申请人双倍返还所缴纳的办证费用及资金占用损失,不予支持。

依照《中华人民共和国合同法》第6条、第44条、第107条,《最高人民法院关于审理商品房买卖合同纠纷案件适用法律若干问题的解释》第14条,《商品房销售管理办法》第18条、第20条,裁决如下:

一、(略)

二、(略)

三、(略)

四、(略)

本案仲裁费5 750元由被申请人承担,此仲裁费已由申请人全额预缴,被申请人于收到本裁决书之日起十五日内向申请人支付。

首席仲裁员:××

仲　裁　员:×××

仲　裁　员:×××

2007年12月28日

书记员:××

思考与练习

1. 法律文书有哪些特征?

2. 何为书状类文书? 包括哪些具体的文种?

3. 起诉状的事实与理由部分的写作应注意哪些问题?

4. 我国法律对于上诉状的适用范围是怎样规定的?

5. 上诉状与申诉状有哪些区别?

6.答辩状的正文部分主要有哪些内容？写作时应注意哪些问题？

7.反诉状与答辩状有何区别？

8.申请财产保全必须符合哪些法定条件？

9.何为授权委托书？

10.公证文书具有什么作用？

11.仲裁类文书有哪些特点？

参 考 文 献

[1] 高志珍,蒋维.实用经济文书[M].成都:四川人民出版社,1998.

[2] 诸孝正,陈妙云.新编应用文写作[M].广州:广东人民出版社,1999.

[3] 张少武,冯天海,张松叶.经济应用写作新编[M].西安:西安地图出版社,1998.

[4] 张芳霖,徐求真.现代实用文体写作大全[M].南昌:江西高校出版社,1998.

[5] 白延庆.金融实用文体写作[M].北京:中国金融出版社,1998.

[6] 姚栋新.公务员应用文写作教程[M].兰州:甘肃教育出版社,1999.

[7] 张杰.大学写作概论[M].武汉:武汉大学出版社,1997.

[8] 顾兴义.应用语体学[M].广州:华南理工大学出版社,2000.

[9] 闵庚尧.财经论文写作指导[M].北京:北京经济学院出版社,1992.

[10] 龙生庭.经济管理写作技巧例文选析[M].北京:中国经济出版社,1999.

[11] 范淑存,郎庆业.经济论文写作[M].北京:中国经济出版社,1999.

[12] 余国瑞.科技写作[M].北京:高等教育出版社,1999.

[13] 张文.外贸文秘写作全书[M].北京:中国工商联合出版社,1999.

[14] 张保忠.中国实用经济文书例释[M].天津:天津人民出版社,1999.

[15] 任鹰.经济应用写作学习参考书[M].北京:北京大学出版社,1998.

[16] 尹伊.新编财经写作[M].北京:中国商业出版社,2000.

[17] 王珍珠.财经文书写作新编[M].广州:华南理工大学出版社,2000.

[18] 胡明扬.财经专业写作[M].北京:中国人民大学出版社,1998.

[19] 费思.现代经济写作[M].兰州:兰州大学出版社,2000.

[20] 范兰德.现代商务文书大全[M].广州:广东人民出版社,2000.

[21] 郭小红.财经文书写作[M].珠海:珠海出版社,2000.

［22］王继忠.商务应用文［M］.北京:光明日报出版社,2006.

［23］张德实.应用写作［M］.北京:高等教育出版社,2005.

［24］黎孟德.实用应用文大全［M］.成都:成都时代出版社,2005.

［25］叶黔达.应用写作［M］.成都:四川人民出版社,1998.

［26］陈联波,赵怀坦,张相海.税收会计［M］.北京:中国税务出版社,2000.

［27］周水清,宁致远.新编司法文书格式实例选［M］.北京:法律出版社,1995.

［28］姚大伟.新编对外贸易单证实务［M］.上海:复旦大学出版社,1995.

［29］陕西省国家税务局.税务征管业务规程(内部资料),1999.

［30］中华人民共和国税务征收管理法(2001年4月28日修订).

425